广东省优秀社会科学家文库（系列四）

李萍自选集

李 萍 ◎ 著

中山大学出版社
·广州·

版权所有　翻印必究

图书在版编目（CIP）数据

李萍自选集／李萍著． -- 广州：中山大学出版社，2025.6． --（广东省优秀社会科学家文库）． -- ISBN 978-7-306-08470-5

Ⅰ．C53

中国国家版本馆 CIP 数据核字第 2025C8Q197 号

LI PING ZIXUANJI

出 版 人：	王天琪
策划编辑：	嵇春霞　廖丽玲　袁双艳
责任编辑：	廖丽玲　袁双艳
封面设计：	曾　斌
责任校对：	丘彩霞
责任技编：	靳晓虹
出版发行：	中山大学出版社
电　　话：	编辑部 020-84110283，84113349，84111997，84110779，84110776
	发行部 020-84111998，84111981，84111160
地　　址：	广州市新港西路 135 号
邮　　编：	510275　　　　　　传　真：020-84036565
网　　址：	http://www.zsup.com.cn　E-mail：zdcbs@mail.sysu.edu.cn
印 刷 者：	佛山市浩文彩色印刷有限公司
规　　格：	787mm×1092mm　1/16　21.75 印张　368 千字
版次印次：	2025 年 6 月第 1 版　2025 年 6 月第 1 次印刷
定　　价：	78.00 元

如发现本书因印装质量影响阅读，请与出版社发行部联系调换

李 萍

　　广东蕉岭人，哲学博士，中山大学马克思主义哲学与中国现代化研究所暨哲学系二级教授。1994年起先后被聘为马克思主义理论与思想政治教育、马克思主义哲学、伦理学专业的硕士研究生导师和博士研究生导师。国家哲学社会科学基金重大项目首席专家，国家哲学社会科学基金评审委员，中共中央组织部等"百千万人才工程"评审委员，中国伦理学会名誉副会长，广东省人民政府文史研究馆馆员，广东伦理学学会会长，广东省马克思主义学会名誉会长；曾任中山大学副校长、党委副书记。

　　主要研究领域为马克思主义理论与教育、伦理学与中国思想道德建设。先后主持2项国家社会科学基金重大项目，以及30余项国家社会科学基金和省部级重大、重点和一般项目。发表学术论文百余篇，出版著作（教材）20余部。《现代道德教育论》《走向开放的道德》等学术成果及主编教材《思想道德修养》先后获得省部级及全国学会优秀学术成果奖10余项（次）。曾获国家级优秀教学成果二等奖、国家教学名师等多项国家级荣誉，主持课程"思想道德修养"获教育部首届国家级精品课程。

"广东省优秀社会科学家文库"（系列四）

出版说明

　　哲学社会科学是人们认识世界、改造世界的重要工具，是推动历史发展和社会进步的重要力量。党的十八大以来，以习近平同志为核心的党中央高度重视发展哲学社会科学，习近平总书记亲自主持召开哲学社会科学工作座谈会，就哲学社会科学工作发表一系列重要讲话，作出一系列重要论述和指示批示，对构建中国特色哲学社会科学作出总体部署，有力推动哲学社会科学事业繁荣发展。党的二十届三中全会进一步明确提出"构建中国哲学社会科学自主知识体系"，这是党中央立足完成新的文化使命和哲学社会科学发展规律作出的重大部署，也是新时代我国哲学社会科学发展的战略目标。

　　广东省委省政府深入学习贯彻习近平文化思想，认真落实习近平总书记关于哲学社会科学的重要论述，着力加强组织领导、政策保障、人才培育，扎实推动全省哲学社会科学事业高质量发展。全省广大哲学社会科学工作者自觉立时代之潮头、通古今之变化、发思想之先声，积极为党和人民述学立论、建言献策，涌现出了一大批方向明、主义真、学问高、德行正的优秀社科名家，在推进构建中国哲学社会科学自主知识体系进程中充分展现了岭南学人担当、演绎了广东学界精彩。广东省委宣传部、省社科联组织评出的"广东省优秀社会科学家"就是其中的杰出代表，他们以深厚的学识修养、高尚的人格魅力、先进的学术思想、优秀的学术品格和严谨的治学方法,生动展现了岭南学人的使命担当和时代风采。

遵循自愿出版原则,"广东省优秀社会科学家文库"(系列四)收录了第四届广东省优秀社会科学家中9位学者的自选集,包括(以姓氏笔画为序)石佑启(广东外语外贸大学)、李凭(华南师范大学)、李萍(中山大学)、李新春(中山大学)、张卫国(华南理工大学)、张国雄(五邑大学)、胡钦太(广东工业大学)、黄国文(华南农业大学)、黄建华(广东外语外贸大学)。自选集编选的原则是:(1)尽量收集作者最具代表性的学术论文和调研报告,专著中的章节尽量少收。(2)书前有作者的"学术自传",叙述学术经历,分享治学经验;书末附"作者主要著述目录"。(3)为尊重历史,所收文章原则上不做修改,尽量保持原貌。

这些优秀社会科学家有的年事已高,有的工作繁忙,但对编选工作都高度重视。他们亲自编选,亲自校对,并对全书做最后的审订。他们认真严谨、精益求精的精神和学风,令人肃然起敬,我们在此表示衷心的感谢和崇高的敬意!

我们由衷地希望,本文库能够让读者比较方便地进入这些当代岭南学术名家的思想世界,领略其学术精华,了解其治学方法,感受其思想魅力。希望全省广大哲学社会科学工作者自觉以优秀社会科学家为榜样,始终胸怀"国之大者",肩负时代使命,勇于担当作为,不断为构建中国哲学社会科学自主知识体系,为广东在推进中国式现代化建设中走在前列作出新的更大贡献!

丛书编委会
2024年11月

目录

学术自传 / 1

上编　马克思主义理论与思想道德教育

大学生群体初探 / 3
对思想政治教育走出困境的理性审视 / 10
生命教育的本体及其三个维度 / 16
道德教育视野中知行问题的再思考 / 21
公民教育——传统德育的历史性转型 / 32
文化传统的预制性与公民教育 / 39
当代中国马克思主义的文化诠释与审视 / 50
当代中国马克思主义教育的返本归真 / 58
论马克思人民概念的三维结构及其范式转换 / 70
论马克思意识形态批判的"建构之维"及其逻辑 / 84
现代人生的文化境遇 / 96
现代道德教育理论的哲学焦点 / 121

下编　伦理学与思想道德建设

重建道德理想 / 165
论市场经济条件下伦理道德建设的起点与目标 / 191
论文化自觉的三个维度 / 198
德性法理学视野下的道德治理 / 207
中国传统伦理道德中的公私观及其现代辨析 / 221
"人生观论战"的反思与中国现代化的文化追求 / 241
早期中国共产党人接受马克思主义的历史契合点及其当代启示
　　——20世纪初"社会主义论战"的再审视 / 252

近百年来中国"精神人文主义"的建构性探索 / 264
"人生观论战"的历史场域与当代价值 / 277
中国式现代化的伦理旨趣及其文化逻辑 / 299
创新主流意识形态研究方式之探析（英文版）/ 312

附录　李萍主要著述目录 / 326

后　记 / 333

学术自传

◎ 李 萍

得知要写一个学术自传，我感到既紧张又兴奋，可谓百感交集。回顾40多年求学从教、学术成长的历程，虽甘苦同在，但内心依然充满无限的感动和期待。感谢恩师、前辈同道给予的无私培育和引领；感谢同事、同行和学生的真诚交流与合作，在追求学术与教育理想的路上同行；感谢伟大的时代给学子们以最大的宽容，让我在学术求索、追求真理的路上一往无前。

求学从教之路

1978年3月，伴随着中国改革开放的春风，我怀揣着满腔的理想，带着海南岛泥土的芬芳，乘坐红卫号轮船，跨过琼州海峡，踏入了多少学子向往的中山大学。1982年大学毕业后，我被组织安排留校任教，参加了中山大学思想教育研究室的创建工作，并在马克思主义理论教育、哲学伦理学领域从事教育研究工作至今。在这期间，我曾先后在北京大学哲学系、上海第二外国语学院进修学习，先后两次获得国家（单位）公派的机会，到美国太平洋路德大学教育学院、美国哈佛燕京学社做访问学者。1994年，我考取中国人民大学哲学系博士研究生，师从罗国杰先生学习伦理学，1997年获哲学博士学位。从1994年起，我先后担任马克思主义理论与思想政治教育、马克思主义哲学、伦理学专业的硕士研究生导师和博士研究生导师，2008年起受聘为中山大学二级教授，获评国家哲学社会科学基金重大项目首席专家等。

主要研究领域和成果

我的研究领域主要聚焦于两个方面：马克思主义理论与教育、伦理学与中国思想道德建设。围绕主要研究领域，我先后主持2项国家社会科学基金重大项目（"改革开放视阈下我国社会意识变动趋向与规律研究""中国马克思主义哲学形态研究"）以及30余项国家社会科学基金和省部级重大、重点及一般项目。在《中国社会科学》《哲学研究》《马克思主义研究》《哲学动态》《马克思主义与现实》《教育研究》《中国高等教育》等期刊发表学术论文百余篇，出版著作（教材）20余部。

主要荣誉称号与获得奖项

入选首批"新世纪百千万人才工程"国家级人选；被评为"国家有突出贡献专家"，享受国务院政府特殊津贴；获第四届国家教学名师、教育部首届百名"两课"优秀教师、宝钢优秀教师、国杰优秀教师、南粤优秀教师、广东省高校教学名师、广东省中青年社会科学家、广东省优秀社会科学家等荣誉称号。著作《现代道德教育论》《走向开放的道德》，论文《对思想政治教育走出困境的理性审视》《创新主流意识形态研究方式之探析》《当代中国马克思主义教育的返本归真》等学术成果，以及主编教材《思想道德修养》先后获得省部级优秀学术成果奖和优秀教材奖，获得全国高校思想政治教育研究会、中国伦理学会等优秀学术成果奖共计10余项（次）。曾获国家级优秀教学成果二等奖、广东省优秀教学成果一等奖，主持课程"思想道德修养"获教育部首届国家级精品课程。

主要学术职务

担任教育部社会科学委员会委员，国家哲学社会科学基金评审委员，中共中央组织部等"百千万人才工程"评审委员，中国伦理学会名誉副会长，广东伦理学学会会长，广东省马克思主义学会名誉会长，广东省人民政府文史研究馆馆员，教育部人文社会科学重点研究基地——中国人民大学伦理学与道德建设研究中心、清华大学高校德育研究中心学术委员会委员，以及东南大学伦理道德发展研究院、北京师范大学大中小学德育一体化国家教材重点研究基地、武汉大学应用伦理学研究中心学术委员会委员等。

从大学毕业开启自己教育研究生涯以来的40余年，正是中国社会发生巨大变革的时期，面对各种诱惑和挑战，我作为大学教师和学者，何以能保持追求学术、追求真理的热情和定力，使学术之树长青呢？我的体会是：守住学者的初心与使命，始终关切国家社会和人类文明发展的重大问题，自觉提升三种学术对话的能力，即在与时代发展对话、与学科前沿对话、与多学科视野对话中不断创新学术思想，不断突破自我认知，在促进现代文明社会的进步中，实现学术研究的社会价值。

与时代发展对话，即学术研究，尤其是人文社会科学的学术研究必须关注、关切、思考时代变化发展中出现的新问题，并力图做出具有普遍性价值的回答和规律性的揭示。20世纪80、90年代是中国从传统社会向现代社会急剧转型的历史时期，随着社会主义市场经济体制的建立，传统理想的失落，价值重构的需求，对马克思主义理论与教育提出了严峻的挑战。学术研究必须直面时代提出的重大关切，保持敏锐的洞察力、思考力。这时期我申请获得了开启自己学术研究生涯的第一个国家社会科学基金（青年）项目——"开放地区大学生道德问题研究"，第一次以实证研究的方法在全国开展开放地区、次开放地区和后开放地区大学生思想道德观念变化的比较研究，在通信、媒介技术极其简陋的条件下，课题组要向"三大区域"10所大学的学生共发出10000份专业性调查问卷，组织工作极其繁琐和困难。正是在此基础上，我主持编写了《走向开放的道德》系列丛书。随后我先后主持了国家社会科学基金项目"文化市场与青年道德社会化研究"及教育部人文社会科学规划项目"比较思想道德教育研究""马克思主义大众化研究"等，这些都是时代对本学科提出的重大理论问题，同时我也发表了一批有相当影响力的学术成果，如《我国思想教育逻辑起点的反思》《对思想政治教育走出困境的理性审视》《公民教育——传统德育的历史性转型》《当代中国马克思主义教育的返本归真》等。这些研究成果对提升思想道德教育的针对性、实效性和启发性发挥了促进作用，为立德树人的教育实践奠定了坚实的基础。

与学科前沿对话，即学术研究必须力求站在学科发展的前沿思考问题。20世纪下半叶以来，科学技术的迅猛发展，把"知识大爆炸"时代推向高峰。当时有一部畅销书《学习的革命》，人们通常将其看作一部改变学习方法和思维方法的书，该书作者有一个极具预见性的判断：我们的孩子将生活其中的世界正在以比我们学校的发展速度快4倍的速度发生变化。这给了我极大的启发，即现代教育要从关注"学习什么"转变为强调"学会学习"，这意味着将发生一场深刻的教育变革。这个变革背后的学科前沿问题正是关于人的主体性的哲学反思。对传统社会的本质认知及现代性批判等前沿问题的学术讨论，打开了我的学术视域，我先后主持了国家社会科学基金项目"我国社会主义思想道德体系建设若干重大理论问题研究"、全国教育科学规划项目"两种'利他'主义德育价值观的比较研究"、广东省社科专项"中国现代化进程中的伦理变迁与道德教育"等，发表了《论市场经济条件下伦理道德建设的起点与目标》《文化传统的预制性与公民教育》《论文化自觉的三个维度》《当代中国马克思主义的文化诠释与审视》《创新主流意识形态研究方式之探析》等学术成果,特别是出版了第一部专著《现代道德教育论》。我在这部著作中,通过对传统与现代道德教育的比较,系统提出了现代道德教育哲学本体论基础、认识论基础和方法论基础,以及德育主客体交替与互动规律、德育过程的有机性与渐进性规律、德育功能的规范性与引导性相契合规律等理论观点,在学界产生了较大的影响。该专著作为首届广东省中青年社会科学家的代表作,入选首届"广东省中青年社会科学家文库",并于2001年获得时任韩国伦理学会会长及一些韩国专家的推荐,被译成韩文在韩国出版发行。该专著还获得多项(次)优秀学术著作奖。

与多学科视野对话,即学术研究要力求突破单一的学术视域,在不断超越自我的过程中把握学术思考的创新价值和社会价值。我清醒地认识到,一方面,我国的马克思主义理论与教育学科是一个极具中国特色的学科和专业,具有鲜明的意识形态特征;另一方面,它是在中华民族五千多年文明发展、文化传统积淀的基础上形成的,是立德树人的伦理道德文化传承发展的当代表达和产物。该学科的特点和性质决定了对它的研究既要把握正确的方向、科学的理性,又要保持多视角的学术张力,单一、单向度的研究视野必会作茧自缚,难以达至教育的根本使命。近10余年来,我先后主持2项国家社会科学基金重大项目"改革开放视阈下我国社会意识变动趋向与规律研究""中国马克思主义哲学形态研究",以及国家"985工程"哲学社会科学创新基地项目"全球化背景下的意识形态与价值教育"、教育部人文社会科学规划重大项目"中国特色社会主义实践与主流意识形态建构研究"、广东省哲学社会科学规划重大项目"'社会主义新文明形态'对世界历史进程的深刻影响研究"、国家社会科学基金重点项目"思想史视域下中国特色社会主义制度人民至上价值研究"等。这些较为复杂的、综合性强的研究项目,对具有多学科视野的对话能力提出了更高的要求,没有多学科的学术视野就难以在研究框架和思考深度上有所突破。我先后发表了《德性法理学视野下的道德治理》《"人生观论战"的反思与中国现代化的文化追求》《近百年来中国"精神人文主义"的建构性探索》《"关怀"与"正义"优先性的道德反思》《中国传统伦理道德中的公私观及其现代辨析》《早期中国共产党人接受马克思主义的历史契合点及其当代启示——20世纪初"社会主义论战"的再审视》

《论马克思伦理思想的逻辑起点》《"人生观论战"的历史场域与当代价值》《中国式现代化的伦理旨趣及其文化逻辑》等学术成果，其中多篇文章被《光明日报》《新华文摘》等摘编论点及被《高等学校文科学术文摘》《中国社会科学文摘》《中国人民大学复印报刊资料》等全文转载，在学界产生了较大的影响。

2023年，《马克思主义与伦理学》辑刊编辑对我做了一个学人访谈，访谈最后让我给青年学子提一点希望，我讲了一个"起点"和三点"共勉"。当我梳理自己学术成长之路并做最后结语时，忽然觉得这正是自勉最恰当的结语：要学会在自己的劣势之处寻找进步的起点。对学者来说，这就意味着学术追求永远都在始点上，"路漫漫其修远兮"，吾当努力行之；对已经进入生命周期第二个阶段的我来说，站在生命新的起点上，吾将一如既往地追求学习与成长，与青年同行，让学术之树长青，让生命之树长青。

李萍自选集

上编

马克思主义理论与思想道德教育

大学生群体初探

目前,大学中存在着形式众多的学生群体,诸如班级、团组织、学生会、各种社团、同乡会、中学校友会、朋友圈等。这些群体对大学生的学习和生活产生的影响极大。因此,著名社会学家费孝通教授说:"现代学校所有的重要性并不在课堂里传授的课本知识,而在于所形成的年青人集团。"认真分析大学生群体及其活动现状和动态,对于做好大学生的思想政治工作是非常必要的。这就是本文的出发点。

一、 大学生群体形成的客观心理基础

人总喜欢和自己年龄相近的人交朋友。这在社会心理学上叫作同龄人的心理接近性和亲近性,也叫同龄群意识。大学生也不例外。笔者团队对中山大学三个年级共364名学生在遇到下列情况时他们最希望找的人进行随机抽样调查,调查结果见表1。

表1 遇到下列情况时最希望找的人

所遇情况	家长	校外朋友	业务教师	政治辅导员	同学	其他
讨论学习问题	1.5%	4%	36.7%	1.2%	54.5%	1.1%
进行娱乐活动	2.3%	26%	1.3%	3.4%	65.9%	2.1%
谈论社会问题	12.5%	23.1%	0.1%	7.3%	52%	1%
生活上遇到困难	61%	8.9%	0	6.3%	18.3%	0
谈论个人的恋爱问题	22.9%	25.1%	0	1.7%	31.6%	17%
谈论个人未来的打算	27.9%	25.9%	2%	4%	33.4%	6.8%

从调查结果可以看出,除了生活上遇到困难找家长的比例居第一位外(目前我国大学生在经济上仍主要依附于家庭),其余各项都是找同学的

比例居首位，即使是生活上遇到困难，也仅次于找家长的比例。

必须看到，大学生的同龄群意识具有区别于一般青年同龄群意识的特点，在某些方面表现得更为强烈：

（1）大学生独立（除经济依附家庭外）生活在同龄人的大集体中，客观环境促使他们把对家庭感情上的依恋心理逐渐转移到同龄群，因而与同龄人交往、联谊的欲望比较强。

（2）大学生学习、生活在校园里，因此，与同龄人交往频繁，互动频率高。

（3）大学生的文化水准较高且较划一，因而与同龄人交往在形式和内容上有更高层次的要求。

（4）一所大学的学生来自全国各地，综合性大学还有文、理、工科之分，信息来源广泛、全面。因此，一方面，大学生同龄人之间在思想、感情、兴趣等各方面的相互影响会更为深刻；另一方面，大学生事实上普遍存在一种闭锁性心理。一般说来，大学生的观察能力和思维能力较强，自我意识比其他青年更强，更喜欢独立思考。强烈的自尊心和自信心使得相当部分大学生交友审慎。我们曾对250名大学二年级至四年级的同学做过一项调查，调查问题是：你觉得同学之间的心灵是怎样的？调查结果见图1。

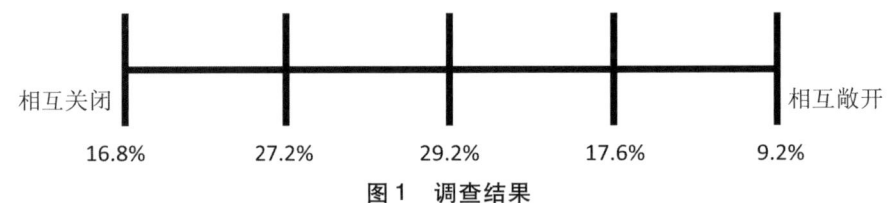

图1　调查结果

只有9.2%的同学认为同学相互间是敞开心灵的，而绝大部分同学认为是相互关闭或半关闭的。这种情形正如国外一位青年心理学家所指出的："在青年的友谊中突出地反映着这个年龄阶段的所有矛盾。青年人之所以迫切需要亲密关系，正是因为原则上它没有达到饱和程度。人们认为青年期是友谊的黄金时代，但青年自己却总是叹息很少有真正的友谊。"我们认为，强烈的同龄群意识与闭锁性心理的矛盾，就是大学生群体形成的客观心理基础。正是为适应这种欲敞欲闭的复杂的心理矛盾，大学生形成了形式多样的正式规定性群体（班级、团支部、学生会等）、正式自愿性群体（各类社团）、非正式规定性群体（同乡、同民族、同宿舍、中学同窗等）、非正式自愿性群体（节假日旅行团、朋友圈等）。这些交错存在的学生群体互为补充、相互依存，构成网络主体型态，从而创造了大学里生气勃勃、丰富多彩的生活画面。

二、 正式规定性和自愿性群体

正式存在的大学生群体有两种，即正式规定性群体和正式自愿性群体。两种群体是大学生群体的主要形式，在大学生交往中起着重要作用。

正式规定性群体主要是指科系、班级、团支部、学生会等。它是由学校统一组织、制度化了的群体，是不为个人意愿转移的具有相对长远、稳定目标的集体。如学生一入学，就会按其专业被编进某个班级；只要是共青团员，就必然隶属于某个团支部或小组，要退出这个群体，都必须履行一定的正规手续。正式规定性群体是目前高等院校中贯彻党的教育方针、组织教学、传授知识、实施管理的基本单位。因此，在现有的教育体制下，正式规定性群体在大学生诸群体中扮演着主要的角色，具有不可取代的地位，否则学校将无法开展一切正常活动，甚至陷入混乱和瘫痪。但是，这种规定性群体尚不可能充分发挥学生的个性和创造性思维，于是，就出现了正式自愿性群体。

正式自愿性群体即大学里现存的各类学生社团，包括政治性的（如马列学习会、党章学习小组等）、学术性的（如经济学社、心理学研究会等）、娱乐性的（如桥牌协会、文工团等）、综合性的（如勤工俭学部等）四类。正式自愿性群体与正式规定性群体具有一定的同一性，即它们都有正式的机构、章程和领导人，制定了符合成员共同利益的内部纪律和行为规范。正式自愿性群体与正式规定性群体的主要区别在于学生是可自由选择加入这些群体的，故称之为正式自愿性群体。这种群体一方面直接或间接地受共青团的指导和帮助，另一方面又遵循自愿参加的原则，并以全体成员认同的目标、兴趣、爱好为基础，故具有一定的凝聚力和广泛的群众性。清华大学有这类群体 26 个，聚集学生近 4000 人，超过学生人数的 1/3。中山大学 1979 年至 1984 年间，共有 4500 多人参加过各种社团，参加社团举办的各种活动的学生达 13300 人次。

实践证明，正式自愿性群体是正式规定性群体的主要补充，其原因在于这种群体具有独特的功能。

（一）沟通信息，扩大视野，丰富知识

大学是科学信息的一个重要窗口。但在正式规定性群体中，同学们由于受到学科专业、年级等限制，获得的信息常常是较单一的。而正式自愿性群体打破了这种界限，使得不同学科、不同年级、不同专业的同学可能聚集在一起开展各种活动，从而使同学们获得在正式规定性群体中得不到的、较为全面的信息。这对于开发大学生的创造性思维无疑是一个重要的前提条件。同时，我们还应看到，目前我国高等教育的现状与教育发达国家存在一定的距离，课程设置乃至专业设置不合理，造成了学生知识结构的单一性。而正式自愿性群体在某种程度上帮助学生改善了知识结构的单一性。从目前各高等院校涌现的学生社团来看，按学科属性划分，既有专业性较强的，又有边缘性、综合性的。这就使同学们在完成本专业的学习任务之后，有可能根据自己的兴趣、需要和能力去学习课外知识，从而巩固专业知识，扩大知识面。

（二）施展才能，自己教育自己

正式自愿性群体是由学生自愿组成的，也主要是由学生自己组织、领导和管理的。他们要自己起草章程、联络成员、制订计划，检验效果，扩大影响。有时为了开展一项活动，他们还要"走出去"或"请进来"。在这过程中，同学们在组织管理、社会活动乃至写作、演说等方面的能力都会得到直接的锻炼和提高。与此同时，大学生学习的自信心和社会责任感也必将大大增强。例如，中山大学经济学社创办了社刊《青年经济论坛》，同学们利用假日进行社会调查，提出并写出了"特区产品打入国际市场""控制人口与人民生活水平的提高""广东乡镇企业特色""提高劳动生产率与我国就业问题"等具有强烈时代感的研究课题和论文，得到有关方面的重视。又如，社会学研究会两位同学撰写的题为《关于目前的离婚问题》的调查报告，在《中国青年》杂志等单位举办的"青年社会调查征文"活动中获得了一等奖。

（三）缓和心理矛盾，促进身心健康

社团活动能帮助同学们陶冶情操，丰富课余生活，改变了宿舍—饭堂—教室"三点成一线"的枯燥模式，有益于学生的身心健康。更重要的是，社团活动为同学们提供了在新的群体中全面认识自己的机会。这对调节学生在正式规定性群体中可能形成的心理矛盾有着积极作用。在正式自愿性群体里，能者为师，各尽其才，从而防止出现一部分人总是处于各种群体的上层，另一部分人总是处于下层的"高相关"情形。例如，不少社团中颇有水平的领导者、组织者并不是班级中引人注目的核心人物，但由于他们具有独特才能，在新的群体中成了具有一定威信的中心人物。这种角色的变化增强了他们的自信心，对于他们的身心健康成长无疑是十分重要的。

然而，正式自愿性群体也有其不足，主要是缺乏严格的纪律约束，大多以兴趣、爱好为组织基础，合则聚，不合则散，具有一定的不稳定性和松散性。

三、非正式规定性和自愿性群体

大学生群体中还存在着两种非正式的群体，即非正式规定性群体和非正式自愿性群体。这两种群体虽是非正式存在的，但在大学生交往中也起着一定的作用。

非正式规定性群体是指没有机构、章程和领导人，也没有内部纪律，成员不存在加入或退出的群体。它往往以民族、籍贯、居住圈等为维系基础。同乡和同宿舍，这是大学里最常见的非正式规定性群体。每年新生入学时，新生接待处总围着许多找老乡的同学。另外，如中学同窗、同民族等都属此群体。

非正式规定性群体的功用，在新生入学初期最为明显。初到异地，学生们不可能很快寻找到与他人联系的纽带，这时，同乡、中学同窗或同宿舍的同学都会令他们感到特别亲切。这种群体对于帮助同学们（尤其是小年龄的新生）渡过心理上的孤寂期，消除陌生感，熟悉和适应新的环境，有着别的群体难以起到的作用。但是非正式规定性群体的组合，缺少精神上的凝聚力，一旦同学们熟悉了新环境，有了新的交往渠道以后，这种群体的作用就会逐渐减弱，故其具有一定程度的过渡性。特别值得注意的是，非正式规定性群体现时大多缺乏正确的指导，也没有得到组织的足够重视。这种群体的活动是否健康，完全取决于群体中的核心人物是否正派。如果核心人物不正派，这种群体就会聚在一起吃喝玩乐，无心向学，甚至酗酒、打架、聚众闹事。某大学一群学生与另一群学生因一点口角引发群架，就是其中一个负面例子。

非正式自愿性群体指同学们自由组合的小型节假日旅行团（队），有共同兴趣爱好的朋友圈，以及相互间可以推心置腹的两三个知音。这种体在聚散方面比非正式规定性群体更具有随意性。非正式自愿性群体具有规模小、聚合力大的特点，其生命力特别强，有些可以延续到大学毕业乃至一辈子。它的作用除了和以上三种群体具有某些共性外，主要还可以为同学们提供一个小而温暖的环境，彼此可以尽情地倾吐自己的思想，袒露自己所有的喜怒哀乐，从而调节自己的心态。用学生自己的话来说，就是"有一个让我说心里话的地方，有一些听我讲心里话的人"。因为不管怎样，前面所讲的三种群体，其规模都比较大，成员之间的联系不可能那么直接、入微，而非正式自愿性群体恰恰弥补了这一点不足。这种群体的短处是，联系面窄，活动内容单调，易使一些人养成狭隘、孤僻的习惯，难于培养和发挥个人的才能。

四、几点意见

分析了大学生群体形成的客观心理基础，考察了其存在的价值、功能之后，笔者提出以下四点意见。

（1）大学中多种学生群体并存是一种必然，它对于大学生的思想、学习和交往的发展，有着至关重要的意义，必须切实加强对学生群体的教育、指导和帮助工作。

（2）学生群体的形式并不是恒久不变的，随着社会的发展，其组织、内容都必然发生变化。因此，我们必须注意这种变化，注意各类群体的不同特点，了解大学生对它们的不同态度，从而更好地有的放矢地开展工作。

（3）正式自愿性群体是诸群体中规模较大、联系面较广、社会性强的一种群体，其发展趋势是朝着更广泛、更深入的方向发展，必须予以足够重视，加以积极的引导。

（4）要充分利用学生群体特有的凝聚力，引导他们开展积极的自我教育。尤其要善于发现和培养群体中的核心、骨干分子，使之成为学生干部队伍的重要补充。

（原载《南方青少年研究》1987年第2期）

对思想政治教育走出困境的理性审视

长期以来，我国各级教育组织不仅建立了较系统的教育网络，而且也建立了一支具有相当素质和专业化的队伍；我们不仅有从小学到大学统一的教育大纲，而且全面实行"德目主义"的教育方式。但思想政治教育的效果与发展的期待仍有较大的距离，而且随着我国社会主义市场经济的深入以及全球化的历史趋向，思想政治教育的困境愈显突出。如何走出这个困境，本文试图做一初步的探讨。

一、对思想政治教育特性的再审视

理性地审视这个困境，必须首先澄清思想政治教育的特性问题。对思想政治教育特性的确定，包括对两个问题的回答。一是思想政治教育是属于价值认识的范畴还是科学认识的范畴？二是它是属于实践理性的范畴还是理论理性的范畴？

首先，思想政治教育属于价值认识的范畴，而非科学认识的范畴。思想政治教育作为价值认识理论，具有较强的阶级性、政治性和鲜明的国家意识形态性。根据价值认识的特点，思想政治教育不仅要强调我们想教什么，同时必须要研究接受主体的特点、需要等，这样才能使主体性与客体性较好地得到统一，取得良好的教育效果。长期以来，我们对这个问题的认识是不够的，甚至将价值认识的问题当作科学认识的问题来处理，于是至少产生了两个误区：一是将思想政治教育简单化，把它变成一厢情愿的事情，缺乏对价值教育特点的深入研究；二是夸大了思想政治教育的作用，夸大了教育活动中教师主体的作用。这显然是不合实际的，因为思想政治教育如果没有得到学生真正的理解，就不可能成为他们自己的认识。

其次，思想政治教育属于实践理性的范畴，而不是理论理性的范畴。通过思想政治教育，我们希望传导社会主义政治观、价值观、人生观、道德观，但能否被学生认同、接受，不是概念和理论问题，而是实践问题。台湾学者韦政通先生在《伦理思想的突破》一书中谈到，一个社会如果说的是一套，行的是另一套，那么这个社会就会发生道德危机，即你说的并不去做，于是，人们就逐渐不相信你说的，不信当然就不会接受，教育的效果就不好。因此，思想政治教育效果的问题，不能只归因到理论，而必须注意另一个视角，即实践的问题。从这个视角来观察，直接影响思想政治教育效果的有两个主要的示范集团。相对于孩子来说，"成人集团"是他们的示范集团。如果成年人是不讲诚信的，是追求利益的最大化而不承担社会责任的，那么，要让孩子相信、接受诚信的原则，适度地、道德地追求利益最大化则变得十分困难。相对于广大群众而言，"领导集团"则是最重要的示范集团。如果说"成人集团"对孩子的示范作用具有潜移默化之特点的话，那么，"领导集团"对群众的示范作用则带有直接的极强的影响力。

从思想政治教育的这个特点出发，我们需要调整两种认识。一是要看到，在我国社会从计划经济向市场经济急剧转型的过程中，思想政治教育的理论要求与实践的差距是必然的，而且是客观存在的，我们既要承认并接受这种事实，又必须正视并解决它存在的困难，否则我们一味将这种客观存在的、不可逾越的矛盾全部转嫁给教育工作者是不合理的。二是要转变过去偏重理论说教，特别是自话自说的观念，必须增强思想政治教育的实践说服力，即不是回避实践中出现的问题和矛盾，而是要在直面实践问题的过程中增强理论的说服力。

二、主动增强三种意识和能力

作为价值认识范畴的思想政治教育，要走出困境，较好地实现主体性与客体性的统一，从教育者的角度，我们必须主动增强三种意识和能力。

第一，增强与时代前沿对话的意识和能力。与时代前沿对话，就是要了解不断变化的时代，了解时代提出的新问题。如果说传统社会由于它的变化极其缓慢，显现出复演性的特点，人们的价值认识具有较强的稳定性的话，那么，在现代社会，由于经济、科学技术等的迅速发展，打破了传统社会的稳定性，社会生活呈现出多元性、流动性、交叉发展性等特点。如果我们不正视教育对象生活时代之特点，不了解时代的真问题及学生的真困惑，我们的教育充其量也只是隔靴搔痒，或者只能达到事倍功半的效果。譬如，市场经济作为通过产权所有关系、价值交换关系、供求关系、竞争关系、契约关系和价格、盈亏、资源变动的机制，达到有效地配置资源的一种体制，在客观上必然打破个人对某一组织或群体及社会的绝对依赖关系，人们的利益诉诸必然呈现多样性。因此，新时期思想政治教育必须要找到多样性的个体利益与全局性的、社会性的整体利益之间的结合点，并以之作为切入点，必须要在分析和解释现代社会中个人与集体的多重关系时，如何坚持集体主义的原则，而不能回避新的利益关系、抽象地谈应当如何，这样的思想政治教育才可能真正入脑。

第二，增强与相关学科领域对话的意识和能力。思想政治教育具有较强的国家意识形态性质，而且我国学校德育实行的是"德目主义"的路线，即我们设立专门队伍教授专门的德育课程，这样便逐渐形成了某种独特的话语体系，了解、吸纳相关研究成果的意识较为淡薄，表现出一定的自话自说的倾向。这种特点与倾向对于生活在开放社会中的青年学生来说，显然难以满足他们思想、心理成长的需要。市场经济体制的建立，内在地决定了社会的开放性，在开放的社会条件下，思想政治教育必然面对多元化的考验：原来人们只能知道很有限的信息，现在人们可通过各种渠道，尤其是可通过网络了解非常广泛的信息，这打破了过去人们进行道德、价值判断和选择的单一参照系；原来信息的接收可以由国家职业信息传播机构进行过滤，互联网的传播却使这种"过滤器"难以充分发挥其控制功能，这就意味着各种不同的思想、价值、道德观念会对人们产生交互性的、直接的影响。显然，如果不加强"对话"，就很容易走向自我孤立、自我封闭的状态；如果我们对文明的发展、理论与实践的发展缺乏敏感性、洞察力和预测力，即缺乏思想的主动性，我们的教育观念、内容、方式方法及机制还停留在计划体制的基础上，还是一成不变地固守地盘，我们就既不可能真正了解学生的困惑，也无法提供有说服力的疏导，更无力引导、促进学生人生的健康发展。同时，思想政治教育也势必失去工作基础和对象，势必成为空洞说教、形式主义的代名词，其生命力也就无从谈起。任何价值教育的有效性都与满足接受主体的需要有关，传统社会的单面性、主流价值的绝对性，使价值教育较为直观、顺利，而现代社会的多元复杂性，使价值教育困难得多。这就要求我们要有更充足的理论准备，增强与相关学科领域对话的意识和能力，善于学习、了解相关学科领域的研究成果，善于吸收其合理的部分用于思想政治教育，从而提高思想政治教育的说服力。

第三，增强与世界对话的意识和能力。随着经济全球化的历史进程不断推进，不同的社会制度、不同的政治理想、不同的文化价值观等必然以显性的和隐蔽的方式交织在一起，这是不以我们的意志为转移的。因此，我们必须更加主动积极地去了解、研究世界其他国家价值教育的情况。如果我们置身在一个全球化的环境中，却不知我们以外的国家在如何开展价值教育，就必然会陷入被动。有人说，思想政治教育是中国特色的产物，西方发达国家是不需要进行这种教育的，是充分"自由"的。其实不然，西方发达国家不仅有极强的意识形态的控制，也有独特的控制方式。我们需要研究的恰恰是：为什么他们达到了自己的目的，却没有使人产生明显的被"教育"的感觉；我们如何从防范状态转变为主动状态，对世界的意识形态产生更积极的影响。这些都需要我们在增强与世界对话的意识和能力中去把握。

在全球化背景下，增强思想政治教育主动性，从以防范限制为主，转变为以引导发展为主，就要强调"融渗性""平实性"。所谓融渗性，即强调思想政治教育要有机地融合在各项教学活动、教育过程中，而不是生硬地打着"鲜明的旗帜"，只把思想政治教育作为标签来贴。由于"融渗"符合价值教育的特点，因此其既不易引起逆反心理，又能使思想政治教育的影响更广泛、更深入、更长远。所谓平实性，即强调思想政治教育要用更加贴近学生、贴近时代、贴近生活的语言、形式来表达教育要求，用合乎教育规律的方式来表达教育内容，就是不讲空话、大话。在这个问题上，我们确实存在重形式而不重实质、重口号而不重实效的形式主义。西方学校在20世纪下半叶针对德育提出的"无灌输的道德教育"之三个条件，对我们思考这个问题具有一定的启示。首先，"无灌输的道德教育"是一种开放的教育，即它不是以封闭学生的思想为目的，而是以促进学生的道德思维、发展学生自己的道德观为目的。其次，其是一种发展的教育，即道德教育必须服从学生道德发展的规律、培养学生的批评性思维。最后，其努力鼓励学生通过自己的实践或活动达到道德上的成熟。可见，西方国家并没有放弃意识形态的教育和控制，只是研究得更细致，方法更合规律性，因而极大地增强了教育的"影响力"。

三、关注可接受性和发展性

对思想政治教育效果的评价，取决于主体性与客体性的统一。如何在教育的实践中实现这种统一？思想政治教育的原则是什么？这些问题值得我们进一步思考。

　　2004年上半年，中山大学一位学生开始接受思想政治理论课（"两课"）的学习，该课程引发了他的兴趣，于是，该生自发地对教授该课程的教师和学习该课程的学生随机做了访谈，以及对部分学生进行了问卷调查（以下简称"调查"）。他得到的结论是，对于思想政治理论课，学生还是比较重视的。他还例举和分析了一些教师的课程深受学生欢迎的原因。调查指出，"思想政治理论课教育大可不必依靠讲故事甚至野史来维系，更不是团团绑住无法呼吸。尽管中山大学的思想政治理论课教育还有不足，面临许多挑战，但在老师和学生的共同努力下，其取得的成绩得到了多方面的肯定"。在这份简短的调查报告中，还有一个更值得我们关注的结论，那就是受学生欢迎的教师与学生有两个共同期待：一是培养学生独立思考的能力；二是关注学生的长远发展和对学生的终极关怀。

　　关于第一个期待，调查报告这样写道："对于学生而言，大学作为人生真正打基础的阶段，他们不仅希望在大学的四年中积累更多的知识，更希望在学习的过程中学会学习、学会思考。对于老师来说，他们不仅希望扮演知识传播者的角色，更希望在传播的过程中教授学生思维的方法，不仅'授人以鱼'，更'授人以渔'。……一天晚上，笔者从图书馆回来，在校园里无意听到身边两位同学在讨论马克思，后来冒昧采访了其中一位来自岭南学院财政学专业的同学。在访谈中，他不断强调更希望从老师那里、在课堂上学会独立思考。在小学、中学，老师从来都只告诉你怎么做，这种绝对、僵化的教学模式对学生思维的发展造成很大冲击；我们更多地希望理解'为什么'，学会怎样思考，这才是最重要的。"调查报告引用了讲授"毛泽东思想概论"课程的一位教授的话——"学生首先要学会思考，然后再正确思考"，表达了师生共同的理解。

　　关于第二个期待，调查报告中有这么一段话："笔者曾在闲时和一位地球与环境科学专业的同学谈及马克思主义哲学课，听说她的同学绝大部分不仅按时上课，而且专心认真听讲，多少觉得有点惊讶。通过访谈笔者了解到，马克思主义哲学课得到广泛认同和很高的评价，原因在于：一方面，老师赋予课堂丰富的内容；另一方面，老师在教学的过程中对学生长远发展的关注和对生命终极的关怀。"报告特别分析了教授马克思主义哲学课的林滨老师的课为什么有这么强的感染力和说服力，认为"很重要的原因在于，那位教师不仅教授哲学原理，更表现了对学生人生长远发展的一种终极关怀"。

根据思想政治教育的特性，从学生对价值性教育的期待和教育的根本追求来看，笔者以为，有两个重要的原则是必须关切的。

一是可接受性原则。对思想、文化等的价值性接受，实际上是人们对语言象征性符号表征出来的客体信息的择取、解释、理解和整合的状态。因此，"思想接受"往往与愿意、赞同、相信等联系在一起；反之，就不可能接受或不是真接受，即心悦诚服，这正是由价值认识的特性所决定的。尽管"价值接受"不仅是一个情感的问题，而且是理性的问题，但如果没有情感的接受，就谈不上理性的接受。如果思想上不能满足学生情感的内在需要，学生就会对这种教育产生抵触、拒绝，甚至反感、抗拒。因此，思想政治教育强调学生的可接受性原则就显得极为迫切而重要。

二是发展性原则。如果说可接受性原则强调的是要尊重学生的主体性，强调思想政治教育要与学生思想政治成长的需要相契合的话，那么，发展性原则强调的则是思想政治教育的合目的性，在于帮助学生的发展，引导他们人生的健康成长。前面谈到的学生的期待，非常有力地说明了这个问题。把发展性作为思想政治教育的教育原则，不仅体现了思想政治教育作为价值性教育的特质，体现了以人为本的现代教育理念，而且在一定意义上强调了唯物主义的教育立场：教育的内容、方式、途径等都是具体的、历史的、发展的，当某些具体形式不能真正地起到关切人生、促进人生发展的作用的时候，我们就需要调整和改革。

的确，尊重学生生命的价值，引导他们思想与生命的成长，正是教育的应有之意，更是思想政治教育的根本之意。一个回避或不能对生命存在意义给予回答与引导的教育一定不是好的教育；一个无视或无法满足学生成长需要的教育，也不可能是真正有效的教育。当然，这决不意味着放弃教育的社会要求与原则，简单地附和、迎合接受主体的价值倾向，如果教育只是附和、迎合，就失去了教育存在的根本价值。

（原载《中国高等教育》2005年第17期）

生命教育的本体及其三个维度

一、关于教育本体的反省

教育是什么？无论人们如何定义，教育始终是以人为中心的价值活动。所以教育是面对人的，而人又是在社会实践中不断自我生成、发展的。因此，在一定的意义上，教育的形态依赖于人的存在形态，而人的存在形态又依赖于社会的存在形态。当然，这并不是一种简单、单向的依赖关系，后者为前者提供可能性，前者对后者产生主导性。马克思曾把人的发展划分为三种历史形态：人对人的依赖关系；以物的依赖性为基础的人的独立性；真正人的自由全面发展。在不同的历史形态下，教育的本体地位显然也是不同的。

的确，关于人生及对人的问题的思考，自古有之。古希腊德尔斐神庙中镌刻的箴言——"认识你自己"，已昭示着这是人类永恒的主题。在人类数千年的文明历程中，无论是东方还是西方，都经历了一个从对人的本体性认识到价值性认识的过程，都探索过人从哪里来，到哪里去的问题。在近四百多年的现代化进程中，诚如林治平教授所指出的，由于种种原因"人不见了"，于是人类一直不懈地在进行"找人"运动。

在西方，人们突破中世纪神学的禁锢，通过文艺复兴运动，找到了"感性的个人"；突破农业经济的藩篱，经过工业革命的洗礼，找到了"经济人"；突破大机器时代的局限，经过科技的迅速发展，找到了"单面相的人"。虽然每一次"找人"，都向丰富的深刻性之向度推进一步，但仍未找到真正的人。于是，教育逐渐成为传授知识学问、训练培养专精技术的场所，充其量是培养失去生命温度且未受过教育的专家。显然，教育作为成人化的过程，其本质被淹没了。

在中国传统文化中，人被普遍地看作关系的产物，伦理关系是人的本质特征之体现，人的道德性具有至上的意义，所以先秦儒学直接把教育目标等同于德育目标。在这种传统下，人生观一直是中国伦理学的核心之义。人生观的具体内涵是关于人生目的、态度、价值和理想的根本观点，而道德教育就是教人确立正确的关于人生目的、态度、价值、理想等的人生观念，使人成为善者、好人的过程。也正是在这个意义上，人生教育融于道德教育之中，而且就是道德教育，道德性是人生首要的、本质的、高尚的特性。显然，这种传统，一方面深刻揭示了人性之本质特征；另一方面，当把道德看作与人相对应的关系，并高于人的时候，亦把人降为道德的工具。在封建等级制度下，所谓"君叫臣死，臣不得不死"，就是这种颠倒人与道德关系之结果。因此，传统的人生（道德）教育往往缺乏对生命本体的关注。在这种理念下，道德逐渐演变，绝不是来自生命本体的需要，而是来自阶级的、统治的、管理的需要。这就使得道德这种依靠人的自觉理性而维系的规范失去了支撑的本体性基础，人生教育或道德教育不是"为人"的教育，而是"人为"的教育，这是另一种意义的人的迷失、教育本体的迷失。

二、 生命教育的三个维度

生命教育的提出正是对人与教育本体迷失的批判和反省，生命教育是一种寻求以人的生命本体为基础，以尊重人生命的尊严和价值为前提，以对人生命的整体性、和谐性发展为目的的教育。生命教育的这种价值取向，必然突破"感性的个人""经济人""单面相的人"的局限，必然挑战忽略生命本体、"去人化""无人化"的教育，所以是真正以人为本的教育。因此，生命教育必须把握三个维度。

（一） 生存价值与生活意义相统一的维度

尊重生命是人生的第一要求，人生的存在与发展首先呈现的是一个生命的过程。从本质上说，人是一种时间的存在，时间是生命的存在方式，也是生命限定的标志，这不仅指人生活在时间中，而且指人是通过时间表现存在的。时间只能延续，不可重复和逆转，故人的物质生命对每个人来说只有一次，生命的有限性既是生命的魅力，也决定了人生存的基本价值。在中国思想史上，道家主张自然无为、见素抱朴的人生哲学，因而对于生命的态度均表现出贵己重生的倾向，其中最突出的是杨朱的思想。杨朱认为，生命是天下最珍贵的，一切对自己身体和精神有损害的行为都不可取。"今吾生之为我有，而利我亦大矣：论其贵贱，爵为天子，不足以比焉；论其轻重，富有天下，不足以易之；论其安危，一曙失之，终身不复得。"(《吕氏春秋·重己》)显然，贵似天子的爵位也不能和生命的珍贵相比，即使天下所有的财富，也不能以自己的生命相交换，因为生命一旦失去，便不可复得。所以"圣人深虑天下，莫贵于生"(《吕氏春秋·贵生》)。然而，杨朱的贵生，主要是贵己之生，是极片面的。人生存的价值，决不应仅仅表现为对自己生命的尊重，还必须尊重他人的生命。

尊重生命的尊严和价值，更重要的是追求生活的意义。从根本上说，人是寻求意义的存在物，理性赋予人反省的意识，并使人具有自觉地关注自身价值与存在意义的能力，这种理性正是人的生活与动物生存的根本区别所在。19世纪的哲学家拉美特利曾深刻指出，在未到一定年龄之前，人的自保本能实在不及动物：把幼儿与一只动物放在悬崖边，只有幼儿会跌下山谷去；一只狗和一个孩子一同迷路了，孩子除了哭，不知向哪个菩萨求救，狗却可以凭着嗅觉找到家。但人比动物高明之处就在于，人具有理性，可以为了某种目的进行创造，为了某种理想而生活。追求生活的意义，就必须超越人仅仅满足自我生命保全、自我生存需要的狭隘性，就必须满足两个基本条件：人应当对他人和社会承担一定的责任；人要通过创造性的活动，对他人和社会有所贡献。

总之，生存价值与生活意义相统一的维度表明，人的生命是有限的，人的生命对每个人只有一次，因此，尊重生命、珍惜生命是生命教育必须予以肯定的。同时，生命的真正价值并不仅仅是有机生命体的存在，而是有机生命体所表现出来的生活意义。这种意义既是责任，又是创造；既是现实的，又是超越现实的。

(二) 物质追求与精神追求相平衡的维度

需要和动机是人类活动的内部动力，人类的一切活动，都是为了满足自身生存和发展的需要。事实上，按来源和性质来划分人的多种需要，无非包括两大类：一类是生理上的需要，即物质需要。这类需要源于人体生理、肉体活动，源于体内物质和能量的不平衡，它是与生俱来、不教自能的，故是人的自然本能，为人和动物所共有。另一类是心理的、精神的需要。这类需要是人类在长期的社会生活和个体社会化进程中形成的，包括学习知识、培养技能、社会交往、友谊爱情、道德人格、艺术审美等，源于人的社会"本能"，是人的本质特征使然，因而是人性尊严的体现。显然，生理、物质需要的满足，是人类生存和延续的首要条件，是人类行为的基础动力，而人的精神需要、精神追求却是人性高贵的体现。

如何对待物质与精神，即利与义的问题，可以说是人生发展过程中必须面对的重大关系问题。事实上，生命本体的价值与尊严并不在于二者的对立或排斥，而在于二者的平衡发展。从历史文明进程的角度来看，中国传统社会与现代社会似乎表现了两种相反的路向。传统社会对物质与精神、利与义虽有不同的态度，如孔子、荀子主张"以义制利"，墨家主张"贵义贱利"，道家主张"超越义利"，但基本倾向是把"利"看作"自利""私利"，认为其是万恶之源，故普遍鄙视或轻视个人的利益和物质性追求。现代社会在市场经济的催生下，个人利益、物质性需要虽然获得了"平反"，获得了合理的肯定，但却又走上了一条物质利益膨胀的"不归路"。当年孟子提出"何必言利"，让人觉得不食人间烟火，而今有人大呼"何必言义"之事，岂不丧失了人性吗？也许美国当代著名的伦理学家麦金泰尔的批判是深刻的：自我中心主义将人从任何关系和传统中割断，人可以公然地不道德，并宣称不道德也是一种人权。这种思想只剩下利益和权利两种语言，人不需要明白他应做什么，不需要有任何道德的文化。显然，生命教育只有在物质追求与精神追求相平衡的维度中，才能真正体现生命的尊严、价值及其完整性。

(三) 个体发展与社会发展相协调的维度

生命教育之所以是真正以人为本的教育，是因为它不仅强调尊重生命本体，尊重生命的尊严和价值，而且以人生命的整体性、和谐性发展为目的。如何才能获得生命的整体性、和谐性发展？其核心问题就是个体发展与社会发展的互动和协调。一方面，个体是相对群体而言的个别主体，是人的世界中的最小单数单位。任何一种人生都是以个体作为基本的物质载体，因而个体具有不可替代性。正是个体存在的独立性，构成了社会存在有机性的基础。在这个意义上，个体发展是社会发展的前提。另一方面，个体生命的本质又同时是社会性的存在：任何个体都必须以一定的社会及其关系作为自己存在的前提，这是一种没有选择的选择。正是在这种不以个人意志为转移的社会前提下，个人开始学习成为一个正式的社会成员。生命的存在状态是以群体的方式从事社会活动的，在这种状态的关系中，人们之间由于某种需要和利益的联系，必然形成一种互为目的和手段的关系，同时形成权利和义务的关系，因此个体生命的内涵及表达不可能是自我封闭的。在这个意义上，社会发展是个体发展的基础。显然，生命教育只有在这样的维度上，才能真正把握生命的本质、价值及教育的理想。林治平教授曾十分形象地指出，教育应当是"协助人碰到人"的工程。碰到自己，找到自己，这是生命教育的起点；碰到别人，找到别人，这是生命教育的终点。之所以生命教育要帮助人们寻找"自己"和"别人"，是因为现代人用"我有"取代了"我是"，用形式取代了本质，真实的"我"不见了。同时还因为现代人用"我"取代了"别人"，"只要我愿意，有啥不可以?"，"别人"因此不见了。这个"找自己""找别人"的过程，从教育的立场，不就是个体发展与社会发展相协调的维度吗？形象的背后是深刻的。

如果说，一个世纪前，进步主义教育家就把教育定义为"使人成为人的过程"，那么今天，我们必须明白，只有找到真实的人——不仅知道"我有"，还知道"我是"，不仅有"自己"，还有"别人"，才能说有真正的教育。而要追求真正的教育，必须"要用生命去碰撞生命"。

（原载《生命教育集思：2001年海峡两岸生命教育学术研讨会论文集》，香港基道出版社2001年版）

道德教育视野中知行问题的再思考

认识与实践是人类特有的活动方式和反映形态,也是道德教育过程中必不可少的环节。就一般的意义而言,认识主要表现为知识、理智,实践主要强调能力和行为。可以说,知识、理智和能力、行为的关系历来都是为道德教育理论家所关注,并竭力求解的问题。在现代社会发展的新的历史阶段,如何理解、对待道德教育中的认识与实践问题,直接制约着德育的方式方法,影响德育根本目的的实现。对此,我们必须予以审慎的价值澄清。

一

认识与实践的问题,即知与行的问题,是哲学认识论中的重大理论问题。如何回答这个问题,中西方道德教育有两种不同的传统倾向。

在中国古代思想发展过程中,对知行关系的探讨不仅首先是在道德领域里提出的,而且主要也是在道德领域里展开的。它讨论的对象主要是道德意识、道德认识与道德践履、道德行为之间的关系,即致知和力行的关系。与中国传统社会的基本特征相联系,中国传统道德教育对知行关系的基本倾向是,强调知行的辩证关系,突出个体道德的实践理性品格。

1. 主张致知与力行是个体道德修养不可分离的两个方面,强调知行合一

朱熹认为:"大抵学问只有两途,致知、力行而已。"① 他还说:"学者功夫,唯在居敬,穷理二事,此二事至相发,能穷理则居敬工夫益进,能居敬则穷理工夫日益密。譬如人之两足,左足行则右足止,右足行则左足上;又如一物悬空中,右抑则左昂,左抑则右昂,其实只是一事。"② 在朱熹看来,知与行是不可简单分离的,是相辅相成的。因此,"行之

---

① (清)李绂:《朱子晚年全论》,中华书局2000年版,第89页。
② (宋)黎靖德编,王星贤点校:《朱子语类一》卷九,中华书局2004年版,第150页。

力,则知愈进,知之深,则行愈达"。可见,中国古代思想家,特别是宋明理学家对理论与实践、知与行相互关系的看法,充满了辩证的思想。

2. 重视知对行的指导作用,更强调"行为知功"

一般地认为,"知行合一"是正宗儒家传统伦理中的核心命题之一,具体体现了儒家伦理实用理性的品格。在朱熹、王阳明等思想家那里,"知行合一"最为关注的是知行的统一性,王阳明甚至认为,"一念发动处,便即是行了"。在这个意义上,知行合一则具有"以知代行"的涵义。对此,王夫之进行了尖锐的批评,认为"知行统一"是以知行相分、相并为前提的,否定知行的差别必然导致"以知为行"。在王夫之看来,知有不统行,而行必统知,故行比知更重要。这使得中国古代对知行关系的认识达到最高峰。从总体上说,儒家伦理对知行的功用之倾向是清楚的:"知行常相须,如目无足不行,足无目不见。论先后,知为先;论轻重,行为重。"① "不闻不若闻之,闻之不若见之,见之不若知之,知之不若行之,学至于行之而止矣。行之,明也,明之为圣人。"②

3. 在致知上,要求学思结合,在力行上强调"反求诸己"

诚然,在中国传统道德的思想脉络中,关于知的来源、求知的方式、行的内涵及其途径等有各种不同的观点和学说,但在致知上要求"学思结合"、力行上强调"反求诸己"却有较一致的认识。孔子认为,一个有道德的人必须要有丰富的道德知识,才能分辨善恶荣辱,决定取舍而不迷惑。他指出:"好仁不好学,其蔽也愚;好知不好学,其蔽也荡;好信不好学,其蔽也贼;好直不好学,其蔽也绞;好勇不好学,其蔽也乱;好刚不好学,其蔽也狂。"③ 在此,孔子强调仁、知、信、直、勇、刚等道德品质的形成,必须通过之前实实在在的学习、理解,否则便是愚德,正是"学而不思则罔,思而不学则殆"④。所以,他要求学生通过学习,知德、知仁、知礼,从而学道、适道。

中国传统道德不仅在致知上要求学思结合,而且更强调在力行上反求诸己的主体定位,即强调道德践履以律己为起点。的确,中国传统道德的

---

① (宋)黎靖德编,王星贤点校:《朱子语类一》卷九,中华书局2004年版,第148页。
② (清)王先谦著,沈啸寰、王星贤点校:《荀子集解》(上),中华书局1997年版,第142页。
③ 杨伯峻译注:《论语译注》(阳货篇),中华书局2004年版,第184页。
④ 杨伯峻译注:《论语译注》(为政篇),中华书局2004年版,第18页。

践履过程与个体道德修养的过程是相一致的，在道德践履的立足点上，传统道德的逻辑是"修己以安人""修身、齐家、治国、平天下"，主张厚于责己，从我做起，而且十分强调言行一致，德行统一。孔子说："始吾于人也，听其言而信其行；今吾于人也，听其言而观其行。"① 所以，他要求学生"敏于事而慎于言"②，"欲讷于言而敏于行"，认为言过其行是一种莫大的耻辱。

显然，中国传统道德教育关于知行关系的这种认识对于培养人们笃实重行的价值行为方式无疑是强有力的，对于新时期道德教育仍然具有不可替代的价值。但是，我们亦必须看到，中国传统道德教育中的知行观也有其难以逾越的局限。最为突出的问题是，其所指的道德知识主要是指道德价值知识。一方面，这种知识是依据现实政治的要求来框定的；另一方面，这种知识具有某种确定的先在性，是不需要证明的理论前提，如人们只要准确地认知、学习"三纲五常"的知识，按其规则行事，就能达到知行统一的要求。因此，这种知识不仅带有明显的主观性、经验性，而且这种过于世俗化的知识倾向从根本上妨碍了它对道德本体意义的追寻，一旦离开道德本体的整体关怀，无论是道德认识，还是道德实践，都有可能陷入盲目性。

与西方传统社会的历史特征相联系，西方传统道德教育具有鲜明的理性主义色彩，因而在理智与行为的关系上，西方传统道德教育十分重视知识、理智的作用。苏格拉底的名言"美德即知识"，不仅揭示了知识与道德的关系，而且揭示了理智与行为的关系。显然，在后一种关系上，这一命题包含了这样的倾向：理智是决定行为的，有了明智的理智就等于是有德之人。在苏格拉底看来，人的道德是一种理解，而不是技艺，更不是拥有财富之类的物质存在，他把致德归结为致知，把致知归结为认识自己。因此，苏格拉底在开理性主义伦理思想先河的同时，亦把"知"直接等同于"德"，而忽略了"行"（实践）的中介作用，这对西方传统道德教育产生了深刻的影响。值得注意的是，在西方传统的语境中，"知"的内涵与中国传统道德中"知"的内涵是不同的。中国传统道德中的"知"，主要侧重于道德规范本身：一方面，规范总是具体的、相对的，另一方

---

① 杨伯峻译注：《论语译注》（公冶长篇），中华书局2004年版，第45页。
② 杨伯峻译注：《论语译注》（学而篇），中华书局2004年版，第9页。

面，任何道德规范都是某种价值选择的结果，即某种道德价值知识。而西方传统道德中的"知"则以道德事实知识为主，以寻求对德性本质的把握。如在柏拉图《美诺篇》的对话中，从对"德性是否可教"的讨论开始，逐渐引出对"德性是什么"的探索，美诺在回答这个问题时，列举了男人的德、女人的德，并指出老人、小孩、自由人等都有不同的德。苏格拉底的回应表明了他对"德性是什么"的理解："如果有许多种类的德性存在，那么它们必有一个共同的理念，由于她，它们才是德性。"① 接着他们讨论了古希腊人的四种基本德性，即智慧、勇敢、节制、正义，也叫"四元德"。这是对德性本质的揭示，而不是描述德性的具体表现，如男人、女人等具体的德性，并认为在这四种德性中，作为思考的美德，智慧是居首位的。因为智慧所给予的知识，能使人过上最好的生活，知识使人产生美德，无知者必定要被肉体、情欲所控制，而这正是不幸与恶的根源。"美德即知识"显然是苏格拉底对德性、对知的理解的逻辑结论。

柏拉图在《理想国》中，继承和发挥了其老师的思想，指出"知识是每个人灵魂里都有的一种能力，而每个人用以学习的器官就像眼睛。——整个身体不改变方向，眼睛是无法离开黑暗转向光明的"②。不言而喻，西方传统道德中的"知"更多的是指思考、选择道德价值的知识和能力。因此，整个西方道德教育的主流是"全面主义"的，而中国道德教育的主流是"德目主义"的。

二

19世纪末20世纪初，随着西方工业革命的推进，道德理性主义开始受到全面的挑战，非理性主义思潮的兴起及进步主义教育的启动，使西方道德教育在知行关系上呈现出这样的基本倾向：重视人的道德生活及经验，注重情感的作用，强调道德选择的能力与技能。这个转型的标志应当说是从杜威开始的。

作为进步主义教育的开山之父，杜威在现代教育中的地位是不言而喻的，其教育思想对中国教育的影响也是极其深刻的。腾大春先生在《民

---

① 苗力田主编：《古希腊哲学》，中国人民大学出版社1989年版，第238页。
② ［古希腊］柏拉图：《理想国》，郭斌和、张竹明译，商务印书馆1986年版，第277页。

主主义与教育》一书的前言中说道："我国教育家陶行知提倡生活教育，陈鹤琴提倡活教育，晏阳初推广平民教育，都受杜威的启发。"他引用胡适先生的话，"自从中国和西洋文化接触以来，没有一个外邦学者在中国思想界的影响有杜威这样大"①。杜威指出，学校中的道德教育最重要的问题是关于知识和行为的关系。但在知行关系上，他既反对视道德为非理性的，把知识与道德、理智与行为割裂开来，亦反对把二者等同起来，他肯定理智对道德行为的引导作用。基于"教育即生活""教育即生长"的哲学，他强调在活动中培养儿童的道德品质，批评那种从行为中抽象出来而孤立地讲述道德学科，向学生灌输道德格言和训诫，就像离开肉体的骷髅，也好似不要学生跳入水池而光给他讲述泳术一样可笑。所以他主张学校要布置活生生的社会环境，让学生生活其间，从而理解人与人相处之道，形成善良的习惯和态度。针对有人反击苏格拉底"知德合一"，即知善便能行善、行恶是由于无知的观点，指出常常有人知善而不行，知恶而不改，杜威的回应是，这是人们只叫儿童学习空洞教条使然，如果儿童从生活经验中真正掌握善恶的知识，那就会笃信笃行了。可见杜威并不否认知的作用，与西方传统道德关于知的理解不同的是，他强调在不同的生活环境中学习道德的知识，体验道德。

英国道德教育理论家约翰·威尔逊（John Wilson）一方面承认理性不仅是区别人与动物的重要特征，而且是道德之为道德的内在规定性，知是道德力行的重要因素之一；另一方面，他又强调理性这种因素，在个人道德决策中主要表现为能力和技能，强调情感的因素在由知转化为行的过程中的作用，这显然与传统道德理性主义是不同的。

以拉斯思和西蒙等人为代表的价值澄清学派，认为个人的经验是价值的源泉，"人们是通过经验来获得发展和学习的"，"价值将随着经验的发展、成熟而发展、成熟"②。因此，价值教育的目的在于帮助学生掌握一种澄清价值的方法，而不是获得澄清的结果。在价值澄清学派的视野中，理智与行为是评价过程中两个独立的因素，从根本上说理智的要旨是个体

---

① ［美］约翰·杜威：《民主主义与教育》，王承绪译，人民教育出版社1990年版，第39页。
② L. E. Raths, M. Harmin, S. B. Simon, *Values and Teaching*: *Working with Values in the Classroom*, C. E. Merrill, 1978, p. 26.

价值选择的能力，而不是普遍的道德知识和原则，行动只有与"珍视""选择"过程结合在一起时，才有价值的意义。所以，从总体上说，价值澄清学派主张道德教育在于教人以澄清的方法、技能和能力，而不在于给人以价值的原则和结论，强调个体主体的思维、情感在价值自动控制中的作用，强烈反对以某种普遍性原则为基础的道德灌输。然而，其哲学上的相对主义，最终使这种学说在实践上蒙上了非理性主义的色彩。

柯尔伯格在理智与行为的关系上，重视理智、能力在道德发展中的作用，认为道德判断或道德的认知因素乃是道德发展的核心因素。因此，他强调认知、理智对人的行为的影响，把道德教育主要看作一种认知教育，一个人认知的发展程度决定了他在道德上可能达到的限度。尽管柯尔伯格关于理智与行为关系的基本理论，明显不同于杜威及价值澄清学派的倾向，但亦异于肯定具有普遍道德原则、美德的传统道德教育，因为在柯尔伯格的理论体系中，他强调道德认知，主要是强调认知的能力、判断的能力，他亦反对任何形式的道德灌输。

西方 20 世纪以来关于道德教育中理智与行为关系的理论，最有价值的成果在于他们看到了工业文明发展带来的社会环境的复杂性及价值多元化的情形，揭示了传统道德教育在回应新时代中的局限性，重视道德教育中的方法、技能，强调个体道德选择能力的培养，使道德教育由关注外部机制转向关注内部主体自觉。然而，这种倾向亦有其致命的缺陷，最突出的是，他们大都否定具有普遍真理性的任何道德原则，强调以个人的利益和经验作为价值或道德选择的基础，这种绝对的相对主义最终使道德教育成为无道德的道德教育、实践上的放任主义。

三

新时期道德教育究竟应以何种方式、途径才能产生德育的有效性，才能达到德育的根本目的，这与其说是具体方法的探求，不如说是由对认识与实践在新时期人的道德发展中的性质、功能所决定的。因此，科学地认识知行及其在道德发展中的价值功能是新时期道德教育需进一步思考的问题。

1. 明确道德理智在人的道德发展中的价值功能

就认识与实践、理智与行为的一般关系而言，前者对后者的暗示、诱导和控制作用是不言而喻的。然而由于道德的特殊性，道德认识与道德实践的关系无法用机械转换的方法得以证明。同时，我们必须看到，在传统社会的背景下，道德认识由于受到时空的局限，其来源主要是个体的直接经验与文化传承的结果。因此，人的生存状态往往直接被确认为应然的道德范系，往往把既存的事实当作道德确认无须证明的前提，道德原则、规范常常只是对其合理性加以论释而已。故从总体上看，传统社会的道德认识具有较强的经验性、直观性和外在必然性的特点，它关注认识的事实层面（what），忽略其价值层面（why）和实践层面（how），但在知与行的关系上却容易找到对应的一致性和统一性。

在今天，社会的异质性、速变性及多元性，一方面打破了道德认识的稳定结构及经验的局限，增加了认识的或然性；另一方面，它在客观上要求道德认识不仅要关注事实层面，更要关注价值层面和实践层面。正是在这个意义上，我们有必要对道德知识做一个结构性的分解：

道德知识 { 道德事实知识——关于道德生活的客观反映和描述，是道德的普遍性、公共性要求
道德价值知识——关于批判性地选择道德知识的结果，是道德的理想性、应然性要求
道德实践知识——关于道德情境性的认识，是道德的内化与践履的要求

以道德的普遍性、公共性要求为基础的道德事实知识在道德的知识结构中处于基础的地位。这种知识的必要性随着全球性的文化涌动和整合，以及公共的生活世界成为人类社会文明的重大标志而日益凸显。与传统社会建立在原始丰富基础上的普遍性、公共性（是以社会的同质性为前提的）不同，当今社会的普遍性、公共性要求是以公共性与私人性、普遍性与具体性相区分为前提的，是以尊重个人的信仰、德性及私人行为为前提的关于公共生活的普遍道德要求。忽视这个基本的要求，道德教育则会流于急功近利和狭隘的民族主义。

以道德的理想性、应然性要求为基础的道德价值知识在道德知识结构中处于核心的地位。这不仅由于人类是追求意义的存在物，更在于道德理性如果失去理想的设置，则没有了独立存在的必要。我国学人包利民先生在探讨生活与道德的关系时，提出两阶价值结构的设想：第一阶价值是生

活价值，比如生存、创造、爱、友谊、思辨、自由、健康、财产、权利等；第二阶价值即道德价值，比如拯救生命、与友交而守信、保护自由、公平分配财产、合规则地竞争等。他认为，基于本体论的意义，生活价值高于道德价值，因为道德价值是"依附"于生活价值的。基于价值论的意义，道德价值高于生活价值，因为它是对生活价值意义选择的结果。因此，这类知识具有超越的意义、高尚的意义，对人类生活实践起着正面的导向作用。尽管这类知识的寻求并不容易，但却是十分重要的。

以道德的情境性要求为基础的道德实践知识，在道德知识结构中处于由知向行转化的中介地位。诚然，无论是道德事实知识，还是道德价值知识，都是以相对普遍接受的生活原则或价值原则为前提的。但在真实的生活中，一种普遍接受的生活原则或价值原则要有效地转化为个体的道德践履，必须面对复杂情境的考验。因此，道德实践知识是必不可少的。按传统的知识分类，人类的知识分为天文、地理、物理、化学、哲学、教育、农工商医等。目前，世界经济合作与发展组织的报告把人类创造的全部知识分为四类：know-what（关于是什么的知识），know-why（关于为什么的知识），know-how（关于怎样做的知识），know-who（关于是谁知道的知识）。以往我们比较偏重是什么、为什么一类的知识，这一类知识是属于博物学、分类学的知识，是前人经过大量收集、观察、比较、分类得出的知识，是基础性、原理性、理论性、系统性的知识。随着现代社会的发展，人们不仅在关于"是什么的知识"和"为什么的知识"方面有了极大的拓展，而且人们越来越关注"怎样做的知识"。然而，与生产领域不同，在道德实践领域里关于"怎样做的知识"显得更为复杂，因为道德关系是建立在"人我"互动的关系基础上的，故"怎样做的知识"有很强的相对性，而不是直观的操作方法或技巧。无论如何，道德实践知识是构成完整的道德知识的有机部分。在当今社会条件下，这部分知识有缺憾就会致使道德教育流于空谈，无法真正实现道德教育的目标。

道德事实知识、道德价值知识与道德实践知识构成了道德理智的知识系统，三者既互为前提，又相互制约，同时也不能相互替代，它在人的道德发展中具有限制、引导、再创造的价值功能，是现代道德教育不可缺少的基本方面和方法。

2. 重视非理性因素在道德认知中的作用

从最一般的意义上说，理性属于人的认识、意识、心理的主观领域，不是世界本体论的范畴。因此，理性主要是指反映客观事物的本质和规律的概念，判断和推理等思维活动与思维形式。非理性是与理性相对应的范畴，即指理性之外的心理因素，包括直觉、灵感、无意识、情感、意志和欲望等。正是在这种理解上，人的理性与非理性因素共同构成了人的主体认知结构。

中国传统道德由于是以"我"对他人的依赖关系为前提，以个体对群体、社会关系的服从为基础的，因此，传统道德教育往往把道德原则、规范作为不证自明的理性前提，并强调这种理性的绝对性，而忽略了以个体差异性为基础的非理性因素，故无论是中国历史还是现实，关于非理性因素对人的道德发展的研究都显得十分薄弱，这种偏执和缺憾在或然性越来越彰显的当今社会条件下，无疑使道德教育陷入某种被动的境地。

在西方，从古代到近代的西方哲学，其主要内容是建立在理性主义基础上的本体论、认识论，非理性问题不是其主要内容。但为了阐述世界的本质及人类的认识，西方哲学也涉及非理性的问题，主要在人性论的层面及认识论的层面涉及非理性问题。然而，20世纪的西方哲学却把理性主义的人本主义演化为非理性主义的人本主义，这种演化的标志就在于它把"意志""生命""无意识"等非理性因素作为人和客观世界的本原及本质，基于本体论的意义来论述非理性，从而使其不仅具有唯心主义的性质，而且是荒谬的。当然，我们也应该看到，西方哲学在人性论、认识论的层面上对非理性的研究及其所取得的成果亦包含着一些合理的因素，这对于我们研究人的非理性因素具有一定的借鉴意义。

重视非理性因素在道德认知中的作用，我们可以从三个层面来认识：其一，从道德认知系统层面。道德认知属于社会认知系统，故它比自然认知带有更多的诸如情感、态度等非智力因素，更多地表现出个体的人格差异性。例如，道德认知主体不同的立场或倾向，会导致对认知的标准、结果难以取得完全一致的客观性；道德认知的信息加工，实际上是知、情、意相互作用的整体性加工，而且道德认知是相互作用的反馈性认知，其过程包含极为复杂的中间环节和中介因素。因此，如果我们仅仅从理性的因素来把握道德认知，不仅是片面的，而且是违背客观实际的。其二，从道德认知与实践的层面。就一般理性的逻辑而言，道德认知与道德实践之间具有某种必然的内在联系，然而事实上，具有丰富道德认知的人，并不一定做出更合乎道德的行为，关键的问题在于从认知转变为行为的过程还受到许多非理性因素的影响，其中情感与意志的干预作用是最为明显的。从心理学的意义上看，情感是主体活动的心理动力，对主体活动具有激活、选择、内控及维系作用。它既可以激发主体的热情、想象力和创造性，也可以抑制主体的积极性。因此，人的情感状态往往影响着主体能力的发挥以及主体活动的质量、程度和效果。一个没有道德情感的人，是很难具有高尚的道德行为的。意志是主体确定目的并选择手段，以克服困难的心理过程。情感可以成为意志的动力，意志对情感起控制作用，故道德认知能否转化为道德行为，意志起着重要的调节作用。没有情感作为心理动力，道德实践难以发生；没有意志的调节、控制，道德实践是盲目的。在现实生活中，那些言行不一、口是心非的人常常是意志薄弱的人。其三，从道德与社会生活关系的层面。无论是人的道德认知还是道德实践，都不可能脱离人的社会生活。社会固然有其自身发展的规律，生活也有其内在的逻辑，但社会生活永远也不可能只按照一种必然性直线发展，社会生活本身确实渗透着大量的或然性因素。在传统社会，由于社会变化较缓慢，人们的道德认知与行为选择的参照系、标准是比较确定的，且具有相当的稳定性，故人们将它看作必然性的内在要求。然而，当今社会的急剧变化与迅速发展打破了这种确定性与稳定性的绝对价值，从而极大地增强了偶然性对人类认识与实践的影响，特别是由此而造成的价值与道德的多元化情形，使人们的道德认知变得十分困难，道德实践变得更为复杂。于是，当个体主体面对社会生活的时候，他不可避免地要接受认知与实践的不确定性和随机性带来的挑战，人的认知结构中理性与非理性的互补就显得十分重要。在某种意义上，情感、意志、态度等非理性的因素成为把握偶然性的关键。

3. 强调道德实践的创造性品格

因为任何一种形式的社会实践都必然以人及其社会关系为承载体，并且必然内含一定的道德关系，所以，道德实践不仅是道德认知的外显与结果，而且是人类社会实践中最重要的组成部分。因此，强调道德实践的意义实际上包含了两个基本方面：一是人类要在不断地参与道德实践中了解道德关系，学习道德知识，完善道德行为，提高道德境界。二是人类的道德知识和能力只有转化为道德实践才具有真实的意义。然而，在现代社会条件下，无论是在道德实践中的学习还是将道德知识、能力转化为道德实践的过程，都是在一种复杂、多变的关系中进行的，各种情境性、偶然性的因素会以各种方式干预这个过程，即道德知识与道德实践的关系不可能是垂直的、一对一的关系。所以，人不仅要有道德知识，并懂得依据道德知识去引导道德实践，而且必须要懂得创造性地学习道德知识、创造性地实践道德，这一点在现代比以往任何一个时代都更加重要。

在传统社会，由于道德关系具有较强的稳定性，道德实践变化缓慢，人的道德社会化往往比较顺利，故无论是道德认知还是道德实践，都强调对已有道德的遵从和直接地见诸行动。在当今社会，尤其是知识经济时代，创造性的品格已直接地成为这个时代的基本品格，机械地、教条式地学习或实践道德，都难以获得成功。

强调道德实践的创造性品格，我们要努力处理好三种关系：第一，原则性与灵活性的关系。道德学习与道德实践不同于其他形式的活动，更不同于自然科学，因此，人的创造性不是一种任意性的想象，而必须是在善的原则基础上的发挥和灵活运用。离开善的原则的灵活性，道德的价值意义就会丧失。第二，适应性与超越性的关系。任何道德知识或道德实践都有其特定的历史前提和现实基础，道德主体也必然在一定的关系中去认识道德、实践道德，在这个意义上，道德知识是道德超越的必要条件，割断这个历史逻辑，创造性的发挥就可能演变成主观的盲目性。第三，创造性能力与机会的关系。创造性能力是形成创造性品格最为核心的因素，它是持久地保持和发挥创造性的基础。而机会却是创造性能力能否取得满意结果的外在条件。机会不适宜，创造性则可能变成盲动性；过分夸大机会而不注重能力，则会助长道德投机性心理。

总之，作为新时期道德教育的方法论基础，我们必须站在新时代的起点上去理解认识与实践问题的内涵，把握其内在的辩证性。只有在这个基础上，把握道德教育的具体方法才是科学的。

［原载《思想理论教育研究》（第 1 辑），高等教育出版社 2004 年版］

公民教育——传统德育的历史性转型

从历史上看,中国学校的德育有着深厚的传统、优势和超稳定的模式。当中国确立市场经济体制、进入现代化的历史进程时,当中国开始在全球的视野中进行经济、文化等的对话时,传统德育的超稳定模式就受到了严峻的挑战。如何通过德育改革促进德育的发展,如何建立起适应时代要求的德育系统,为中国现代化事业提供基本的素质支持,成为现代学校的重要使命。值得注意的是,20世纪末以来,公民教育在中国大陆悄然兴起,这不仅体现了社会变革与发展对教育的要求,而且标志着我国学校德育的历史性转型。

一、何为公民教育

显然,当我们把公民教育看作学校德育改革的历史性转型时,实际已蕴涵了一个前提:公民教育从根本上有别于传统德育。于是,我们的确有必要对"何为公民教育"做一个深入的分析,首先搞清楚公民教育是什么,然后才能谈应当如何的问题。

要深刻地理解何为公民教育,首先必须真正弄清楚什么是公民。1979年上海辞书出版社出版的《辞海》对公民是这样定义的:"公民通常指具有一个国家的国籍,并根据该国的宪法和法律规定,享有权利并承担义务的人。"根据《大英百科全书》,公民乃一个个人与一个国家的关系,受那个国家的法律所规范,也在那个国家拥有相应的义务及权利。有学者指出,"公民"这一概念用于宪法文件上,可有三种含义:其一,它是作为统治的主体和主权的保护者,是国家权利的渊源。其二,它意味着表现一定意志的宪法上的国家机关,如公民须履行选举、罢免和修宪之类的国家职能。其三,它是指构成国家的个人,受国家的统治与法律的管辖,是统治的客体。① 另有学者认为，公民作为一种人的自觉与文明的存在模式，作为一种权利与义务的主体，起源于西方，是一组复杂的难以移译的文化概念，在西方漫长的发展过程中，有其特殊的历史机缘、相对应的公共生活建制，以及独特的生命基调的抉择。在不同国家、不同时代，公民概念的呈现意义是不同的。②

综上所述，关于公民的内涵，虽有不同的概括，但有三点是最基本的：第一，公民是指社会人、政治人，他是以社会和国家的一个成员身份而存在的。第二，公民表达了个人与国家之间的一种特定法律关系，并具有相应的权利和义务。第三，公民不仅是一个政治的概念，而且是一个历史的概念、文化的概念。其中，公民内涵最核心的问题是，公民是一个社会人及政治人，他是以社会和国家的一个成员身份而存在的，其处世原则依赖他与社会的契约而定，即具有相应的公民权利和义务。

据此，对公民内涵的确认，我们需划清两条界限：一是公民与私民、臣民的对应界限。私民是指个别存在的自然人（natural man），是以其个人的私欲和利益及其因自然人的身份而衍生的人际关系作为处世的原则的，故私民无他，只有个人的"私利"，没有对他人、社会的责任和义务。臣民，亦称"子民"，是与奴隶制、封建等级制度相伴随的产物，如"臣"就是春秋战国时期对男性奴隶的称谓，他具有无主体性、附属性、从属性的特征，故臣民无我，只有对统治者的责任、顺从、服从，没有个人的权利。显然，公民与私民、臣民（子民）之间具有本质的区别。二是公民与国民、人民的区别界限。国民，《辞海》释之为"本国的人民"，"具有本国国籍的人"。人民，《辞海》释之为"在不同的国家和各个国家的不同的历史时期，有着不同的内容，如我国在抗日战争时期，一切抗日的阶级、阶层和社会集团，都属于人民的范围；在解放战争时期，一切反对美帝国主义和官僚资产阶级、地主阶级以及代表这些阶级的国民党反动派的阶级、阶层和社会集团，都属于人民的范围；在社会主义时期，一切赞成、拥护和参加社会主义建设事业的阶级、阶层和社会集团，都属于人

---

① 参见刘国强、李瑞全《道德与公民教育：东亚经验与前瞻》，香港中文大学香港教育研究所1996年版，第242页。

② 参见赵素娟《公民概念的澄清与公民教育的探讨》，载《"21世纪价值教育和公民教育学术研讨会"交流论文》，2000年6月。

民的范围"。可见,从国民、人民基本概念的内涵来看,国民强调的是人的地域、国籍归属,人民强调的是人的社会态度、立场及其阶级属性,二者既有与公民相联系的意义,又区别于公民的基本内涵。

公民教育应当是以公民的本质特征为基础和核心而建立起来的教育目标体系,它必须满足三个基本条件:以公民的独立人格为前提,以权利与义务的统一为基础,以合法性为底线。也正是在这个意义上,公民教育有别于传统德育,同时亦标志着传统德育深刻的历史性转型,在认识上,我们需走出三个误区。

第一,把公民教育简单地与资本主义性质联系起来。从根本上说,公民教育的产生与推进是适应大工业生产方式及现代社会文明发展要求的产物。作为社会制度,资本主义与社会主义有着本质的区别;作为工业文明与现代社会发展的内在要求,二者又有其相通的方面,有一些共同的规律。我们不能在强调差异性的时候,忽略共通性和规律性,甚至把人类文明的共同财富简单地变成资产阶级的专利,这是不符合马克思主义基本立场的,也是不科学的。我们需要以一种历史的观点,以一种科学的态度和理性的批判精神吸纳人类文明的优秀成果,以促进社会的良性发展。

第二,把公民教育与思想道德教育对立起来。公民教育在不同的国家、不同的时代,其内涵所及与包容的是一个变数,但就其基本内容来看,公民教育与思想道德教育所包含的范围基本是一致的。如我国现行的学校德育包括政治教育、思想教育和品德教育三大部分,政治教育具体表达为:坚持四项基本原则,确立社会主义的民主、自由、人权观等。思想教育具体表达为:确立辩证唯物主义和历史唯物主义的世界观,社会主义的人生观、价值观等。品德教育具体表达为:诚实守信,爱国爱民,为人民服务,坚持集体主义原则等。与之相比,而公民教育大体也涉及这三大部分。二者的主要区别是:思想道德教育强调个人对国家、社会的服从和责任,公民教育是以公民的权利与义务相统一为基础,去理解个体与国家、社会的关系和责任的;思想道德教育包括执政党的政治倾向、主张和价值取向,公民教育则以公民社会的要求为基本取向;思想道德教育是以应然的道德性为本的教育,公民教育则是以实然的合理性为本的教育。因此,前者比后者追求的境界更高,后者比前者更具普适性。

第三,把公民教育狭义地等同于公德教育。公民教育应当包含公德教育,但公德只是对公民在公共道德方面的一种要求,公民教育决不仅为此。公德教育强调公民在公共场所、公共关系、公共事务中应遵守公共道德，而公民教育不仅强调个人对社会公共道德的遵从、责任，而且强调公民还享有公共道德的权利；公德教育只涉及个人与公共性关系的面向，而公民教育除了包括公民与单位、组织、政府、国家、社会等公共性关系的面向及公共生活外，还包括对其他个体、家庭等私人生活的面向。因此，公民教育比公德教育的内涵要大。

二、德育转型的标志为何

我国公民教育的兴起，之所以标志着传统德育的历史性转型，并不是以人的主观意志和愿望为转移的，而是以国家、社会的政治、经济、文化的变迁，社会文明制度形态的转型为前提和条件的。从私民、臣民（子民）、国民、人民到公民，绝不是概念符号的简单替换，事实上，公民地位的确认、公民意识的确立是公民社会建立的前提和基础。正如有学者指出的："公民社会存在的大前提，是要具备一个共同体的社会实体和成员意识。只有满足了这个大前提之后，相对于现代国家机器的所谓公民社会才有意义，才有历史的真实性，否则只是空谈而已。"[①] 同时，这种"确认"和"意识"从根本上说又是社会变革的结果。换言之，社会转型是德育转型的基础，是公民教育成为可能的前提。

20世纪70年代肇始的改革开放，标志着中国追求现代化的真正开始，这场以经济体制改革为中心的革命确立了社会主义市场经济体制的主体地位，而市场经济在本质上是法制经济，它从根本上打破了传统农业社会的基础，推进了现代工业文明新的历史进程。显然，与传统农业社会、计划经济体制下的产品生产不同，现代社会、市场经济体制下的商品生产，要求生产要素（生产者、生产资料和产品）最大限度地自由流动，这必然造成个人和企业的独立化，并导致异质单位的有机组合，而维系这种组合的主要因素是人们的经济活动和共同利益。不同的利益组合和某种共同的利益诉求，在客观上就提出了建立真正意义上的公民社会的问题。正如鲁洁教授所指出的："回顾20年中国社会变革的事实，不能不看到

---

① 刘国强、李瑞全：《道德与公民教育：东亚经济与前瞻》，香港中文大学香港教育研究所1996年版，第243页。

的一个最根本的变化就是市场经济的兴起,以及由此而引发的一系列社会生活方式的深刻变化,人们开始从自然经济、计划经济中走出来,从而也逐步挣脱了由血缘、地缘和由依附群体所联结起来的人对人的依赖关系和隶属关系,他们开始可能以一种自由、平等、独立人格的身份参与到市场经济以及其他一切社会活动中来。由此说明市场经济孕育了新的人与人的关系,它为现代独立人格的发展开拓出了新的空间,这也是当代道德教育所面临的可能空间,在这样的空间中为道德教育培养出一代具有独立人格的公民,形成这种人格各种内在道德属性,诸如自主、自由、民主、平等、公正等品质,提供了它的选择的可能。"[1]

正是市场经济的发展为公民社会的发展提供了可能性,而市场经济的良性成长又需要公民社会的支持,从而使德育的转型成为可能。

社会的转型为公民社会的建立奠定了基础,对学校德育提出了新的要求,即公民社会的存在与发展客观上要求公民教育的配合,这使传统学校德育的改革具有了现实可能性。那么,这种历史性转型的标志为何呢?换言之,公民教育区别于传统德育的主要特征是什么呢?以下三点是值得我们关注的。

第一,公民教育是主体性教育。

之所以说公民教育是主体性教育,是因为公民的内在本质决定了它必须以人格的独立性为前提,作为公民社会的要求,它承担着培养公民民主素质的使命,没有人的,或只有老师而没有学生的自主性、能动性和创造性,民主素质就无从谈起。英国学者柏特丽夏·怀特把以民主的形式培养勇敢、诚实、自尊等素质,教师必须敏锐地感受不同价值之间的紧张关系,关心不同质的学生群体,增加学生对民主政治的理解,发展民主素质要依赖广泛的、不可替换的知识、洞见和技能五个方面,作为贯穿公民教育的五条线索。[2] 从中可见,公民教育既不同于传统的道德训练,也不同于单纯的政治教育或政治灌输,这些教育是单向性的、受动性的,而公民教育必须是以人的主体性为前提,以提升人的主体性为目标的教育,因而

---

[1] 鲁洁:《转型期中国(大陆)道德教育所面临的选择》,载《"21世纪价值教育与公民教育国际学术研讨会"交流论文》,2000年6月。

[2] 参见[英]柏特丽夏·怀特《公民品德与公共教育》,朱红文译,教育科学出版社1998年版,第6—8页。

是主动性、开启性的教育。

第二，公民教育必须以公民权利与义务相统一为基本的教育取向。

公民权利与义务的统一是真正公民社会的本质要求，这意味着权利与义务统一的要求是针对全体公民的，不存在任何特殊公民，同时还意味着权利与义务的统一不仅包括道德的层面，还包括政治的、法律的层面。因为权利与义务是构成一个社会共同体生活的规范体系，这种规范体系基于公民社会成员相互关系的要求，以及公民社会的组织需要，同时是保障社会成员获得公正性地位的前提。当一个社会的成员只有义务而无权利的时候，这个社会或者是处在"原始和谐"的阶段，或者是少数人的绝对权利取代大多数人权利的集权社会；当一个社会成员只有权利而不讲义务的时候，这个社会一定是绝对无政府状态的社会。因此，普遍的权利导致普遍的义务，普遍的义务支撑普遍的权利，这乃是健康民主社会之基本理念。

第三，公民教育是以"合法性"为基本限度的教育。

这是说公民教育与德育的区别并不在于，公民教育就是法律、政治教育，而德育就是伦理道德教育。其实，公民教育不仅包括政治教育、法律教育，而且必须包括道德教育。而所谓以"合法性"为基本限度，是指公民政治、法律、道德教育是以公民的基本权利与义务为前提，以"合理性"作为普遍要求的"平民教育"。传统德育是建立在理想人格基础上，以"成人"的道德理想作为教育目标的"圣人教育"。一般来说，道德理想有广义与狭义之分，就狭义的角度而言，它是指一定的道德所向往和追求的个体之完美人格或理想境界。以儒家为代表的正统道德理想内含这样几层意思：人是道德的主体及主宰，人可以通过自身的努力去实现"成人"的道德理想，可谓"人皆可以为尧舜"（《孟子·告子下》）；在理想人格的诸多设计中，如圣人、君子、贤人、善人等，达到"圣人"的境界是最高的境界，可谓"圣人，人伦之至也"（《孟子·离娄上》）；主张以入世的态度追求理想的生活，《中庸》把这种理想生活概括为"极高明而道中庸"，表明儒家的道德理想设定了一种崇高的境界，通过"格物、致知、正心、诚意、修身"，进而达到"齐家、治国、平天下"，也就是庄子所概述的"内圣外王"——内有圣人之意，外施王者之政，但这种境界体现在平常之中，无须过特殊的生活。

显然，"圣人教育"与"平民教育"最大的区别在于，前者把绝对高尚的境界作为普遍的规范。根据社会政治、经济与道德文化之间的关联性之规律，当一个社会的经济形态、政治制度不能提供相应的道德支持时，"圣人教育"要么成为诗人的空想，要么成为维护少数人行使道德特权的招牌。正如前述，在宗法社会，虽然古贤提出了"民为邦本"的理念，并提出了实现这种理念的基本途径与方式——德政与德教，但在宗法等级制基础上建立起来的君主专制主义不可能为之提供政制的支持，因而在实践上，"民为邦本"或者只是一种理念、口号，成为掩盖政制本质的形式，或者是少数开明君王个人的"恩赐"，不可能成为普遍的原则。平民教育强调以全体公民为基础，设定道德底线，将一定社会发展阶段的基本道德规范作为普遍的道德要求；不允许有特殊公民，不意味着少数"特殊公民"对大多数公民的特殊要求，而是公民社会组织与成员之间的道德契约、内在要求；并不排斥"圣人"境界，而是强调以平民规范为前提，如在市场经济体制下，不能要求所有人都"毫不利己，专门利人""一心为公，一心为民"，但必须要求所有人"诚实守信，不损人利己"等。

在中国，"圣人教育"有特殊的理论内涵、传统、社会背景和制度渊源，20世纪末的改革开放及社会主义市场经济体制的建立，的确向这种传统提出了转型的要求，正是在这个意义上，公民教育有其独特的魅力。

（原载《教育研究》2002年第10期）

文化传统的预制性与公民教育

作为以公民的本质特征为基础和核心建立起来的教育目标体系，公民教育以公民的独立人格为前提，以合法性为底线，以权利与义务的统一为基础；它由此表现为理论上和实践中的主体性教育与平民教育特质，并以权利与义务相统一为其基本的教育取向。[①] 公民教育是世界性的，无疑已经成为当今世界主要国家基础教育的重要组成部分。与此同时，公民教育又是民族性的，不同国家、民族和地区的文化传统成为它的预制性因素，影响着它的价值取向、展开和设置，使之在不同的国家、不同的时代，内涵所及与包容的是一个变数。

一、 一个调查引出的问题

笔者研究组从 2007 年 10 月到 2008 年 6 月，通过半开放式问卷和访谈提纲，以笔谈和口谈的方式，总共访谈了广东省部分高校 200 名大三和大四的法律专业本科生，调查研究他们接受法律专业教育后形成的人情观念。

调查显示，98.5% 的学生认为，在中国法律实践中服从人情法则，是文化传统对当代中国社会发生影响作用的必然结果。在他们看来，中国自古就是一个讲人情的社会，为了维护和实现社会和谐，干什么都要适当地考虑人情因素。因此，司法实践中的人情是一个传承下来的"习惯"，是一种无法避免的"潜规则"，是一个深深地刻在我们民族内心的印记。

95% 的学生指出，当代法律实践强调人情法则的规范作用，是很多法律工作者适应社会现实需要的选择：当法律信仰的价值、意义与"人情社会"的某些价值发生矛盾或冲突时，他们的内心便会充满困惑。

57% 的学认为，"人情"一旦干扰了司法独立和司法公正，就会极大

---

① 参见李萍、钟明华《公民教育——传统德育的历史性转型》，载《教育研究》2002 年第 10 期，第 68-69 页。

影响人们对法律工作者,甚至是对法律的信任。在他们看来,当"人情"介入时,司法的公正诉求就变了质、换了样。值得注意的是,当人情与法律发生冲突时,100%的学生选择服从人情的需要。

90%的学生认为,要改变中国司法领域的人情现状,从长远而言,取决于人们价值观念从群体主义到个人主义的变迁。但这种转变不是朝夕之间可以完成的。因此,他们提出,作为一种过渡时期的可行方案,我们只能依靠不断健全和完善的司法监督制度、司法准入制度等,加强对司法行业与司法过程的规制。同时他们也对这种设想能否落实表示了深层次担忧,指出如果多数人的价值观念仍然以人情为主导,那么这些制度设计也无法在实际生活中得到切实遵循。

众所周知,"人情"是中国传统社会一个极为重要的维系交往关系的工具,是社会生活中公认却又未能或无须明言的行为交往准则,正如学人指出的,"关系、人情和面子是理解中国社会结构的关键性的社会—文化概念"。然而,一方面,20世纪以来,中国社会的发展,始终摆脱不了对传统文化批判的主线;另一方面,我们所调查的对象,都出生于20世纪80年代中后期,基本没有接受传统文化的正式教育(指学校),甚至是成长于传统文化受到全面反思、扬弃的时代。而且作为法律专业的高年级学生,他们接受的专业价值观与人情文化观念恰好是相悖的,但是,为什么他们却有着如此明显的人情文化的印记呢?这恰恰表明文化传统对人的社会认知、社会文化具有某种不可抗拒的"预制性"。

二、 文化传统的预制性

所谓文化传统的预制性,是指特定的文化传统对现实的人类生存和社会发展而显现的潜在、先在和先天的制约性与影响特性。包括"80后"在内的现代中国人,正生活在交错汇合的前工业社会、工业社会和后工业社会三种社会形态中,生活在传统、现代和后现代三维文化向度共存的空间里,他们是现代的,亦是传统的;他们是传统的,同时又是后现代的。传统文化模式深刻地影响着他们的生存样式和思维方式,同时使得文化的发展主要地不是表征为普遍的和制造的,而是呈现出经由历史延续而培育的特征。文化传统的预制性可以从其根源性、特殊性和生存性去分析。

1. 根源性

每一种文化必有其源头，也就是文化的根源。从源头到支流是一个整体。从支流的角度而言，经过时间的流逝后，源头就成为传统。现实的文化无疑正是这一条条支流，它们最初始的传统就是其各自的源头。源头不同，经源头流淌出的支流则会存在差异。德国哲学家雅斯贝尔斯通过阐述其"轴心时代"观念，从理论上论证了文化多元性的"原初"根源。在他看来，公元前 500 年前后，在世界不同地区出现了许多大思想家，他们从各自的反思路径出发，对宇宙、人生等根本性问题作出了思考，这些反思路径又是迥异而互不影响的，由此导致了经由这些路径发展而来的各民族精神文明形式的差异，成为各具特色的民族文化传统，构成不同民族生存的"集体意识"，世代影响并塑造着个体生命。杜维明在分析雅斯贝尔斯"轴心文明"的历史论证的基础上，得出鲜明的结论：人类文明发展的多元倾向有着相当长的历史，多元文化是世界文明发展的大脉络，而不同"轴心时代"的文明有不同的源头活水、不同的精神资源、不同的潜在力、不同的发展脉络。这种源头活水的根源性差异导致当今世界各种现实文明的差异和人们思维习惯、生活样态的差异。

马克思主义经典作家在论及人类由原始社会进入文明社会的历史进程时，认为东西方曾经走了两条不同的途径，即以希腊为代表的"古典的古代"和以古代东方国家为代表的"亚细亚的古代"。"古典的古代"是从氏族到私产再到国家的进程，个体私有制冲破了氏族组织，而后国家代替了氏族。"亚细亚的古代"则是由氏族社会直接进入国家，国家的组织形式与血缘氏族制相结合。我国古代奴隶制的形式可以说就是典型的"亚细亚"生产方式。正如侯外庐先生早在 20 世纪 40 年代提出的，如果用恩格斯"家族、私产（有）、国家"三项作为人类文明路径的指标，那么中国氏族公社的解体和进入文明社会的方式与西方国家不同。西方是从家族制、私产再到国家，国家代替了家族；中国是由家族到国家，国家混合在家族里。① 因此，在社会生活中，中国人由此表现出明显的处理社会事物时的家庭化和亲缘化倾向，强调通过人情法则的运用，在彼此之间发展和维系关系。

---

① 参见侯外庐等《中国思想通史》（第 1 卷），人民出版社 1957 年版，第 6－12 页。

2. 特殊性

儒学是中国文化传统的主流，以儒家文化为主导的传统中国社会既不是个人本位，也不是社会本位，而是关系本位的。① 在希腊思想家那，个体与类是不同级的关系项，个体与类相通，相通的基础在类。与希腊时期个体与类的观念相比，中国人的人我观念强调关系而较少对关系项进行分解，人我具有同构性，关系本身的论证先于关系项的确定。② 因而人是人伦中的人，是在人我关系中被定位的。许慎在《说文解字》中考证，"仁"从二，亦即人与人之间的关系。即个体并不是孤立绝缘的个体，而是在复杂人际关系中显现的中心点，是人际社会相互依存关系中的网结。"我"是谁？"我"就是关系，是关系的产物（父母关系的结晶），是关系中的角色（相对最早的关系父母而言，是他们的孩子）。正如有学者考查中国文化中"人"的概念时指出的："人与我对称，使人、我两称谓的意蕴显得十分明确。与'我'对称的'人'，是指我以外的、与我发生关系并具有与我同样意识的别人或他人。人与我总是相比较而存在，舍我无人，舍人无我。……在人我关系之中，我为一，人为多，从而使我处于人我交往的轴心地位。"③ 在孔孟看来，人一生下来就离不开对父母、对他人的依赖，离不开特定的群体关系，这是人之为人的天性。儒家正是基于这种认定，推演出了其全部的伦理原则、规范及实现道德目标的方式、途径。任何个人都必须寄寓于特定的关系才能生存和发展，所以维护、协调自己所处的关系就显得十分重要。

在中国传统文化中，个体或"我"是依附某种群体及其关系而存在的，个体并不具有独立存在的价值和意义。在关系本位的社会系统中，主体不把重点放在任何一方，而是从乎其关系，彼此相交换。④ 有些关系是基于自然血亲而形成的，但更多的非自然的关系则是个体在生活中有意识地建立起来的。人情作为发展和维系关系的一种规范，它所调整的不是有着深厚的自然血亲基础的父子兄弟之间的关系，也不是彼此陌生的外人之间的关系，而是熟人之间的关系。通过人情法则的运用，交往双方可以使

---

① 参见梁漱溟《中国文化要义》，学林出版社1987年版，第96页。
② 参见李萍《现代道德教育论》，广东人民出版社1999年版，第79页。
③ 焦国成：《中国古代人我关系论》，中国人民大学出版社1991年版，第9—11页。
④ 参见梁漱溟《中国文化要义》，学林出版社1987年版，第93页。

工具性的关系情感化,使陌生人之间的关系亲缘化,从而使对方做出有利于己方的行动安排。这种文化传统成为一股无形的力量,在潜移默化中形塑着一个民族的精神风貌。

3. 生存性

美国人类学家克罗伯和克拉克洪搜集的资料显示:文化的定义多达160种以上。无论如何诠释文化的定义,它与人类生活的内在关系都是极为紧密的。梁漱溟把文化直接定义为"人类生活的样法"。这并不是说"人类生活的样法"是由文化决定的,而是说文化传统对人类生活的"样法"有着无形的、潜在的和极大的影响。因此,即使在生产力水平、经济条件相当的情况下,不同文化传统的人类生活样法也是不同的。由于中西方文化传统的不同,彼此的生活样法就会有差异。梁漱溟指出,人类的生活大约不出三种路径样法:向前面要求;对于自己的意思变换、调和、持中;转身向后去要求。他认为,西方文化走的是第一条路向——向前面要求;中国文化走的是第二条路向——变换、调和、持中;印度文化走的是第三条路向——转身向后要求。① 所以,"我可以断言,假使西方不同我们接触,中国是完全闭关与外间不通风的,就是再走三百年、五百年、一千年也断不会有这些轮船、火车、飞行艇、科学方法、'德谟克拉西'精神产生出来。……中国人另有他的路向和态度,就是他所走并非第一条向前要求的路向态度。中国人的思想是安分、知足、寡欲、摄生,而绝没有提倡要求物质享乐的;却亦没有印度的禁欲思想"②。这种断言即使过于主观,它还是深刻道出了文化对于人类生活的样式潜在的、长久的内在制约性。

美国社会学家希尔斯在其力作《论传统》中揭示了传统的三个特性:一是"代代相传的事物",既包括物质实体,亦包括人们对各种事物的信仰以及惯例和制度;二是"相传事物的同一性",即传统是一条世代相传的事物变化链,尽管某种物质实体、信仰、制度等在世代相传中会发生种种变异,但始终在"同一性"的锁链上扣接着;三是"传统的持续

---

① 参见梁漱溟《东西文化及其哲学》,商务印书馆1999年版,第61页。
② 梁漱溟:《东西文化及其哲学》,商务印书馆1999年版,第72页。

性"。① 由此可见，传统不是历史，因为历史只能是过去；传统亦不是政治，因为政治必定是现实的，故不可能代代相传；传统更不是经济，因为经济是不断变革的力量，不可能相传事物的同一性和具有持续性。毫无疑问，传统与历史、政治、经济都有密切的关系，但传统最直接的载体却是文化。文化既是有形的，也是无形的；既可通过物质实体、社会范型来表达，亦可通过思想意识、制度理念来体现。因此，文化，尤其是文化传统对人的影响方式，才具有渗透到每个人的毛孔、流淌在每个人的血液中的功能。而从文化传统的社会功能来看，"她使代与代之间、一个历史阶段与另一个历史阶段之间保持了某种连续性和同一性，构成了一个社会创造与再创造自己的文化密码，并给人类生存带来了秩序和意义"②。

三、 公民道德教育定位的思考

文化传统的预制性对于公民教育而言，意味着什么呢？晏阳初曾指出，"外国的公民教育未必可直接模仿为中国的公民教育。外国的公民活动亦未必可直接模仿为中国的公民活动。有外国的历史文化和环境，而后产生出他特有的公民教育。有我国的历史文化和环境，亦当有我国所特有的公民教育，方能适应我国的需要。要知道什么是中国的公民教育，非有实地的、彻底的研究不可。我国办理教育数十年，成效未著，原因固然复杂，而我国从事教育者奴隶式的抄袭外人，漠视国情，也不能不说是失败的一个大原因"③。我们并不认为中国公民教育与外国公民教育具有绝对的不可通约性，特别是西方公民教育有着较长的历史，必定为我国公民教育的开启提供重要的借鉴意义。但是作为与社会政治、历史文化具有紧密联系的公民教育，不能不关注文化预制性的影响。

1. 公民道德教育的价值取向要考虑文化传统的预制性因素

就当前国际公民教育实际来看，不同国家或地区都会立足于各自独具特色的文化传统开展公民教育。由此可知，不同文化传统中，公民教育的

---

① 参见［美］E. 希尔斯《论传统》，傅铿、吕乐译，上海人民出版社1991年版，第15－17页。

② 樊浩：《中国伦理精神的现代建构》，江苏人民出版社1997年版，第199页。

③ 晏阳初：《晏阳初全集》（第1卷），湖南教育出版社1989年版，第65页。

价值取向存在差异。"一个国家或地区的历史,特别是有关公民权利及如何在权利与义务之间达成平衡的历史,对该国家或地区对公民教育涵义的理解及所采用的途径具有重要的影响,它决定了一个国家或地区对公民教育基本价值的界定,影响着公民教育的价值取向。……如,以日本、韩国和新加坡为代表的儒家文化传统背景下的公民教育和以英美等为代表的西方'自由、民主'文化背景下的公民教育就存在很大的区别。"①

关系本位是中国文化传统重要而显著的特质。它使得中国人不是自由主义的,因为他们不会追求自由主义式的权利、利益与自由;他们也不是共和主义的,因为他们不会强调共和主义式的国家利益、社会利益和公共善。如果非要贯以"主义"的称号,对他们更为贴切的表达应该是关系主义的。因此,中国的公民道德教育就应该致力于培养学生批判性建构现代化关系的能力。这一教育价值目标包括对传统关系审慎的反思能力和反思意识,对现代关系理性的建构能力和自觉意识,以及与现代关系相吻合的德性修养和主体意识。通过以"关系"为核心概念的公民教育,学生在对关系本位的文化传统存有温情敬意的同时,不失批判的立场;在走向现代化关系社会的途中,不失对传统关系特质的认同。他们在对传统关系的批判和对现代关系的建构中,能够对关系予以识别与描述、解释与分析、评估与辩护,并形成关系的批判能力、建构能力和参与能力,养成关系的批判意识、反思意识、自觉意识和主体意识。它使得经由此路径教育而成的公民既区别于"无他"的私民,又区别于"无我"的臣民;既不是原子式的个体,也不是奴隶式的附庸。他们在"我—他"的关系中历史地和文化地确立自身的地位,承担自身的责任和享有自身的权利;他们立足于特定的社会关系,并在这一关系中完成社会人和政治人的使命。

从关系本位的文化传统视角出发,社会是由各种关系交织而成的网络,个体成为关系网络中的网结。在中国传统文化中,最重要的是熟人社会的五种关系,被称为"五伦"。随着现代社会的转型,以血缘、家族、亲情为纽带的熟人关系,要扩展至个人与陌生社会大众的关系;传统社会处理个人与个人之间的关系,更要进展到处理个人与社会、人与自然、社

---

① 洪明、许明:《国际视野中公民教育的内涵与成因》,载《国外社会科学》2002年第4期,第42–46页。

会与自然的关系。资质合格的公民在于能够恰当地履行使命,辨别"网结"的关系结构,并根据各种不同的境遇予以权衡与合理取舍。从这种意义而言,香港教育学院李荣安的观点是具有启发性的。他将公民关系视作公民教育的起点和公民身份的前提。"人首先从家庭这种最亲近、最直接的关系出发,才能理解逐步扩展到邻里、社群、国家、国际等较远、较间接的社会关系……必须要从公民置身社会中多重关系的层次性出发,否则就会出现很多公民不愿意接受的问题","公民教育就是公民身份的教育,公民身份的教育就是公民关系的教育,公民关系的教育要先从人际关系开始"①。

2. 公民道德教育的展开要关注接受主体的文化预制性倾向

公民道德教育作为教育活动,是在主体之间进行的,包括教授与学习两个过程。就教授的过程而言,教育者、传导者是主体,被教育对象、接受者是客体;就学习过程而言,被教育对象、接受者是主体,教育内容、教育者是客体。不言而喻,主体的预制性倾向是不能忽略的。以小农经济为基础的中国传统社会,人们普遍生活在熟人社会里,缺失公共生活的经验,故难以形成"公共性意识""公共性知识""公共性思维习惯""公共性道德"以及"公共性人格"等现代意义上的品质。韦政通认为,在传统的中国,除了家族外,没有社会生活。"这是不易培养客观社会意识的,如果有客观的社会意识,则公共事务、社会事务的观念必将产生。有公共事务和社会事务的观念,则公德观念必随之俱来。因为同样的原因,中国人一向没有守纪律的习惯,也缺乏团体精神。"② 韦政通对中国民众作出了家族主义和宗族主义病根的诊断。但是,由此断言这一病根是他们缺乏"公共性"的唯一或者主要原因,并不完全是客观的结论。中国民众并不缺乏"公共性",家族或者宗族就是他们"公共性"的生活和领域。但这种"公共性"迥异于现代西方公民社会的"公共性",前者建立在以己为中心往外而推的关系中,距离越远则"公共性意识"越淡薄,表现为费孝通式的"差序格局"。20 世纪的中国社会发生了翻天覆地的变

---

① 朱小蔓、李荣安:《关于公民道德教育的对话》,载《中国德育》2006 年第 5 期,第 32 页。

② 刘志琴:《文化危机与展望——台港学者论中国文化》(下),中国青年出版社 1989 年版,第 51 页。

化，但关系本位主导下的民众心理思维模式并没有发生根本性转变。

由此，中国社会公民教育的展开就必须深刻关注关系本位的文化传统对接受主体的预制性倾向，使对文化传统的客观分析成为教育的逻辑起点。人们生活在密匝的关系网络结构中，以自己为中心，由近及远，从最简单的家庭关系进至社区邻里关系，再推延至复杂的社会关系和国家关系。不同的关系属性，具有不同的角色期待和权责要求；同时，外推的关系圈的大小和远近，反映了个体德性上的层次与境界。我们的公民教育应该从公民最切近的关系圈开始，首先使人们成为合格的家庭成员和社区成员，使之关注私人德性。然后渐渐过渡到关系圈的最远端，使人们成为资质合格的现代社会公民，具有高尚的爱国情怀和大公无私的精神；使人们将狭隘的对家庭的爱扩展为对家乡社区、对国家社会的大爱，从作为家庭的"私我"进至作为社区的"群我"，最终提升至国家社会的"公我"，①从而将公民教育的先进性与广泛性相结合，引导人们在遵守起点准则的基础上，不断追求更高层次的价值目标。如果这种秩序错位了，那么公民教育的效果就要大打折扣。

3. 公民教育的设置要以文化传统的本源性为基础

文化人类学者 E. 泰勒将文化经典性地定义为："文化是包括知识、信仰、艺术、法律、道德、习俗以及其他作为一个社会成员所必须具有的能力和习惯的总和。"② 钱穆先生在《从中国历史来看中国民族性及中国文化》中说到，"文化是民族的生命，没有文化，就没有民族。文化是一个民族生活的总体……不是指每个人的生活，也不是指学术生活，或经济生活、物质生活、精神生活等。它是一切生活的总体。英国人有英国人的生活，德国人有德国人的生活，印度人有印度人的生活……这个生活就是它的生命，这个生命的表现就成为它的文化"③。无论是泰勒还是钱穆，他们都强调了理解文化的"总体性"原则。这种作为"总体"形式存在的文化在时间的长河中积淀成传统后，就成为一个民族、地区或国家的人

---

① 参见王巨光《公民共和主义：平教总会公民教育的思想特色》，载《高等教育研究》2007 年第 4 期，第 87 页。
② 周大鸣、乔晓勤：《现代人类学》，重庆出版社 1990 年版，第 26 页。
③ 钱穆：《从中国历史来看中国民族性及中国文化》，香港中文大学出版社 1979 年版，第 13 页。

们生存的"基因密码",潜在而深刻地影响着他们的思维模式和行为方式等。对于文化积淀成传统所产生的预制力,钱穆先生的这段话已经表达得十分清楚了:"本源二字是中国人最看中的,一个民族是一个大生命,生命必有本源。思想是生命中的一种表现,我们亦可说,思想亦如生命,亦必有它的一本源。有本源就有枝叶,有流派。生命有一个开始,就必有它的传统。枝叶流派之于本源,是共同一体的。文化的传统,亦必与它的开始,共同一体,始成为生命。"①

公民教育在不同的国家、不同的时代,其内涵所及与包容的是一个变数。从文化传统的预制性出发,我们就会清楚地认识到,关系本位的文化传统预制了"公民"在中国语境中不会完全等同于西方世界的"公民"概念,决定了中国公民教育价值取向的特殊性,从而使得公民教育的设置要以文化传统的本源性为基础。从价值层面而言,我们之所以重视文化传统,乃是因为它表达了文化领域中一个历史—现实—未来的连续性;它代表着或象征着不同文化的特征,消解了"传统",就消解了不同文化的个性。从工具层面而言,脱离了本民族文化传统根源性的公民教育,实效性往往更低,因为它难以获得民众的发自内心的接受与认同,也就难以在中国特定的文化土壤中生成。例如,从基督教在中国传播过程的"遭遇"来看,其固然有许多具体的原因,但"文化传统"预制性是一个重大而不可忽视的因素。正如李鸿章在给皇帝的奏章里说到,"孔夫子的教导和耶稣的教义看来都是建立在规劝的基础上,他们的教义被表达和传播是为了整个人类——异教徒和基督徒的改善。我懂得这个道理,如果我的生命是被抛到英国、法国或美国的话,那么我也称自己是一个基督徒,因为基督教是这些国家的宗教,一个人要是这样安排生活,那他就会免遭麻烦且受到尊敬。他不会想到孔夫子,因为孔夫子及其教导他是一点不需要的。在中国也是同样的道理,只是情况相反"②。

无论我们愿意还是不愿意,中国的公民教育都无法摆脱其植根的文化土壤(传统),它具有极大的惯性和文化的拉力。"尽管充满了变化,现代社会生活的大部分仍处在与那些从过去继承而来的法规相一致的、持久

---

① 钱穆:《从中国历史来看中国民族性及中国文化》,香港中文大学出版社1979年版,第77页。

② 贺麟:《文化与人生》,商务印书馆1999年版,第153页。

的制度之中；那些用来评判世界的信仰也是世代相传的遗产的一部分。"①从这种意义上来说，我们一生下来就生活在传统的掌心中；传统对于我们每个人，对于我们的生活、教育等都具有某种先在性的影响。公民教育的定位必须审慎处之。

（原载《中国德育》2009 年第 2 期）

---

① ［美］E. 希尔斯：《论传统》，傅铿、吕乐译，上海人民出版社 1991 年版，第 2 页。

当代中国马克思主义的文化诠释与审视

随着俄国十月革命一声炮响,马克思主义传播到中国,在历史更替与社会发展的进程中,马克思主义在中国不仅具有了主导地位,而且也形成了理论体系并具备了思想特质。本文试图对当代中国马克思主义做一文化的诠释与审视。

一、马克思主义的概念诠释

在中国的话语体系里,关于马克思主义是什么的诠释,是较为多义的,甚至在不同的历史时期,马克思主义所代表的意义都不相同。但从总体上看,有两个基本意义是贯穿始终的:一是马克思主义是中国共产党的理论基础,因此,马克思主义与中国共产党的性质、使命具有内在深刻的联系;二是马克思主义是社会主义国家的意识形态,因此,马克思主义在国家意识形态中占有主导的、首要的、统帅的地位。从历史的角度看,中国共产党人是在直接接纳马克思主义的同时,确定把马克思主义作为党的指导思想和理论基础。随着新中国的诞生,中国共产党由革命党变成执政党,马克思主义则由政党的理论基础扩大为国家的意识形态。毛泽东有一段精辟的论述客观地说明了这一点:领导我们事业的核心力量是中国共产党,指导我们思想的理论基础是马克思列宁主义。可以说这两个基本意义决定了马克思主义在中国的诠释限度、基本内涵及其理论特质。关于马克思主义的诠释内涵至少可从以下角度去定义:

第一,马克思主义的理论形态。一般来说,马克思主义的理论形态主要包括两个基本方面:一是原生形态的马克思主义,二是若干次生形态的马克思主义。前者是指马克思主义创始人的马克思主义,亦常常称为经典马克思主义;后者主要指第二国际理论权威所代表的正统马克思主义,包括其中演变出修正主义的马克思主义、苏俄马克思主义,即最后变成社会主义阵营国家意识形态的马克思主义、狭义的西方马克思主义。从广义的角度来理解,西方马克思主义还包括马克思主义产生后,西方世界出现的许多从非马克思主义立场对马克思主义进行研究，甚至批评马克思主义的学说、学科或思潮。

第二，马克思主义的诠释维度。马克思主义由于其理论与实践的特质，对世界产生了广泛而巨大的影响。从总体上看，在中国诠释马克思主义主要有两个基本维度：一是从学术角度诠释马克思主义。这是从学者、学术的维度出发，研究马克思主义的理论形态、特质及其发展等。它主要以社会科学研究机构、高等院校的相关研究组织为基本载体，并有一支与学科建设相联系的教师科研队伍作为基本力量。这个维度的研究可以说从未停止过，只是在不同的历史时期关注的重点、热点不同，研究的方式方法和结论不同而已。这一维度的研究具有探讨性、反思性和批判性等特点。二是从国家意识形态的角度诠释马克思主义。即从以党性、社会主义国家性质为基础的维度认定的马克思主义。在这个意义上，马克思主义成为世界无产阶级政党和社会主义国家的理论基础、指导思想。它主要通过理论宣传系统、教育系统来表达。在中国当代文化语境中，"意识形态"主要是指一定社会集团的经济政治利益的系统化、理论化的思想观念体系，基本上是特指"马克思主义的理论体系"。这个体系主要通过思想政治教育来实施。

二、当代中国马克思主义的诠释特点

正如前述，"当代中国马克思主义"是属于次生形态的马克思主义，是诠释性的马克思主义，那么就必有诠释的不同特点，而这些特点既与诠释的主观需要有关，也与客观条件有关，是一种基于中国社会实践发展需要的价值判断。从理论属性、理论过程、理论功能三个角度看，当代中国马克思主义理论的诠释分别具有阶级性、时代性、主导性特点，并主要体现在党的政策制定和思想政治教育过程中。

（一）理论属性：强烈的阶级性

这首先体现在对当代中国马克思主义本身内涵的界定上。在中国，马克思主义主要是作为一种国家意识形态，作为执政党的指导思想和理论基础而存在。国家意识形态，在中国当代文化语境中，主要是指体现一定阶级、社会集团的经济政治利益的系统化、理论化的思想观念体系。因此，阶级性必然成为当代中国马克思主义的内在特性。从一定意义上来说，阶级性就是意识形态性，意识形态性是阶级性的表达。

作为马克思主义理论体系重要载体的思想政治教育，在解说和传播马克思主义理论的过程中突出地表现了这个特点。从思想政治教育的目标来考察，其明确以中国共产党的教育方针为依据，以培养无产阶级革命事业的接班人为根本目标。1957年2月，毛泽东明确提出了社会主义教育的方针：应该使受教育者在德育、智育、体育几方面都得到发展，成为有社会主义觉悟、有文化的劳动者。1958年9月，中共中央、国务院发出《关于教育工作的指示》，明确提出党的教育工作方针是教育为无产阶级政治服务，教育与生产劳动相结合；为了实现这个方针，教育工作必须由党来领导。1993年2月，中共中央、国务院印发的《中国教育改革和发展纲要》第二十八条明确了德育的宗旨和目标是用马列主义、毛泽东思想与建设有中国特色的社会主义理论教育学生，把坚定正确的政治方向放在首位，培养有理想、有道德、有文化、有纪律的社会主义新人，是学校德育即思想政治和品德教育的根本任务。新中国成立以来，德育基本上是在这个方向上进行定位的。要培养无产阶级革命事业的接班人，即可以继承社会主义、共产主义事业的新生代，就要通过德育使他们了解、接受无产阶级的意识形态，形成与无产阶级相一致的立场、观点和价值取向。

（二）理论过程：鲜明的时代性

当代中国马克思主义是马克思主义与中国社会发展不同阶段相结合的产物，每一阶段思想理论的发展都是对时代主题的回应，具有鲜明的时代特征。考察马克思主义中国化的整个过程，就是对理论和实践相结合原则的坚持，当代中国马克思主义的理论魅力就在于其实践性。中国社会先后经历了新民主主义革命、社会主义革命、社会主义建设和改革开放几大实践主题的转换，实现了马克思主义理论的几次飞跃，对中国革命与建设实践做出了科学回答和总结，揭示了马克思主义中国化的实践性和时代性特点。

（三）理论功能：明确的主导性

马克思主义的主导性，主要是指马克思主义作为一种国家意识形态，在思想领域的主导地位和在一切工作领域的指导思想地位以及在教育领域的价值导向。作为一种意识形态的存在形式，马克思主义内在的功能决定了它必须服务和服从于一定的阶级利益，并通过代表特定阶级的思想理论和价值观念来引导社会的思想倾向，成为社会的主导价值观。可以说，主导性是阶级性的必然延伸。马克思主义理论的主导性是由思想政治教育这一载体间接体现的，马克思主义由一种理论向主导社会的思想意识的转化也是通过这一载体来实现的。首先，思想政治教育在内容上强调国家意识形态的一元导向。其次，思想政治教育促成社会思想共识的主要功能也体现了其主导性。社会秩序的稳定需要综合各种因素来共同维护，在中国，思想政治教育有一个特殊的功能，即通过教育形成思想共识，从而保证社会的稳定。为此，思想政治教育在组织层面，形成自上而下的一体化思想管理的体系；在内容上，基本采取自上而下的引导性"灌输"。

三、 当代中国马克思主义诠释特点的文化审视

为什么当代中国是这样而不是那样来诠释马克思主义？从文化的角度来审视，这是一个更深刻的问题。换言之，当代中国马克思主义呈现出以上理论特点，是与中国的文化传统具有某种内在联系的。梁漱溟先生曾把文化直接定义为"人类生活的样法"。他认为，"文化与文明有别。所谓文明是我们生活中的成绩品——譬如中国所制造的器皿和中国的政治制度等都是中国文明的一部分。生活中呆实的制作品算是文明，生活上抽象的样法是文化。不过文化与文明也可以说是一个东西的两个方面"①。在梁漱溟先生的定义里，文化与文明就是人类生活的积淀和结晶，文化是无形的，表现为理念、价值观，文明是有形的，表现为物质、制度的存在。物质、制度等作为文明的表现形式在一定的意义上是可创造的，但如何创造及创造出来的"作品"必然受到无形文化的影响，而文化就是一个积淀的过程，这种积淀就是传统。按梁漱溟先生的理解，文化就是"人类生活的样法"。这并不是说"人类生活的样法"是由文化决定的，而是说文化传统对"人类生活的样法"有着无形的、潜在的和极大的影响。因此，即使在生产力水平、经济条件相当的情况下，不同文化传统的人类生活样法也是不同的，它必然体现一定的历史、文化的因果关系。当代中国马克

---

① 梁漱溟：《东西文化及其哲学》，商务印书馆1999年版，第60页。

思主义形成发展的过程，是中国的马克思主义者从本国的社会实践需要出发，结合自己的传统文化，对马克思主义文本的能动选择与运用，是文本与诠释的互动过程。从这个意义上说，中国文化传统深深地影响着人们对经典马克思主义的理解和接受的思维方式、价值立场及演绎方式。

契合点之一：阶级性与"伦理本位"的传统。在中国，伦理本位的整体主义传统给人们一个清晰的视点：个体并不是孤立绝缘的个体，而是错综复杂人际关系中所显现的中心点，是人际社会相互依存关系中的网结。事实上，整个传统文化的理想都是建构在人我相关的理想上的。对此，梁启超先生有一个很重要的注释："吾中国社会之组织，以家族为单位，不以个人为单位，所谓家齐而后国治是也。"[①]

在中国，家是国的根基，国是家的扩大，由此形成了中国政治伦理化的特征，即由以血缘、家族为基础的人伦关系延伸出以利益、阶级为基础的统治者与被统治者之间的各种关系。在这种架构中，一方面，对统治者而言，提出了以德治国即敬德保民、为政以德的要求。这个要求包括执政者应当实行利民的政策和措施，并且以君德自律、率先垂范，从而实现圣王德政的理想，用贤人政治统治和管理国家；另一方面，对于被统治者而言，提出了忠孝节义的要求，按照伦理原则，人民必须事君以敬，事父以孝，服从为德，臣无二心。这样，中国伦理化的政治便形成了以道德作为政治的载体和基础，道德原则即为政治原则，从而形成了德政同构的传统。这种传统通过教育，一直给中国民众提供相当稳定的价值认同。

新中国的诞生，从政治上、法律上确立了广大劳动人民当家作主的地位，亦以阶级整体性的名义取得了统治者的地位。社会统一的思想意识形态和高度集中的政治体制，一方面使得传统社会的同质性仍然保持高度的稳定，并在社会生活中形成一体化的经济、思想和政治相耦合的统一机制；另一方面，社会组织形式依然是未经充分分化的机械组合，个人依赖于社会组织或单位。社会主义市场经济体制的建立，极大地冲击了传统伦理本位的整体主义价值观，但同时中国社会主义市场经济的发展又蕴涵了对文化传统的某种理性诉求，"和谐社会"的提出正是对西方市场经济模式的一种反思性批判，也清晰地表明了文化传统对社会文明的某种预制性和内引性。

[①] 梁启超：《新大陆游记节录》，中华书局2015年版，第121页。

契合点之二：时代性与"经世致用"的传统。《中国大百科全书》中是这样概述"经世致用"的："中国宋代后逐渐形成的一种提倡研究当前社会政治、经济等实际问题，要求经书研究与当时社会的迫切问题联系起来，并从中提出解决重大问题方案的治学方法。其特点是以解释古代典籍为手段，从中发挥自己的社会政治见解，并用于社会改革。"① 在历史上，宋儒朱熹首先提出"实学"二字，是后世所谓"实学"流派的发端。不过朱熹的"实学"观脱胎于理学而具有二重性，因为理学在其创始人那里是"实学"和"玄学"的统一体，如朱熹主张"即物穷理""治国平天下"或"经世致用"。明清时期的"实学"传统至清中期后逐渐发展成为"经世致用"学派，这是儒学为适应时代要求而自我更新的结果。"经世致用"学派大力提倡恢复先秦儒家"经世致用"的理性精神，批判空谈心性的形而上学，其基本学理精神就是实事求是，理论联系实际。这种价值观认为，思想理论的价值标准在于它的实用性，因而在"经世"与"致用"之间，实际隐含了一种价值转换的可能：由学术价值向政治伦理价值转换。具体表现为："经世"是"致用"的设定，即为达到某种致用性而设定规范、理念，建构理论。同时，"致用"的核心是"稳定社会"。这种取向使得理论与实践的结合相当紧密和直接，更为有力地维护了现存社会的整体性与稳定性。然而，当理论与实践、理想与现实、伦理与政治的密合缺乏一定张力的时候，理论的批判性和思想的超越性就会失去其内在的价值，使价值越位于真理。在中国，"经世致用"的传统正是伦理本位、德政统合的必然结果。"因为一种伦理制度可以是理想的，而一种政治制度必然是现实的，政治与伦理的密合，政治对伦理的统摄客观上要求伦理为政治提供舆论的维系。"②

当代中国马克思主义的发展，正是从中国社会的实践出发对马克思主义的诠释。中国共产党作为执政党通过对经典马克思主义的认同、解释，建立、宣传自己的政治原则和方针政策，实现意识形态的政治导向，充分证明马克思主义具有极强的社会致用性。中国的马克思主义者在对马克思主义的诠释过程中，其思维方式和价值取向也深受中国传统文化的影响。早期革命知识分子如陈独秀、胡适等都有着深厚的古文经学的功底，他们

---

① 《中国大百科全书》（哲学卷），中国大百科全书出版社1985年版，第370页。
② 李萍：《现代道德教育论》，广东人民出版社1999年版，第47页。

在学习和传播马克思主义的过程中，往往会从传统实学的立场来解读当时从西方传入的马克思主义。毛泽东在接受马克思主义之前，思想渊源也大致不离儒宗，而且毛泽东在"五四"时期崇拜陈独秀和胡适，深受他们的思想影响。"经世致用"和"实事求是"的思想原则成为那个时代先进的中国知识分子所遵循的共同的思想原则。"实事求是"原则被毛泽东作为普遍真理充分吸收并最终成为毛泽东思想的核心和中国共产党的思想路线，进而具体化为革命的政策和策略。

契合点之三：主导性与"整体主义"的传统。与崇尚个人权利的西方个人主义价值观不同，中国传统文化的核心价值观是整体主义。在不同的历史时期，整体主义价值观有不同的表现形式，如国家主义、民族主义、群体主义、集体主义。在封建社会则表现为皇权主义、专制主义。

正如前述，中国文化传统中的人，就是关系（人伦）中的人，是在关系中被定位的。基于家族作为人我关系的基本单位以及家国同构的立场，群体不仅是个体的集合，而且是高于个体的；个体不仅是从属于群体、整体的，而且是被整体所制约的。因此，作为与个体主义相对应的整体主义，它强调个体与整体的融合，注重个体对整体的责任，主张个体对整体的服从。这种价值倾向的另一种表述方式即在义利问题上的重义轻利。在儒家看来，义是社会的利益，利是个人的利益，重义轻利就是坚持社会利益至上的原则。

当代中国马克思主义在确立、传播和运用中强调的"主导性"原则，与"整体主义"的价值观具有某种内在的契合性。"主导性"原则既表达了马克思主义者的诠释立场，即是无产阶级的代表，是最广大人民利益的代表，同时也表达了所代表利益的至上性，显然，其共同的基础都是"整体主义"的。当代中国马克思主义首先是作为无产阶级政党的意识形态，随后扩大为国家意识形态，因而在内容选择和传播方式上主要是服务于巩固执政党的执政基础，通过教育，传播执政党的执政方针、政策，引导人民群众统一认识、统一行动，特别是培植共同的政治立场。要达到多样性的统一，必然要强调主导性。

综上所述，当代中国马克思主义诠释特点与中国传统文化的契合性，在某种意义上说明并也证明了任何思想形态的变化与发展，都必然打上历史继承性、文化惯性力的烙印，否定这种相关性并不是唯物主义的立场。同时，我们又要清醒地认识到，科学真理性的追求要求人们不断地超越主观的局限性、批判的片面性和选择的狭隘性，即要在客观全面研究、把握经典马克思主义思想精髓的基础上诠释当代中国马克思主义；在科学扬弃传统文化的基础上诠释当代中国马克思主义；在探索人类社会发展基本规律和中国社会发展特殊性的基础上诠释当代中国马克思主义。否则，就有可能把马克思主义教条化或庸俗化。

（原载《毛泽东邓小平理论研究》2010 年第 7 期）

当代中国马克思主义教育的返本归真

党的十七大提出了"开展中国特色社会主义理论体系宣传普及活动,推动当代中国马克思主义大众化"的战略任务,胡锦涛在《纪念党的十一届三中全会召开 30 周年大会上的讲话》中强调要"不断推动当代中国马克思主义大众化,让当代中国马克思主义放射出更加灿烂的真理光芒"。马克思主义大众化,从主观的角度,就是如何使马克思主义理论被广大人民群众所理解、认同、掌握,并自觉指导实践的过程;从客观的角度,就是如何通过科学有效的方式和途径达到主观的预期。无疑,教育是实现马克思主义大众化的重要方式和途径,青年学生是马克思主义大众化的重要对象和群体。

在中国当代的文化语境中,马克思主义教育主要是通过思想政治理论课程系统实施的。如 1952 年,教育部发布《关于全国高等学校开设马克思列宁主义毛泽东思想课程的指示》,规定高等学校一律开设"新民主主义论""马克思主义政治经济学""辩证唯物主义和历史唯物主义"三门政治理论课;2005 年中共中央发布文件,确定改革后的思想政治理论课程体系为"马克思主义理论""毛泽东思想、邓小平理论与'三个代表'重要思想""思想道德修养与法律基础"。尽管这些课程的名称和具体内容存有差异,但是它们都属于马克思主义教育课程。因此,本文所论述的"马克思主义教育",是指当代中国学校课程中以马克思主义立场、观点和方法为核心的价值教育。

价值教育不同于知性教育,前者属于价值认识的范畴,后者属于科学认识的范畴。它们的最大区别在于科学认识不依赖主体自身特性,其认识终极是客体性的;而价值认识是依赖主体自身特殊性的,其认识终极是主体性与客体性的统一,即科学性与价值功利性的统一。因此,马克思主义理论教育的说服力首先在于其本身的科学真理性,同时又必须关注教育对象的主体性成长的需要,只有当两者最大限度保持一致时,教育的价值才能真正实现;只有使马克思主义的科学真理与青年学生人生发展和思想成长内在诉求相统一,教育的过程能够针对接受主体关心和应该关心的问题而展开，才能提高马克思主义教育的实效性，实现马克思主义的大众化。为此，我们应该努力使马克思主义教育回归马克思主义的立场，即回归马克思主义的人文关怀、回归马克思主义的批判精神和回归马克思主义的实践原则。

一、回归马克思主义的人文关怀

虽然人文、人本或人道具体表述不同，但是，其实质和精髓都是指向对人的主体性地位的肯定和尊重，从而本质地区别于物本、神本、君本和民本。马克思主义的人文关怀主要是指，对人的生存状况、意义、目的和价值的关注，对人的解放、自由和发展的追求，对人的尊严和符合人性的生活条件的肯定。改革开放以来，马克思主义关于人的思想以及从马克思主义立场出发对人的问题的深入研究，越来越清晰地凸显了马克思主义的人文关怀；围绕经典马克思主义，对"人的本性、人的地位、人的价值、人的尊严、人的权利、人的发展、人的自由等各个方面的问题的研究"①日益揭示出人文关怀是马克思主义价值性的典型形态。

马克思主义的人文关怀充分体现在经典马克思主义对理想社会和人发展的应然性设定中。未来的共产主义社会被看作是"以每个人的全面而自由的发展为基本原则的社会形式"②；"是通过人并且为了人而对人的本质的真正占有；因此，它是人向自身、向社会的即合乎人性的人的复归，这种复归是完全的，自觉的和在以往发展的全部财富的范围内生成的。这种共产主义，作为完成了的自然主义＝人道主义，而作为完成了的人道主义＝自然主义"③。对于个人发展的理想目标，马克思提出了"每个人的自由发展是一切人的自由发展的条件"④，"以一种全面的方式，也就是说

---

① 贾高建：《马克思主义与人文关怀》，载《理论前沿》2000年第4期，第13页。
② 中共中央编译局编译：《马克思恩格斯选集》（第1卷），人民出版社1995年版，第239页。
③ 中共中央编译局编译：《马克思恩格斯全集》（第3卷），人民出版社2002年版，第297页。
④ 中共中央编译局编译：《马克思恩格斯选集》（第1卷），人民出版社1995年版，第294页。

作为一个完整的人，占有自己的全面的本质"①，"人的根本就是人本身"② 等。马克思主义的人文关怀也直接体现在马克思主义对阶级社会和专制制度摧残人的抨击中。马克思在1843年致卢格的信中说，"专制政体的原则总的来说是轻视人、蔑视人，使人不成其为人"③，"这种制度的原则就是使世界不成其为人的世界"④。因此，谁都不能否认，人文关怀构成了马克思主义的基本维度之一。⑤

马克思主义在中国的发展史，从某种意义上说，也是马克思主义的人文关怀起伏跌宕的生存史。回首20世纪二三十年代，马克思主义之所以能在"百家争鸣"的中国思想界被认同并获得地位，根本原因正在于，它是在同进化论、无政府主义、自由主义、科学主义、民粹主义等西方思潮，同保守主义、三民主义、改良主义等本土思潮，以及民主社会主义、基尔特社会主义和国家社会主义等社会主义思潮诸种理论主张的论战、交锋、碰撞和比较中，更妥帖地回应了当时中国社会中普遍存在的对国家前途和个人命运的沮丧、失望及精神的困扰、苦闷与悲观，向社会大众传递了个人的自信感和拯救民族的信心⑥；特别是马克思主义所昭示的经由阶级斗争所达成的共产主义理想社会，从根本上构成对现世苦难的一种反动和一种慰藉，是对人类命运的一种真正的理性把握。

在马克思主义理论教育中，回归马克思主义的人文关怀就是要关怀学生主体，尤其是精神主体的成长。在当代意识形态多元化发展的情势下，如何引导处在"意识形态市场"激荡中的青年学生走出困境，增强学生作为精神主体成长的内在素质与能力，真正提高马克思主义理论对深刻变化实践的解释力，是对马克思主义理论教育的极大挑战和考验，也成为马克思主义能否真正实现大众化的关键问题之一。从教育的角度，教育者必

---

① 中共中央编译局编译：《马克思恩格斯全集》（第42卷），人民出版社2003年版，第123页。
② 中共中央编译局编译：《马克思恩格斯选集》（第1卷），人民出版社1995年版，第9页。
③ 中共中央编译局编译：《马克思恩格斯选集》（第1卷），人民出版社1995年版，第411页。
④ 中共中央编译局编译：《马克思恩格斯选集》（第1卷），人民出版社1995年版，第410页。
⑤ 参见俞吾金《实践诠释学》，云南人民出版社2001年版，第153页。
⑥ 参见徐素华《艾思奇研究在国外》，载《哲学动态》1996年第6期，第38页。

须了解学生成长中的困惑与需求，教育的根本理念必须是为人的，是为学生健康的精神成长的。马克思主义教育重视以理服人。但是，"理"既是"真理"，又是"说理"；"服"既是"说服"，又蕴含着"服务"。真理通过说理的方式，在服务人的需求中，实现说服人的教育目的，这是以理服人的应有之意。因此，只有激发学生主体的情感，满足学生的需要，"教"才能入心，才能转化为"育"，否则，再正确的原则，再好的内容，在教育的意义上，都是无济于事的。在这个意义上，教育应把关爱学生的生命价值和引导学生的思想发展，作为马克思主义教育的起点和归宿。

关爱学生的生命价值。从主体规定性的角度来说，人是寻求生命意义的存在物，人类活动所遵循的"内在的尺度"，是人与动物相区别的理性与思想。正是因为理性赋予人反省与思考的能力，人才能清醒地意识到自身存在的有限，意识到生命的短暂与宝贵；正是因为理性赋予人的主体性的特质，人才能赋予生命的存在以价值。一个人如果不懂得生命存在的价值与意义，那就仅仅是活着而已。所以，寻找生命存在的意义就是为人生找到一个支点，为生命找到动力和源泉。因此，尊重受教育者生命的价值，引导他们思想与生命的成长，正是教育的应有之意，更是马克思主义教育的根本之意。一个回避或不能对生命存在的意义给予回答与引导的教育一定不是好的教育；一个无视或无法满足受教育者成长需要的教育，也不可能是真正有效的教育。如果马克思主义教育不能更有效地回应受教育者的生命价值，无助于其参与社会实践、提升人生意义、化解人生困惑，指引其人生方向，那么，其就不是真正有效的教育。

引导学生的思想发展。无论是国家还是个人，发展才是根本的出路。发展不仅是当代社会进步的内在要求，而且是个体安身立命的内在要求，即当今学生最根本的利益和需要。德国教育家第斯多惠在《德国教师教育指南》一书中提出了"发展性的教学"的观点。他认为，教学只有遵循适应受教育者心身自由发展的原则，才能取得重大的实效。为此，教师就必须遵循受教育者的年龄和个性特征及其发展阶段，教授其真正需要的知识。德国教育家福禄贝尔也重视教育的发展性原则。他受德国哲学家谢林的影响，认为自然界的万物都在无限地发展着；人在其生命的整个过程中，也在不断地发展。

因此，教育应该按照受教育者的本性，使他们在身体和精神两个方面都同样得到发展。在由革命的激情转向建设的理性的社会转型进程中，在后现代思潮的只言片语不经意间浸染学生头脑的思想变迁中，在族群救亡图存的历史使命悄然间向个体安身立命的转化中，关注人的生存与发展，成为马克思主义教育不容回避的理论难题和现实焦点。因此，马克思主义教育的重点，不应停留在防范学生出现思想问题的取向上，不应被异化为控制人和驯服人的手段，不应演变为管理人的手段和钳制思想的方式，而应在于如何通过教育激发、调动学生发展的创造性，帮助学生发展自己，使马克思主义教育真正成为学生在寻求发展过程中的需求。

二、 回归马克思主义的批判精神

在一般语义上，批判主要包含三层意思：批示判断；评论、评断；对所认为错误的思想、言行进行批驳否定。① 经过"文化大革命"后，批判成为日常生活用语中不太美好的词语，成了你死我活的斗争或者无情彻底打击的代名词，这纯粹是历史的误会和扭曲。如果从哲学的层面对批判的要旨做出概括，其主要是方法论意义上的反思、扬弃和超越的思维方式。

批判精神是马克思主义理论的重要特质。它首先体现在马克思主义诞生的历史进程中。马克思主义直接继承了19世纪德国的古典哲学、英国的古典政治经济学和法国的空想社会主义的优秀成果。它通过对德国古典哲学特别是其辩证法的扬弃，捍卫和发展了唯物主义；通过对英国古典政治经济学的反思和超越，创立了剩余价值理论；在对资本主义社会科学进行分析的基础上，指出了无产阶级才是创立新制度的社会力量，从而在汲取空想社会主义有益成果的同时，与其划清了界限。批判精神也体现在马克思主义对自身学说的态度中。对于其提出和设想的共产主义，马克思主义宣称，"共产主义对我们来说不是应当确立的状况，不是现实应当与之相适应的理想。我们所称为共产主义的是那种消灭现存状况的现实的运动"②。这就表明，共产主义在经典马克思主义理论中，不是既定的模式或者现存的结论，而是"消灭现存状况的现实的运动"，这正表达了马克思主义学说所内含的批判精神之特质。恩格斯也曾阐明了理论自我批判的必要性："很可能我们还差不多处在人类历史的开端，而将来会纠正我们

---

① 参见《汉语大词典》（第6卷），汉语大词典出版社1990年版，第366页。
② 中共中央编译局编译：《马克思恩格斯选集》（第1卷），人民出版社1995年版，第87页。

的错误的后代,大概比我们有可能经常以十分轻蔑的态度纠正其认识错误的前代要多得多。"① 批判精神更体现在马克思、恩格斯对社会现实的立场和态度中。他们对异化的批判、对宗教的批判和对资本主义制度的批判,都体现了这种深刻的批判精神。在某种意义上,如有的学者所言:"真正的理论从来都是批判现实的。对现实的无批判的理论与无理论批判的现实一样都是令人胆战心惊的。"②

马克思主义批判精神的根源在于其彻底的辩证法。"辩证法,在其神秘形式上,成了德国的时髦东西,因为它似乎使现存事物显得光彩。辩证法,在其合理形态上,引起资产阶级及其夸夸其谈的代言人的恼怒和恐怖,因为辩证法在对现存事物的肯定的理解中同时包含对现存事物的否定的理解,即对现存事物的必然灭亡的理解;辩证法对每一种既成的形式都是从不断的运动中,因而也是从它的暂时性方面去理解;辩证法不崇拜任何东西,按其本质来说,它是批判的和革命的。"③ 回望中国特色社会主义理论与实践的探索,中国共产党正是坚持了马克思主义的这一基本立场和方法,否则,我们不可能真正开启社会主义现代化的伟大实践,也不可能在这不长的历史进程中取得如此举世瞩目的进步。

因此,在马克思主义理论的教育中,坚持马克思主义批判精神的特质十分重要。从教育的角度,就是要探索马克思主义教育如何由灌输现成结论向培养学生批判的思维方式转换。因为马克思主义不是既定的结论,而是对理论和社会的批判性立场与态度。正如恩格斯所说:"我们的理论是发展着的理论,而不是背得烂熟并机械地加以重复的教条。"④ 他同时指出,"马克思的整个世界观不是教义,而是方法。它提供的不是现成的教条,而是进一步研究的出发点和供这种研究使用的方法"⑤。可见,经典马克思主义将其理论不是视为已经完成了的教条,而是视为观察和认识世

---

① 中共中央编译局编译:《马克思恩格斯选集》(第 3 卷),人民出版社 1995 年版,第 426 页。
② 张一兵:《神会马克思》,中国人民大学出版社 2004 年版,第 1 页。
③ 中共中央编译局编译:《马克思恩格斯选集》(第 2 卷),人民出版社 1995 年版,第 112 页。
④ 中共中央编译局编译:《马克思恩格斯选集》(第 4 卷),人民出版社 1995 年版,第 681 页。
⑤ 中共中央编译局编译:《马克思恩格斯选集》(第 4 卷),人民出版社 1995 年版,第 742–743 页。

界的工具与方法。邓小平在1989年针对马克思主义和社会主义的理解问题指出,"绝不能要求马克思为解决他去世之后上百年、几百年所产生的问题提供现成答案"①。

我国马克思主义理论教育的说服力、影响力不尽如人意,在某种程度上反映了马克思主义这一基本立场和方法在马克思主义教育中的"缺场"。青年学生大多迫于应试压力而接受马克思主义教育,教育者的考核标准大多基于对马克思主义理论知识的掌握而确定。这就决定了,理论知识的灌输而非马克思主义批判精神的运用,成为马克思主义教育主导性的内容。马克思主义教育因此也只是一门"课"。教育者"以课本为本""以考纲为纲",不断地将马克思主义作为既定的结论灌输给受教育者,难以发掘马克思主义的真正内涵。青年学生机械地重复记忆,却始终无法深入马克思主义的世界。马克思主义理论教育必须回归马克思主义批判精神这个基点,教育必须着力于培养学生正确思考的素质与能力,即善于批判的思考、善于批判的分析和善于批判的选择。

马克思主义的批判精神是培养科学思维方式的基础与基点。成长于市场化、信息化和全球化时代的当代青年学生有着强烈的独立意识和自主思考的要求,他们对社会中呈现出的美好事物保持着热切,对社会中流露出的丑恶现象坚守着警醒,对思想理论中大写的真理表达着追问。但是,这些理论气质常常缺乏严谨的批判精神,容易在诱惑和摇摆中走向极端。譬如,在直面中国现代化建设所引致的代价中,他们难以深刻认识马克思主义理论与中国现代化建设之间内在而紧密的关联,从而产生拒斥马克思主义的情绪。对此,马克思主义理论教育不应用现成结论简单否定学生的思考的热情和追问,恰恰相反,我们应充分尊重和保护学生独立思考的热情,更重要的是,要善于在揭示马克思主义科学真理价值的同时,从方法论的意义上,帮助学生学会正确地思考,并逐渐形成科学的思维方式。

马克思主义理论教育要培养学生科学的思维方式,教育实践本身必须要深化和落实马克思主义的批判精神。不具有马克思主义批判精神的教育,不可能真正培养出具有科学思维的学生。有位学生在回顾中学期间接受马克思主义教育的感受时,说过这么一段话:"所谓'社会主义好'

---

① 中共中央文献编辑委员会编:《邓小平文选》(第3卷),人民出版社1993年版,第291页。

'社会主义制度具有无比优越性与强大生命力',何以证明?从何体现?若说中国崛起足以证明,然而中国是世界上少数几个社会主义国家之中唯一较为发达的,古巴、朝鲜何以体现社会主义制度的优越性?若说资本主义存在剥削,现今世界上何尝没有?于是老师们便用一句'资本主义处于其向上、强盛阶段,而社会主义不过处于初始阶段'带过。"学生只能在不解与无奈中"接受"简单的解释。的确,伴随新中国建立而开始的马克思主义理论教育,在不同历史时期具有不同的内涵和形式,不可否认的是,它在社会主义事业建设者和接班人的培养中发挥了极重要的作用。我们必须清醒地认识到,当人类进入21世纪这个崭新的时代,所面临的变化不仅是巨大的,而且是极其深刻的。纵览中国30余年来改革开放的跌宕起伏,放眼全球化进程中世界形势的风起云涌,反思社会主义运动中的潮起潮落,既有成就,又有代价。对于前进和发展中出现的问题,马克思主义理论教育既不能居高临下灌输结论,也不能回避问题隔靴搔痒;既不能随风摇摆,更不能以其昏昏,使人昭昭。马克思主义理论教育必须善于主动正视,积极探索;必须善于在不同的视角、不同的声音和多元的可能中,鼓励学生批判地思考和分析问题,从而产生真正的教育引导作用。

三、 回归马克思主义的实践原则

实践是马克思主义理论的重要范畴和根本原则。在《关于费尔巴哈的提纲》中,马克思明确提出,"全部社会生活在本质上是实践的。凡是把理论引向神秘主义的神秘东西,都能在人的实践中以及对这个实践的理解中得到合理的解决";"哲学家们只是用不同的方式解释世界,问题在于改变世界"[①]。因此,哲学家对理论体系完满性的追求,必须服务于现实的实践活动;改变世界的实践是解释世界的立足点和归宿;理论必须服从实践,而不是实践受制于理论。在《德意志意识形态》中,马克思、恩格斯不仅同唯心主义,而且同旧唯物主义划清了界限。他们指出:"对实践的唯物主义者即共产主义者来说,全部问题都在于使现存世界革命

---

① 中共中央编译局编译:《马克思恩格斯选集》(第1卷),人民出版社1995年版,第56-57页。

化，实际地反对并改变现存的事物。"① 20世纪七八十年代以来，随着真理标准问题讨论的持续和深化，马克思主义的实践原则在中国深入人心。

实践是马克思主义倡导的理论掌握群众的重要途径。马克思在《〈黑格尔法哲学批判〉导言》中指出："哲学把无产阶级当作自己的物质武器，同样，无产阶级也把哲学当作自己的精神武器；思想的闪电一旦彻底击中这块素朴的人民园地，德国人就会解放成为人。"② 在这句被广为引用的经典语录中，马克思强调的是哲学对大众的掌握，指出思想必须"彻底击中"大众的问题。但是，如何才能掌握和"彻底击中"？"理论只要说服人〔ad hominem〕，就能掌握群众；而理论只要彻底，就能说服人〔ad hominem〕。所谓彻底，就是抓住事物的根本。但是，人的根本就是人本身。"③ 因此，理论只要彻底或者抓住人本身，就能掌握群众。由此，"思想的闪电"何以能击中"素朴的人民园地"，关键因素是理论或者思想要彻底，能抓住事物的根本，能抓住人本身。但是，理论的彻底性何以澄明？如果不澄明，"素朴的人民园地"何以被击中？

理论灌输与实践运用是马克思主义理论彻底性澄明的主要途径和方式，但理论灌输的效度最终受制于实践运用。在《怎么办？》一书中，列宁根据当时的情况曾提出，工人阶级的自发性只能形成工联主义的意识，只有从外部把科学社会主义学说灌输到无产阶级中去，才能使之产生科学社会主义思想体系，从而由"自发的阶级"转变成"自为的阶级"④。但是，工人阶级之所以接受科学社会主义学说，并转化为自身的科学社会主义思想体系，根本的原因是这种社会主义学说的科学性，而不是灌输的强制性或者技巧性。而这种社会主义学说科学性的标准，固然有其逻辑上自足自洽的属性要求，但更在于其与实践的密切关联。

马克思主义非常重视实践原则。19世纪70年代，美国社会劳工党把马克思主义理论当作教条硬塞给美国工人，但是，工人活动并没有取得积极的成效。恩格斯批评了美国社会劳工党将马克思主义教条化的错误做法，并提出："越少从外面把这种理论硬灌输给美国人，而越多由他们通

---

① 中共中央编译局编译：《马克思恩格斯选集》（第1卷），人民出版社1995年版，第75页。
② 中共中央编译局编译：《马克思恩格斯选集》（第1卷），人民出版社1995年版，第15-16页。
③ 中共中央编译局编译：《马克思恩格斯选集》（第1卷），人民出版社1995年版，第9页。
④ 中共中央编译局编译：《列宁选集》（第1卷），人民出版社1995年版，第256页。

过自己亲身的经验（在德国人的帮助下）去检验它，它就越会深入他们的心坎。"① 这就意味着，美国工人对马克思主义的真理性和价值性的认同，不是建立在完全灌输的基础上的，而是必须根据他们的社会实践。同时，马克思和恩格斯深入工人实践，并亲身参加革命斗争，以马克思主义理论指导社会实践，更在社会实践中检视和发展马克思主义理论。

教育作为人类社会所特有的一种社会现象，"它从一开始，就具有明确的愿望和要求。它必须由年长一代有目的有意识有计划地把人们积累的有关生产斗争和社会生活的经验、知识和技能，系统地有步骤地传授给年青一代"②。这意味着，教育从其发生学意义上，就是对社会实践的反思性总结和观念性传承，其源和流都在于实践。这是衡量教育之真理性的重要标准。如果教育脱离了对实践的参与、对实践的反思和对实践的指导，教育者即使全身心投入，也难以产生长久而持续"服人"的教育效果，而成为名副其实的"说教"。"说教"有两层含义：对教育者而言，只是说一说而已，从不指望受教育者践行；对受教育者而言，只是听一听罢了，从未想过以之指导社会实践。不讲理的教育，既是批评教育者没有清晰地阐发理论内在而严谨的逻辑体系，没有体现理论的自洽性，变得"强词夺理"；更是嘲讽教育者对教育与实践之间内在关联的忽视，而使教育沦为纯粹的文字游戏。

马克思主义教育如果脱离了实践，不仅背离了马克思主义的本义，也违背了它作为教育类型的内在规定，就会成为无源之水、无本之木，也会流于空泛，沦为形式。马克思主义教育的实践原则一般可以从三个方面去理解：在实践中教育；教育活的实践；为了实践的教育。在实践中教育主张马克思主义教育的方式要重视受教育者在社会实践的参与中理解和掌握马克思主义；教育活的实践主张马克思主义教育的内容要根据社会客观情势的变化而与时俱进；为了实践的教育主张马克思主义教育的目标在于指导受教育者的社会实践。萨特在《辩证理性批判》中指出："我阅读了《资本论》和《德意志意识形态》：我光彩焕发地理解一切，而我在那里却丝毫没有理解。理解，那就是改变自身，走出自身之外，而这种阅读并

---

① 中共中央编译局编译：《马克思恩格斯选集》（第4卷），人民出版社1995年版，第681页。
② 王天一、夏之莲、朱美玉编著：《外国教育史》（上册），北京师范大学出版社1993年版，第3页。

不曾使我改变。但是使我开始改变的,却正相反,那是马克思主义的现实,工人群众沉重地出现在我的眼前,这支庞大而阴郁的队伍使马克思主义活了,它实行马克思主义,从远处对小资产阶级知识分子施加一种不可抗拒的吸引力。"[1] 是的,马克思主义教育不应只停留在单向度的理论传导上,成为固化概念,解释已定结论的灌输形式,马克思主义教育只有回归马克思主义的实践原则,坚持在实践中教育、教育活的实践、为了实践的教育,理论才能常青,教育才能常青。

  除此以外,在马克思主义教育的具体实践中,必须重视社会实践生活对马克思主义教育效果的影响。一百多年前,杜威曾提出"教育即生活"的思想,成为传统教育向现代教育转型的标志性理念。它不仅包含着对传统教育以课堂、教材为中心的理念的批判内容,包含着儿童是生活的主体、教育要以儿童为中心的内容,也深刻地预设了社会实践生活对教育本身的影响。实践证明,马克思主义教育的内容与社会实践相映衬或相消解,会相应提升或降低马克思主义教育的实效。

  "如果一个社会在道德教学上只偏重言辞,缺乏实践模范,或是教的是一套,社会上普遍行的又是另一套,那么这个社会就产生了道德危机。"[2] 中国数千年的文化传统使普罗大众形成了一种特殊的思维习惯:行动的依据不是建立在对理论本身内在严谨性与科学性的分析上,而是建立在对理论倡导者身体力行的观察和效仿上。对于多数不以理论研究为职业的当代青年而言,理论的真理性和接受性不是从思想到思想的逻辑检验,而是理论倡导者的言行与理论的契合性。尤其对于马克思主义而言,它不是一般的民间或学理的社会意识形态,而是执政党的主流意识形态。因此,它是否具有吸引当代青年的魅力,受制于公权力集团是否能展示典范性。如果公权力集团只是将马克思主义理解为官方话语体系,说一套做一套,或者只希望别人信仰马克思主义,那么,其不但无法说服青年人接受马克思主义,而且会消解青年人已经接受的马克思主义内容。马克思主义教育就沦为虚假的意识形态运动,其结局恰如马克思对资本主义意识形态的批判,"占统治地位的将是越来越抽象的思想,即越来越具有普遍形

---

  [1] 转引自何中华:《重读马克思——一种哲学观的当代诠释》,山东人民出版社2009年版,第49页。

  [2] 韦政通:《伦理思想的突破》,中国人民大学出版社2005年版,第153页。

式的思想。因为每一个企图取代旧统治阶级的新阶级,为了达到自己的目的不得不把自己的利益说成是社会全体成员的共同利益,就是说,这在观念上的表达就是:赋予自己的思想以普遍性的形式,把它们描绘成唯一合乎理性的、有普遍意义的思想"①。沿袭如是误解前行,马克思主义教育被理解为纯粹意识形态的教化,其目的是使人成为特定社会阶级所需要的"被肢解"的存在,马克思主义教育就会蜕变为外在的强制,导致空洞感和无意义感。在主体性批判意识日益强盛的开放社会中,青年学生或者采取拒斥的态度,或者只是将其视为升学谋职考试的工具等,马克思主义的科学精髓并不能真正进入其思想深处,从而导致广泛的马克思主义虚伪,不可避免地降低了马克思主义科学真理的说服力,而增强了青年学生对马克思主义教育的逆反情绪,增加了马克思主义教育接受性的难度。

  探索建立和完善社会主义市场经济体制及随之发生的更为深远的社会转型,为中国人更加真实地感受和走进马克思主义的意义世界提供了极其宝贵的实践舞台与经验,马克思主义教育回归、坚持马克思主义的实践原则,是增强马克思主义理论的教育力、生命力的关键。

(原载《马克思主义研究》2012 年第 5 期)

---

① 中共中央编译局编译:《马克思恩格斯选集》(第 1 卷),人民出版社 1995 年版,第 100 页。

论马克思人民概念的三维结构及其范式转换

毫无疑问,"人民"是马克思历史唯物主义的一个基础概念和重要内容,因为"人民、群众是人类历史的真正创造者"①,"历史活动是群众的活动"②。如何更准确、全面地理解马克思所言的"人民"概念,这对于更好地把握马克思的历史唯物主义来说极为重要。在前人研究的基础上,通过回到马克思的文本并研究其人民概念的历史演变过程,本文指出,马克思的人民概念是从总体、群体和个体三个维度来展开的,它不仅是三维的,而且是立体交叉的,是历史的、实践的,并经历了从政治哲学思想范式到历史唯物主义范式的转变。在博士论文时期、《莱茵报》时期和克罗伊茨纳赫时期的一系列文本中,马克思主要采取政治哲学范式,即强调规范性、实践性和应然性探究。在《〈黑格尔法哲学批判〉导言》《1844年经济学哲学手稿》《神圣家族》中,马克思的思想向历史唯物主义范式转变,并在《德意志意识形态》中真正予以确立,这种范式强调实证性、科学性和实然性研究。③马克思人民概念的三维结构也发生着相应的范式转变。

一、马克思人民概念的总体之维:从实体、有机体到全体人民

从西方政治思想史来看,人民作为总体往往是政治或法律的一种拟制。现实中存在的、能够被我们所直观到的或者是一群人,即作为群体的人民,或者是单个个体,即作为个体的人民。当代著名政治思想家萨托利

---

① 中共中央编译局编译:《马克思恩格斯全集》(第2卷),人民出版社1957年版,第8页。
② 中共中央编译局编译:《马克思恩格斯文集》(第1卷),人民出版社2009年版,第287页。
③ 参见段忠桥《政治哲学、马克思政治哲学与唯物史观——与吴晓明教授商榷》,载《社会科学辑刊》2020年第4期,第35页;徐长福《"政治国家"与"物质国家"的辩证法——马克思政治哲学范式的发生学考察》,载《马克思主义与现实》2020年第3期,第45页。

曾经归纳过六种对人民的解释：人民是每一个人；人民是庞大的许多人；人民是较低的阶层；人民是一个有机的整体；人民是绝对多数原则所指的大多数人；人民是有限多数原则所指的大多数人。① 他也指出，希腊语中表示人民的词"demos"可以包含四种意义：①整体；②许多人；③多数人；④暴民。意大利语"popolo"、法语"peuple"和德语"Volk""都含有单一整体的意思"，常常指"一个有机的整体，一个'全体'"；而英语"people"则强调以"每一个人"为单位组成的众人。② 但从"Volk"的词源来看，萨托利的分析并不完全准确，因为"Volk"的本义是"众多"③，它的"整体"含义是后来出现的。

　　西方近代共和主义与自由主义对人民概念都有各自不同维度的关注，特别是共和主义对人民概念总体之维提出了一些有价值的思想。譬如，马基雅维利强调，只有作为总体的人民才具有不可分割的共同意志，由此才能像君主一样行使政治权威，进行决断。④ 卢梭则指出，签订社会契约的不同个体联合者"集体地就称为人民"，人民具有集体性、统一性和普遍性。⑤ 由此，卢梭就赋予了作为总体的人民以更加重要的地位，使之等同于上帝。主权、立法权以及行政权等皆由这种作为总体的人民的普遍意志产生。应该说，近代共和主义的人民观，尤其是卢梭的相关思想与马克思人民概念总体之维的形成有相当的关联性。

　　马克思对人民的阐述主要是从《莱茵报》时期开始的，但在这之前的其博士论文及笔记中，我们也能找到他关于人民的一些看法。在这些文本中，"Volk"除了指日常意义上的民众和民族以外，值得注意的是马克思此时对人民作为"实体"的理解。马克思是在讨论希腊哲人时提到了这种人民。它其实就是指当时的希腊城邦实体，这符合希腊语境下"demos"的整体含义。希腊哲人最初既具有个体独特性，也具有人民实体性，两种特性相融合，"早期希腊哲人是实体的真正精神，是对实体的具

---

　　① 参见［美］萨托利《民主新论：当代论争》，冯克利、阎克文译，上海人民出版社2017年版，第47页。
　　② 参见［美］萨托利《民主新论：当代论争》，冯克利、阎克文译，上海人民出版社2017年版，第46－47页。
　　③ Duden, das große Wörterbuch der deutschen Sprache, Band 10, Dudenverlag, 1999, S. 4338.
　　④ 参见萧高彦《西方共和主义思想史论》，台湾联经出版公司2013年版，第161－162页。
　　⑤ 参见［法］卢梭《社会契约论》，何兆武译，商务印书馆2003年版，第21页。

体化的认识"①。但后来这两种特性出现对立，希腊城邦的解体就与此有关，个体主体性最终突破了人民实体性。无疑，马克思在其博士论文中强调的是哲人的个体主体性，而非人民实体性。

在马克思《莱茵报》时期的文本中，作为报刊的受众，人民当然是启蒙的对象，报刊所起的就是启蒙作用，这种人民也可以理解为群体意义上的人民。但马克思所强调的并不是这种群体意义上的人民大众，而是作为总体的人民，即作为参与政治活动的全体公民。在这方面，马克思受到了卢格公民共和主义的影响，因此其人民思想具有公民共和主义倾向。②报刊是公民参与政治活动的方式之一，是人民总体的一个环节，它应体现人民精神、人民意志、人民理性、人民呼声、人民意见。只有如此，报刊才具有人民性。这些表述都在强调人民作为公民集合体的总体性和普遍性。马克思特别指出，人民的呼声与代表特殊性和私人性的群体意见及个人意见不同："个人，甚至数量很多的个人，都不能把自己的呼声说成人民的呼声，相反，他们的陈述总是带有私人申诉书的性质……私人的信念和愿望首先应该用普遍的信念和普遍的愿望来加以衡量。"③ 在《评奥格斯堡〈总汇报〉第 335 号和第 336 号论普鲁士等级委员会的文章》中，马克思阐发了人民有机体的观念，他既不同意把人民当作"原生无机体"④，也不同意把人民机械地划分成几个等级，因为这两种做法其实都与人民有机体理念背道而驰。这种人民总体、整体内部的差别是有机体的环节，而非机械的部分。⑤ 这种人民有机体就是国家有机体。这些地方体现了马克思对人民总体之维的强调。

在《黑格尔法哲学批判》中，人民的总体之维得到更丰富的展现，国家制度、行政和立法都由人民所创造和规定，因此是人民总体的组成部分。从主谓词理论来看，"人民"是主词，主权、行政权和立法权作为谓

---

① 中共中央编译局编译：《马克思恩格斯全集》（第 40 卷），人民出版社 1982 年版，第 65 页。
② 参见朱学平《从古典共和主义到共产主义》，中国法制出版社 2018 年版，第 116 页。
③ 中共中央编译局编译：《马克思恩格斯全集》（第 1 卷），人民出版社 1995 年版，第 377－378 页。
④ 中共中央编译局编译：《马克思恩格斯全集》（第 1 卷），人民出版社 1995 年版，第 333 页。
⑤ 参见中共中央编译局编译《马克思恩格斯全集》（第 1 卷），人民出版社 1995 年版，第 333－334 页。

词都是"人民"的属性,由此就解决了黑格尔那里出现的制宪权与立法权孰先孰后以及立法权和行政权的关系难题。① 这就是马克思所谓的"真正的民主制"观念。具体而言,真正民主制的特征是人民的有机整体性,在民主制中,国家制度由人民所创造和规定,而且"每一个环节实际上都只是整体人民的环节"②。立法是人民意志的表达,行政权则是全体人民的一种职能和规定。因此,《黑格尔法哲学批判》中的人民也主要指作为总体的人民。

在上述文本中,马克思对人民概念的分析所采取的是政治哲学范式,即主要探究应然性价值,而缺少对社会历史的科学研究。随着马克思思想向历史唯物主义范式的转变,他关于人民的叙述也发生了较大的甚至是根本性的范式转变。概括地说,在共产主义愿景中,马克思更着重从唯物史观来讨论人民,这主要体现在他更自觉地将人民置于以经济为基础的阶级分析的框架内,之前意义上的"人民总体"之维隐匿了,人民更多时候被划分为不同群体,并被归入不同阶级。这种从人民话语向阶级话语的转变,确实对应着从政治哲学到历史唯物主义范式的变换。马克思或者用更精确的无产阶级概念指代人民,将二者等同使用,或者在笼统地提到无产阶级、小资产者和农民等群体时用人民或人民群众来加以称呼。在《"莱茵观察家"的共产主义》中,马克思指出,"人民"是一个"过于一般的含混的概念",并提出要"用个更确切的概念",即无产阶级,来加以代替。③ 他承认,"无产者占人民绝大多数"④。他也说,"真正的人民即无产者、小农和城市贫民"⑤。在《德意志意识形态》中,马克思多次将人

---

① 提波强调,这种主谓词分析就是真正的民主制的真正意涵所在,在某种程度上也是马克思后来共产主义社会的本质所在。G. Teeple, *Marx's Critique of Politics* (1842—1847), University of Toronto Press, 1984, pp. 68 – 69.
② 中共中央编译局编译:《马克思恩格斯全集》(第3卷),人民出版社2002年版,第39页。朱学平指出:"其中'人民'一词,马克思用的是'Demos'。这表明,马克思心目中的'人民'以及相应的'民主制'包含了强烈的古典希腊(尤其是雅典城邦)民主制的含义。因此,我们也应从古典希腊的意义上去理解其所言的'人民'和'民主制'。"朱学平:《从古典共和主义到共产主义》,中国法制出版社2018年版,第309页。
③ 参见中共中央编译局编译《马克思恩格斯全集》(第4卷),人民出版社1958年版,第210页。
④ 中共中央编译局编译:《马克思恩格斯全集》(第4卷),人民出版社1958年版,第213页。
⑤ 中共中央编译局编译:《马克思恩格斯全集》(第4卷),人民出版社1958年版,第220页。

民、大众和无产阶级作为同义词来使用。① 在《哲学的贫困》中,马克思把劳动者阶级与人民等同起来。② 在《英国的选举——托利党和辉格党》中,马克思也曾把人民群众与城市无产阶级和农村无产阶级等同起来。③ 人民也常用来指国王、贵族和资产阶级以外的人民阶级。④

在《法兰西内战》中,马克思除了盛赞巴黎公社关于全民教育、普选等方式外,他从巴黎公社的措施中也看到了他在《黑格尔法哲学批判》中所期待的"真正民主制",一种类似于雅典直接民主的制度:"公社……显示出走向属于人民、由人民掌权的政府的趋势。"⑤ 马克思极力强调公社的这种人民性,他认为巴黎公社实现了真正的人民当家作主。⑥ 公社的人民性也体现为它的真正社会性以及对国家本身的反对。不论是从对普选和议行合一的强调来看,还是从公社的社会性来看,马克思此时的人民思想都与《黑格尔法哲学批判》非常相关。这说明,在人民总体之维上,政治哲学范式向历史唯物主义范式的转换并不意味着马克思在这两种范式之下所讨论的具体内容是对立的,而是马克思早期关于人民总体之维的一些政治哲学主张被嵌入历史唯物主义之中。

二、马克思人民概念的群体之维:从被启蒙者到社会政治主体

在其博士论文及笔记中,马克思曾多次用到"πολλοί"这个希腊词,即"群众"。正如上述,在马克思的博士论文中,哲人代表个体主体,人民代表城邦实体,如果二者都可看作"一",那么群众就是"多",这也

---

① 参见中共中央编译局编译《马克思恩格斯全集》(第3卷),人民出版社1960年版,第45、191页。

② 参见中共中央编译局编译《马克思恩格斯全集》(第4卷),人民出版社1958年版,第166页。

③ 参见中共中央编译局编译《马克思恩格斯全集》(第8卷),人民出版社1961年版,第386页。

④ 参见中共中央编译局编译《马克思恩格斯全集》(第4卷),人民出版社1958年版,第345页。

⑤ 中共中央编译局编译:《马克思恩格斯文集》(第3卷),人民出版社2009年版,第163页。

⑥ 马克思写道:"公社……它是由人民自己当自己的家。"中共中央编译局编译:《马克思恩格斯全集》(第17卷),人民出版社1963年版,第565页。

是德文词"Volk"的本义。对于这种"多",马克思此时主要是站在哲人角度强调对群众的启蒙①,即"要把大众从实体生活中引出来,使之上升到更高的主观性阶段"②。这也就是哲学的大众化或批判。在《莱茵报》时期,人民报刊的一个功能就是对人民群众进行启蒙,这与马克思的博士论文的思想有连续之处。在《关于林木盗窃法》中,马克思要为底层群众争取那些体现了他们利益的习惯法,这表达了马克思对贫苦群众的同情③,这也可看作马克思后来群众立场的一种实践基础。

在《黑格尔法哲学批判》中,与黑格尔把群众看作国家进行批量分配的材料不同,马克思把个人、群众、人民看作真正的主体:"国家是从作为家庭的成员和市民社会的成员而存在的这种群体中产生的。"④ 在某种程度上,黑格尔和马克思都把群众看作市民社会⑤,但两人对群众的态度则差别甚大。黑格尔赋予市民社会的群众以社会主体地位,却严格限制其政治主体地位。而马克思则既要求赋予群众以社会主体地位,同时又给予其政治主体地位。马克思要把"群体和群氓的现实的有机的普遍思想"变成"有机国家的思想",并使其在国家中实现。⑥ 这背后的原因在于,黑格尔坚持市民社会与政治国家的分离,而马克思则要取消这种分离。由此,马克思要求实现人民群体与人民总体的统一。可以说,正是通过这个文本,马克思对群众的理解与他之前的看法已经有了很大差别,并对其后的群众观和无产阶级思想产生了很大影响。

在《〈黑格尔法哲学批判〉导言》中,马克思的思想出现了从人民话语向阶级话语的转变。马克思在这里首次赋予无产阶级以主体地位,使之担负起"彻底的革命、全人类的解放"⑦ 的任务,"哲学把无产阶级当作

---

① 参见中共中央编译局编译《马克思恩格斯全集》(第40卷),人民出版社1982年版,第66、80、83、86、244-245页。
② 朱学平:《从古典共和主义到共产主义》,中国法制出版社2018年版,第39-40页。
③ 参见中共中央编译局编译《马克思恩格斯全集》(第1卷),人民出版社1995年版,第248页。
④ 中共中央编译局编译:《马克思恩格斯全集》(第3卷),人民出版社2002年版,第12页。
⑤ 参见中共中央编译局编译《马克思恩格斯全集》(第3卷),人民出版社2002年版,第145页。
⑥ 参见中共中央编译局编译《马克思恩格斯全集》(第3卷),人民出版社2002年版,第85-86页。
⑦ 中共中央编译局编译:《马克思恩格斯全集》(第3卷),人民出版社2002年版,第210页。

自己的物质武器,同样,无产阶级也把哲学当作自己的精神武器"①。一般而言,作为一种阶级的无产阶级只能是人民总体的一部分,作为群体,它代表了特殊性,但它也是一个集合概念,与无定形的群体相比,它是一个定形的群体。因此,在这个意义上,阶级也可以看成一个总体,但与一般意义上的人民总体相比,阶级总体的"普遍性"仍是特殊性。当然,马克思在这个文本中做了一个转换,他把无产阶级的普遍性变成了人民总体和人类的普遍性,即它"由于自己遭受普遍苦难而具有普遍性质"②。也就是说,之前作为有机整体的人民现在落实到了具有普遍性的无产阶级和群众身上,而且相关活动也由立法和行政治理转变到生产和革命上来。只是马克思此时尚没有具体分析资产阶级以及无产阶级与它的斗争,在写作《1844年经济学哲学手稿》《德意志意识形态》和《共产党宣言》的过程中,他才更为完整地从政治经济学角度论述阶级和群众理论。

从历史上看,马克思的无产阶级观受到了法国大革命的影响。马克思认为,在法国的不同历史阶段,解放者的角色依次由人民的不同阶级所承担,这些阶级自认为是普遍阶级,而非特殊阶级,它代表着整个社会的需要。这就是法国各阶级的政治理想主义。在马克思看来,法国最终的解放承担者将是无产阶级,其普遍性体现在它以社会自由为前提,以创造人类存在的一切条件为目标。③ 马克思显然认为,不仅法国人民的解放,而且全人类的解放,最终都要依靠这种具有普遍性的无产阶级。从哲学上看,这种具有普遍性的群众和无产阶级概念与黑格尔的普遍阶级思想有很大关系。④ 正是因为坚持带有普遍性的无产阶级和群众思想,马克思和恩格斯后来才系统批判了鲍威尔和"真正的社会主义者"的群众观,并提出了影响深远的历史唯物主义群众史观。

早在《1844年经济学哲学手稿》中,马克思已经提到了鲍威尔的群众观,比如"密集的大批群众""代大批群众发言的发言人",并指出鲍

---

① 中共中央编译局编译:《马克思恩格斯全集》(第3卷),人民出版社2002年版,第214页。
② 中共中央编译局编译:《马克思恩格斯全集》(第3卷),人民出版社2002年版,第213页。
③ 参见中共中央编译局编译《马克思恩格斯全集》(第3卷),人民出版社2002年版,第212页。
④ 参见[以]阿维纳瑞《马克思的社会与政治思想》,张东辉译,知识产权出版社2016年版,第26页。

威尔把批判与群众对立起来。① 对于鲍威尔以及其他青年黑格尔派的群众观②的具体批判，马克思是在《神圣家族》中展开的。与青年黑格尔派针锋相对，马克思（和恩格斯）提出，历史的创造者是作为现实的人的群众，而非精神，现实的历史就是群众的历史，而非批判、观念的历史，"历史活动是群众的活动"。③ 因此，正是在这个文本中，马克思和恩格斯阐发了历史唯物主义的群众史观。从这种群众史观出发，马克思认为，法国革命失败的原因在于，法国革命仍然停留在作为少数的资产阶级的范围内，无法体现作为多数的群众的现实利益和革命原则，无法得到群众的持久支持，而只有作为多数的群众才是真正的革命阶级。④

马克思晚年与以巴枯宁为代表的俄国无政府主义的争论涉及对何种群体代表人民总体普遍性的不同理解。与马克思让无产阶级来代表人民总体的普遍性不同，巴枯宁把农民作为人民总体普遍性的代表，把农民奉若神明，将其作为理论的核心。马克思鲜明的唯物史观决定了马克思主义人民观和无政府主义人民观存在着根本区别。在马克思看来，社会革命必须以一定的经济条件为前提，即只有在资本主义生产发展到一定程度，工业无产阶级具有了社会普遍性之后，社会革命才有可能。⑤ 而在巴枯宁那里，社会革命的基础不是经济条件，而是意志，即人民具有进行革命来消灭国家的完全主体意识和能动性，只要人民团结起来通过实践就能完成彻底的革命。⑥

也正是在唯物史观的意义上，马克思的群众、阶级概念与西方近代共

---

① 参见中共中央编译局编译《马克思恩格斯全集》（第3卷），人民出版社2002年版，第219、313页。

② 傅勒指出："从1843年末开始，布鲁诺·鲍威尔和他的朋友们在《文学总汇报》上以精神、理论和'批判'的高级法的名义阐述资产阶级和工人阶级的'群众'的思想上的'被动性'观念。"[法] 傅勒：《马克思与法国大革命》，朱学平译，华东师范大学出版社2016年版，第149–150页。

③ 参见中共中央编译局编译《马克思恩格斯文集》（第1卷），人民出版社2009年版，第262、282–287页。

④ 参见中共中央编译局编译《马克思恩格斯全集》（第3卷），人民出版社1960年版，第193页。

⑤ 参见中共中央编译局编译《马克思恩格斯全集》（第18卷），人民出版社1964年版，第695–696页。

⑥ 参见中共中央编译局编译《马克思恩格斯全集》（第18卷），人民出版社1964年版，第688–689页。

和主义和自由主义的群众观具有较大的区别。在马基雅维利那里，群众就是作为质料的人民，即政治支配的对象，要受秩序创建者引导以趋向于善并服从法律。① 卢梭也继承了这一点，他把群众称为"常常是并不知道自己应该要些什么东西的盲目的群众"，认为群众要由立法者加以引导。② 自由主义者从个体出发，对于由个体组成的群众，他们在理论上当然就比共和主义者更加重视，比如洛克强调社会或政府由人民的多数同意而组成，强调多数原则。③ 但古典自由主义者也常对群众持有戒心，担心多数人的暴政。比如密尔就提出："所谓人民意志，实际上只是最多的或者最活跃的一部分人民的意志，亦即多数或者那些能使自己被承认为多数的人们的意志。于是结果是，人民会要压迫其自己数目中的一部分。"④ 因此，要限制政府，避免作为多数的人民损害作为个体的人民的自由。马克思在博士论文时期和《莱茵报》时期主要还是把群众作为启蒙对象和政治客体，但在《黑格尔法哲学批判》以及后来的历史唯物主义文本中，人民群体与总体和个体的统一就使得群众完全成了政治主体。

三、马克思人民概念的个体之维：从哲人、公民到每个人的自由发展

有些学者承认，马克思在早期的一段时间持有自由主义倾向的启蒙思想，这尤其表现在其博士论文中。⑤ 受鲍威尔的自我意识哲学的影响，马克思强调伊壁鸠鲁的哲人概念和原子偏斜思想，这些体现的都是个体主体性。马克思把古希腊哲学史处理为从古希腊七贤开始，经苏格拉底，最后到伊壁鸠鲁的哲人发展史，这也是从哲人作为人民实体（即城邦）精神的体现者到哲人与人民实体相冲突并独立的过程。尤其在伊壁鸠鲁的原子

---

① 参见萧高彦《西方共和主义思想史论》，台湾联经出版公司2013年版，第155－160页。
② 参见［法］卢梭《社会契约论》，何兆武译，商务印书馆2003年版，第48页。
③ 参见［英］洛克《政府论》（下篇），叶启芳、瞿菊农译，商务印书馆2018年版，第59－60页。
④ ［英］密尔：《论自由》，许宝骙译，商务印书馆2018年版，第4页。
⑤ 参见罗骞《"自我意识"哲学对启蒙原则的论证——马克思早年思想的现代性取向》，载《江苏大学学报（社会科学版）》2014年第6期，第1－3页。

偏斜理论中，个体的主体性、主观性才真正脱离实体而独立。① 马克思同时也批判了这种原子式个体及其自由的抽象性和观念性，为此，他提出要通过批判和实践来实现哲学的世界化与世界的哲学化。这其中涉及哲人对群众的启蒙问题，马克思把伊壁鸠鲁称为"最伟大的希腊启蒙思想家"②。

在《莱茵报》时期，马克思延续了其在博士论文中确定的哲学启蒙和批判思路，并转入政治批判。只是他此时受到卢格式的公民共和主义的影响，宣扬新闻自由是一种人类的自由，同时也是个体的自由。这种作为个体的人民就是公民，或者人民总体就是公民集合体。公民要通过出版、舆论等方式参与政治活动。因此，新闻出版不仅仅是启蒙群众的方式，更是公民参政议政的方式。

在《黑格尔法哲学批判》中，公民个体与作为公民集合体的人民总体是个体与类的关系，这是马克思通过借用费尔巴哈的"类"概念达到的。个体暗含在马克思多次提到的作为类的"现实的人""现实的人民"的概念中。③ 马克思用它们来代替黑格尔的绝对精神这一主词和主体，现实的人、人民作为类最终要落实为现实的单个个体。这在主权、行政权和立法权等方面都有体现。这尤其体现在下面这句话中："'单个人'是作为'全体人员'，即在社会的范围内并作为社会成员参与普遍事务的讨论和决定。"④ 当然，在《黑格尔法哲学批判》中，马克思所言的个体是社会（作为类）化的个体，而非自然、抽象的个人。⑤ 作为一个政治哲学文本，《黑格尔法哲学批判》从规范层面规定了个体的目的主体角色，这一点在马克思后来的唯物主义文本中仍然保留着。

当马克思在《〈黑格尔法哲学批判〉导言》中对人民概念的阐述转向阶级话语时，特别是建立历史唯物主义和科学共产主义学说后，他对人民个体之维的分析与《黑格尔法哲学批判》中的规范性论述就有了根本性

---

① 参见中共中央编译局编译《马克思恩格斯全集》（第40卷），人民出版社1982年版，第66页。
② 中共中央编译局编译：《马克思恩格斯全集》（第1卷），人民出版社1995年版，第63页。
③ 马克思写道："从中得出的只会是要求这样一种国家制度：它本身具有与意识同步发展、与现实的人同步发展的规定和原则。"中共中央编译局编译：《马克思恩格斯全集》（第3卷），人民出版社2002年版，第27页。
④ 中共中央编译局编译：《马克思恩格斯全集》（第3卷），人民出版社2002年版，第145页。
⑤ 参见中共中央编译局编译《马克思恩格斯全集》（第3卷），人民出版社2002年版，第36页。

的区别，他后来所阐述的"人民个体"是在一定经济社会条件下的现实的个人。在《德意志意识形态》中，马克思从历史唯物主义立场对人民的个体之维做了新的较全面的理论定位。这种个体不同于自由主义的个人概念，也不同于施蒂纳虚无主义的个人概念。自由主义从自然法出发强调个体以及相应的个人理性和意志，个人及个人权利是现代政治的终极原则，社会或政府由作为个体的人民的多数同意而组成。① 密尔和洛克都在一定程度上削弱甚至打破了共和主义中的人民总体理念。同时他们也都进一步探究了如何限制政府，避免作为群体的多数人损害个体的自由。马克思在方法论和意识形态上不赞同自由主义以自然个体为出发点的思想方式，但二者在历史目的方面具有类似性，即强调个人自由和全面发展。施蒂纳将唯一的"我自己"作为实体兼主体，用它取代神和作为类的人，这种唯一者"是创造性的无，是我自己作为创造者从这里面创造一切的那种无"②。这种虚无主义的个体概念是一种非现实的唯心主义个体。与这种个体相对，马克思在《德意志意识形态》中提出的是现实的唯物主义个体。

马克思把现实的、具有生产性的个人作为人类历史的起点。"全部人类历史的第一个前提无疑是有生命的个人的存在"③，通过经验观察，我们首先看到的就是个人的生物性存在以及个人与自然的关系，这是一种经验事实描述。古典自然法理论的自然人预设与此类似。但人类历史的开启还需要其他条件，马克思认为，最根本的就在于把人与其他动物区别开来的人的生产性，即人能生产自己的生活资料。由此，人类史才能从自然史中独立出来。同时，个人也是特定物质生产条件下的个人。个人的生产性以及物质制约性使马克思的个人概念不同于自由主义和虚无主义的个人概念。正是由于个人的生产性，劳动、个人交换、分工、物质大生产才得以成为可能。这种"现实的个人"是历史的、实践的。在这个意义上，现实的个人及其物质生产是历史唯物主义的基础。

在对人类史的叙述中，马克思显然区分了作为历史事实的个体与作为

---

① 参见［英］洛克《政府论》（下篇），叶启芳、瞿菊农译，商务印书馆2018年版，第59–60页。
② ［德］施蒂纳：《唯一者及其所有物》，金海民译，商务印书馆1989年版，第5页。
③ 中共中央编译局编译：《马克思恩格斯文集》（第1卷），人民出版社2009年版，第519页。

历史目的的个体。在历史事实方面，个人是人类历史的起点，他在共产主义社会实现之前也必然隶属于某个阶级①，即在共产主义社会之前的所有共同体中，个人"不是作为个人而是作为阶级的成员处于这种共同关系中的"②。这种作为历史事实的个体是由历史唯物主义对社会历史的实然性描述所决定的。而只有在共产主义社会中，阶级消失了，个人才是作为个人、作为历史目的的个体参加这个共同体。在发达的生产力基础之上实现的共产主义社会为个人的自由发展提供了条件。③ 也就是说，作为历史目的的个人是未来共产主义社会的落脚点。这一点与《黑格尔法哲学批判》中对个体的规范性论述具有一致性。马克思在《共产党宣言》中说得更为清楚："每个人的自由发展是一切人的自由发展的条件。"④ 历史唯物主义中包含这种作为历史目的的个体，这说明，马克思早期关于人民个体的政治哲学主张也被嵌入历史唯物主义之中。

四、结语

上文我们从历时性角度分别考察了马克思人民概念的总体之维、群体之维和个体之维的历史演变以及范式转换，现在我们从共时性角度对两种范式下马克思人民概念的三维结构做一个简要的总结。

在博士论文时期、《莱茵报》时期和克罗伊茨纳赫时期，马克思对人民概念的分析是在政治哲学范式上展开的。在博士论文时期，马克思对人民概念认识的主要倾向是，在自我意识的哲学基础上高扬个体主体性，强调个体主体与古典人民实体的冲突以及对人民群体的启蒙。此时，马克思的人民概念的三维结构还处于一种分离状态。在《莱茵报》时期，马克思在公民共和主义基础上一方面强调哲学批判和政治批判，批判专制、启蒙群众，另一方面强调公民参与政治活动。公民首先是个体意义上的，但也可以是总体意义上的，即人民作为公民个体的集合。这也就是马克思此

---

① 参见中共中央编译局编译《马克思恩格斯文集》（第1卷），人民出版社2009年版，第570页。
② 中共中央编译局编译：《马克思恩格斯文集》（第1卷），人民出版社2009年版，第573页。
③ 参见中共中央编译局编译《马克思恩格斯文集》（第1卷），人民出版社2009年版，第573页。
④ 中共中央编译局编译：《马克思恩格斯文集》（第2卷），人民出版社2009年版，第53页。

时使用人民精神、人民意志、人民呼声等术语背后的理由。马克思的人民概念通过公民而实现了个体和总体二维的统一。在《黑格尔法哲学批判》中，马克思人民概念的三个维度主要通过"类"概念在政治哲学的意义上获得了充分、完全的统一：现实的人、现实的人民作为类就是全体人民，个体、群体都是人民总体的环节。也就是说，在政治哲学范式中，马克思人民概念的三维此时才真正形成。与市民社会和政治国家统一为社会相一致，人民个体、群体和总体既是社会主体，又是政治国家主体。

《〈黑格尔法哲学批判〉导言》标志着马克思开始从政治哲学范式向历史唯物主义范式转变。在此，"人民总体"概念在表述上看似被"群众"和"无产阶级"概念所取代，人民总体话语转向阶级群体话语，但实际上，马克思所论证的群众和无产阶级的普遍性就是"人民总体"的普遍性。从这个意义上说，马克思人民概念中的个体、群体和总体之间的统一并没有被打破。只是在历史唯物主义的文本中，马克思对人民个体、群体和总体的论述都是放在具体历史条件，尤其是经济生产的条件下进行分析的，不同于之前所做的政治哲学分析。由此，人民个体、群体和总体之间的割裂只是具体历史情境下的割裂，而非马克思人民概念三维结构的断裂。这就是说，在共产主义社会之前，个人不是作为个人，而是作为阶级的成员处于某一共同体中的，而只有在共产主义社会，人民个体、群体和总体才能实现彻底的、真正的、完全的历史统一。人民概念的三个维度在共产主义理想中的真正统一也表明了马克思人民概念在政治哲学和历史唯物主义两种范式中的连续性。

从西方近代政治思想史的角度看，马克思在对人民概念三维结构的阐释和重构中完成了对共和主义与自由主义的批判性"综合"，一种不同于黑格尔方案的综合。共和主义强调人民的总体之维，自由主义强调人民的个体之维，马克思的人民概念则在总体、群体和个体三维上实现了统一，这种统一与他用社会来统一市民社会和政治国家的要求相一致。马克思反对黑格尔市民社会与政治国家的分离，反对国家总体（即黑格尔意义上的人民总体）在政治国家领域（不包括市民社会领域）"把所有的个人当作群体来分配"，即对个体和群体进行外在的规定与分配。人民自身的生成就是社会的生成，这样一来，黑格尔设定的（同时也是现代国家所存在的）市民社会与政治国家的分离就被消除了，并被社会总体所取代。在马克思看来，只有在人民和社会的自我生成中，共和主义所强调的人民总体与自由主义所强调的人民个体才能达成真正的统一。马克思后来在《德意志意识形态》和《共产党宣言》中所言的"共产主义社会"以及在《法兰西内战》中提出的理想化的"公社"都可看作三维统一的人民概念的体现，它们在逻辑上具有一致性。在政治国家视域中，关键的问题在于如何处理代表特殊性的群体，而马克思正是在对无产阶级的特殊性和普遍性所做的政治哲学分析与历史唯物主义的阐释中，预言了后世历史的民主化和大众化潮流，这凸显了马克思对历史规律认识的深刻性和预见性。

值得注意的是，虽然马克思在政治哲学范式和历史唯物主义范式上阐述了人民概念的三维结构，但这种分析仍然停留在观念层面，即主要表现为基于历史现实而做出的一种对未来的设想和理想，它无法在当时的制度下实现。正因如此，以马克思主义为指导和理论基础的中国共产党，在历史实践中不断继承、创新和丰富马克思人民思想就具有十分重要的意义。毫无疑问，百年来，在中国共产党的领导下，中国人民经过艰苦卓绝的斗争，建立了新中国——真正的人民共和国。70多年来，中国人民在中国共产党的领导下，把一穷二白的旧中国，建设成繁荣富强的社会主义国家，中国人民真正实现了从站起来、富起来到强起来的理想。

党的十八大以来，在中国特色社会主义进入新时代新征程的历史时刻，习近平总书记全面深刻地总结了中国共产党的历史经验，郑重地承诺，"人民对美好生活的向往就是我们的奋斗目标"，提出了"以人民为中心"的发展思想。在庆祝建党百年的重要讲话中，习近平总书记站在中国共产党"两个一百年"奋斗目标交汇的新的历史高度上，对中国共产党"以人民为中心"的根本价值观做了更加深刻的揭示。

显然，从理论上看，中国共产党以人民为中心的思想不仅与马克思主义的人民思想一脉相承，亦是中国共产党人在长期的历史实践中，不断丰富、发展马克思主义的创新成果，是马克思主义中国化的重要理论成果。

（原载《马克思主义与现实》2021年第5期）

论马克思意识形态批判的"建构之维"及其逻辑

一般来说，人们对马克思意识形态理论的研究常聚焦于对意识形态的批判。人们常从"虚假的意识"来解读马克思的意识形态概念与马克思意识形态批判的逻辑，把"虚假性"归指为意识形态的本性，探索对意识形态的扬弃与超越。不可否认，马克思对意识形态的阐释在总体上是否定性的，批判是马克思意识形态理论的重要维度。但是，当我们深读马克思意识形态批判的文本时，我们会发现，马克思的意识形态批判超越了纯意识界域，触涉意识形态"幻象"背后的生产实践与社会关系的"真实"，从而使意识形态批判具有了启蒙与建构的内在维度。探析与把握马克思意识形态批判的"建构之维"及其逻辑，将为我们完整与准确地理解马克思的意识形态理论提供新的理据。

一、意识形态的批判与批判的意识形态

研究者们常从单向度的视角解读马克思对意识形态"虚假性"的批判，认为意识形态就是"虚假的意识"或"虚假的观念体系"，把意识形态"虚假性"归结为统治阶级的"有意或自觉的欺骗"，从而贬抑和扬弃意识形态。照此逻辑，意识形态是统治阶级主观臆造的幻想与谎言。那么，意识形态何以长时期支配人的观念思想、影响人类的历史进程？因此，这种解读是对马克思意识形态批判的片面理解，把意识形态的批判与批判的意识形态混淆为一个问题，从而误解了马克思的原初意旨，也遮蔽了马克思批判与解释意识形态的多重维度。马克思是在何种意义上论证意识形态的"虚假性"的，对意识形态如此释义的理据是什么？这是我们理解马克思意识形态批判的关键所在。

事实上，马克思主要是从认识根源的意义上对意识形态"虚假性"进行论证的，批判一般意识形态，特别是德意志意识形态对存在与意识、现实与观念的"颠倒"。马克思对意识形态"虚假性"的批判，不是指价

值与伦理意义上的真假正误，而主要是指其形式上的"颠倒性"。因为在马克思看来，作为"颠倒的意识"的德意志意识形态其实是对现实中"颠倒的社会关系"的"真实"反映，是以"颠倒的方式"为马克思对意识形态的社会现实基础进行批判提供"摹本"。马克思指出，在"哲学家们"那里，"整个历史过程被看成是'人'的自我异化过程，实际上这是因为，他们总是用后来阶段的普通人来代替过去阶段的人并赋予过去的个人以后来的意识。由于这种本末倒置的做法，即由于公然舍弃实际条件，于是就可以把整个历史变成意识发展的过程了"①。意识形态家把思想、观念看作历史发展的动力，并把思想、观念的运演发展看作与现实关系相分离的独立过程。正是意识形态家对思想、观念独立性的崇拜，使他们看不到观念世界之外还存在着现实的世界，看不到人的思维根源于实践。如此，意识形态的"虚假性"就不是偶然产生的，也不是统治阶级的"有意欺骗"，而是根源于历史唯心主义的认识方式。

意识形态作为"虚假的意识"对现实关系的颠倒或扭曲还在于意识形态家或统治阶级为意识形态披上了合理性、普遍性的"外衣"，并声张观念统治着世界。马克思指出，意识形态家总是把自己所代表的阶级的特殊利益说成是全体社会成员的共同利益，"赋予自己的思想以普遍性的形式，把它们描绘成唯一合理的、有普遍意义的思想"②。当把这种合理性、普遍性的"外衣"去掉时，人们就会发现"外衣"背后不是生活现实与社会关系的"真相"，而是一个阶级的特殊利益。意识形态家还声称"观念、想法、概念迄今一直统治和决定着人们的现实世界，现实世界是观念世界的产物"③。意识形态家声张观念世界是支配现实社会与生活的至高统治力量，意在把人们从现实的生活世界中隔离出来，使人们沉醉于观念世界的幻象中。马克思批判地揭示了意识形态的"虚假性"，并在对意识形态的批判中科学地考察与解释了意识形态。与意识形态家历史唯心主义的观察理路不同，马克思是从现实生活中的个人及其实践出发来考察与解

---

① 中共中央编译局编译：《马克思恩格斯全集》（第3卷），人民出版社1960年版，第77页。
② 中共中央编译局编译：《马克思恩格斯全集》（第3卷），人民出版社1960年版，第54页。
③ 中共中央编译局编译：《马克思恩格斯全集》（第3卷），人民出版社1960年版，第16页。

释意识形态和人类历史过程的。"我们的出发点是从事实际活动的人,而且从他们的现实生活过程中还可以描绘出这一生活过程在意识形态上的反射和反响的发展。"① 马克思对意识形态"虚假性"的批判就是要使意识形态失去其独立性,重新审察与厘清意识形态的界限,打破意识形态作为抽象力量对现实生活与实践的扭曲和统治,让人们从意识形态的幻象中走出,确立基于人类历史实践的批判的意识形态。这种批判的意识形态是从现实生活实践出发,在考察人类发展历史中抽象出的最一般结果的批判的综合,也即历史唯物主义。

从上面的分析可以看到,马克思在对意识形态的批判中隐在地生成一种批判的意识形态。马克思把对资本主义的经济、社会、政治、文化、生活的意识形态批判作为批判、揭示人类意识形态的出场理路与语义境域。在马克思的思想发展中,"意识形态的批判与建树、解释与被解释相互缠绕,是一体两面的精神劳作"②。众所周知,马克思是在对德意志意识形态的批判与革命政治实践的参与中创立了历史唯物主义的。同时,也正是由于历史唯物主义的发现,马克思才科学地批判与解释了人类的意识形态现象,创立了批判的意识形态理论。马克思的历史唯物主义与意识形态批判理论具有同构性,这在《德意志意识形态》中得到了体现。因此,马克思对意识形态的批判与建构应放在历史唯物主义的理论语域和框架中来言说、分析才具有意义。换言之,我们可以从历史唯物主义的学理架构来理解、阐释马克思意识形态批判的建构维度及其逻辑。马克思在《〈政治经济学批判〉序言》中对历史唯物主义的基本原理做了经典的表述,辩证地分析了意识形态在社会结构和历史变革中的作用。③ 按照历史唯物主义的理论进路,马克思总是从现实生活实践的经济结构、政治结构、精神文化结构之间互动反响关系的历史逻辑来批判意识形态现象,把实践的先行澄明作为意识形态批判的逻辑起点,并基于此在意识形态批判中呈现人作为主体的生成及其阶级言说的过程,蕴含使世界革命化、实现人的解放

---

① 中共中央编译局编译:《马克思恩格斯文集》(第1卷),人民出版社2009年版,第525页。

② 胡潇:《马克思恩格斯关于意识形态的多视角解释》,载《中国社会科学》2010年第4期,第6页。

③ 参见中共中央编译局编译:《马克思恩格斯文集》(第2卷),人民出版社2009年版,第591—592页。

的价值旨趣,从而诠释了意识形态对人类社会历史的建构向度。

二、实践的先行澄明:马克思意识形态批判的逻辑起点

德意志意识形态家总是从观念、概念、思想出发考察人类的历史现象,把纯粹的意识主体与其意识批判活动作为历史社会发展的基础和动力。对于意识形态家而言,理论的、精神的活动才是真正的人的活动,而现实的生活与实践则只是卑污的犹太人的活动形式。正是对实践及其意义的遮蔽,意识形态家把现实生活看作某种非历史的东西,把人与自然、人与社会、人与自身的关系从历史中排挤出去,取而代之的是思想的、幻想的、完全抽象的联系。与意识形态家"从天国降到人间"的运思逻辑不同,马克思把理论批判活动与政治实践参与相统一,指出:"凡是把理论引向神秘主义的神秘东西,都能在人的实践中以及对这种实践的理解中得到合理的解决。"① 马克思从历史唯物主义出发,在意识形态批判中先行地澄明实践在人类生存与历史发展中的基础性、革命性作用,以此作为其意识形态批判的逻辑起点。

马克思从人的认识根源上澄明实践的先行性。德意志意识形态之所以是"虚假的意识",是因为它颠倒了思维与存在、精神现象与物质生活的关系,深陷思辨唯心主义认识方式的泥潭。马克思对此进行了根本性的批判,认为"意识在任何时候都只能是被意识到了的存在,而人们的存在就是他们的现实生活过程"②。意识形态总是人们的物质生活和交往实践在精神映镜中的反射与反响,而不是意识形态家头脑中的臆想与创造,它自身也没有绝对独立的历史和发展。因此,马克思说:"人们的意识,是随着人们的生活条件、人们的社会关系和人们的社会存在的改变而改变的,——这一点难道需要有什么特别的深奥思想才能了解吗?"③ 人们的物质生活实践制约着人们的认识活动过程,不是意识决定人们的存在与生

---

① 中共中央编译局编译:《马克思恩格斯文集》(第1卷),人民出版社2009年版,第501页。
② 中共中央编译局编译:《马克思恩格斯文集》(第1卷),人民出版社2009年版,第525页。
③ 中共中央编译局编译:《马克思恩格斯全集》(第4卷),人民出版社1958年版,第488页。

活,而是人们的生活与存在决定人们的意识。马克思从认识根源上对实践先行性的澄明,为我们找到了破解意识形态秘密的钥匙,揭示了意识形态作为社会意识形式总体的源起、变化发展及其在社会结构中的作用,也为我们找到了从意识、理论向存在、实践化归的逻辑理路。

马克思在对历史前提的确证中澄明实践的先行性。德意志意识形态家总是从抽象的观念、范畴出发来理解、解释人类社会历史的过程,把抽象的、绝对的"自我意识""人"和"唯一者"看作历史的主体,认为只有"哲学家"和他们的批判活动创造了历史。马克思批判意识形态家的唯心主义历史观,认为他们不是完全看不到人类历史的现实前提,就是用虚幻的、想象的人与劳动替代这种现实前提。马克思指出:"我们首先应当确定一切人类生存的第一个前提也就是一切历史的第一个前提,这个前提就是:人们为了能够'创造历史',必须能够生活。"① 马克思进而从物质生活资料生产、人的现实需要、人的生命生产、社会关系生产四个方面分析了人类的历史活动和关系,并在其中揭示了人的意识的起源、发展与本质。因此,人类历史的前提绝不是某种抽象的范畴与想象的主体,历史的发展也绝不是意识的批判活动与观念的逻辑演绎。马克思"始终站在现实历史的基础上,不是从观念出发来解释实践,而是从物质实践出发来解释各种观念形态"②。马克思在对意识形态的批判中先行地澄明了实践在人类社会历史中的本体地位,确立了实践唯物主义的历史观,这为其认识与揭示意识形态在人类历史发展中的作用提供了逻辑抓手与线索。

马克思在批判方法的转向中澄明实践的先行性。马克思对德意志意识形态的批判在方法上历经了由人本唯物主义向实践辩证法的转变。马克思早期在对黑格尔法哲学的批判中,虽然已经从资本主义现实的政治制度分析出发,揭示黑格尔辩证法和哲学理论对人的抽象化与工具化、对社会历史本原的绝对化与精神化,但马克思的批判仍围绕人的劳动、人的本质生成、主词与谓词的关系、主体与客体的关系等来展开,带有费尔巴哈人本唯物主义的色彩。随着理论批判、政治实践的深入和对历史前提认识的深

---

① 中共中央编译局编译:《马克思恩格斯全集》(第3卷),人民出版社1960年版,第31页。

② 中共中央编译局编译:《马克思恩格斯文集》(第1卷),人民出版社2009年版,第544页。

化，马克思指出："意识的一切形式和产物不是可以通过精神的批判来消灭的……只有通过实际地推翻这一切唯心主义谬论所由产生的现实的社会关系，才能把它们消灭；历史的动力以及宗教、哲学和任何其他理论的动力是革命，而不是批判。"① 因此，马克思在克服唯心主义思辨性与人本唯物主义直观性的基础上，把实践确立为辩证法的基石，使现存世界革命化，从实践出发辩证、否定地揭示和改变意识形态背后的人与自然、人与社会、人与自身的真实矛盾关系。马克思对意识形态批判方法的转向，使他对意识形态的批判由"摹本"进入"母本"，揭示了意识形态的实践本质，并为其从现实生活实践出发理解和把握意识形态的概貌、本质、作用与命运提供了进路。

三、主体生成与阶级言说：马克思意识形态批判的主体向度

马克思在对意识形态"虚假性"的批判中澄明了实践的先行性，为我们揭示了意识形态的实践本质。德意志意识形态的"虚假性"不在于其内容的真假正谬，而在于其对人类现实生活实践的偏见。在马克思看来，意识形态是人们的物质生活实践及人们在其中形成的社会关系在思想精神世界的反射与反响，作为思想化社会关系的意识形态也必然反作用于人的现实生活与历史过程，表征为蕴含实践倾向的精神文化力量。意识形态作为一种精神文化力量，本身并不具有实践的能力，其对人类物质生产生活与历史过程的作用和影响，是通过对现实的个人的教化教育，使人完成意识形态认同与自我主体性建构来实现的。

马克思很早就提到了思想理论的实践倾向与对人的精神塑造，他指出："理论一经掌握群众，也会变成物质力量。理论只要说服人，就能掌握群众；而理论只要彻底，就能说服人。"② 马克思在后来的意识形态批判中，从历史社会对人的文化规制与主体建构来揭示意识形态的教化教育

---

① 中共中央编译局编译：《马克思恩格斯文集》（第1卷），人民出版社2009年版，第544页。

② 中共中央编译局编译：《马克思恩格斯文集》（第1卷），人民出版社2009年版，第11页。

功能，从而呈现人作为主体在意识形态中的生成过程。马克思认为人的存在具有自然性、社会性与精神性，人要从自然性的存在进入社会性、精神性的存在，就要接受蕴涵人类历史传统、情感、思想的意识形态的教化教育。因此，意识形态是人作为社会主体存在与发展的精神文化前提。"一个试图逃避意识形态教化的人只可能是自然存在物，而不可能是社会存在物。"① 马克思认为，人的生活实践与历史创造并不是随心所欲的，既受到客观生产经济条件的规约，又要受到意识形态对人的主体建构与文化规定，因为"一切已死的先辈们的传统，像梦魇一样纠缠着活人的头脑"②。意识形态并不是对人们的物质生产、生活方式与社会关系的简单反映，作为精神化了的社会关系，意识形态体现着社会的职责、理念、任务与使命，蕴含着规制人们行动的社会价值取向、伦理道德、理想信念与审美情感，为"主体（个人或群体）构建出身份和知识的位置，使他们得以'表达'意识形态真理"③。可以说，人只有在意识形态的教化教育中才能获得作为主体的社会角色与文化身份的确认，从而实现自我认同与主体性表达。

在阶级社会，阶级是物质经济条件分化的产物，这种分化又导致不同阶级在政治诉求与意识形态上的分化和对立。统治阶级是在社会的物质生产资料和精神生产资料上都处于占有、支配地位的阶级，其思想因而也表现为时代中占统治、支配地位的思想，"因此，那些没有精神生产资料的人的思想，一般是受统治阶级支配的"④。在资本主义社会，资产阶级为了达到统治目的，总是把自身的利益图谋和政治意志社会化为全体社会成员的共同利益，并以合理化、普遍化的方式把资产阶级的思想描绘为社会的价值准则、道德规范、文化理想，以使"通过传统和教育承受了这些情感和观点的个人，会以为这些情感和观点就是他的行为的真实动机和出

---

① 俞吾金：《意识形态论》，人民出版社2009年版，第131-132页。
② 中共中央编译局编译：《马克思恩格斯文集》（第2卷），人民出版社2009年版，第471页。
③ ［英］乔治·拉伦：《意识形态与文化身份：现代性和第三世界的在场》，戴从容译，上海教育出版社2005年版，第117页。
④ 中共中央编译局编译：《马克思恩格斯全集》（第3卷），人民出版社1960年版，第52页。

发点"①。马克思对此进行了批判揭示,指出:"资产者唯恐其灭亡的那种教育,对于绝大多数人来说不过是把人变成为机器的附属品罢了。"② 马克思还指出,被统治阶级由于不能占有社会的物质和精神生产资料,不能进行自己的思想精神生产,因此很难摆脱统治阶级意识形态教化的同化。因此,在资产阶级意识形态的教化中,"具体的历史也被当时的意识形态论题所掩盖,人们所能看到的只是意识形态的体系"③。人们越是接受资产阶级意识形态的教化,越是获得表达自我的观念语词,就越是成为漂浮在意识形态大洋中的器物,越是成为资产阶级意识形态的思想奴仆。

人要重新获得主体性,成为历史活动的真正主体,就要意识到和破解意识形态及其教化的"虚假性"。马克思在对资产阶级意识形态的批判中找到了破解其"虚假性"的"密码",他指出,"只要阶级的统治完全不再是社会制度的形式,也就是说,只要那种把特殊利益说成是普遍利益,或者把'普遍的东西'说成是统治的东西的必要性消失了,那么,一定阶级的统治似乎只是某种思想的统治这种假象当然也就会完全自行消失"④。马克思对资本主义生产方式与意识形态教化下不同社会阶级的经济境况、权利地位、文化境遇进行了历史与逻辑的分析,发现无产阶级具有代表与呈现历史发展趋势的品格,能为人冲破意识形态牢笼重获自我、克服意识形态的社会性与阶级性矛盾提供历史理据和现实基础。

马克思深刻地揭露了无产阶级是资本主义经济生产关系与意识形态统治下失去自我、遭受异化最严重的阶级。同时,马克思又独具慧眼地认识到,无产阶级正是由于没有占有物质生产资料,所以其对生产资料的重新占有只能通过社会联合来实现,代表着生产力发展与生产关系社会化的要求;无产阶级是有文化的劳动者阶级,能冲破资产阶级意识形态的禁锢而创造自身阶级的意识。可见,无产阶级"在社会上已经不算是一个阶级,它已经不被承认是一个阶级,它已经成为现今社会的一切阶级、民族等的

---

① 中共中央编译局编译:《马克思恩格斯选集》(第1卷),人民出版社2012年版,第695页。

② 中共中央编译局编译:《马克思恩格斯全集》(第4卷),人民出版社1958年版,第485页。

③ [法]路易·阿尔都塞:《保卫马克思》,顾良译,商务印书馆1984年版,第44页。

④ 中共中央编译局编译:《马克思恩格斯全集》(第3卷),人民出版社1960年版,第54-55页。

解体的表现"①。因此，以无产阶级为主体的共产主义革命实践代表着先进生产力的发展要求，契合人类历史发展的根本规律与趋向，表达着人类公共性、社会化的利益诉求，无产阶级无须掩饰自身的利益或把自身利益说成普遍的共同利益，从而打破了意识形态的虚假性与狭隘性。奠基在无产阶级革命实践上的共产主义意识形态不再是对社会关系的遮蔽、扭曲，不再是对人的主体性的压抑，而是对体现人的解放与自由全面发展的价值理想的表达。在马克思看来，随着政治革命实践和资产阶级意识形态批判的深入，无产阶级的历史主体地位与革命力量将愈发彰显，表达人类解放与自由全面发展的价值导向和道德规范愈将成为意识形态的旨向。

四、 实现人的解放： 马克思意识形态批判的价值旨归

现实的人的生存与发展始终是马克思理论研究和实践参与的关注焦点，也是马克思对意识形态"虚假性"进行批判与释义的价值底色。马克思在《德意志意识形态》中开宗明义地指出："我们要把他们从幻想、观念、教条和想像的存在物中解放出来，使他们不再在这些东西的枷锁下呻吟喘息。我们要起来反抗这种思想的统治。"② 马克思在对宗教意识形态的批判中发现了"人"，人的解放及其实现开始进入马克思意识形态批判的理论场域。随着理论批判的深入，马克思揭示了资本主义哲学家妄图在思想批判中实现人的解放的虚假性，指出"批判的武器"不能代替"武器的批判"，要在使现存世界革命化、实际地改造社会生产关系的实践——共产主义革命实践中，才能真正回复人的主体地位、实现人的解放。

马克思是从对宗教意识形态的批判开始思考人的解放及其实现的。马克思揭示宗教是一种颠倒的世界意识，是人的本质在幻想中的实现，是统治阶级为掩饰其对人们的压迫而制造的精神幻境与避难所。在宗教意识形态中，人对自由与幸福的追求只能诉诸宗教的幻想，因此，"对宗教的批

---

① 中共中央编译局编译：《马克思恩格斯文集》（第1卷），人民出版社2009年版，第543页。

② 中共中央编译局编译：《马克思恩格斯全集》（第3卷），人民出版社1960年版，第15页。

判使人不抱幻想，使人能够作为不抱幻想而具有理智的人来思考，来行动，来建立自己的现实"①。青年黑格尔主义者也批判宗教、呼唤人的解放，但他们只是抽象地、直观地理解人，把人的解放寄托于用符合人的本质的观念、思想来批判、替代人对宗教的幻想，而不是对宗教的世俗基础及其矛盾进行批判和变革。与青年黑格尔主义者不同，马克思认为："人不是抽象的蛰居于世界之外的存在物。人就是人的世界，就是国家、社会。"② 马克思对宗教的批判没有停留在真理的彼岸世界，而是联系对现实社会政治制度的分析，探索实现人的解放与幸福的现实道路。

随着对德国哲学的进一步批判与清算，马克思揭露了哲学家们妄图通过理论批判实现人的解放的虚假性及其对人的现实遭遇的遮蔽。受黑格尔哲学的影响，德国现代哲学家都把精神理念看作人类历史发展的内在理据，相信理念统治、支配着人的世界。他们将观念、思想、概念等独立化，并当成人受到压迫的真正枷锁，认为人的解放的关键在于思想批判，人的解放的本质是一种思想解放。但在马克思看来，正是这种黑格尔式的认识方式使德国哲学家把人的解放简单化为纯粹的精神批判活动，当哲学家们谈论哲学与人的解放时，社会与人的现实早被他们抛到脑后。因此，不管是费尔巴哈、鲍威尔还是施蒂纳，他们对人的解放与自由的热情呼唤充其量只是一种道德愿景，丝毫不会改变人的现实境遇，因为"意识的一切形式和产物不是可以通过精神的批判来消灭的，不是可以通过把它们消融在'自我意识'中或化为'怪影'、'幽灵'、'怪想'等来消灭的"③。德国哲学家抛开现实而从意识理念来求解人的解放，这不仅不能改变奴役人的社会关系，还为这种不平等的现实关系披上了自由、平等、博爱的华丽"外衣"，使人的解放变得更加不可能。

马克思还在对资本主义社会物化意识和"拜物教"的批判中，揭露了人与人之间的物化关系以及人的异化。马克思从历史唯物主义的基本原理出发，阐释了人的生产实践是人类历史的前提和基础，生产劳动是人之为人的本质规定，是人的本质力量和主体地位的确证。但在资本主义社

---

① 中共中央编译局编译：《马克思恩格斯文集》（第1卷），人民出版社2009年版，第4页。
② 中共中央编译局编译：《马克思恩格斯文集》（第1卷），人民出版社2009年版，第3页。
③ 中共中央编译局编译：《马克思恩格斯文集》（第1卷），人民出版社2009年版，第544页。

会，由于生产资料私有制的存在，人的劳动与产品不归属于人自己，相反，劳动和产品成为一种外在的物的力量与人对立、支配人，"人的内在本质的这种充分发挥，表现为完全的空虚，这种普遍的物化过程，表现为全面的异化"①。这种人与劳动、人与人相异化的社会关系根源于资本主义异化了的生产方式，但政治经济学家们却把这种人对物的依赖关系看作物的内在属性。马克思深刻地指出这"是一种拜物教，它把社会关系作为物的内在规定归之于物，从而使物神秘化"②。这种神秘化与抽象化使哲学家们坚信只要从观念上打破拜物教，就能使人获得解放与自由个性。马克思在政治经济学批判研究中，从对商品、货币、资本的分析与批判中揭露了拜物教观念背后是资产阶级对工人劳动剩余价值贪婪榨取的真相，从而打破了资本主义意识形态关于人的自由与解放的幻想。

马克思认为，不仅要对资本主义物化现象与拜物教意识进行批判揭露，更要在革命实践中真实地变革资本主义的生产方式，才能使人摆脱受奴役的命运，实现人的解放与自由全面发展。马克思还指出，这种革命实践的现实可能性在于"形成这样一个领域，它表明人的完全丧失，并因而只有通过人的完全回复才能回复自己本身。社会解体的这个结果，就是无产阶级这个特殊等级"③。以无产阶级为主体的推翻资本主义私有制的革命活动就是共产主义革命实践。在共产主义革命实践中，资产阶级私有财产被打破，取而代之的是无产阶级对生产资料的社会化占有。这时，劳动及其产品不再是外在于人的"物"，而是人的主体性和创造性的确证，劳动成为人的存在本身与目的。生产资料的公有化也打破了资本主义社会分工的物化样态及其对人的束缚，人从对物的依赖中走出，并实现建基在公共社会生产能力上的个性自由和全面发展。人与人之间也不再是异化的物的关系，而"是这样一个联合体，在那里，每个人的自由发展是一切

---

① 中共中央编译局编译：《马克思恩格斯全集》（第46卷）（上册），人民出版社1979年版，第486页。
② 中共中央编译局编译：《马克思恩格斯全集》（第46卷）（下册），人民出版社1980年版，第202页。
③ 中共中央编译局编译：《马克思恩格斯文集》（第1卷），人民出版社2009年版，第17页。

人的自由发展的条件"①。至此，建立在人类公有制劳动生活实践上的意识形态就不再是一部分人对另一部分人的虚假的言说，也不再是对特殊利益的普遍化粉饰，而是人实现自我认同与主体价值表达的精神家园。

五、 结语

马克思对意识形态"虚假性"的批判并不是要贬抑、抛弃意识形态，相反，马克思正是通过揭示、批判意识形态的"虚假性"来打开重新理解和阐释意识形态的大门。因此，马克思对意识形态的诠释不是单向度的，批判与建构是马克思对意识形态进行释义的过程的两个方面，二者具有同构性。马克思对意识形态的批判始终立足于现实的人的现实生活与实践，始终在历史唯物主义的理论视野与框架下研究、诠释意识形态，在批判意识形态"虚假性"的同时阐释了意识形态的源起、本质及其价值。马克思以实践的先行澄明作为逻辑出发点，从对资本主义经济生活、政治制度、文化现象的意识形态批判来揭示意识形态在人类社会结构与历史过程中的地位、作用，呈现人作为主体在意识形态中的生成、隐没与重生的过程，其价值旨归在于使世界革命化和实现人的解放。实践澄明、主体生成与人的解放构成了马克思意识形态批判的"建构之维"及其逻辑线索。

在当代，意识形态问题是人类社会发展面临的重大问题，学者们的研究越来越多地聚焦意识形态问题，使意识形态研究成为一个重要的学术领域。但现实社会生活的复杂性和意识形态释义的多维性，使得意识形态研究纷纭复杂。有学者以马克思对意识形态虚假性的批判为依据，主张把马克思主义"非意识形态化"。面对"非意识形态化"思潮与形色多样的"哲学转向"给意识形态研究带来的迷雾，我们要回到马克思的文本，回到马克思阐释意识形态的本原语域，把握马克思意识形态批判的"建构之维"。这样，我们才能完整、准确地理解马克思的意识形态理论，把握马克思主义的思想精神实质，并在此基础上推动意识形态研究的理论创新。

（原载《学术研究》2020 年第 1 期）

---

① 中共中央编译局编译：《马克思恩格斯文集》（第 2 卷），人民出版社 2009 年版，第 53 页。

现代人生的文化境遇

人是马克思历史唯物主义的始点，也是其全部学说的终点。在马克思的视域里，人是历史的、现实的，也是发展的。人是什么，人生的存在方式归根到底是与一定社会的生产方式联系在一起的。当马克思所预测和揭示的社会理想逐渐被人类的历史年轮所"诠释"，被不同的民族、国家的实践范式所展现，当人类进入21世纪这个崭新的时代，现代人的存在方式已不仅仅是生产方式的直接产物，其文化境遇的问题日益凸显。与其说这是对工业文明的一种解构，不如说这是对后工业文明对工业文明解构的解构。

一、社会转型交错中现代人的境遇

20世纪对中国人来说，是一个翻天覆地的时代，是社会政治、经济、文化全面反省、变革、重构的时代，其之所以如此波澜壮阔而又艰难曲折，是因为它负载着中国追求现代化的历史进程。在中国追求现代化的意义上，20世纪的中国有两次重大的社会变革，而两次重大社会变革都伴随着一场深刻的思想文化讨论，并且都是以"人生观论战"为题引发的。两次论战不仅与当时的社会变革之要求有内在的必然联系，而且两次论战之间也有着历史的连续性。如果这不是一种历史的巧合，那就是历史的必然性中预示着某种趋势，昭示着人类文明发展中的应对。

社会转型是社会变迁发生到一定程度，由原来的文明形式转化为另一种文明形式的过程。社会转型对于中国社会历史进程来说，是一个极其复杂的概念，以20世纪以来的社会变迁为界限，其社会文明类型的确定就是交叉的、模糊的。19世纪末20世纪初的中国，一方面，清政府的腐败没落，使中华民族遭帝国主义列强之侵略，人民处在水深火热之中，激起了中国知识分子的深深忧虑和民族责任。另一方面，随着西方经济贸易的东进，越来越多的中国青年往东洋、西洋的大学留学，学成而归，带回许多新的思想，西学东渐，中国开始了现代教育。正是现代教育之光，开启了中国现代化的启蒙之舟。当时的知识分子不仅对此充满信心，而且觉得新型的社会文明很快就要来临。正如有学者用1928年3月《新月》杂志创刊号社论所引用的两段英文［一是"上帝说：要有光。于是就有了光"（《圣经·旧约》第一篇《创世纪》）；二是"冬天来临时，春天还会远吗？"（雪莱《西风颂》）］来形容当时中国知识分子的自信情怀，甚至喻为中国新文化运动的精神。① 但中国现代化的真正启动，即农业文明向工业文明的转型，却是从20世纪80年代才开始的。

20世纪80年代，拨乱反正、改革开放的历史性决定再次将中国现代化的问题提上议事日程。20多年来，中国社会文明形态更替交织的路径大致是：改革开放，发展社会主义生产力促使2000多年农业文明的经济基础发生了深刻的变革，由此推动了向工业文明转型的进程；工业文明的根基尚未扎实，后工业社会的问题亦开始交织于其中。在经济制度上，计划经济向市场经济的转型尚未完成，知识经济已伴随着后工业文明的浪潮扑面而来。现代人的境遇既不是农业文明的产物，亦不是工业文明的样式，这种交错的文明形式所提供给现代人的精神"寓所"变得十分复杂，使人不禁联想起20世纪初发生的那场"人生观论战"预示的问题。

站在玄学立场的张君劢从批判西方近300年过度"物质化""科学化"所带来问题的立场，告诫国人勿抛弃中国传统文化的思想精髓，勿以为科学可以解决一切问题。他在《再论人生观与科学并答丁在君》一文中说："近三百年之欧洲，从信理智信物质之过度，极于欧战，乃成今日之大反动。吾自海通以来，物质上以船坚炮利为政策，精神上以科学万能为信仰，以时考之，亦可谓物极将返矣。"② 如此立场明显地隐含着这样的价值前提：反封建旧道德，并不等于全盘否定道德传统；批判本土文化糟粕，并不等于用西方文化取而代之；发展物质文明，并不能取代精神文明之发展。换言之，中国文化传统中的心性之学对于人生观问题的解决依然是有价值的。西方近300年的过度"物质化""科学化"使其走向反

---

① 参见［美］贾祖麟《胡适之评传》，张振玉译，南海出版公司1992年版，第27页。
② 张君劢：《再论人生观与科学并答丁在君》，载《中国现代文化史料丛刊：科学玄学论战集》，台湾帕米尔书店1980年版（原载《科学与人生观之论战》，上海亚东书局1925年版），第99页。

面，国人应吸取教训。

属于科学派的胡适在评论那场论战时向人们表达了科学派的真实立场。他说："我们要知道，欧洲的科学已到了根深蒂固的地位，不怕玄学鬼来攻击了。几个反动的哲学家，平素饱餍了科学的滋味，偶尔对科学发几句牢骚话，就像富贵人家吃厌了鱼肉，常想尝尝咸菜豆腐的滋味；这种反动并没有什么大危险。那光焰万丈的科学，绝不是几个玄学鬼摇撼得动的。一到中国，便不同了。中国此时还不曾享着科学的赐福，更谈不到科学带来的'灾难'。我们试睁开眼看看：这遍地的乩坛道院，这遍地的仙方鬼照相，这样不发达的交通，这样不发达的实业——我们哪里配排斥科学？至于'人生观'，我们只有做官发财的人生观，只有靠天吃饭的人生观，只有求神问卜的人生观，只有《安士全书》的人生观，只有《太上感应篇》的人生观，——中国人的人生观还不曾和科学行见面礼呢！我们当这个时候，正苦科学的提倡不够，正苦科学的教育不发达，正苦科学的势力还不能扫除那迷漫全国的乌烟瘴气。"① 这段话充分表明丁文江、胡适等人并不否认"科学主义"可能带来的问题，只是强调当时中国现代化、人生的根本问题是要发展科学，解决愚昧落后问题，而不是过度科学带来的灾难。由于两千多年的封建意识根深蒂固，已成为发展科学的障碍，因此宁可用科学压玄学。在胡适看来，"新文化运动的根本意义是承认中国旧文化不适应于现代的环境，而提倡充分接受世界的新文化"，来自西方的"科学与民主"正是这种新文化的表征。于是，用"科学"解决人生观的问题就是这种历史逻辑的选择。

不言而喻，从表面上看，那场论战讨论的问题似乎是"人生观问题应依凭科学还是玄学来解决"。实际上，那场论战反映的是20世纪初中国社会面临重大变革转型之际社会发展取向的两种截然不同的意见，是关于如何引导中国现代化的价值观之争，亦是社会转型之交的文化冲突。它充分地表明，人生的样式、人的生活方式与社会的文化模式之间有着内在的紧密联系。

---

① 张君劢：《再论人生观与科学并答丁在君》，载《中国现代文化史料丛刊：科学玄学论战集》，台湾帕米尔书店1980年版（原载《科学与人生观之论战》，上海亚东书局1925年版），第100页。

在中国，以农业文明为基础的传统社会经历了漫长的过程，传统社会及其文化的特征，用法国社会学家迪尔凯姆的话来说，那是一个机械联系的、单一同质的社会，即社会是以成员的相似性为基础的。在这样的社会中，没有复杂的社会分工，人们做着大致相同的事情，他们有着共同的生活经历、行为规范和价值观念，共同具有传统是每个社会成员生活的依据和指南。当代西方"社会现代化理论"学派亦从另一种视角揭示了传统社会的三种倾向：传统主义的价值观念占据统治地位，人们向往过去，缺乏文化能力去适应新环境；世袭门第制度是决定社会实践的依据，这种门第制度是实行经济、政治和法律控制的主要工具；传统社会的成员用一种迷信和宿命的观点来看世界，认为一切都将听天由命，事物的发展注定如此。因而，传统社会的人生样式是这样呈现的：单一的——人们既无选择的可能，亦无选择的欲望（其实是欲望被压抑），生活不仅可以重复，生命亦可以复制；稳定的——一切都在传统预设的"规范和秩序"中存在，没有变化的恐惧，亦不需要具有应对变化的机警和适应变化的智慧，内心的"安逸"与"宁静"也许给人以精神的"安全感"；孤立的——因为人与人之间的相似、同质，人的生活的社会依赖程度很低，所以，生活联系往往是表面的、形式的；被历史的偶然所决定的，且是不易改变的——人的主体性极其微弱，一个人的机会、荣华、命运是由上一代人的"偶然"所赐予的"必然"。生活是靠惯性维持和推动的，人类学家玛格丽特·米德在研究人类文化传递方式时，深刻地揭示了这一点：由于传统社会发展缓慢，人们不可能设想自己的生活能与父辈、祖辈的生活有什么不同，在他们的眼里，生活的意义是既定的，前辈的过去就是他们的未来。老一代传给青年一代的不仅有基本的生存技能，还包括他们对生活的理解、公认的生活方式及是非观念。青年只是长辈的肉体和精神的延续，只能是他们赖以生息的土地和传统的产儿。

与传统社会相对应，在迪尔凯姆社会分析框架里，现代社会是一个以劳动分工为基础的"有机联系"的社会。劳动分工导致劳动的高度专门化，不同的人做不同的事情，而个人之间的相异性越大，人们彼此相互依赖、相互求助的需要就越迫切。这种相互依赖使社会成员建立起一种"有机联系"，现代社会依赖这种"有机联系"把所有社会成员联系在一起，实现社会的整合。理性是现代社会生活的依据和指南。按当代西方"社会现代化理论"学派的观点，现代人可以保留传统的东西，但不做传统的奴隶，并且敢于摒弃一切不必要的或阻碍文明继续进步的东西；门第关系在现代社会是无足轻重的，因为人们在地理上的流动已经使家庭纽带变得松弛，一个人在政治上、经济上的地位主要取决于个人的努力，而不是出身门第；现代社会的成员不再听天由命，而是富于改革精神，勇往直前，随时准备克服障碍，具有强烈的企业家精神和对世界的理性科学态度。

应该看到，自18世纪启蒙运动以来，以理性为标志的现代性获得全面的推进，它在给人类带来丰硕的成果，给文明注入新的动力的同时，亦引起了人类最大的危机。20世纪中叶，法兰克福学派创始人拉开了对启蒙进行审查和批判的序幕。尽管有学者认为，对现代文化的批判有三条不同的进路（马尔库塞从左翼，哈贝马斯从中路，福科、德里达从右翼），并各自得出不同的结论，但对现代性所带来的问题的判断却是基本一致的：工业文明的迅猛发展不仅打破了"人文理性"与"工具理性"的和谐统一，导致一种以科技理性为主导的"工具理性"，而且它完全荡涤了天赋人权和自由理想，代之以标准化、工具化、操作化和整体化；以精确性为唯一标准对"人文理性"大加鞭挞，技术统治垄断了人类生活和社会事物的方方面面，并造成冰冷冷的非人化倾向；把大千世界乃至整个文化知识系统压缩成数量化的共同尺度，并摒弃或割裂了那不易尺度化的人文科学；人在科技中创造的东西，反过来控制人，人被异化；通过启蒙，人的灵魂脱离了蒙昧却又可悲地置身于工具理性的专制之中；人类以内在精神的沉沦去换取外在物质利益的丰厚，以致理性走向了自己的反面——非理性。①

然而，当我们还在传统与现代之间徘徊时，后现代的文化思潮已经悄然来临。从直观意义的角度来理解，后现代文化是对现代文化的反动。按美国社会学家丹尼尔·贝尔的说法，用"后"作为缀语，是因为过去社会（现代社会）已用尽"超"字，如超悲剧、超文化、超社

---

① 参见王岳川《哈贝马斯：对抗后现代性》，载《东西方文化评论》（第四辑），北京大学出版社1992年版，第17页。

会，"后"既表达过去已逝，又表达对尚未到来的未来先进工业社会感到迷惘的感受。贝尔进一步揭示道：前工业社会的发展是在同自然界的竞争中展开的，它的资源来自采掘工业，生产率低下；工业社会的发展是同经过加工的自然界进行竞争，它以人与机器之间的关系为中心，利用能源把自然环境改变为技术环境；后工业社会的发展则是人与人之间的竞争，在这种社会里，以信息为基础的"智能技术"与"机械技术"并驾齐驱。因此，从时间的视点看，前工业社会具有面向过去的倾向；工业社会着重考虑适应性调整，强调根据趋势做出推测和估计；后工业社会具有面向未来的倾向，强调预测。显然，这三种社会形态文化模式的核心价值是截然不同的。

后现代文化概念和模式的提出，正是从对现代文化的批判开始的。与现代文化追求标准化、工具化、操作化和整体化的特征相对应，后现代文化具有解构性、平面性、多元性等特征。美国文化批评家弗雷德里克·詹姆逊（F. Jameson）曾综括后期资本主义社会后现代文化的两个根本特征：一是精神分裂症的零散化，一切都是零碎的、片段的，不再能从整体性上去把握问题；二是平面感，即历史或历史自我表现认识的消失、深度的消失，因而形成一种没有根的文化。德国学者彼得·斯科洛夫斯基对后现代的概念是这样描述的："后现代的概念是开放的，因为它摆脱了历史的坚硬核心，摆脱了那种没有神性、缺乏多样性的历史哲学的必然性，摆脱了统治世界的世界精神，而重新获得了历史与对话的自由，获得了历史与非理性、绝对及自然的崭新关系。……后现代思想倡导多元事物构成的多样性，用以取代一种话语、一种承诺的历史。它用复数形式的历史进步、一致、社会进化及其理性表现等话语取代单数的一致、历史、进步等话语。"① 进而他比较了现代文化模式和后现代文化模式的区别（表1）。

---

① ［德］彼得·科斯洛夫斯基：《后现代文化——技术发展的社会文化后果》，毛怡红译，姚燕校、柴方国审校，中央编译出版社1999年版，第26页。

表1 现代文化模式和后现代的文化模式的区别

现代文化模式	后现代文化模式
功能主义：将诸生活领域分割开来，放弃艺术符号语言中的文化象征性。	脉络主义：诸生活领域相互渗透，叙述性的符号语言有文化象征性。
知识文化中的科学主义：以科学作为世界图像的构造者。	知识文化具有的实用知识、形象知识与宗教知识的多元性。
以唯物主义或一元唯心论作为说明全部实在的理论。	以精神—肉体的现实主义作为说明人全部实在性的理论。
人自身的相对化理论，把自由看作位置的升高。	自我实在论。根本的自由及具有应变能力的同一性。
功能主义的社会理论。	有机的社会理论。
自然科学的—机械论指向的经济理论。	精神—自然科学的经济理论。
经济—技术的解决方法：技术形态论	社会—文化的解决方法：人类形态论

他指出，现代文化在其基本原则上是技术型的，它把技术、无机的模式转而用于对人的自身理解以及人对世界和他者的关系。后现代文化则是人格化的，人的自我经验、有机体及生命事物的确定性，被用于科学、艺术与经济等文化形式。现代相信自然科学的绝对解释权，相信理论与社会的自我设计可还原为作用功能和交往媒介，并且对内在世界持有乌托邦式的希望；后现代对科学主义、功能主义及乌托邦主义做出批判。与现代的原则"功能决定形式"相反，后现代的原则是"理念决定形式"。①

从现象来看，所谓后现代文化图景杂乱不清，文学、艺术等被冠之以"后现代"之名的文化单元，力图追求新的表达范畴和话语方式、写作方式，显现一种与现代性的决裂。而真正体现后现代精神的，是后现代主义的哲学话语，它对现代主义哲学传统，也就是从笛卡尔理性主义开始，经启蒙运动、康德与黑格尔的德国古典哲学、马克思主义、西方马克思主义构成的哲学传统，进行了彻底批判，试图消解现代主义哲学的本体论、历史观和价值论，反对一切以人为中心的具有"人类中心主义"倾向的人道主义，反对普遍规范和共相对人的统治，注重个体性和自我关切。从这

---

① 参见［德］彼得·科斯洛夫斯基《后现代文化——技术发展的社会文化后果》，毛怡红译，姚燕校、柴方国审校，中央编译出版社1999年版，第41-42页。

个角度,"后现代主义"也表达了某种对现代资本主义发展模式的自我反省和关于人的命运的抗争,试图解构理性主义的绝对性、总体化和整体性对人的生命灵性的窒息,要在文化视野中实现伦理转向,为人类打开一扇后现代之门,走向人的道德天性自由生长的原野。

无论如何,要真正了解后现代是件不容易的事,现在要去全面评价或"解构"后现代则更为困难。但有一个不可回避的事实,即传统、现代、后现代的社会转型和文化演变,始终围绕着人的存在和意义这条中轴线。有学者认为,在400多年的现代化进程中,由于种种原因,人不见了,人被遮蔽了,或沉沦了,于是人类一直不懈地在进行"找人"运动——突破中世纪神学的禁锢,通过文艺复兴运动,找到了"感性的个人";突破农业经济的樊篱,经过工业革命的洗礼,找到了"经济人";突破大机器时代的局限,经过科技的迅速发展,找到了"单面向的人";等等。后现代依然没有离开这个中轴,它试图突破科技的狭隘,寻找到生命丰富的人。后现代能找到真正的人吗?如果人的意义被解构,人类的理想被视为乌托邦,理性的客观价值被相对取代,人又何以丰富呢?

现代中国人,正是生活在三种社会形态的交错汇合中,生活在三维文化向度共存的空间里,他们是现代的,亦是传统的;他们是传统的,同时又是后现代的。如果文化模式深刻地影响着人的生存样式,那么,文化是普遍的、制造的,还是在历史延续中培育的?

二、 文化预制与人的生存样式

美国人类学家A. L. 克罗伯和C. 克拉克洪搜集的资料显示,文化的定义多达160种以上。无论对文化如何诠释,它与人类生活的内在关系都是极为紧密的。梁漱溟先生把文化直接定义为"人类生活的样法"。他认为,"文化与文明有别。所谓文明是我们生活中的成绩品——譬如中国所制造的器皿和中国的政治制度等都是中国文明的一部分。生活中呆实的制作品算是文明,生活上抽象的样法是文化。不过文化与文明也可以说是一个东西的两个方面"①。在梁漱溟先生的定义里,文化与文明就是人类生活的积淀和结晶,文化是无形的,表现为理念、价值观,文明是有形的,

---

① 梁漱溟:《东西文化及其哲学》,商务印书馆1999年版,第60页。

表现为物质的、制度的存在。物质、制度等作为文明的表现形式在一定的意义上是可创造的,但如何创造及创造出来的"作品"必受到无形文化的影响,而文化就是一个积淀的过程,这种积淀就是传统。美国社会学家希尔斯在其力作《论传统》中对传统的三个特性做了揭示:一是"代代相传的事物",既包括物质实体,亦包括人们对各种事物的信仰以及惯例和制度;二是"相传事物的同一性",即传统是一条世代相传的事物变化链,尽管某种物质实体、信仰、制度等在世代相传中会发生种种变异,但始终在"同一性"的锁链上扣接着;三是"传统的持续性"。① 由此可见,传统不是历史,因为历史只能是过去;传统亦不是政治,因为政治必定是现实的,故不可能代代相传;传统更不是经济,因为经济是不断变革的力量,不可能相传事物的同一性和具有持续性。毫无疑问,传统与历史、政治、经济都有密切的关系,但传统最直接的载体却是文化。而文化,按梁漱溟先生的理解,它就是"人类生活的样法"。这并不是说"人类生活的样法"是由文化决定的,而是说文化传统对"人类生活的样法"有着无形、潜在和极大的影响。因此,即使在生产力水平、经济条件相当的情况下,不同文化传统的"人类生活的样法"也是不同的,历史上许多思想家都对这个问题做过深刻的分析。

梁漱溟先生指出,人类的生活大约不出三种路径样法:向前面要求;对于自己的意思变换、调和、持中;转身向后去要求。

(1) 向前面要求:就是奋力取得所要求的东西,设法满足他的要求;换一句话说,就是奋斗的态度。遇到问题都是向前面去下手,这种下手的结果就是改造局面,使其可以满足他的要求,这是生活本来的路向。

(2) 对于自己的意思变换、调和、持中:就是遇到问题不去要求解决,不去改造局面,而是就在这种境地上求自我满足。譬如,屋小且漏雨,照本来的路向一定要求另换一间房屋,而持第二种路向的人遇到这种问题,他并不要求换另一间房屋,而就在此种境地之下变换自己的意思并感到满足,并且有一定的兴趣。这时他下手的地方并不在前面,眼睛并不朝前看而向旁边看;他并不想通过奋斗改变局面,而是随遇而安。他所持应付问题的办法,只是自己意欲的调和罢了。

(3) 转身向后去要求:走这条路向的人,其解决问题的办法与前两

---

① 参见樊浩《中国伦理精神的现代建构》,江苏人民出版社1997年版,第199页。

条路向都不同。遇到问题他就想取消这种问题或要求。这时他既不像走第一条路向的一样去改造局面，也不像走第二条路向的一样变更自己的意思，只想将此问题取消。

梁漱溟先生认为，西方文化走的是第一条路向——向前面要求；中国文化走的是第二条路向——变换、调和、持中；印度文化走的是第三条路向——转身向后要求。①

他还进一步分析到，大多数的人从三个方面拿西方和中国比较：在西方化物质生活方面征服自然，中国是没有的，不及的；西方化学术思想方面的科学方法，中国也是没有的；西方化社会生活方面的"德谟克拉西"，中国又是没有的。"几乎就着三方面看中国都是不济的，只露出消极的面目，很难寻着积极的面目。"② 梁漱溟先生反对这种观点，认为中国和西方走的是完全不同的路，"我可以断言，假使西方化不同我们接触，中国是完全闭关与外间不通风的，就是再走三百年、五百年、一千年也断不会有这些轮船、火车、飞行艇、科学方法、'德谟克拉西'精神产生出……中国人另有他的路向和态度，就是他所走并非第一条向前要求的路向态度。中国人的思想是安分、知足、寡欲、摄生，而绝没有提倡要求物质享乐的；却亦没有印度的禁欲思想"③。这种断言即使过于主观，它还是深刻地道出了"文化"对于文明、对于人类生活的"样式"潜在的、长久的内在制约性。

贺麟先生在《文化与人生》一书中谈到，有许多西洋的好名词，一到中国就成了很坏的名词。如"浪漫"在西洋本来代表无限理想的追求，但现在许多中国人都认为浪漫就是颓废狂放。"宣传"这个名词也一样，在西洋并没有什么坏的意思，在中国却处处受士大夫阶级的鄙视和轻蔑。④ 很显然，这种差异，不是谁高谁低的问题，也不是谁对谁错的问题，而是文化差异所带来的理解、诠释差异而已。

钱穆先生在《从中国历史来看中国民族性及中国文化》一书中，对人生与文化的关系做了更直接、更形象的分析。他说："文化是民族的生

---

① 参见梁漱溟《东西文化及其哲学》，商务印书馆1999年版，第61页。
② 梁漱溟：《东西文化及其哲学》，商务印书馆1999年版，第71页。
③ 梁漱溟：《东西文化及其哲学》，商务印书馆1999年版，第72页。
④ 参见贺麟《文化与人生》，商务印书馆1999年版，第215-216页。

命,没有文化,就没有民族。文化是一个民族生活的总体……不是指每个人的生活,也不是指学术生活,或经济生活、物质生活、精神生活等。它是一切生活的总体。英国人有英国人的生活,德国人有德国人的生活,印度人有印度人的生活……这个生活就是它的生命,这个生命的表现就成为它的文化。"① 钱穆先生从不同的角度,用大量的事实分析了中国与西方文化的差异。譬如,他认为人类文化有四大部分,就是宗教、科学、道德和艺术。这四大部分是一切人生都不能缺少的,可这四大部分在各个文化体系中所占的地位,以及它的意义与价值,是各不相同的。西方文化中比较重要的是宗教与科学,中国文化中比较重要的是道德与艺术。这是由于双方文化体系的结构不同。"宗教与科学两部门有一个共同点,都是对外的,宗教讲天、讲上帝,科学讲自然、讲万物,都在人的外面。而道德与艺术都属人生方面,是内在于人生本体的。道德是由人生内部发出。中国文化里讲艺术亦是由人生内部发出,与道德是大致相同的。所以,西方文化精神偏向外,中国文化精神偏向内。"② 对于文化积淀成传统所产生的预制力,钱穆先生在下面这段话中已表达得十分清楚了:"本源二字是中国人最看中的,一个民族是一个大生命,生命必有本源。思想是生命中的一种表现,我们亦可说,思想亦如生命,亦必有它的一本源。有本源就有枝叶,有流派。生命有一个开始,就必有它的传统。枝叶流派之于本源,是共同一体的。文化的传统,亦必与它的开始,共同一体,始成为生命。"③

正是从这个意义上,文化传统对于人的生存样式具有天然的预制意义。那么,在人生的基本观念上,中西方有什么文化性的差别呢?

首先,关于人性与人的本质。在中国的文化传统中,对关于人为何或人的本性为何的看法,有两种主要的倾向:第一,人是人伦中的人,是在人我关系中被定位的。许慎在《说文解字》中考证,"仁"从二,亦即人与人之间的关系。即个体并不是孤立绝缘的个体,而是在复杂人际关系中显现的中心点,是人际社会相互依存关系中的网结。"我"是谁?"我"

---

① 钱穆:《从中国历史来看中国民族性及中国文化》,香港中文大学出版社1979年版,第13页。

② 钱穆:《从中国历史来看中国民族性及中国文化》,香港中文大学出版社1979年版,第100—101页。

③ 钱穆:《从中国历史来看中国民族性及中国文化》,香港中文大学出版社1979年版,第77页。

就是关系，是关系的产物（父母关系的结晶），是关系中的角色（相对最早的关系父母而言，是他们的孩子）。正如有学者考察中国文化中"人"的概念指出的："人与我对称，使人、我两称谓的意蕴显得十分明确。与'我'对称的'人'，是指我以外的、与我发生关系并具有与我同样意识的别人或他人，这是人我关系中人的确切涵义。人与我总是相比较而存在，舍我无人，舍人无我。……在人我关系之中，我为一，人为多，从而使我处于人我交往的轴心位置。"① 因此，在孔孟看来，人一生下来就离不开对父母、对他人的依赖，离不开特定的群体关系，这是人之为人的天性。儒家正是基于这种认定，推演出了其全部的伦理原则、规范及实现道德目标的方式、途径。任何个人都必须寄寓于特定的关系才能生存和发展，所以维护、协调自己所处的关系就显得十分重要。中庸、以和为贵的原则，就是这种选择的最佳方式，如果每个人都能遵从关系秩序的要求，克制自己，忍让别人，那么就可求得现实关系的稳定。

第二，人的本质是在与动物的区别中获得的。虽然在中国哲学史上，关于人性的善恶、来源等有不同的观点，形成不同的流派，但自汉武帝接受大儒董仲舒的建议"罢黜百家，独尊儒术"以后，儒家思想基本代表了正统思想，在两千多年的封建社会中占有绝对的主导地位。在人性观上，孟子发挥了孔子的人性理论，批判了告子"性无善，无不善"的思想，指出人与动物是不同性质的类，而人最重要的、区别于其他动物的东西就在于人有仁义道德，人能用仁义约束其食色之性，动物却不能。"人之有道也，饱食暖衣，逸居而无教，则近于禽兽。"《中庸》道："天命之谓性，率性之谓道。"道德是人性所由，遵从道德是天命所使。即人之所以为人，原因就在于人的道德之性，这是人与动物禽兽的根本区别所在。

与之对应，西方文化传统对人性的把握关注的却是另一种取向。其一，人是宇宙自然的有机部分。在西方，古希腊的苏格拉底、亚里士多德用属加种差的定义方法，试图对人性做一个全面的概括。虽然二人得到的具体定义不同，但都把人和动物看作同类，只不过人因有理性而成为高级的"动物"。在古希腊人看来，自然是一个伟大的整体，人是其中的有机组成部分，所以，人的本质也就是宇宙的本质，人与宇宙是相融合的。他们特别关心如何使人的生活与自然界相适应。于是，作为同类物，每个人

---

① 焦国成：《中国古代人我关系论》，中国人民大学出版社1991年版，第11页。

都有按自己的本性行事的权利，人是独立的、自由的。显然，道德是人类特有的内在规范，人性由道德性来说明，在一定的意义上是人自己界定自己。而将人类归于宇宙自然的有机部分，人则是由人以外的东西来说明的。中西方文化显然有着根本区别。

其二，人的本性是向己自私的。古今西方思想家尽管对人性的理解与阐述各有差异，形成不同的流派，但都较一致地把人的自然属性当作人之天性。因为人是自然宇宙的有机部分，即人和动物一样都是自然的产物，所以人的本性必然追求感官快乐，避免感官痛苦，趋乐避苦是人的自然本性，即人都只追求于己有利的事物。18世纪法国唯物主义思想家爱尔维修讲得再清楚不过了："人是能够感觉肉体的快乐和痛苦的，因此，他逃避前者（指痛苦——引者注），寻求后者（指快乐——引者注）。就是这种经常的逃避和寻求，我称之为自爱。"① 这种自保的本性，是人人共有、永远不可改变的。一般来说，西方文化视野下的"人"实际是指个人，是从社会关系的整体中抽取出来，还原其为自然人，从中确定其原初本性和个人应具有的自然权利的。而中国文化中的人却是复数的人，关系中的人，群体中的人，是把具有自然属性的人放到一定的社会关系中去考察、去说明、去界定的。因而从一开始，西方文化是从本体论的角度讨论人的，即人是什么，从哪里来？而中国文化是从价值论的角度讨论人的，即关注人应当如何？换言之，中国文化先讲关系，后讲关系项；西方文化先讲关系项，后讲关系。这也从源头上决定了西方文化的个人主义传统和中国文化的群体主义传统。

其次，关于人生的意义与价值。对这个问题的回答有两个基本的角度。其一，人类与自然宇宙的关系。西方传统倾向于把自然看作一个整体，人是其中的有机部分，因而，自然是完全独立于人的客观存在，强调天人有别，天高于人。智慧、公正、勇敢、节制是希腊传统的四大德目，而智慧是最高的德目，人依赖智慧才能获得善和幸福，智慧就是按照因果必然性行事。所以西方传统人生价值观强调人的意志自由，强调对真理、知识的追求。亚里士多德的名言"吾爱吾师，吾更爱真理"，形象地说出了二者的关系。在人生价值实现程度与标准的衡度上，西方传统表现出明

---

① 北京大学哲学系外国哲学史教研室编译：《十八世纪法国哲学》，商务印书馆1963年版，第503页。

显的功利主义倾向,所谓功利主义的最大快乐原则就是将人的价值选择置于"苦"与"乐"的统治下,给越多的人带来越大的快乐,其行为就具有越大的善。

与西方传统不同,"天道"与"人道"是中国传统文化中两个十分重要的概念,但在天人关系上,中国传统讲究天理不在于求知事物的最高事理,而在于求天理以达到人生之道。即天与人同属一类,天道与人道是相一致的,人本于天,人道本于天道,正是在这个意义上,"天人之际,合而为一"。中国有俗语,"要想人不知,除非己莫为""心黑遭雷劈"。"天"怎么能知道地上的人干了什么坏事呢?因为在中国文化传统里,"天"、自然不外是人事的投射,是人格化的结果,所以天人相通,合而为一,人贵于天,贵于自然。因此,中国传统人生价值观尤其重生命的价值,重人区别于动物而为人的道德价值。

其二,个人与社会的关系。西方传统具有个人本位的价值取向,强调个人权利与个性自由,保持个人对社会相对独立的地位。这种传统虽孕育于希腊城邦时期,但其系统化,并产生广泛而深刻的影响却是文艺复兴运动的结果。西方个人主义的原旨并不是主张损人利己,而是强调个人的至上性、目的性。弗兰克纳的这段话是一个很有代表性的注解:"从道德上讲,任何道德原则都要求社会本身尊重个人的自律和自由,一般地说,道德要求社会公正地对待个人;而且不要忘记,道德的产生是有助于个人的好的生活,而不是对个人进行不必要的干预。道德是为了人而产生,但不能说人是为了体现道德而生存。"① 美国学者 Henry Steele Commager 在给《美国人与中国人》一书的序言中这样写道:"与平等的概念相比,个人主义更能充分反映美国一个显著的特征。个人主义清楚地把美国与广大西方国家联系起来,也最明确地把西方国家与非西方国家区分开来了。"② 如果个人是至上的、绝对的,人又有向己的天性,那么社会生活如何可能存在呢? 17 世纪哲学家霍布斯深刻地看到了这一矛盾,认为这样的结果会造成人与人之间的全面战争和敌对状态,这时人对人就像狼一样,反而

---

① [美]威廉·K.弗兰克纳:《善的求索——道德哲学导论》,黄伟合、包连宗、马莉译,辽宁人民出版社 1987 年版,第 247 页。

② [美]许烺光:《美国人与中国人》,沈彩艺译,浙江人民出版社 2017 年版,第 5 页(序言)。

享受不了自己的权利,为了避免这种危险、保障个人的生命财产、实现和平,人们就把自己的权利转让出来,交给第三者——国家。因此,个人与国家、社会的基本关系,就是契约关系。契约双方具有各自的权利和义务,这也构成了西方社会法治的传统。这种关系与传统,将个人生活与公共生活在一开始就区分开来了,契约规则、法律制度关注的是公共生活领域,个人生活领域留给了宗教或其他。

在对待个人与社会的关系上,中国传统倾向于群体、社会本位的价值取向。即以群体或社会整体利益为核心,对事物、行为做出价值判断,强调群体不仅是个体的集合,而且是高于个体的;注重个体对群体、社会的责任,主张个体对群体、社会的服从。因为在中国传统文化中的个体实际上是复杂人际关系中所显现的中心点,是人际社会相互依存关系中的"网结"。因此,个体或"我"是依附某种群体及其关系而存在的,个体并不具有独立存在的价值和意义,个体与群体、社会的基本关系是依附关系,个人生活与公共生活并无明确区分。当然,其逻辑结果是,个体是卑微的,群体、整体是高尚的。故个人要照着关系的规则行事,中国俗语所描述的"人怕出名,猪怕壮""枪打出头鸟""木秀于林,风必摧之"很贴切地表达了中国传统价值观的倾向和文化的潜规则。那么,什么东西才能保证对个体心灵的约束呢?靠良心、道德对个体心灵进行约束,这也奠定了中国社会的德治传统。但在漫长的封建社会中,它逐渐被异化为"人治"。

最后,关于人生理想与终极关怀。这是一个关于人生的动力机制和根本目的性的问题。顺着前面的比较思路,基于中西方对人生的本体论、价值论的不同倾向,他们的"终极"理想亦是明显不同的。西方传统强调把追求人的意志自由作为人生的理想。对于什么是意志自由,如何实现意志自由,虽有不同回答,但从古希腊的伊壁鸠鲁提出,认识世界和人本身并不是目的,目的在于让人获得真正的自由,到文艺复兴运动,它关注的核心问题始终是,从神学那里解放人,实现人的自由选择,排除上帝预先安排人的命运的教义,再经过资产阶级工业革命,凸显人的主体性,颂扬人的创造精神,直到康德、黑格尔"把人当目的"从整体上确立人的主体性地位,并认为自由是人之为人的本质。不言而喻,追求人的意志自由这条主线始终没有改变。自由、民主、平等、博爱成为西方社会一种较为普遍的生活理想是有历史和传统依据的。如何去追求、实现自由的人生理想?西方社会大致经历了理性主义—信仰主义—理性主义和信仰主义相统一的过程。如果说理性主义表达科学主义立场大恶化,那么,信仰主义则表达一种超越的精神。二者的统一,在人生观的意义上,表达了出世与入世的结合。

中国传统的人生理想就是追求"成人"的道德理想。人何以"成人"呢?"内圣外王"是其理想标准,就是内有圣人之德,外施王者之政。在中国传统文化中,理想人格有诸多层次,如贤人、君子、善人、圣人,圣人居最高位,可谓"圣人,人伦之至也"(《孟子·离娄上》),可见这是一种完美的理想人格,一种至高的境界。同时,儒家主张以入世的态度追求理想的生活,《中庸》把这种理想生活概括为"极高明而道中庸",表明儒家的人生理想具有崇高的境界。但这种境界又体现在日常生活中,无须过一种特殊的生活。因此,每个人都可通过自身的努力去实现人生理想,即"人皆可以为尧舜"。"内圣外王"作为一种道德理想,在实践的层面有着"修己"与"治人"的内涵关系,儒家的取向是,"修己"是"治人"的前提,"治人"须先"修己"。如何去追求、实现"内圣外王"的人生理想呢?儒家认为最重要的是挖掘道德本心,通过格物致知、正心诚意、修身养性去追求这种至高的人生理想境界,进而由内向外,扩充仁德,达到齐家、治国、平天下。

显然,西方传统的人生理想是开放性的理想,中国传统的人生理想是完美性的理想;前者向外探求,后者向内求索;西方传统把每个人作为自己的标准,中国传统将圣人的标准作为所有人的理想。这些都构成了不同传统下人的生活样式的基础。

三、 全球化视域下的人生解构与重构

如前所述,现代人处在一个社会与文化迅速变革的时代,传统文化对人生的预制,使之变得更为复杂,亦更具挑战性。在中国,现代人生的文化境遇尤为特殊,实际上是处在这样的夹缝中:中国社会在经历了两千多年以农业文明为基础的社会形态之后,20世纪80年代的改革开放开启了中国现代化的航程,从而促使人们迅速"告别"了传统。据说20世纪80年代初,在北京举办的一个大型展览的前言中,有这么一段带有时代标记性的话:"自哥伦布发现新大陆以来,世界上的新大陆已经发现完毕,现

在剩下的就是发现我们自己。"20 世纪 80 年代中期，一位年轻的学者在《中国伦理生活的大趋向》中，讲述了这样一个故事：一位老人每天都到海边垂钓，无论光景如何，两小时后必收场回家。一位年轻人好奇地追问，下面是两人的对话。

年轻人：老人家，光景好的时候，你为什么不多钓一会？

老人：光景好时，为什么要多钓一会呢？

年轻人：那你就能钓到更多的鱼啊！

老人：钓到更多的鱼又有何用呢？

年轻人：那你可以卖更多的钱！

老人：有更多的钱又有何用呢？

年轻人：你可以买船出海打捞更多的鱼！

老人：打捞更多的鱼又有何用呢？

年轻人：你可以赚更多的钱，开远洋公司，打更多的鱼！

老人：打更多的鱼，赚更多的钱于我何用呢？

这时，小伙子被逼急了，反问老人家："那你不为赚钱，又为什么呢？"老人看着小伙子，笑着说："我每天钓两小时的鱼，生活的问题就解决了，剩下的时间，我看看朝霞，种种蔬菜，优哉游哉，更多的钱与我何用呢？"

这是一段现代与传统人生观念的对话，它典型地反映了我国社会转型期人生价值观念的冲突，这种冲突随着社会转型的深化变得愈加复杂，而最为明显的就是经济全球化带来的改变。全球化，这个在 20 世纪末伴随中国成功加入世界贸易组织才开始普遍化的概念，今天对于中国人来说已成为耳熟能详的名词，成为不以人的意志为转移的客观历史进程。毫无疑问，它对当代人生及其整个生活方式产生着难以估量的影响，使得中国人的传统、现代和后现代的人生观念交织在一起，以致我们需要认真地"解构"，才能真正"重构"。从全球化的视域解构当代中国人的人生观念，有三个前提性的问题需要讨论。

第一，全球化的文化影响力。根据马克思历史唯物主义的基本立场，社会变迁更替、世界历史形成的现实基础在于物质生产实践，即生产力的发展及与之相应的分工的扩大、交往的普遍发展是世界历史形成的根本原因。马克思在《德意志意识形态》中，通过对资本主义社会发展的分析，明确给我们提供了思考这个问题的一个重要的思想方法。马克思指出，"大工业创造了交通工具和现代的世界市场，控制了商业，把所有的资本都变为工业资本，从而使流通加速（货币制度得到发展）、资本集中"①。正是这个大工业，"首次开创了世界历史，因为它使每个文明国家以及这些国家的每一个人的需要的满足都依赖于整个世界，因为它消灭了各国以往自然形成的闭关自守的状态"②。

的确，从20世纪初提出现代化的问题，到20世纪末叶真正启动、追求现代化，中国社会可谓经历了艰难曲折、波澜壮阔的历史性巨变。其中最根本的变化在于，中国社会的性质从半封建半殖民地社会变成了社会主义社会；改革开放及社会主义市场经济体制的建立为中国现代化的启动提供了可能，使中国真正进入了世界历史的进程。这就意味着，20世纪初"科玄论战"提出的问题，已经从一种隐性的问题变成了显性的问题，即提出了回答这些问题的紧迫性和解决这些问题的客观可能性。从整个世界来看，正如有学者指出的，"全球化既是一种事实，也是一种发展趋势。无论承认与否，它都无情地影响着世界的历史进程，无疑也影响着中国的历史进程"③。在这个历史进程中，当今世界面临两种相互冲突而又同时并存且影响相当大的基本潮流，一种是全球化现象，另一种是本土化现象，这两种潮流造成当代文明内部存在一种矛盾和张力。如何对待这种矛盾，实际上存在两种截然不同的文明观。

其一，从欧洲中心主义的立场出发，认为文明的冲突不可避免，主张用西方文明作为典范来建构世界文明的秩序。美国哈佛大学教授亨廷顿认为，随着20世纪80年代末共产主义世界的"崩溃"，冷战的国际体系已成为历史。在冷战后的世界中，全球政治在历史上第一次成为多极的和多文化的。在新的世界里，最普遍的、重要的和危险的冲突不是社会阶级之间，富人和穷人之间，或其他以经济来划分的集团之间的冲突，而是不同文化实体的人民之间的冲突。显然，他在一定程度上看到了冷战后世界意识形态格局的极大变化，选择以文明的冲突作为重构的方式，而这恰是其欧洲中心主义立场的必然结果。因为在他看来，一方面，现代社会由于社

---

① 中共中央编译局编译：《马克思恩格斯选集》（第1卷），人民出版社1995年版，第114页。
② 中共中央编译局编译：《马克思恩格斯选集》（第1卷），人民出版社1995年版，第114页。
③ 曹天予主编：《现代化、全球化与中国道路》，社会科学文献出版社2003年版，第1页。

会之间相互作用的日益增多和知识经济取代农业经济、工业经济而减少了对自然的依赖性，技术、发明、实践从一个社会到另一个社会的转移空前普遍；另一方面，普世文明的概念是西方文明的独特产物，从19世纪以来，这种思想就有助于为西方扩大对非西方社会的政治经济统治做辩护，有助于为西方对其他社会的文化统治做辩护，所以，只能用西方文明去改造、征服不同的文明。

其二，从轴心文明的视角出发，主张通过文明的对话，寻求文明的发展。杜维明先生是持此文明观的重要代表。杜维明先生在分析雅斯贝尔斯"轴心文明"（即在公元前一千年左右，人类在几大文明区涌现的几大思潮或几种文明形态，且至今仍对人类文明有一定的导引作用）的历史论证的基础上，得出鲜明的结论：人类文明发展的多元倾向有着相当长的历史，多元文化是世界文明发展的大脉络，而不同轴心时代的文明有不同的源头活水、不同的精神资源、不同的潜在力、不同的发展脉络。他以下的这段话很深刻地驳斥了欧洲中心主义的文明观："有人问我为何中国没有发展资本主义，我的回答是为何欧洲从罗马帝国崩溃以后至今尚没统一？问题是以什么作为典范来考问对方。"① 正是在这个意义上，杜维明先生认为，不能只把现代化当作一个全球化的过程，也不能只把现代化当作一个同质化的过程，更不能把全球化当作一个西化的过程。

可见，这两种文明观是根本对立的。如果说20世纪初回答这个问题还有退却的空间的话（因为那时我们实际上尚没有进入世界历史的进程），那么今天已经进入世界历史进程的中国人必须对此做出自己的价值选择。从世界的角度来看，正如许多学者指出的，15世纪以前，人类的历史属于"独白的历史"，即各民族的经济与文化处在一种彼此相知甚少，相互影响不大的独白发展历程中。"独白"就是缺少与听众交流，而且在有限的听众中，只允许一种声音说话，所以，它意味着武断。15世纪以来，随着地理大发现的深入，历史由此开始从"独白时代"转向"对话时代"。"对话时代"最主要的特征就是经济、文化的发展越来越超出了国家、民族的界限而在世界的范围内运作。不同地区和民族间的经济文化关系具有相互渗透和相互依赖的特征。特别是到了当代，这种相互依

---

① ［美］杜维明：《现代精神与儒家传统》，生活·读书·新知三联书店1997年版，第29页。

赖已达到一定程度，以至于人类的任何一个重要部分都能够使全球突然陷入一种社会的、经济的、核的环境或别的灾难中。20 世纪末全球伦理、可持续发展等问题的提出，实际上是这样一个时代在理论上的必然反映和要求。显然，"对话"的内容就不是经济的、技术的，而必然是全方位的，无论你是否愿意和有无准备，因为政治、经济、文化、技术不可能是彼此分割的，所以，重要的是我们要有自己的价值立场，要有充分的"对话"准备。可以肯定，在全球化的历史趋向下，文化对人生的影响不仅是多元的、复杂的，而且是交织的、渗透的；不仅是理论的，更是实践的，因而是动态的、变化的。如果说过去我们可以不管美国人、法国人、德国人或日本人等怎样生活，我们可按自己的"惯性"生活的话，今天我们则需要了解不同国家、不同民族的人是如何生活的，我们不可以简单地模仿不同文化的人们的生活，但也不能漠视差异背后隐含着的某种可通约的因素。

第二，如何看待传统。传统这个概念，我们可以从时间之流和价值之维来理解。说其是时间之流，是由于传统在时间的意义上，表达了一个历史—现实—未来的连续性；说其具有价值之维，是因为传统在文化的传承与发展中具有不可替代的意义，它代表着或象征着不同文化的特征。在这个意义上，消解了传统，就消解了不同文化的个性。

20 世纪以来，中国社会的发展，人生观念的变革，始终摆脱不了对传统批判的主线，这不仅是因为变革必然伴随批判，更重要的是因为以农业文明为基础的传统社会在中国经历了太漫长的时期，以致人们将传统与某种社会形态、某种生活样态必然地联系在一起。近百年来对传统的批判有三次负载着极强的文化意义。

第一次发生在 20 世纪初，与中国资产阶级民主主义革命辛亥革命的爆发相伴随，在思想文化领域，中国爆发了五四新文化运动。从历史的角度看，五四新文化运动对传统问题的关注焦点主要在于传统文化的社会性质，于是在反帝反封建的旗帜下，提出了"打倒孔家店"、反传统、提倡科学民主的新文化口号。这场运动的历史、政治意义，经典作家已予以充分的肯定。从文化的视角来分析，隐藏在其后的理论问题是如何处理中国现代化进程中传统与现代的问题。就历史事实而言，尽管五四新文化运动后曾发生过"科玄论战"，即人生观问题应用"科学"或"玄学"来解决的大辩论，表明反传统的何等不容易，但五四新文化运动对传统的批判或反传统确是主流性的、主导性的。难怪杜维明先生认为，五四运动以来的中国思想家多半是欧洲中心主义者。正如前述，在"科玄论战"中，主张科学立场的胡适在解释发起论战的动机时非常鲜明地指出，欧洲的科学已到了根深蒂固的地位，不怕"玄学鬼"来攻击，但中国的情形则不同，此时正苦科学的提倡不够、正苦科学的教育不发达、正苦科学的势力还不能扫除那迷漫全国的乌烟瘴气。① 即胡适认为，当时中国的主要问题不是过度科学带来的灾难，而是两千年封建意识根深蒂固，新文化运动的根本意义是承认中国旧文化不适应现代的环境，而提倡充分接受世界新文化。这种解释不仅表达了反传统的基本立场，而且也说明了反传统的特殊历史背景。

第二次始于20世纪中叶，新中国的成立标志着所有制和政权方面的社会主义革命已经取得胜利，但在意识形态领域中的社会主义革命尚未完成，于是历史地提出了"政治思想展现社会主义革命"的命题。客观地说，新中国成立后，中国共产党在把马克思列宁主义作为自己的理论基础的同时，就确立了以"批判继承"的原则对待文化传统的基本立场。但由于特殊的"意识"背景，在实践中，"批判继承"的原则一度被错误诠释，并推向极端。这种"意识"深深地窒息了中国现代化进程中关于传统与现代关系的理论探讨。

第三次是20世纪末叶，与改革开放、发展社会主义商品经济和市场经济的中国现代化的进程相伴随，中国再一次掀起了文化反思的高潮，其实质仍然是如何对待传统与现代化的问题。由于经济开放，不同民族国家之间有了更广泛的交流；由于交流，彼此之间的认识由过去较单一的政治视角，逐渐引向文化传统差异的深入比较。与前两次的反传统之背景与形式不同，此次对传统的批判，在某种程度上是与对西方文化的充分肯定，把现代化等同于"西化"的潮流相联系的。尽管主流意识形态对这种与西方文化过度"亲密"的立场始终保持高度警惕，并不断以政治干预的形式影响之（如反对资产阶级自由化等），但实际上，无论学术界还是社

---

① 参见［美］杰弗瑞·戈比《你生命中的休闲》，康筝译，云南人民出版社2000年版，第14页。

会心理层面始终潜藏着一种否定传统的思想涌动，其最为极端的表达就是要用"蓝色文明"取代"黄土文明"。历史地看，这种比较心理、这种思想涌动以及生活方式的悄然改变，明显地带有某种"物极必反"的、片面的认同倾向。笔者认为有三种因素同时制约着这种心理：其一，经济发展的较大差距，增强了人们对西方文化的认同。即新中国成立30年，我们的社会主义在经济上还是贫穷、落后的，而由于社会的封闭，国民并没有意识到这一问题或认为本该如此。当国门打开，无情的事实极大地刺激了国民，客观上促使人们从对西方经济的认同到对西方文化及其道德观念、价值观念的认同。其二，反思历史的教训，引致人们对西方文化的感情倾斜。当人们反思历史教训时，西方个人本位的传统似乎弥补了中国文化传统中的不足，这种意识毫无疑问地加大了人们对传统的批判，加深了对西方文化的"亲近感"。其三，新旧交替中的焦虑，价值转换的"真空"成为人们投向西方文化的契机。① 可见，这三种因素都是非理性的，这恰恰反映了我们在对待传统方面存在的一个较大的历史遗憾，因而造成了一个很大的反差：从全球的视野，我们具有极悠久的历史文化传统，但是我们对传统的批判也是罕见和空前的。因为我们对传统的价值之维缺少足够理性的判断和把握，所以我们常常在两个极端之间徘徊：封闭式地固守传统（夸大传统的价值）或彻底否定传统（贬低传统的价值）。

从三次对传统的批判中，我们不难发现，中国现代化的历史进程始终与反传统的道德批判交织在一起，但并没有真正解决传统的继承性与发展性的问题。而且，传统这挥之不去的积淀也不理会那人为的挑战，当中国现代化的进程步向深入之时，当全球化叩开国门之际，"传统继承"的问题再次被提出来，这次我们是否需要做深思熟虑的理性考量呢？结论应该是肯定的。

从这个向度来思考，我们必须接受两种考验：一是如何在开放的社会背景下，坚守中华民族创建的"道德家园"及其道德传统，在客观地挖掘传统资源的同时，自觉地与多元文化传统进行对话，使民族的道德传统理性地融入人类文明之宝库；二是如何在现代社会发展的历史平台上，继承并发展道德传统，而不是将道德传统当作历史的教条。回应这两种考

---

① 参见李萍、钟明华主编《走向开放的道德》，中山大学出版社1994年版，第227页。

验，我们不仅需要勇气，也需要智慧；不仅要有自觉的意识，更要有回应考验的能力，其中正确的思想方法对于中国现代化特殊的历史进程来说，显得尤为重要。而这个思想方法的要点是对"批判继承"原则的理解。笔者认为，"批判继承"原则不应是一种抽象的一分为二的理论原则，亦不是狭隘的为我所用的原则，而应这样来理解："批判继承"是马克思主义对待人类文化的一种基本态度，其中两个方面是互为条件的有机统一体，不能机械地将二者割裂；"批判继承"仅仅是方法手段，其目的是促进新文化、新道德的发展，最终促进人的发展，目的与手段的关系不能混淆、不能颠倒；"批判继承"的原则在实践上要防止将复杂问题简单化的非历史主义倾向，要本着尊重客观、尊重历史的态度去研究历史、研究人类的思想与文明，要善于对人类最复杂的思想意识进行综合性的、全方位的客观分析，从而使"批判继承"获得最有效的历史超越。错误的思想方法曾给中国社会思想文化发展带来挫折，我们务必牢记。这就是说，当代中国人的生活样式和古代人一定是不同的，它在某些方面也许与当代美国人或法国人的生活样式有相似之处，但一定不是美国人、法国人的，而是中国人的。

第三，必须关注中国现代化进程的特殊矛盾。的确，与欧美以及东亚一些前现代化的国家相比，中国现代化在回答"科玄论战"提出的三大问题时，面临着自己的特殊矛盾：其一，中国现代化的启动无论我们愿意还是不愿意，都无法摆脱其植根的文化土壤（传统），而这块土壤的悠久与曾经辉煌、独立与系统，使其产生了极大的惯性和文化的拉力。但中国近现代以来，传统所遭遇的批判又是空前的：中国现代化的历史进程始终与反传统的道德批判交织在一起。第一次反传统的前提是把传统等同于封建制度与意识；第二次反传统的前提是把传统等同于政治需要的现实；第三次反传统的前提是把传统与反现代化联系在一起。从这个视角看，我们不难理解，当代中国人人生如此困惑：理论的与实践的、理想的与现实的、传统的与现代的。以诚信为例，中国文化传统视诚信为"立身之本，立业之基"是有史可载的，"人而无信，不知其可也"，"思诚者，人之道也"，故"信"乃五常之义；"民不信不立"，以致去兵、去食，宁死必信。而当文明进入21世纪，中国人却在为诚信危机而深深忧虑：理论上我们否定过诚信吗？没有。可实践诚信有时怎么这么难呢？追求诚信的理想有错吗？没有。诚信几乎在所有的文化中都被视为美德，可现实怎么有时不仅老实人会吃亏，而且诚信做人、诚信处事反倒被认为不正常？这是传统的责任，还是现代性的必然？任何一种原因似乎都无法解释。正因为如此，解决诚信危机不可照搬西方现成的模式，因为任何模式的背后都有深沉的文化基因，改变文化基因不仅需要相当长的时间，而且是十分困难的。正因为没有理性主义的文化基因，"民主选举"就可能变成宗族之争，变成拉帮结派。同时，解决诚信危机也不可能是单因素的，必须系统地考虑诚信得以运行的机制、条件和进程。如果我们只强调对不诚信的结果以严厉处罚，而不解决制度诚信的问题，就可能或者"道高一尺，魔高一丈"，或者老实人更吃亏，社会变得更为不诚信。简言之，回应当代中国人人生的困惑，必须从深及文化的层面去思考、去把握，不可只停留在形式上。

其二，中国现代化的真正启动是建立在中国社会经济处于极其低谷的时期，解放生产力、解决贫困问题成为当务之急与民生之重，这是我国启动现代化进程与发达国家启动现代化进程所面对的极不相同的问题：脱贫与求富双重任务。因此，一方面，政府既要高度关注民生的贫困与温饱问题，又要解决发展不平衡的问题；另一方面，市场经济极大地激发了百姓脱贫致富的本能，在物质文明与精神文明的天平上，追求物质文明自然有某种不可遏制的急迫性，正是"穷则思变"。的确，最近20多年中国社会经济的快速增长，不能不说包含了这种极强的、来自民间深层的冲动，也正因为这种冲动，一些急功近利、唯利是图的竞争方式在给人们生活带来丰富性的同时，也给当代中国人的生活留下了许多问题和遗憾。因此，拨乱反正的文化要求和社会急剧转型的文化冲突对现代化的文化选择提出了双重使命。简言之，中国现代化的进程是在一种"高速跳跃"或"挤压"式的状态中展开的，这就使得当代中国社会、当代中国人的人生需要面对许多特殊的矛盾。譬如前文所谈到的"休闲"，的确，随着经济的发展和社会的进步，"休闲"逐渐成为当代中国人追求的一种生活方式和境界，这在温饱问题尚未解决的时代是不可想象的。但实现这种生活方式或达到这种境界，并不仅仅依靠金钱，其与人的素质涵养、文化品位、价值观有十分密切的关系。换言之，若人的精神文明之水准不能提供支持，"休闲"充其量只是"俗闲"，甚至是"恶闲"。其深层的问题是，我们尚未来得及对何为现代化进行全面的理性反思和文化的积淀，就进入了所谓的"现代性的轨道"。这种文化缺位所带来的不平衡，在客观上常常使生活方式的现代化蜕变为"形式的现代化"。正是在这样一种充满特殊矛盾的背景下，中国现代化进程的推进与代价几乎是同时出现的。所以，当代中国人的人生境遇既是幸运的、充满希望的，也是复杂的、充满忧患的。然而，我们不可以因为有代价而停滞，也不可以因为必然有代价而继续茫然。

（原载《马克思主义人学视域中的现代人生问题》，人民出版社2006年版）

现代道德教育理论的哲学焦点

中西方道德教育的传统比较，把我们对现代道德教育问题的研究从现实拉向历史的源头。尽管现代西方学者极力强调非延续性或断裂性是现代性的基本特征，现代性带来的生活形态以前所未有的方式使人们脱离了所有可知的社会秩序的轨道，但是，历史的"逻格斯"却向我们展示了这样的事实：传统与现代、历史与现实之间永远都是在"非延续"中历史地延续着。因此，要使这种历史的延续在超越中完成自己的时代使命，我们又必须在历史的扫描中回到时代的聚焦。

无论是西方20世纪道德教育理论发展的特点和趋势，还是中国20世纪70年代末以来道德教育实践遇到的新问题，都向我们预示了道德教育理论的时代焦点。大量的事实表明，现代社会道德教育理论与实践上的许多问题，在深层上都与道德教育的哲学观念有关。因此，只有科学地解决这些深层的问题，才能达到纲举目张的效果。

一、 个体与群体——现代道德教育原则的本体论基础

个体与群体的关系问题可以说是道德教育问题中一个最基本的关系问题，是决定道德原则、道德教育导向的基本问题。古往今来的思想家在探索道德及其教育的本质时，都必须要回答这个问题。换言之，伦理道德是一个关系范畴，是一个以人为中心的关系范畴，离开人的关系，伦理道德就失去了存在的必要和价值，而个体与群体的关系又是人的道德关系中的核心关系。从《辞源》来看，在中国，"伦"即辈、类，"理"即学理、道理。言下之意，伦理就是在类的关系之间应遵循的共同法则。在西方，最早是用"ethos"一词来概述伦理的，其原意是表示一群人所共居的地方，尔后扩大为包括一群人的性格、气质及其形成的风俗习惯，最后亚里士多德确定其为ethicos（伦理），并建立了古希腊完整的规范化伦理学——ethika。

道德与伦理实际上是一个问题的两个角度，当用"道德"的时候，

包括以个体作为道德主体时对关系的一种把握尺度，当用"伦理"的时候，是指以群体或社会作为道德主体时对关系的把握准则。道德关系是建立在个体的道德基础上或通过主体的道德而形成的关系。伦理是道德的客观化，伦理关系是客观化了的道德关系。显然，在伦理道德的辞源意义上，足以说明个体与群体的关系是构成伦理道德关系的本体关系，或者说，伦理道德是对个体与群体这种本体关系的反映和概括。

当这样确定伦理道德内涵时，马上会招致至少两种观点的反驳。其一，就现代伦理观念来看，伦理道德不仅包括人的关系，而且还包括人与自然、人与物的关系，如生态伦理学讨论的就是人与自然关系中的伦理问题，怎么能把个体与群体的关系作为伦理道德的本体关系或核心关系呢？关于人与生态的问题，学术界有不同的看法，且不论各种看法的理由如何，有一个问题是可以澄清的，即既然伦理道德是一个关系的范畴，那么这种关系应该是双向度的。而且既然是伦理道德关系，那么应以关系的双方具有意识自由作为前提，对于没有意识的客观存在、自然存在就无法与人构成真正的伦理关系，因为事实上它已超出了伦理的内涵。

众所周知，人类的道德行为必须满足两个条件：必须基于对他人和社会的自觉的道德认识基础，因此，尚未形成自觉道德意识的儿童以及丧失自觉意识可能性的精神病患者的行为都不能构成道德行为；必须由道德主体根据自己的意志而自由地作出选择，倘若是在别无选择情况下作出的善或恶的选择都不能构成道德行为。就客观而言，道德行为必须以有利于或损害自身以外的关系对象为前提。正如法国社会学家涂尔干指出的："无论什么行为，只要它完全以行为者个人的目的为指向，就没有道德的价值……由道德规则所规定的行为总是追求非个人目的的。"① 因此，生态伦理的问题在本质上依然是人及人的关系问题。当某些人、群体或组织保护或破坏了生态平衡，对人类生存与发展产生了积极作用或造成了威胁时，即给他人、群体带来善的或恶的后果时，人们才会认定这种关系的道德性，才能进一步作出道德或不道德的判断。

第二种反驳的观点是，伦理道德既然是以人为中心的关系范畴，那么在人类的关系中，除了个体与群体的关系外，还有个体与个体的关系，怎么能把个体与群体的关系作为伦理道德的核心关系呢？的确，在人的关系

---

① E. Durkheim, *Moral Education*, Collier-Macmillan, 1973, p. 59.

范围里，有个体与个体、个体与群体、个体与家庭、个体与社区、个体与国家等一系列关系，但家庭、单位、社区、国家、社会等都是各种以不同的方式和目的结合成的特殊的群体，所以，个体与群体的关系可以在最基本的意义上概括这些关系。同时，个体与群体的关系亦能够统摄个体与个体的关系，因为任何个体都是群体中的个体，因此，个体行为的关系和意义总归是超越个体的。

伦理道德问题以对个体与群体关系的不同回答，形成了不同的思想体系，因而，它构成了确定道德原则的基本依据。西方的伦理道德体系占主导地位的是建立在个体本位的基础上的，即把个体首先从群体的社会关系中抽取出来，还原其为自然人，从中确定他具有的与生俱来的原初本性，进而确认他应该具有的自然权利，然后再把这些自然本性和天赋权利作为原则，以能否满足这种自然本性为尺度，去评判社会及其变化的合理性。从历史的角度看，如果说在古希腊的思想家那里，对于个体与群体的关系，强调个体是独立的、平等的，那么到文艺复兴时期，这种独立的、平等的个体则具有了高于群体的价值意义，个体与群体统一的基点在个体。因此，尽管西方在数千年的文明发展史中，有不同的伦理道德学派，但是在个体与群体关系的回答上却是以个人主义为主线的。

中国以儒家为主导的伦理道德体系是建立在关系本位的基础上的。在孔孟看来，人一生下来就离不开对父母、对他人的依赖，离不开特定的群体关系，这是人之为人的天性。因此，作为个体的人在本质上是群体的、整体的、社会的。在这个定义上，群体是个体存在的条件，更是高于个体的价值体现。与西方的个人定义基调相反，中国的伦理思想体系是以整体主义（在传统社会是以宗法为本位的整体，在社会主义社会是以集体为本位的整体）为主线的。正是基于对个体与群体关系的不同回答，人类伦理思想史上形成了两种思想体系的对立：个人主义与集体主义，利己主义与利他主义。

综上所述，足以说明个体与群体的关系是道德教育中一个基础性的、根本性的哲学问题。在某种意义上，它决定了在道德教育中如何回答目的与手段、自由与约束、道德价值导向等一系列问题。为了便于研究，下面拟从自然状态、社会状态、道德状态三个层次分析个体与群体的关系。

(一) 自然状态下的个体与群体及其关系

所谓自然状态，在此是指个体与群体在未付诸具体的社会关系之前的一种原本的抽象状态，这种状态又是在人的概念下最初级的分化单位。自然状态下的个体与群体的关系准确地说是个体与类的关系。类是对个体的抽象，它以个体所具有的普遍性作为抽象的标准，是个人在观念中无序的集合，是通过每个个体的进化发展而实现的。因此，个体与类的关系不是目的与手段的关系，而是互为目的的关系，它们彼此逻辑地不可分离，是一种以观念意义为媒介的理性关系，因而它们具有最广泛的、最普遍的抽象意义。在人类社会发展的低级阶段，在人类没有经过充分地社会分化之前的这种抽象，虽然是广泛的、普遍的，但却是混沌的、低级的。在人类社会发展的高级阶段，经过充分的社会分化后的抽象则象征着人类进步的崭新水平。从总体上看，自然状态下的个体与群体及其关系具有以下三个突出的特点。

1. 个体与类的相异性小，相通性大

在人类历史活动的早年，原始人没有清楚的个体意识和概念，那时候不仅个体没有从类中分化出来，而且整个类与自然界是混为一体的，因此，原始人创造出图腾作为崇拜的偶像，把各种动植物奉为自己的祖宗来敬仰。

人类对自己的认识是随人类文明的发展而逐渐实现的。在古希腊，早期的自然哲学家已提出了人的问题，特别是智者普罗塔哥拉提出了"人是万物的尺度"。在这个基础上，苏格拉底提出了著名的"认识你自己"的思想。在智者普罗塔哥拉的思想里，人虽是万物的尺度，即人的灵性高于自然万物，但人与万物还是一体的。所以，苏格拉底解释其思想时说，"人是万物的尺度，存在时万物存在，不存在时万物不存在"①。而当苏格拉底提出"认识你自己"的命题时，明显地具有了强调人与自然界万物的区别之意。但这时所讲的"人""你自己"都基本是相对于自然而言的，是与自然相异的"类"的概念。

然而，在古希腊的思想家中开始比较明确地区分个体与类的概念的思想家是柏拉图和亚里士多德。柏拉图的整个哲学和伦理思想都是建立在他

---

① 苗力田主编：《古希腊哲学》，中国人民大学出版社1995年版，第81页。

的"理念论"的基础上的。他主张理念是独立于个别事物和人类意识之外的实体,永恒不变的理念是个别事物的"范型",个别事物是完善的理念的不完善的"影子"或"摹本"。所以,理念世界是真实的、真正的存在,它不同于鄙俗的现实世界,就像一般不同于特殊、精神不同于肉体一样。柏拉图关于"一般与个别"的思想虽然是客观唯心主义的,但却在人类思想的辩证性上作出了富有理性的思考。亚里士多德不仅承继了其老师柏拉图的思想,而且集古希腊哲学之大成,基于其物理学的科学基础,从个别与一般的关系入手,较为直接、深刻地阐述了个体与整体的关系,并从社会动物、政治动物的角度来规定人的本质。在《政治学》中,亚里士多德指出:"国家自然是先于家庭和每个个人的。因为全体必然先于部分;如果整个身体被毁坏,那么除非在名称上,手和脚也就不复存在了。很显然,城邦自然地先于个人,一个孤立的人,就不再是自足的,所以他就要和其他部分一样与整体相关联。如果有人不能过共同的生活,或者由于自足,而不需要成为城邦的一部分,那么,他不是只野兽,就是一尊神。"①可见,在亚里士多德的思想里,个体与整体,即个体与类、个体与城邦有着密切的关系,他从维护城邦民主政治的立场出发,强调个体对城邦的服从,也就是个体归属于类。

从总体上看,古希腊的思想家虽然具有十分丰富的关于个体与类的思想见解,并从"个别与一般"的关系上进行了哲学的概括和升华,但是对个体与类及其关系的认识基本上是比较抽象的,缺乏明确的内涵界定,这与当时人类社会的文明进程主要处在解决人与自然的关系上有必然的联系。因此,无论是智者、苏格拉底,还是柏拉图、亚里士多德,当他们谈到个体与整体的关系时,都倾向于把人作为一个类与自然万物区分开来,把个体集合而成一个类与城邦统一起来。

在中国,个体与类及其关系常表述为"人我关系"。在古代,中国关于"人"的范畴主要包括六种含义:人是指人的族类,即由宇宙中最精微的元气凝结而成的,有生有知且有义的,能思想、能劳动的万物之灵;人是称众之辞;人用以指某一种、某一类或某一部落、地域之人;人用以指自我以外的他人、别人;人用以指具有智谋、勇力或其他技能的杰出人

---

① 苗力田主编:《亚里士多德全集》(第9卷),中国人民大学出版社1994年版,第7页。

才；人用以指人的品质、才能。① 与中国进入文明社会的特殊形式相联系，中国古代社会并没有十分明确的个体概念，其个体概念即是"我"，而"我"在早期是用来特指人间的主宰、帝王、君主的，后来演变成"施身自谓"之辞。所以，"在人我关系中，我为一，人为多，从而使我处于人我交往的轴心位置"②。于是，君臣关系亦是中国古代社会最重要的人我关系。

与希腊时期个体与类的观念相比较，中国的人我观念及关系具有较为具体的、形而下的意义。它强调关系而较少对关系项进行分解，或者说"我"就是关系，是关系中的角色，"他人"在一定关系中是和"我"一样的，人我具有同构性。因此，在人我关系上，关系本身的论证先于关系项的确定。许慎在《说文解字》中考证："仁"，"从二"，亦即人与人的关系。在希腊思想家那里，个体与类是不同级的关系项，个体与类是相通的，相通的基础在类。类是对个体关系项的抽象，一旦抽象，类就具有了超越个体的绝对善的意义。在中国古代思想家那里，人我是同级的关系项，人我同构，归于我，家国同构，归于家。所以，人我相通源于我。正是基于这种认识，儒家的伦理思想及道德教育建构在推己及人的方法论的基础上。故在这里，个体与类即人我不仅是相通的，而且是相同的。

尽管在人类社会文明的初期，中西方对个体与群体及其关系的理解有不同，但从总体上看，其殊途同归之处就在于，个体与类、人与我相异性小，相通性大。

2. 个体与类及其关系强调以人的自然属性为基础和依据

的确，在人类文明进程的初级阶段，虽然已经有了关于个体、群体及其关系的概念，但那时人类对自身的认识还是极为肤浅的。一方面，人类在从自然界分离的过程中，摆脱了野蛮的兽性；另一方面，未充分社会化的自然惯性仍然纵使着人的生活，整个人类的自我意识还处在朦胧的状态。

在中国，虽然先秦时期的思想家已经提出今天看来具有"高度自觉"的道德思想，但当我们追溯这些道德意识、思想的终极缘由时，我们就会发现，古代思想家在揭示人的道德性时主要是与自然、禽兽划清界限，并

---

① 参见焦国成《中国古代人我关系论》，中国人民大学出版社1991年版，第9—11页。
② 焦国成：《中国古代人我关系论》，中国人民大学出版社1991年版，第9—11页。

不是真正从人的社会关系的本质来阐述的，他们尚不能从个体与群体的存在关系去分析个体、群体或类的社会联系，说明道德的社会基础，而只是把人的道德性归于人与生俱来的本性，或天命使然的自然性。如荀子说："水火有气而无生，草木有生而无知，禽兽有知而无义，人有气有生有知亦且有义，故最为天下贵也。"(《荀子·王制》)

孔子虽然提出了以仁为核心的一系列道德规范，但对于人类生活为什么需要道德他并没有予以正面回答。孟子却回答了这个问题，其基本的观点是：人同禽兽不同，人有道德意识，禽兽却没有。在此，孟子提出了类的概念，把与禽兽相异的人归为类。他指出："指不若人，则知恶之；心不若人，则不知恶，此之谓不知类也。"《孟子·告子上》又说："凡同类者，举相似也，何独至于人而疑之。"即孟子认为人与禽兽是两大不同的类，它们之间本质的区别就在于人类有道德性，并将人兽相异的这种道德性归之于人与生俱来的自然本性。孟子的"四端说"是其经典的说明。

西方对于这个问题的看法，在《关于伊壁鸠鲁哲学的笔记》中，马克思做过较客观的分析。马克思把古希腊哲学划分为三个阶段，认为在不同的阶段，个体与群体（类）的关系是不一样的。在古希腊早期，"七贤"代表总体说话，他们主要是在个人是模范的公民这一点上承认个人的，按照他们的意见，人的最高使命就是服从实体，服从总体。对他们来说，伦理现实就是城邦、法律、传统、宗教的神圣，而绝不是独立的个人。在苏格拉底阶段，个人不再是与他人、国家、过去和未来隔绝的独立个人，个人具有了自身活动的目的意义。在伊壁鸠鲁阶段，独立的个人不仅具有自身价值的、最高的意义，而且恰恰是通过同社会的对立、对社会的否定和冷漠来展示自己的。在费尔巴哈阶段，人被定义为"人类个体"，进而个人的本质被定义为类的本质。马克思一针见血地指出了费尔巴哈的问题：由于他"撇开历史的进程，孤立地观察宗教感情，并假定出一种抽象的、孤立的人类个体；所以，他只能把人的本质理解为'类'，理解为一种内在的、无声的，把许多个人纯粹自然地联系起来的共同性"①。可以说，这正是对自然状态下个体与群体及其关系的经典揭示。显然，西方思想家亦是从人与动物的分离中把握人性的，而且从人的自然性的需要出发阐述个体与类的内涵，把个体的自然性作为个体与类及

---

① 中共中央编译局编译：《马克思恩格斯选集》（第1卷），人民出版社1972年版，第18页。

其关系的依据。但与中国古代由类推及个体的方式不同，西方思想家则是由个体推及类。在这个意义上，前者关系先于关系项，后者关系项先于关系，或者说把关系项中的个体放大为类的本性。

3. 道德教育的价值体系与规范体系相统一，实际上是价值体系从属于规范体系

道德教育作为人性的一种引导，实际上内含两个基本的体系：一是以人的价值为基础和核心的价值体系；二是以人的行为的合目的性为目标的规范体系。

价值体系是规范体系的目的，规范体系是价值体系的手段。但是，在"以人的依赖"为基本特征的社会发展阶段上，个体与类的分化只是自然意义的部分与整体的分化，个体与类的"融合"，是以消解个体的差异，以混沌的类代替个体的结果。即个体与类是以人的自然本性为基础的，它们的关系是以其相似性、同质性为前提的，因而，在道德教育的层面上，价值系统实际上被规范系统所淹没。

马克思从社会系统的宏观角度考察了个人与社会发展的历史进程及关系。马克思把前资本主义社会形态中人的发展形态概括为"以人的依赖为基本特征"的个人与社会的"原始和谐"。马克思认为，在这个时期，社会基本的经济特征是没有社会分工或没有发达的社会分工，在自然发生的生产条件和农业基础上实行自然经济。因此，人与自然界的关系是"天然浑成"的关系；人们在生产中结成的社会关系是纯粹的"人的依赖关系"，人的状态具有双重特征——社会联系的直接性和个体缺乏独立性。显然，这种个人与社会的联系状态决定了道德及道德教育的基调，它表现为价值体系与规范体系的简单吻合，实际上是价值体系从属于规范体系。

在中国，由于农业自然经济长期处于统治地位，道德及道德教育的规范体系大为发达，不仅精致、严密、系统、全面，而且规范系统的核心始终是强调个体的自我节制、自我约束，强调个体从属于、服从于、融合于群体及其生活。无论是先秦儒家还是正统儒家，不管是出于道德的思辨还是阶级的需要，他们在限制人的利益需要、欲望方面却是一以贯之的，尤其到宋明理学时期，这种主调更为强盛。如"二程"主张道德教育的最终目标是体天理而达至诚，要达到至诚的境界就要做到立志、存诚、主教、养心、寡欲。"二程"认为只有好恶有节，灭除人欲，才能物我两

忘,"廓然大公"。朱熹提出,学校的根本任务就是"明天理,灭人欲",把道德教育的过程看作是"明天理,灭人欲"的过程。他说:"天理人欲,不容并立。"(《孟子集注》)"圣贤千言万语,只是教人明天理,灭人欲。"① 且不说这种主张或基调在封建社会中的阶级功能,从道德教育自身的功能来看,这种主张确实是达到有效规范的根本性手段。因为所谓规范个体,不外是避免个体与群体、个体与社会发生矛盾、冲突,而矛盾与冲突来自不同个体的不同想法、奢望和利益,人如果没有欲望,也就断掉了冲突之根、万恶之源。但这种根本的规范手段,一旦被推向极端,事实上就导向道德教育根本价值目标的反面——摧残人性,这是被历史的事实所证明的。

在西方,虽然由于不同的文明传统,在道德教育中,价值体系与规范体系的统合程度,或价值体系对规范体系的从属程度有不同,但整个西方古典道德及道德教育突出人的理性,即强调道德律令对个人的约束力是毋庸置疑的。正如苏联伦理学家 A. 古谢伊诺夫和 Γ. 伊尔利特茨指出的:"古典资产阶级伦理学具有各种各样的理化模式,它们所研究的是道德如何把个人团结成为意见一致的联合体。"② 西方道德教育的宗教化性质亦集中地反映了这种特点。总之,当个体与群体关系处在自然状态的发展阶段,道德教育比较强调个体道德,强调个体对群体的从属和服从,强调价值系统服从于规范系统。

(二) 社会状态下的个体与群体及其关系

所谓社会状态,是指以利益为基础和纽带的关系状态,这种状态是在"人"的概念下具有实质意义的分化。其实,自从人类进入文明时代,人就同时进入了社会关系的状态。因此,当我们谈到人、个人、他人、群体、集体都必然地具有社会性的联系,而不可能是孤立的、超越社会关系的、只有宗教感情的类。只是在文明社会的早期,这种特征尚不明显,资本主义生产关系的发展才真正奠定了这种关系的基础。

按照马克思历史分析的结果,社会状态下的个体与群体及其关系才是

---

① (宋) 朱熹:《朱子语类》卷十二,中华书局 1994 年版。
② [苏] A. 古谢伊诺夫、Γ. 伊尔利特茨:《西方伦理学简史》,刘献洲等译,中国人民大学出版社 1992 年版。

现实的、真实的关系，离开这种现实性的理想不是幻想就是乌托邦。社会状态下个体与群体及其关系有两个明显的特点。

1. 群体是以相对独立的个体为前提的

如果说人类的第一次解放是从人与自然界的分离那获得的话，那么人类的第二次解放则是从与神的分离而获得的。如果人类的第一次解放主要是以类的方式证明自身的价值和存在的话，那么人类的第二次解放则是以个人的方式证明人的具体存在性及至高的价值，而人类的这次解放是以资本主义生产关系的发展为基础的。马克思把这个阶段概括为"以物的依赖"为基本特征的"人的独立性"阶段。这个划分并不意味着只有到了资本主义阶段，人才进入以利益为基础和纽带的社会关系状态，人类在进入阶级社会以后就有了各种不同的利益关系和矛盾，依马克思主义的观点，资本主义的生产方式在客观上使得利益关系和矛盾普遍化。

马克思认为，资本主义社会是以商品生产和交换为基础的社会形态，生产目的的抽象化、活动空间的扩大化及技术基础的革命化极大地促进了社会生产力的发展，并创造了人与自然之间的普遍联系和人与人之间的普遍联系。在这个阶段，人的发展状态仍具有二重性。一方面，个人摆脱了各种自然发生和传统的社会关系，摆脱了对直接共同体的隶属关系，获得了形式上的独立性，在商品经济的基础上确立了主体之间的平等和自由；另一方面，人们还处在创造自身社会关系的过程中，还不能控制社会生产过程和生活过程，个人仍然受到物化的社会关系的摆布，处于物的统治下。马克思认为，交换价值作为整个生产制度的客观基础这一前提，从一开始就已经包含着对个人的强制……个人只有作为交换价值的生产者才能存在，而这种情况就已经包含着对个人的自然存在的完全否定，因而个人完全是由社会决定的。可见，资本主义的生产关系恰恰为物品依赖关系创造了普遍的基础。商品经济的社会分工使得劳动者和自然生产条件相分离，同时历史的主体亦不可避免地发生分裂：个人身上体现出来的"原始的丰富"已不复存在。但是，马克思认为，"以物的依赖"为基础的人的发展形态高于"以人的依赖"为基础的形态，个人与社会关系的分裂仍然高于"原始的丰富"，这是一种历史的进步。

从历史的角度来看，特别是经过对欧洲中世纪神学的反抗，文艺复兴运动把人的问题，准确地说是把与神相对的"人"的问题摆到了一个从未有过的高度，但是在资产阶级思想家那里，所谓的"人"就是个人，或者说，个人的放大就是"人"。这时的个体、个人已经不是一种混沌的类，而是一种从自然主义出发强调人的价值、个体的个性，具有某种独立性、至上性意义的个体，是反映资产阶级经济利益、阶级利益的个体。当然，相对于人类文明初期的自我意识，这是人类发展史上一次深刻的革命，这次革命事实上把人对自己的认识赋予了完全的社会意义。于是，在社会状态下的个体具有了某种不可替代的独立性，这种独立性不仅是遗传的差异，更是社会化的结果。因此，任何群体都是有差异性个体的集合，个体的差异性成为群体存在的必要条件。

本来，人文主义强调人的个性、人的尊严、人的价值是相对中世纪神对人的绝对统治而言的，但是，由于资产阶级思想家不能把人放在社会历史的视野中去分析，因此，他们实际上把个人等同于人，在强调人的尊严、人的价值、人的独立性的同时放大了个人的独立性与至上性，从而陷入了道德教育理论与实践的窘境。当然，人类对自己的这次认识，使得人类之间的关系发生了巨大的变化。群体、社会的结集不再是以消解个体的差异性为手段和目的。相反，群体、社会的确定是以独立的个体为前提的，群体、社会恰恰是为更好地发展个体的独立性及其价值性。人本主义的思潮为这种确认奠定了现代基础。因此，在这个阶段，道德教育中的价值体系与规范体系开始由统合到分离，进而强调规范体系对价值体系的服从，在某种意义上，这构成了传统道德教育与现代道德教育理论的一个重要分界。

被誉为"当代道德教育之父"的法国社会学家、教育社会学创始人之一的涂尔干，在道德教育理论方面，是社会道德学说的代言人。他说："道德的目的即是社会的目的，合乎道德地去行动就是为着集体的利益去行动……道德的出发点正是社会的出发点。"① 但是，他的社会道德是建立在个人从群体、社会中分离的基础上的，只不过他把社会看作是个人的有机结合。在《道德教育》一书中，他用了大量的篇幅来论证纪律和纪律精神，强调个人的道德行为就是遵守和服从社会的规则、规范。美国教育家杜威可以说是现代道德教育理论的一个重要代表人物，1890 年以杜威为代表的进步主义德育的兴起，抨击了宗教德育的做法，实现了学校德育从宗教化教育向注重人的现实生活的现代教育转变。即杜威道德教育的

---

① E. Durkheim, *Moral Education*, Collier-Macmillan, 1973, pp. 59–60.

理论是以对传统道德教育的反动为出发点的。这种对传统德育的反动，在某种意义上是以抬高人的价值地位为基点的。在道德教育中，杜威强调处理个性与社会的关系，认为道德教育不同于别的教育，它一方面要发展个性，培养个人的知识、能力、感情；另一方面，发展个性后，个性又须被社会认同，但培养个性是首位的。

在西方人本主义文化传统的基础上，20世纪60年代形成的价值澄清理论则代表了个人的价值中心主义的道德教育倾向。价值澄清学派主张在复杂多元的价值选择面前，学校必须寻求一种新的方法帮助儿童形成自己的价值，他们反对向儿童灌输没有被公众认可的价值内容，反对强迫儿童服从团体的价值，认为价值从根本上就是"个人的事情"，是个人关心、反省、选择的结果。因此，他们反对任何把道德看作是服从某种外在法则、价值体系或完全由社会决定的合乎道德的习俗行为的观点，认为在个人经验或生活以外寻求价值的目的，价值便失去了它的意义。

可见，无论各个道德教育学派在个体与群体关系上取什么样的倾向，在这个发展阶段，思想家们显然已经把个人从混沌的类中分离出来，个体的独立性成为构成群体、社会的前提。客观地说，这种哲学上的分离对于真正体现道德教育的本质具有重要的历史意义和实践意义。在这个哲学基础上，20世纪以来，道德教育理论在探讨如何调动和发挥道德个体主体的能动性、主体性方面确实取得了突破性的进展，对于回应工业社会及后工业社会发展的复杂性、多元性的问题提出了有益的启示。但是，从西方道德教育发展的情况来看，其主导性是把道德教育建立在放大的个体独立性的基础上的，而当个体独立性超出了与神相对立，与群体、社会相对应的关系价值，成为具有绝对价值的道德原则时，道德教育就陷入了自相矛盾的困境。因为任何社会的道德教育实际上都必须以一定的整体利益为基础，都必须以一定的道德真理性为前提，如果每个个体的经验、利益是至上的，那么道德教育就失去了可以遵从的客观性，结果就是，要么放弃道德教育，要么否定其价值基础。

2. 利益是个体与群体关系基本的联结纽带

如果说人类是由无数个体、群体凝聚而成的话，人类历史就是由物质、人口和精神三种再生产构成的有机体的运动过程，而这个运动过程实际上就是人类个体、群体及其关系相互作用的过程。

从个体发生的定义来看，由于自然与遗传，个体作为生命的诞生是无须加以任何说明的。但是，个体生命的诞生实际上已经内在地蕴涵了一种关系，一种超乎个体的关系，个体正是这种特有关系的结晶。在此，我们可以看到，个体虽然是单数，但他产生于复数，或者说当一个个体诞生的同时，他就先在地处于某种社会关系之中，对于这个个体来说，他获得了作为社会存在物的资格。在某种意义上，这种获得具有很强的必然性、先在性。然而，在文明社会中，无论个体愿意与否，其生存的最低限度都客观地要求个体必须与其以外的个体、群体发生关系，必须以一定的方式进入社会生活。学习进入社会生活的过程也就是我们常说的个体社会化的过程。没有这个过程，个体便只是一个生物学意义上的孤立的自然人，这种人如果存在只能是活着，而不是生活。无论个体以何种方式进入社会生活，都必然地要形成一定的群体关系。社会状态下的群体联结不再是由于生存的本能驱使而结群的存在，而是以利益为基础的社会集合体。把利益作为个体与群体联结的纽带和基础，是社会状态下个体与群体关系的一个本质特征。

在中国伦理思想史上，儒家把个体与群体的关系看作是一种义利关系，是个人利益与群体、整体利益的关系。孔孟在义利问题上有三个基本观点：其一，义与利是对立的，认为道德行为应排斥个人利益，脱离功利。其二，主张重义轻利，把"为善"还是"为利"作为区分君子和小人的标准。"君子喻于义，小人喻于利。"其三，义为善，利为恶，利是产生不道德的根源。正是在这种认定上，传统道德对功利基本采取鄙视的态度，其合理性在于它看到了人性区别于动物性的精神超越，在一定程度上把握了人类行为的特殊本质，但是其把功利性片面地理解为排斥个人利益、理解为唯物质主义的价值恒定，又把道德学说推向了虚幻的彼岸。

在西方，伴随着资本主义生产方式的发展，关于利益与道德问题的探讨是十分活跃的。伊壁鸠鲁主义主张道德是利益权衡的产物，爱尔维修、霍尔巴赫则把利益视为一切的基础。对于什么是利益，爱尔维修这样解释道："一般人通常把利益这个名词的意义仅仅局限在爱钱上；明白的读者将会觉察到我是采取这个名词的比较广的意义的，我是把它一般地应用在一切能够使我们增进快乐、减少痛苦的事物上的。"[①] 在他看来，道德的

---

① 北京大学哲学系外国哲学史教研室编译：《十八世纪法国哲学》，商务印书馆1963年版，第457页。

善恶完全是由利益决定的，善恶评价的相对性，正是利益相对性的表现。爱尔维修一方面强调个人利益是人的行为的原动力，另一方面又强调个人与社会是不可分离的，于是他提出要求助于理性，使得个人利益和社会利益结合起来。霍尔巴赫更直接地提出，利益是幸福的基础。在他看来，每个人的需要、欲望和情感尽管不相同，但都以自爱而谋求幸福为目的。由于人不能孤立地生活，为了获得幸福，人必须克制某些有害的冲动，维护他人的利益，功利主义者则进一步深入人们的经济关系中去论述人们之间的交往和道德对于社会的重要性。功利主义者认为，人与人之间的关系并非像霍布斯描述的那样仅仅是产生于彼此间的契约，而是产生于不以人的意志为转移的客观的经济关系。个人之所以不能离开群体、社会而生活，是因为人类的生存方式有其特殊性，分工、交换决定了个人对社会的依附性。既然社会生存是个人生存的首要条件，那么维持社会就是有益于大家的事情，所以道德是必要的，而且社会产生合作，合作产生共同利益，有共同利益就有共同追求的目标，于是功利主义者提出了利他主义的"最大多数的最大幸福原则"。然而，功利主义者和其他的旧唯物主义者一样，犯了一个前提性的错误，即他们所说的"人"在本质上仍是感性的自然人，回避了人的社会本质。依功利主义者的解释，自然本性是人生目的的唯一基础，人的社会性虽然也影响人的行为，但只影响人的行为方式，所以人们在追求目的时应注意处理同他人的关系，这就使得其学说具有明显的不彻底性。实际上，在真实的社会生活中，人们的利益要求与其社会地位是相联系的，不同的人从属于不同的利益集团，对道德就有不同的理解，因此以抽象化的"人"作为道德的目的，结果道德就被蒙上了虚幻的面纱。正如马克思、恩格斯在《德意志意识形态》中指出的："享乐哲学一直只是享有享乐特权的社会知名人士的巧妙说法。……一旦享乐哲学开始妄图具有普遍意义并且宣布自己是整个社会的人生观，它就变成了空话。""资产阶级使享乐理论脱离了个人的生活条件，从而把它变成一种肤浅的虚伪的道德学说。"①

的确，在马克思主义以前，许多思想家对社会状态下的个体与群体的道德关系及利益基础的问题有过不少探索，其中有的思想是十分深刻的。

---

① 中共中央编译局编译：《马克思恩格斯全集》（第3卷），人民出版社1960年版，第489页。

正如马克思和恩格斯所说:"功利论至少有一个优点,即表明了社会的一切现存关系和经济基础之间的联系。""功利论一开始就带有公益论的性质,但是只有在开始研究经济关系,特别是研究分工和交换的时候,它才在这方面有充实的内容。在分工的情况下,单个人的私人活动变成了公益的活动……"① 马克思主义的经典作家不仅充分肯定了这些探讨,而且吸收了他们的合理思想,马克思主义超出前人之处最重要的是他把个体与群体的道德关系放在历史唯物论的视野中。马克思主义所讲的人是具体的、历史的人,离开人的社会关系的本质去谈人的道德原则、规范,则必然陷入没有现实根基的空洞说教。基于唯物史观的这个前提,马克思和恩格斯在分析利他主义原则时始终坚持这样的思想:利他主义的行为绝不是某个善良人的愿望,而是共同利益的结果。要了解在某一特定的社会结构中,利他主义是否有存在的理由,就得分析这一社会的经济结构。所以,马克思和恩格斯指出:"共产主义者既不拿利己主义来反对自我牺牲,也不拿自我牺牲来反对利己主义……他们清楚地知道,无论利己主义还是自我牺牲,都是一定条件下个人自我实现的一种必要形式。"② 而在资本主义社会里,整个社会基本没有共同利益可言,因而将利他主义宣布为社会的普遍原则只不过是"道德上虚伪骗人的江湖话"③。

20世纪以来,尤其是第二次世界大战以来,资本主义的生产方式及其关系发生了很大的变化,道德及道德教育遇到了传统道德无法回答的许多新课题,于是,价值澄清学派的诞生既反映了资本主义生产关系的矛盾,更在事实上验证了马克思主义唯物史观的科学性。价值澄清学派一个最基本的观点即否认普遍的、绝对的道理原则或准则,认为一切道德价值都是相对的、个人的。所以拉思斯等人指出:"因为我们把价值看作源于个人的经验,所以,我们期望不同的经验会产生不同的价值。任何一个人的价值都将随着那些经验的积累和变化而发生改变……可以想像,一个人在价值的认识和方式上发生了重大变化,他(她)的价值也会随之改变。

---

① 中共中央编译局编译:《马克思恩格斯全集》(第3卷),人民出版社1960年版,第484页。

② 中共中央编译局编译:《马克思恩格斯全集》(第3卷),人民出版社1960年版,第275页。

③ 中共中央编译局编译:《马克思恩格斯全集》(第3卷),人民出版社1960年版,第274页。

只要一个人与世界的关系不是静止的,价值就不会是静止的。"① 的确,在资本主义生产方式下,个体作为利益主体的绝对性,使得价值的多元化成为必然,于是,道德教育在实践上就无法证明其自身的可靠性,不同利益主体具有不同的道德要求,以个人的利益作为判断的坐标,就不可能有在共同利益基础上的真正共同的道德,这也是为什么价值澄清学派对西方当代道德教育理论与实践产生如此重大影响的根本原因。

总之,在社会状态下,个体与群体的关系是以利益为基础的现实联结,从一个社会系统来看,在相当长的历史阶段,利益主体的多元性及其利益分化带来的矛盾和冲突都是不可避免的。现代道德教育既不能回避利益而进入道德理想主义的真空,也不能受实然所使然,以致丧失人性更崇高的目的。因此,当个体与群体关系处在社会状态的发展阶段,道德教育比较强调制度道德,强调通过制度确定某些基本的规范,以保证不同的利益主体相得益彰,亦即强调规范体系对价值体系的服从。

(三) 道德状态下的个体与群体的关系

这是一种理想的状态的关系。其实,人类社会的发展不可能没有道德理想,而每一种道德理想又都是特定社会个体与群体关系的一种反映,也是一种带有历史超越性的反映,是寄托人们某种期待的反映。道德理想实际内蕴有两种含义:其一,是指一种指向性的、发展性的未来目标,是经过努力的过程可以逐渐接近或实现的一种社会道德目标,包括完善的社会道德制度和完善的社会道德风尚。在这个意义上,道德理想主要表现为一种观念形态,一种以精神信念为核心的追求目标,因而是理想的,不是现实的。其二,是指一种与实然相联系、相对应的应然状态。社会状态下,个体与群体的关系是一种多元的、多样的、复杂的利益关系,是以利益为基础和驱使的人我关系,其中既有道德的,也有不道德的。所谓"应然状态",是指实然状态中道德的状态,即与一定社会的道德原则、规范相符合,具有崇高道德的状态。在这个意义上,道德理想主要体现为人性的普遍期待,因而理想就存在于现实中。无论在哪个意义上,有两点是共通的:道德理想是包含期待、指向性的向往;道德理想是与现实相联系

---

① L. E. Raths, M. Harmin, S. B. Simon, *Values and Teaching*: Working with Values in the Classroom, C. E. Merrill, 1978, p. 26.

（包括以一定的现实为基础或现实中部分存在的情形）并超越现实的。总之，道德状态下的个体与群体及其关系是以高度理性为前提的，道德教育的价值体系与规范体系在此又达到一种新的统一。

在中国，不同的历史时期有着不同的道德理想。从社会主导性的层面看，有两种主要的道德理想形态：一种是传统社会的道德理想，主要体现在"内圣外王"的理想人格中；另一种是社会主义时期集体主义的道德理想。"内圣外王"是战国时期思想家庄子提出的概念，指内有圣人之德，外施王者之政的理想人格。"内圣外王"作为一种道德理想在实践性的层面就是一个修己和治人的关系。从儒学的基本倾向来看，修己是治人的前提，所以儒家的道德传统非常强调"自省""自反""反求诸己""反身而诚"，这是修己的基本方式和途径，修己的目标是使自己成为君子。孔子以"文质彬彬"来规定君子，认为君子的本质是"仁"，所以，君子之道就是仁道，仁道之意并不在于自我解脱，而在于推己及人，这正是治人须修己，修己方能治人。修己欲成为君子，治人则必须先成为君子，而君子之修始于仁德。《大学》所举八条目在某种意义上是对"内圣外王"最贴切的解释。"格物""致知""诚意""正心""修身"乃"内圣"；"齐家""治国""平天下"乃"外王"。

依据这种道德理想，中国传统社会的道德教育立足于个体道德，强调个体通过接受一系列的道德规范进行道德修养，从而达到自我约束、自我改造、自我完善的目的。基于这种道德理想的道德教育倾向有其深刻的合理性。

其一，众所周知，个体是群体、社会最基本的单位，群体、社会不外是个体的有机结合体，离开真实个体，群体、社会就失去了存在的基本条件。一定社会的道德理想能否由可能性变为现实性，即能否形成一种完善的社会道德制度和完美的社会风尚，而不是纸上谈兵的美丽图画，恰恰依赖于每个真实的个体的道德实践所达到的境界。在这个意义上，可以说个体的道德水平与社会道德理想的实现是成正比的。中国人在道德践履上的这种"依自不依他""从我做起"的基本态度确实蕴含了深刻的历史逻辑和实践逻辑。无论什么社会形态，无论社会发展到什么阶段，个体道德的这种社会功能都是存在的，而且社会发展得越充分，个体道德的意义则越大。如果忽略这一点，只是一味地指责"他"不道德，指责社会的道德不理想，而不从"我"做起，那么道德理想的状态则永远也不会到来。

其二，道德是源于人的社会本性的一种内在要求，因此，人对道德的遵从，从本质上说取决于个体的道德自觉。外在强制性不是道德的特点而是法律的特征。道德的强制性是通过道德个体的良心发现而产生的内在强制，这种内在强制使得个体按照一定的道德原则和规范约束自己，从而使群体、社会获得道德的和谐。因此，强调个体道德正是把握了道德的这种本质特征，离开个体道德的基点，社会道德就会失去基本的根基。

其三，个体既然是构成群体、社会的基本单位，个体的存在是社会的存在，那么，个体的道德状态就会感染、影响其所属的群体和社会。良性的感染，则促使群体、社会形成良性循环；恶性的感染，则引致恶性循环。在流动性极强的现代社会，个体道德的这种功能意义则更具有普遍性。

当然，过分强调个体道德，依赖个体的道德自觉，而忽略社会制度道德的建设，在实践上又会带来另一些问题。譬如，何以确定社会公正的问题，如何有效控制个体的差异性，尤其是利益的多元性所带来的道德失控等，对此我们必须予以整体地考虑。

在中国历史上，另一种主要的道德理想形态，就是社会主义时期的集体主义道德理想。与"内圣外王"的道德理想反映的是中国传统社会的生产关系相联系，集体主义的道德理想反映的是以社会主义公有制为基础的生产关系。把集体主义作为社会主义时期的道德理想，有两个主要缘由。

一是我们所讲的集体主义是以马克思、恩格斯在《德意志意识形态》中所讲的集体主义为内涵的，而马克思、恩格斯所设想的"集体"是人类社会发展到共产主义阶段才能完全实现的人们相互联结的形式，这种形式就是人的"自由联合体"。马克思、恩格斯认为，共产主义社会的真实的集体是建立在个人志愿基础上的联合体，在这样的联合体中，每个人的自由发展是一切人的自由发展的条件。显然，我们现在所处的社会主义初级阶段，还没有达到马克思、恩格斯所设想的发展水平，因而还不可能完全实现马克思主义的集体主义，但这应该是社会主义道德追求的理想目标，故对于现实来说，它是一种道德理想。

二是根据马克思主义的这些基本思想，社会主义的集体主义强调集体利益与个人利益的辩证统一性，集体利益要代表绝大多数个人的利益，个人要维护集体的利益；强调当集体利益和个人利益发生矛盾时，以集体利益为上的原则。这个原则在我国社会主义发展的相当长的历史时期中，尤其在生产力水平较低的基础上建设社会主义的国情下，对于协调个人与集体的利益，保证社会主义事业的健康发展起到了重要的作用。但是，在社会主义市场经济体制下，由于利益主体的多元化和复杂化，完全达到集体主义的道德要求尚有一定困难，但在现实中，确实存在着先人后己、先公后私或大公无私、全心全意为人民服务的集体主义道德的理想人格。这种崇高的道德既存在于现实中，又是超越现实的。随着社会主义事业的不断发展，它将更加具有普遍的意义，因而对于普遍的现实状况来说，它仍然是一种道德理想。

综上所论，自然状态下个体与群体的关系是以人的自然性为基础的，是以人类从自然界中分化出来为界限的，它具有最广泛、最普遍的抽象意义，但却是混沌的、低级的、原始的和谐。社会状态下个体与群体的关系是以个体的独立性为前提、以利益为基础的，它揭示了人的本质特征，是一种最为复杂却也是最为现实的关系。道德状态下的个体与群体的关系是一种以高度理性为前提的、理想的关系，它不仅是和谐的，而且是高度有机地统一的。

现代社会的道德教育必须把个体与群体的关系置于社会状态下，那种离开人的社会本质去谈类的抽象充其量只是乌托邦式的幻想。普列汉诺夫指出："个人与社会的关系在一定历史时期采取什么态度，这归根到底是以这一时期的社会经济制度为转移的。社会经济制度的发展是由社会生产力的发展决定的，而完全不是由这个或那个理论家如何看待个人主义的问题决定的，因为理论家自己的观点是由社会经济制度的进程决定的。"①即不能离开人们的利益关系去谈道德。但是正视社会状态下人以及人与人的关系利益的复杂性、多元性，并不等于把利益作为人我关系的直接尺度，否则，人则降为工具性的奴隶。同时，无视社会状态下的利益基础，把道德理想当作现实，道德教育则会陷入空谈。因此，在现代社会条件下，一方面要通过人的理性，建立社会公正，在维护共同利益的基础上，限制个人利益于合理的限度内；另一方面则要张扬道德理想对人类精神和生活的引领，使人在现实中既是充满活力的，又是有序的，在追求的超越

---

① [苏] 普列汉诺夫：《普列汉诺夫哲学著作选集》（第五卷），曹葆华译，生活·读书·新知三联书店1984年版，第184页。

中既是真实的，又是无限的。

二、主体与客体——现代道德教育的认识论基础

道德教育是一种关于人的对象性的活动，因而道德教育的活动及过程必然包含主体与客体的问题。在传统社会中，德育主客体的定位是明确的，即在以教师为中心、以课堂为中心的道德教育中，教师或教育者是当然的主体，教育所指向的对象——学生或受教育者则是确定的客体。现代社会以其生产方式的根本变革动摇了这种稳固的确定性，同时，现代社会的发展为主客体及其关系的探究提供了更为广阔的背景和更为深刻的理论资源。道德教育实践的发展表明，现代道德教育遇到的许多问题，诸如如何看待灌输、道德教育立足于教授道德还是注重环境的影响、如何提高道德教育的有效性等，从认识论上说都与怎样回答主体与客体的问题有关，因而主体与客体构成了现代道德教育认识论的基础。

（一）哲学视野中的主体与客体

作为哲学范畴的主体，是相对于客体而言的，是在与客体的相互作用和相互比较中而得到自身规定的。主体是指有目的、有意识地从事实践活动和认识活动的人。主体属于人的范畴，离开人则不可能存在主客体关系，但是人并不只是主体。

人的存在是具有多种形式的，从实体的角度，有学者把它分为三种形式：个人主体，集团主体，社会主体。个人主体，指从事实践和认识活动的单个人。这是主体存在的基本单位和基础，离开个人主体，主体就成为空洞的抽象。集团主体，主要指按照一定的信仰、目的、利益、规范等维护和组织起来的群体，如家庭、社团、阶级、政党、民族等。社会主体，指以生产劳动为基础，以各种社会关系为纽带的社会总体。① 在这个意义上，我们可以说，主体的存在形式无外乎两种：个体的和群体的。如果以个人作为基本单位，每个人的角色主体则是多重的，多重的角色主体有时是相吻合、相统一的，有时却是相矛盾甚至相冲突的。从关系的角度看，

---

① 参见齐振海、袁贵仁主编《哲学中的主体和客体问题》，中国人民大学出版社1992年版，第91—92页。

人既是唯一的主体，同时又是特定关系中的客体。在这个意义上，人是主客体的统一。

哲学范畴中的客体是在主体活动的对象性指向中获得自身的基本规定的，即主体活动所指向的，并反过来制约主体活动的外界对象。因此，客体既指以物质性为特征的物质世界，也指以精神性为特征的文化世界。虽然后者是人的创造物，但一旦被创造出来，它就成为与人的主体相对应的客体，并对主体人产生影响和制约作用。同时，人，包括他人和自我，亦是主体人的关系客体。

主客体的关系是人类实践活动中最基本的哲学抽象。在哲学的视野中，主客体的关系具体展示为三大基本关系：其一，人与自然的关系。在这种关系中，人不仅是主体，而且是唯一的主体，自然则是按照其自身的规律运动、变化，受动于人类的客体。当人类违反自然的规律，就会招致自然的报应，但这并不能表明自然界是具有能动意识的，相反，它恰好证明了这是人因自己的行为而遭受的报应。因此，在这种关系中，人对自然的认识、运用、转化和创造都具有主动的意义。而自然的客观性则具有某种先在的，不以人的意志为转移的必然性。其二，人与社会的关系。在这种关系中，人既是构成社会的主体，又是社会交往、社会制度、社会物质生产与精神生产的承载体和创造主体。在这种意义上，社会是人的意识与目的外化的结果，这种外化既是历史的、主体创造的过程，亦是自然的、客观进化的过程。因此，和人与自然的关系不同，人与社会的关系具有双重的内在制约性。一方面，人对社会具有主动的意义，建立什么样的制度、创造什么样的文明绝不是神的旨意或上帝的恩赐，而是人类对自身的创造；另一方面，社会政治、经济、文化发展的特定形态又构成了人创造社会的先在前提，这个前提将对人的生存发展及创造活动起着某种客观的制约作用。看不到这种双重的内在制约性，人类就可能在创造社会的同时，给自己设置发展的桎梏。其三，人与人的关系。在这种关系中，每个人都既是主体同时又是客体，任何单项性的关系角色都会使人与人的关系和交往终止。和人与自然、人与社会的关系不同，人与人的关系往往是一种直接的关系。由于主客体双方都是具有能动性的人，每个人都不可避免地被打上社会关系的烙印，因而人与人的关系亦是一种最复杂的关系。

事实上，主客体的三种基本关系并不是彼此孤立的、单项联系的，而是相互交织、相互渗透，并同时发生作用的。

（二）道德范畴中的主客体关系

这是哲学视野中主客体关系的某种具体化。在道德范畴中，道德主体是与道德发生关系的有意识、有活动、有目的的人或人格化了的团体、集团、阶级等。严格地说，这是第一性意义上的直接主体。在道德范畴中还有第二性意义上的主体，那就是道德自身。其是以实践精神的特质显示出来的人格化了的主体，是由人这个第一性主体派生出来的主体，即道德是人类理性的产物，是人给自己所订立的"社会契约"，而道德这种契约一旦确定，它就对人产生一种客观制约性，成为道德必然。人要获得道德自由，就必须认识必然，遵从必然规律。道德自身之所以可以充当第二性意义上的主体，有两个基本缘由：其一，在特定的经济基础上形成的社会意识是具有相对独立性的。这种独立性一方面的表现是意识的能动作用，即意识对存在的依赖或经济对意识的决定作用，其绝对性只是在本体论的意义上，离开这个前提，从人类认识与实践的过程去考察，二者则是相互制约的。意识相对独立性的另一方面表现是思维与道德行为的惯性作用。当我们说经济基础的变更必然引起意识形态的变革时，在实践的层面，它们是不同步的，这是因为基于一定经济基础之上的道德观念一旦形成，就会逐渐地渗透到人们的社会生活中，甚至成为人们的思维定势和行为惯性。所以，当原有的经济基础发生变革之时，道德的这种独立性仍然会发生主导作用，对一定范围内的人产生客观的限制作用。其二，道德之所以可以充当第二性意义上的主体，还在于道德不是个人意志的产物，不是个人给自己订立并自我遵从的规则，而是人类的合群、交往、生存、发展的一种社会性需要。当然，社会性需要与每个个体的水平、需要是有差异和矛盾的，这种社会性需要对个体就会产生某种客观的制约性。

道德范畴内的客体，是指能够与道德主体在道德活动中构成道德关系的、与道德主体相对应的他物。虽然自然界、物质世界、精神世界都会与人发生关系，但道德关系中的最基本关系在于人与人的关系，其他关系只有与此相联系的时候，才构成道德关系的意义。譬如，破坏生态平衡的行为之所以是不道德的，并不是因为人对自然生态的不道德，而是因为生态平衡的破坏影响了人类的生活，给人带来破坏性，故是不道德的。在这个意义上，道德客体的实体意义与道德主体是相一致的，其关系意义则在于道德主体的对象化。

(三) 教育视野中的主客体关系

教育活动是以有意识的人为直接对象的社会活动。不同于其他以物或以精神产品的生产为直接对象的社会生产活动，教育活动是由教与学两类相依相存的活动复合构成的。因此，在教育范畴中，主客体关系可以从三个角度来理解。

就学习过程而言，受教育者是学习活动的主体，而教育者则是学习活动的客体，对这一主客体关系价值评价的焦点在于，教育者的教育活动在多大程度上满足了受教育者学习的需要。

就教授过程而言，教育者是教育活动的主体，受教育者则是客体，对这一主客体关系价值评价的焦点在于，受教育者在多大程度和水平上达到了教育目的的要求。

就教育的权威性而言，教育主体包括下列几种情形：一是指掌握或代表知识真理性的人、阶级或集团；二是指在一定社会中占主导地位的阶级、阶层、集团；三是指担负特定教育工作职能的人。教育的客体是指接受教育的承载体，在通常的意义上是指处在接受教育年龄阶段的青少年。

与哲学视野、道德视野中的主客体关系不同的是，教育视野中的主客体关系是相互交替和相互包含的，因此，教育者和受教育者是相对的，是互为主客体的。

(四) 人的主体性与道德灌输的问题

诚然，主客体关系的三个层面具有不完全相同的内涵，但无论是哲学视野、道德视野中的主体，还是教育视野中的主体，都是具有能动性的人，人的这种能动性在人的主体活动中就表现为主体性。人的主体性问题既是近代哲学研究的主要对象之一，更是现代社会多学科关注的焦点。从历史发展的角度看，人的主体性的发现是以主客体的分化为前提的，正如有学者指出的，人类的这种认识是自在的无主体性—自为的泛主体性—自为的原始结合—自为的主客体分化的过程。因此，主客体的分化不仅在于人对外部世界存在的意识，更在于人对自身存在的意识，在于意识到的价值需要及对外部世界的价值判断，没有这种主体意识的产生和发展，是谈不上主客体分化的。所谓人的主体性，从最普遍的抽象来说，是指人驾驭自己以及认识与改造社会的能动意识和实践能力，是人作为万物之灵，作为自然、社会、人自身的主人的自主、能动、创造的特性。①

　　首先，人的主体性表现为人对自然的认识能力和改造能力。自然界固然按其一定的规律发生、发展着，风雨雷电，天体运转，这是不以人的主观意志为转移的，但是人的主体性使得人类并不是被动地等待自然的摆布，而是能在一定程度上认识自然，并能在对自然规律认识的基础上，一定程度地利用自然、改造自然来满足人类自身的价值需要。科学技术的高度发展，正是人类能动性的产物。就科学技术本身的客观作用而言，它既有积极的，也有消极的。在这种关系上，人的主体性的根本意义就在于，人类能够而且必须根据人的合目的性的价值取向来进行选择和调控人的创造物，扬善抑恶，否则人就会丧失主体性的价值。

　　其次，人的主体性还体现在人构成社会，存在于社会，并创造社会。人是社会的基本构成，同时人只有存在于社会中，才具有真实的意义。在人与社会的关系上，人的主体性的根本意义在于，人不仅仅是一种物质的存在，而且是一种精神的存在。因此，人类能够在物质生产、生活中不断地根据自己的理想去创造文化、创造道德、创造社会。

　　最后，人的主体性使人成为自身的主人，并能在社会生活的实践中理性地选择、控制和把握自己。其实，就人类的个体而言，并不是任何一个个体都是主体，包括只有人的肌体的狼孩、野蛮人、尚没有形成自我意识的幼儿，以及不具备必要的知识、技能的成年人等。在这个意义上，人性并不等于人的主体性。但就人类的整体而言，人和主体却是同一的，人的形成即主体的出现，所以人性与人的主体性又具有相一致的一面。但无论如何，人性与人的主体性有着某种不可分割的内在联系，人性是人的主体性的基础和前提，人的主体性是人性的证明与升华。因此，人性的自然属性和社会属性在本质上决定了人的主体认知结构是理性与非理性的矛盾统一。人的理性表现为自觉性、自律性、逻辑性和抽象性。人的非理性则表现为自发性、随意性、非逻辑性和非抽象性。人不可能完全排斥非理性的因素，否则人就成了无血肉的机器，但人必须能够自主地调节非理性，否则人就会降低为动物，人的主体性便无从谈起。在这种关系上，人的主体性的根本意义在于，人能够在社会发展的一定历史阶段上，认识自己以及自己与周围世界的关系，并且能在一定程度和意义上，在众多复杂的关系

---

① 参见司马云杰《文化主体论》，山东人民出版社1992年版，第73页。

中选择合乎理性的目标，控制自己的行为，把握自己的发展。

尤其值得注意的是，我们讲主体性，是依附于人的，在人的社会活动中，在人的群体关系、道德关系中，任何个人都是主客体的统一，因为在群体参与、社会互动中，每个人都是把自己当作行为主体，把别人当作行为对象的。即每个人都既是主格的我，又是宾格的我。作为主格的我，具有积极的、主动的、表达自己意向的倾向；作为宾格的我，虽然是受动者、接受者，但经过主体性的过滤，仍然是有选择性、有评价性的理解者和接受者。因此，在道德教育活动中，道德客体是具有主体特征的，这一点对于正确地理解和把握道德教育中的主客体关系尤为重要。

在当代道德教育理论与实践中，灌输问题是一个焦点问题，而对它的回答恰恰是以对道德教育中主客体关系的回答为基础的。什么是灌输？似乎至今尚没有一个比较公认的答案，可是古往今来，人们似乎都把它当作一个具有确定内涵的概念。如法国社会学家涂尔干虽然没有直接对灌输下定义，但从他对教育的定义中可以看出其基本的倾向性：教育乃是年长的几代人对在生活方面尚未成熟的几代人所施加的影响，旨在使儿童的身体、智力和道德状况都得到某些激励的发展，以适应整个社会在总体上对儿童的要求。杜威把灌输看作一种来自上面和外部的注入，指出："我将把思想灌输理解为系统地运用一切可能的方法使学生铭记一套特定的政治和经济观点，排除其他一切观点。"[①] 所以，杜威所理解的灌输至少有两个特点：一是强制性，即强迫接受；二是封闭性，即将某种特定的准则和信条灌输给学生。因而杜威对灌输也基本上是持否定态度的，认为这是传统教育的一个根本特征。价值澄清学派则把灌输与谆谆教诲（inculating）、注入（instilling）、培养（fostering）、道德说教（moralizing）、强迫接受（imposition）以及洗脑（brainwashing）等概念相联系，其道德教育的价值原则和基本主张恰好与灌输是相对立的。

在我国现代道德教育中所沿用的灌输概念是以列宁在《怎么办？》中提出的概念为界定的。列宁在该著作中分析了当时俄国工人的情况，指出："这些罢工本身是工联主义的斗争，还不是社会民主主义的斗争；这些罢工标志着工人同厂主的对抗已经激起，但是工人当时还没有而且也不可能意识到他们的利益同整个现代的政治制度和社会制度的不可调和的对

---

① 赵祥麟、王承绪编译：《杜威教育论著选》，华东师范大学出版社1981年版，第341页。

立,也就是说,他们还没有而且也不可能有社会民主主义的意识……这种意识只能从外面灌输进去。"① 综上所述,除去具体运用灌输的特定条件,从普遍性的意义来看,灌输具有三个特征:以教育主体具有正确的思想观念、道德与价值准则为前提;是一种从外部向个体内部的"注入";强调教育客体的接受与遵循。

在西方,伴随着工业革命的发展,尤其是19世纪末开始的"新教育运动"或"进步主义教育运动",对以强制性、灌输式为特征的传统道德教育进行了彻底的反省和批判。信息社会的到来,一方面使得这种反省与批判由道德教育的方式方法的表层转向其价值基础的深层,这在某种意义上反映了人类主体意识的深化与高扬。另一方面,这种反省与批判由于片面的过激性亦走向了对人的主体性的否定。

的确,以灌输为特征的传统道德教育,强调学生接受并最终形成特定社会所要求的固定的道德价值观念和道德行为习惯,强调对现有社会秩序的维护,因此,在道德教育的主客体关系上,则表现为强调道德教育主体的主体性,而忽略道德教育客体的主体性,亦即忽略客体原有的文化负载,忽略客体的兴趣、需要及其现实生活。于是,这种一厢情愿的教育就会与人的发展脱节,因而成为一种教条主义、形式主义,从本质上颠倒了道德教育的目的与手段的关系。这种价值倾向与现代社会的生产方式、交往方式、生活方式所表现出来的流动性、相对性和开放性存在明显的错位。在这个意义上,杜威等思想家对灌输式的道德教育的批判有其历史的深刻性。

但我们也必须清醒地看到,西方思想家在道德教育主客体关系上,在批判传统道德教育忽略客体的主体性的同时,逐渐由否定道德教育主体的主体性走向对道德主体的主体性的否定。因为在对灌输式的道德教育的批判中,实际蕴含了这样的前提,道德教育的主体是无主体性的,他们只是机械地向客体传递某种道德的符号而已。而且,既然世界上并不存在可证实的正确的价值、道德,那么道德教育则成为无稽之谈,因而人类的主体性也是不复存在的。显然,这种否定性的基础就在于绝对的道德相对主义。

道德教育关系中的主客体都是具有一定文化、价值倾向性的,具有能

---

① 中共中央编译局编译:《列宁选集》(第1卷),人民出版社1972年版,第247页。

动性、个性化的人，因此，用一种一成不变的、固定的准则，一种简单的、强制性的方式进行道德教育显然是行不通的。然而，问题在于，把灌输理解为强制性的代名词，恰是对马克思主义灌输思想的曲解，如果把灌输定位在把人的思想观念、道德与价值准则从外部向个体内部注入，那么道德灌输在现代道德教育中仍然是必要的。没有通过必要的灌输形式，使新生一代了解、传承人类知识、理性的文化积淀，那么儿童的思考、判断、选择能力又从何而生呢？再说，人类是一种高级的合群动物，道德性正是人的合群性的理性产物，因而在一定的意义上，道德就意味着对个体的某种限制，从而使个体间主客体的交互运动成为可能。倘若每个个体都只从自己的经验、感觉、利益出发，只认定自己的主体地位，甚至以自我为中心，那么人的世界就会变得不可思议。

从西方道德教育实践的过程来看，不仅已经证明了这种极端性批判所付出的代价，而且思想家们亦开始寻求一种折中的方法来解决两极性的矛盾。弗兰克纳则是其中主要的代表。他认为，传统的道德教育认定某种期望的模式是完善的、不可更改的，而且规则、美德是可以通过管理、制裁等非理性的方法来传递的，所以它培养的个体不是自律的，应该抛弃这种古老的传统。但所谓不包括道德课和道德训练，不包括道德规则或观念的灌输，不包括道德上的表扬、责备，只包括爱、真诚和感觉的新教育同样是危险的。弗兰克纳指出，真正的道德教育的目的，一方面要维持社会正常的道德秩序，另一方面又要实现这种秩序中个体在道德上的自主。"最佳的道德教育形式应包括从正面教授一些具体的规则和美德，甚至在任何其他目的的达到之前都应该进行这种教学。然而，与旧的道德教育形式不同，这种教育形式将根据更为一般的道德教育目的的前后关系来教授这些规则或美德。因此，它更重视道德的反省与自由。"①

在我国传统社会，孔孟代表的早期儒学从道德教育的理论形态上说，是十分注重道德个体主体的理性和认知的，因此，它强调道德个体主体的自我修养，并主张由内及外的道德扩张。而当儒学取得正统地位后，封建阶级为维护、巩固自己的统治地位，把封建道德作为一种既定的、恒定的规范来要求道德个体主体绝对地遵从，这种要求在教育的形式上确实具有某种强制性的灌输的性质。新中国成立后，广大劳动人民在政治上翻身做

---

① L. C. Deighton, *The Encyclopedia of Education*, Vol. 6, Macmillan, 1971, p. 396.

主人的同时，也从根本上确立了社会道德主人的地位。但是，由于历史的原因，我国人口众多，文化素质在整体上较为落后；由于政治的原因，我们把马克思主义作为我国意识形态的理论基础，因而亦不可能从内部产生，而必须从外部注入。总之，基于我国的基本国情，几十年来，我国道德教育在教育形式上基本上是以灌输为主导的。当然，这种灌输与封建社会的灌输的性质具有根本性的区别。

作为一种教育的方式，灌输比较强调教育主体的目的性，强调教育客体的接受与遵从，强调教育功能的协调统一性。这种教育形式与我国社会主义革命和建设发展初期的国情，尤其是社会生产力的水平、国民的文化基础与素质以及社会发展的初步目标是基本相适应的。20世纪70年代末，当我国社会主义事业发展进入一个新的历史阶段，尤其是社会主义市场经济体制的建立，一方面为人的自我意识的解放提供了社会前提，另一方面，生产方式与生活方式的巨大变革客观上对原来相对稳定、确定的道德体系提出了新的问题。因此，以灌输为主导的道德教育形式在实践上确实遇到了困难。加之受到西方相对主义、个人主义、虚无主义等思潮的影响，有人则以批评灌输的死板、机械性为前提，以道德教育不能解决现实问题为理由，完全否定道德教育在现代社会中的可能性和现实性。这种否定显然是违背教育规律、违背社会发展规律的。

近20年来，我国社会的确发生了巨大的变化，经济体制的改革必然在一定程度上改变人们现实的利益分配、生产关系、交往方式、生活方式、价值观念等，而且必然在一定程度上提高人的自我意识及道德主体的主体性意识。因此，以灌输为主导的道德教育必须进行相应的改革、完善，这是毫无疑问的。但是这并不意味着全面否定任何以灌输形式出现的教育形式，如理论教育、德育课程等。如果从现代社会的角度来反省道德灌输的问题，那么需要作出历史否定的是灌输方式中所包含的夸大教育主体的合目的性，忽略教育客体的主体性而导致的单向性强制，而不是整体地否定灌输的形式，否则我们不仅会重走西方道德教育所走过的曲折之路，而且会令我们的社会付出沉重的代价。

在我国现代道德教育的理论与实践中，如何看待灌输，需要重点解决三个认识问题。

首先，知识和能力的关系。的确，传统道德教育比较强调道德知识对人的道德行为的作用。从社会发展与道德发展的相互关系的角度，传统道德教育强调知识、理性的作用与传统社会发展的缓慢性以及相对稳定性是相联系、相照应的。而现代社会的迅速变化打破了这种宁静和稳定，在某种意义上使有道德知识的人并不一定能够实现道德理想，因而现代西方道德教育更加强调、注重道德能力的培养，而不是知识的灌输。价值澄清学派把整个道德教育建立在这样的基础上：价值是不断变化的，今天教授的价值明天也许毫无意义，所以重要的是教给学生能持久发挥作用的技术或方法。"在我们看来，'她如何获得价值观'这一问题比'她获得了什么价值观'更为重要。"[①] "我们不能教给儿童一套绝对的价值，但我们却能教给他们一些完好的东西，我们可以教给他们用来获得自己的价值的方法。"[②] 以柯尔伯格为代表的道德认知发展理论亦十分强调道德教育重在道德分析能力的培养，而不是给予现成的道德结论。应该说西方思想家的确看到了现代社会迅速发展对道德教育提出的挑战和考验，并且也在一定程度上找到了矫正重视知识、忽视能力的片面性的方法，其中确实包含了许多合理的因素。但相对主义的价值基础却又把强调能力的倾向推向了极端。根据相对主义的价值理论，不仅道德知识的灌输是不可能的，而且整个道德教育都是不可能的和没有必要的。正是基于这种认识，反对灌输的确成为西方当代道德教育理论的共同倾向。特别是 20 世纪中叶以来，不仅灌输问题成为人们讨论道德教育必然涉及的问题，而且当代西方的认知主义、形式主义和个人相对主义的道德教育理论都是围绕反对单纯的道德灌输而展开的。

当我国社会进入一个新的社会历史发展阶段的时候，道德教育如何吸取西方现代道德教育发展的合理因素，同时避免从一种片面性走向另一种片面性，正确处理道德教育中的知识和能力的关系是值得我们慎重考虑的。客观地说，道德知识是道德能力的基础，没有必要的道德知识，就不可能具有较全面的道德能力，或者说这种道德能力充其量只是短暂的、应时的、肤浅的。反之，道德能力是道德知识的深化与证明，一个人如果只有道德知识而没有转化为自主的道德能力，那么他仍然不可能成为一个道

---

① L. E. Raths, M. Harmin, S. B. Simon, *Values and Teaching: Working with Values in the Classroom*, C. E. Merrill, 1966, p. 8.

② S. B. Simon, S. W. Olds, *Helping Your Child Learn Right from Wrong: A Guide to Values Clarification*, McGraw-Hill, 1976, p. 17.

德自律的人。

其次，灌输作为一种教育的形式的客观依据。现代道德教育实际上是伴随人的社会化的连续过程，而人的身心发展、认知发展是有其自身的规律的。因此，道德教育的形式必须要符合这种规律，并以此作为基本的依据。在幼儿阶段，孩子还不具备理性思维，道德教育只能采取由成人灌输的方式，使得孩子知道、了解一些基本的道德概念、规则，并按这种要求去行动。在这个特定的阶段，不可能要求孩子完全通过自己独立的思考、分析决定选择什么、不选择什么。在这个意义上，对孩子采取以道德知识灌输为主的方式是无可非议的。我们之所以称之为"灌输"，仅仅是因为那些道德内容不是孩子自己选择的结果，而是成人、教育者确定的。所以，以道德知识灌输为主的方式并不排除我们仍然而且必须根据孩子可接受的认知水平和能力去进行相应的选择、分解、展示。而在成人阶段，由于人生已有了一定的经历和经验，成人已经具备了较完备的理性思维能力，因此，相对儿童阶段，灌输应降为次之，应采取以鼓励、引导人们进行独立思考、分析为主的教育形式。否则，这种教育就难以转化为成人的自觉，这也是显而易见的。然而，无论在什么意义上，道德教育都必然包含以某种相对的价值观念作为自己的前提，都必然包括诸如诚实、公正、善良等一些相对确定的道德观念，否则我们就根本不可能决定教授什么内容给儿童，也不可能对成人进行任何的引导。特别是教育作为一种人的主体性的活动，它必然反映主体性的倾向，代表一定阶级、社会整体利益的倾向，否则就不可能构成教育活动。

最后，道德内容的教授与调动学生接受主体性的关系。与上面的论题有关，既然道德教育的主体必然代表一定阶段、社会的整体利益，表现出一定的价值倾向，接受客体也是具有主体特征的人，因此，如何处理教授某种道德内容与调动对象接受主体性是十分重要的。如前所述，西方自20世纪开始，尤其是70年代以来，对接受对象主体性的研究成果颇丰，许多见解亦是深刻和富有启迪性的，如迈克尔斯里文（Michaelseriven）提倡的"认知的道德教育"。他认为，道德教育的任务是要教会学生进行道德分析，而不是向他呈现别人的结果，为此，必须把对道德知识的理解、发展道德推理能力和认知技能作为道德教育课程的重要内容。① 但是这种倾向在相对主义的指引下确实走向了另一个极端,致使社会尤其是青少年一代走向道德的放任。

在中国,以历史的眼光来看,道德教育始终关注和强调道德内容的教授。由于道德与政治的统合,道德教育具有国家意识形态的性质与地位,因而这种教授具有某种绝对性。与此同时,关于道德教育对象接受主体的主体性研究却比较薄弱。这种矛盾随着现代社会的发展日益尖锐地表现出来,就是时代唤醒人的主体性与道德教育中忽略接受主体的主体性不相符合、不相适应,因而致使道德教育的效果处在一种事倍功半的状态。所以,能否最大限度地调动客体接受的主体性既是我国现代道德教育改革的紧迫任务,也是提高道德教育效果的关键问题。

总之,强调灌输亦即强调主体对客体的改造,反对灌输亦即强调主体对客体的适应。然而实际上,因为道德与道德教育的主客体是互为主客体的关系,所以任何一种片面性都是不科学的。

三、 认识与实践——现代道德教育的方法论基础

辩证唯物主义认为,认识是在社会实践的客观需要和实践活动的基础上发展起来的主体对客体的一种观念的或理论的关系,是在人的意识中反映或观念地再现现实的过程及其结果。实践是人们能动地改造和探索现实世界的一切社会的客观物质活动。因此,认识与实践是人类特有的活动方式与反映形态。就一般的意义而言,认识主要表现为知识、理智,实践主要强调能力和行为。可以说,理智、知识、能力和行为的关系历来都是道德教育理论家关注并竭力求解的问题。如何理解、对待认识与实践及其关系,直接制约着道德教育的方式方法以及形式与途径,因而它构成了现代道德教育的方法论基础。

(一) 认识与实践及其关系的历史审视

认识与实践的问题即知与行的问题,是哲学认识论中的重大理论问

---

① D. Purpel, K. Ryan, *Moral Education. It Comes with the Territory*, McCutchan Publishing Corp., 1976, pp. 323–324.

题。在中国古代思想发展过程中,对知行关系的探讨不仅首先是在道德领域里提出的,而且主要也是在道德领域里展开的。它讨论的对象主要是道德意识、道德认识与道德践履、道德行为之间的关系,即致知与力行的关系。与中国传统社会的基本特征相联系,中国传统道德教育对于知行关系的基本倾向是,强调知行的辩证关系,突出个体道德的实践理性品格。具体表现为:

1. 主张致知与力行是个体道德修养不可分离的两个方面,强调知行合一

朱熹认为:"大抵学问只有两途,致知、力行而已。"(《朱文公文集·答吕子约》)其还说:"学者功夫,唯在居敬、穷理二事,此二事至相发,能穷理则居敬工夫益进,能居敬则穷理工夫日益密。譬如人之两足,左足行则右足止,右足行则左足止;又如一物悬空中,右抑则左昂,左抑则右昂,其实只是一事。"① 在朱熹看来,知与行是不可简单分离的,是相辅相成的。因此,"行之力,则知愈进,知之深,则行愈达"。可见,中国古代思想家,特别是宋明理学家对理论与实践、知与行相互关系的看法,充满了辩证的思想。

2. 重视知对行的指导作用,更强调行为知功

一般认为,"知行合一"是正宗儒家传统伦理中的核心命题之一,具体体现了儒家伦理实用理性的品格。在朱熹、王阳明等思想家那,"知行合一"最为关注的是知行的统一性,王阳明甚至认为,"一念发动处,便即是行了"。在这个意义上,知行合一则具有"以知代行"的涵义。王夫之对此进行了尖锐的批评,认为"知行统一"是以知行相分、相并为前提的,否定知行的差别必然导致"以知为行"。在王夫之看来,知有不统行,而行必统知,故行比知更重要。这使得中国古代对知行关系的认识达到最高峰。从总体上说,儒家伦理对知、行的功用之倾向是清楚的:"知行常相须,如目无足不行,足无目不见。论先后,知为先;论轻重,行为重。"② "不闻不若闻之,闻之不若见之,见之不若知之,知之不若行之,学至于行之而止矣。行之,明也,明之为圣人。"(《荀子·儒效》)

---

① (宋)朱熹:《朱子语类》卷九,中华书局1994年版。
② (宋)朱熹:《朱子语类》卷十四,中华书局1994年版。

3. 在致知上要求学思结合，在力行上强调反求诸己

诚然，在中国传统道德的思想脉络中，关于知的来源、求知的方式、行的内涵及其途径等有各种不同的观点和学说，但在致知上要求学思结合，在力行上强调反求诸己却有较一致的共识。孔子认为，一个人要有丰富的道德知识，才能分辨善恶荣辱，决定取舍而不迷惑。他指出："好仁不好学，其蔽也愚；好知不好学，其蔽也荡；好信不好学，其蔽也贼；好直不好学，其蔽也绞；好勇不好学，其蔽也乱；好刚不好学，其蔽也狂。"（《论语·阳货》）在此，孔子强调仁、知、信、直、勇、刚等道德品质的形成，必须通过之前实实在在的学习、理解，否则便是愚德，正是"学而不思则罔，思而不学则殆"（《论语·为政》）。所以，他要求学生要通过学习知德、知仁、知礼，从而学道、适道。

中国传统道德不仅要求学思结合，而且更强调在力行上反求诸己的主体定位，即强调道德践履以律己为起点。的确，中国传统道德的践履过程与个体道德修养的过程是相一致的。在道德践履的立足点上，传统道德的逻辑是"修己以安人""修身、齐家、治国、平天下"，主张厚于责己，从我做起，而且十分强调言行一致、德行统一。孔子说："始吾于人也，听其言而信其行；今吾于人也，听其言而观其行。"（《论语·公冶长》）所以，他要求学生"敏于事而慎于言"（《论语·学而》），"欲讷于言而敏于行"（《论语·里仁》），认为言过其行是一种莫大的耻辱。

显然，中国传统道德教育关于知行关系的这种认识对于培养人们笃实重行的价值行为方式无疑是强有力的，对于现代道德教育仍然具有不可替代的价值。但是，我们亦必须看到，中国传统道德教育中的知行观也有其难以逾越的局限，最为突出的问题是，中国传统道德教育中的道德认识或知识主要是指道德价值知识。一方面，这种知识是依据现实政治的要求来框定的；另一方面，这种知识具有某种确定的先在性，是不需要证明的理论前提，如人们只要准确地认知"三纲五常"，按其规则行事，就达到了知行统一的要求。因此，这种知识不仅带有明显的主观性、经验性，而且这种过于世俗化的知识倾向从根本上妨碍了它对道德本体意义的追寻，一旦离开道德本体的整体关怀，无论是道德认识，还是道德实践，都有可能陷入盲目性。

与西方传统社会的历史特征相联系，西方传统道德教育具有鲜明的理性主义色彩，因而在理智与行为的关系上，西方传统道德教育十分重视知

识、理智的作用。苏格拉底的名言"知识即美德"不仅揭示了知识与道德的关系,而且亦揭示了理智与行为的关系,显然,在理智与行为的关系上,这一命题包含了这样的倾向,理智是决定行为的,有了明智的理智就等于是有德之人。苏格拉底把致德归结为致知,把致知归结为认识自己,因此,其在开理性主义伦理思想先河的同时,亦把知直接等同于德,忽略了行(实践)的中介作用,这对西方传统道德教育产生了深刻的影响。

19世纪末20世纪初,随着西方工业革命的推进,道德理性主义开始受到全面的挑战,非理性主义思潮的兴起,使西方道德教育在理智与行为的关系上呈现出这样的基本倾向:重视人的道德生活及经验,注重情感的作用,强调道德选择的能力与技能。在以下一些主要的道德教育流派及思想家的轨迹中,我们可以得到这样的印证。

杜威指出,"学校中道德教育最重要的问题是关于知识和行为的关系"①。在理智与行为的关系上,他既反对视道德为非理性的,把知识与道德、理智与行为割裂开来,亦反对把二者等同起来。他看到了理智对道德行为的引导作用。但由于杜威基本的哲学立场是"教育即生活""教育即生长",而生活的特征就是应付各种不同的环境,故个体的道德经验十分重要,也正是在这个意义上,他反对教授无任何实际意义的普遍原则,反对道德知识的灌输。

英国道德教育理论家约翰·威尔逊(John Wilson),一方面承认理性不仅是区别人与动物的重要特征,而且是道德之为道德的内在规定性,知是道德力行的重要因素之一。另一方面,他又强调理性这种因素,在个人道德决策中主要表现为能力和技能,强调情感的因素在由知转化为行的过程中的作用,这显然与传统道德理性主义是不同的。

以拉斯思和西蒙等人为代表的价值澄清学派,认为个人的经验是价值的源泉,"人们是通过经验来获得发展和学习的","价值将随着经验的发展、成熟而发展、成熟"②。因此,价值教育的目的在于帮助学生掌握一种澄清价值的方法,而不是获得澄清的结果。在价值澄清学派的视野中,

---

① [美]约翰·杜威:《民主主义与教育》,王承绪译,人民教育出版社1990年版,第54页。

② L. E. Raths, M. Harmin, S. B. Simon, *Values and Teaching*: *Working with Values in the Classroom*, C. E. Merrill, 1978, p. 26.

理智与行为是评价过程中两个独立的因素，从根本上说，理智的要旨是个体价值选择的能力，而不是普遍的道德知识和原则，行动只有与"珍视""选择"过程结合在一起时，才有价值的意义。所以，从总体上说，价值澄清学派主张道德教育在于教人以澄清的方法、技能和能力，而不在于给人以价值的原则和结论，强调个体主体的思维、情感在价值自动控制台的作用和行动，强烈反对以某种普遍性原则为基础的道德灌输。然而，由于其哲学上的相对主义，最终这种学说在实践上被蒙上了非理性主义的色彩。

柯尔伯格在理智与行为的关系上，重视理智、能力在道德发展中的作用，认为道德判断或道德的认知因素乃是道德发展的核心因素。因此，他强调认知、理智对人的行为的影响，故道德教育主要是一种认知教育，一个人认知的发展程度，决定了他在道德上可能达到的限度。尽管柯氏关于理智与行为关系的基本理论，明显不同于杜威及价值澄清学派的倾向，但亦异于肯定具有普遍道德原则、美德的传统道德教育，因为在柯尔伯格的理论体系中，强调道德认知主要是强调认知的能力、判断的能力，他亦反对任何形式的道德灌输。

西方20世纪以来关于道德教育中理智与行为关系的倾向，最有价值的成果在于他们看到了工业文明发展带来的社会环境的复杂性及价值多元化的情形，揭示了传统道德教育在回应新时代中的局限性，重视道德教育中的方法、技能，强调个体道德选择能力的培养，使道德教育由关注外部机制转向关注内部主体自觉。然而，这种倾向亦有其致命的缺陷，最突出的是，他们大都否定具有普遍真理性的任何道德原则，强调以个人的利益和经验作为价值或道德选择的基础，这种绝对的相对主义最终使道德教育成为无道德的道德教育及实践上的放任主义。

（二）现代道德教育中的认识与实践

现代道德教育究竟应以何种方式、途径才能产生德育的有效性，才能达到德育的根本目的，与其说这是具体方法的探求，不如说这是由认识与实践在现代人的道德发展中的性质、功能所决定的。因此，科学地认识理智与行为及其在道德发展中的价值功能是现代道德教育需要进一步澄清的。

1. 明确道德理智在人的道德发展中的价值功能

就认识与实践、理智与行为的一般关系而言，前者对后者的暗示、诱导和控制的作用是不言而喻的。然而道德认识与道德实践的关系，由于道德的特殊性，无法用机械转换的方法得以证明。同时，我们必须看到，在传统社会的背景下，道德认识由于受到时空的局限，其来源主要是个体的直接经验与文化传承的结果，因此，人的生存状态往往直接被确认为应然的道德范系，人们往往把既存的事实当作道德确认不需证明的前提，道德原则、规范常常是对其合理性加以诠释而已。故从总体上看，传统社会的道德认识具有较强的经验性、直观性和外在必然性的特点，它关注认识的事实层面（what），忽略其价值层面（why）和实践层面（how），但在知与行的关系上却容易找到对应的一致性和统一性。

在现代社会的背景下，社会的异质性、速变性及多元性，一方面打破了道德认识的稳定结构及经验的局限，增加了认识的或然性；另一方面，它在客观上要求道德认识不仅要关注事实层面，更要关注价值层面和实践层面。正是在这个意义上，我们有必要对道德认识作一个结构性的分解：

道德认识 {
  道德事实知识——关于道德生活的客观反映和描述，是道德的普遍性、公共性要求
  道德价值知识——关于批判性地选择道德知识的结果，是道德的理想性、应然性要求
  道德实践知识——关于道德情境性的认识，是道德的内化与践履的要求
}

以道德的普遍性、公共性要求为基础的道德事实知识在道德的知识结构中处于基础的地位。这种知识的必要性随着全球性的文化涌动和整合，以及公共的生活世界成为人类社会文明的重大标志而日益凸显。与传统社会建立在原始丰富基础上的普遍性、公共性（是以社会的同质性为前提的）不同，现代社会的普遍性、公共性要求是以公共性与私人性、普遍性与具体性相区分，以尊重个人的信仰、德性及私人行为为前提的关于公共生活的普遍道德要求。有意思的是，一方面，西方社会在经过文艺复兴的启蒙运动以及工业文明的追寻之后，道德的建构路向逐渐转向对以人的内在品质为基础的普遍道德要求的否定，以尼采为代表的当代反叛，强调以意志取代理性；另一方面，社会的公共性生活却内在地呼唤着普遍性的

道德理性。于是，美国当代伦理学家约翰·罗尔斯为了解决这种放大了的个人意志所带来的社会问题，支撑公共生活的系统，1971年发表了《正义论》，试图为摆脱现代伦理的困境提供一种新的规范伦理的援助。但是，10年之后，美国另一位伦理学家阿拉斯代尔·麦金太尔发表了他的名著《德性之后》，提出复兴德性伦理的传统，以真正摆脱现代道德的困境。

作为一个历史过程，德性伦理与规范伦理都可以在社会制度、结构和关系的变迁中找到对应的基础，都有其存在的特有价值。作为一种社会价值导向，我们却必须站在历史辩证发展的视角上，站在对人类道德生活终极关怀的基础上对其进行把握。在这种意义上，麦金太尔对现代伦理根本缺陷的揭示是耐人寻味的：离开人类道德生活的文化背景和历史背景去解释道德，使这种解释成为无传统、无根源的主观解释；离开人类道德生活的内在目的意义和品格基础，使伦理学成为纯粹外在的规范约束，这种类似于法律规则的体系使道德规范失去了应有的作用和意义。麦金太尔认为，现代个人生活已被分割成不同碎片，职业道德、角色道德使不同的生活片段有不同的品性要求，作为生活整体的德性已没有存在的余地。在现代人的生活中，德性沦为实现外在利益和功利的工具，结果势必引发生活整体的道德危机。

在对人类道德发展的上述剖析中，我们至少可以得到这样的证明：道德事实知识对于日益扩大、普遍的公共生活来说是不可缺少的内在要求。忽视这个基本的要求，道德教育则会流于现时急功近利和狭隘的民族主义。

以道德的理想性、应然性要求为基础的道德价值知识在道德知识结构中处于核心的地位。这不仅由于人类是追求意义的存在物，更在于道德理性如果失去理想的设置，则没有独立存在的必要。我国学人包利民先生在探讨生活与道德的关系时，提出两阶价值结构的设想：第一阶价值是生活价值，比如生存、创造、爱、友谊、思辨、自由、健康、财产、权利等；第二阶价值即道德价值，比如拯救生命、与友交而守信、保护自由、公平分配财产、合规则地竞争等。他认为，在本体论的意义上，生活价值高于道德价值，因为道德价值是"依附"于生活价值的；在价值论的意义上，道德价值高于生活价值，因为它是对生活价值意义选择的结果。因此，这类知识具有超越的、高尚的意义，对人类生活实践起着正面的导向作用。

尽管这一类知识的寻求在社会发展日益复杂、多元的趋向上显得十分困难，但却是十分重要的。

以道德的情境性要求为基础的道德实践知识，在道德知识结构中处于由知向行转化的中介地位。诚然，无论是道德事实知识，还是道德价值知识，都是以相对普遍接受的生活原则或价值原则为前提的，但在真实的生活中，一种被普遍接受的生活原则或价值原则要有效地转化为个体的道德践履，却必须面对复杂情境的考验，因此，道德实践知识是必不可少的。按传统的知识分类，人类的知识分为天文、地理、物理、化学、哲学、教育、农工商医不等。现在，世界经济合作与发展组织发布的报告把人类创造的全部知识分为四类：know–what（关于是什么的知识）；know–why（关于为什么的知识）；know–how（关于怎样做的知识）；know–who（关于是谁知道的知识）。以往我们比较偏重是什么、为什么一类的知识，这首先是属于博物学、分类学的知识，是前人经过大量收集、观察、比较、分类得出的知识，是基础性、原理性、理论性、系统性的知识。随着现代社会的发展，人们不仅在关于"是什么的知识"和"为什么的知识"方面有了极大的拓展，而且越来越关注"怎样做的知识"。然而，与生产领域不同，在道德实践领域里关于"怎样做的知识"显得更为复杂，因为道德关系是建立在"人我"互动的关系前提下的，故"怎样做的知识"有很强的相对性，而不是直观的操作方法或技巧。无论如何，道德实践知识是构成完整的道德知识的有机部分。在现代社会条件下，这部分有缺憾就会致使道德教育流于空谈，无法真正实现道德教育的目标。

道德事实知识、道德价值知识与道德实践知识构成了道德理智的知识系统，三者既互为前提，又相互制约，但不可相互替代或偏颇，在人的道德发展中具有限制、引导、再创造的价值功能，是现代道德教育不可缺少的基本方面和方法。

2. 重视非理性因素在道德认知中的作用

从最一般的意义上说，理性属于人的认识、意识、心理的主观领域，而不是世界本体论的范畴。因此，理性主要是指反映客观事物的本质和规律的概念，判断和推理等思维活动与思维形式。非理性是与理性相对应的范畴，即指理性之外的心理因素，包括直觉、灵感、无意识、情感、意志和欲望等。正是在这种理解上，人的理性与非理性因素共同构成了人的主体认知结构。

中国传统道德由于是以"我"对他人的依赖关系为前提，以个体对群体、社会关系的服从为基础的，因此，传统道德教育往往把道德原则、规范作为不证自明的理性前提，并强调这种理性的绝对性，而忽略以个体差异性为基础的非理性因素，故无论是中国历史还是现实，关于非理性因素对人的道德发展的影响的研究都显得十分薄弱，这种偏执和缺憾在或然性越来越彰显的现代社会条件下，无疑会使道德教育陷入某种被动的境地。

在西方，从古代到近代的西方哲学，其主要内容是建立在理性主义基础上的本体论、认识论，非理性问题不是其主要内容。但为了阐述世界的本质及人类的认识，西方哲学也涉及非理性的问题，主要从人性论的层面及认识论的层面涉及非理性问题。然而，20世纪西方哲学的发展却把理性主义的人本主义演化为非理性主义的人本主义，这种演化的标志就在于它把"意志""生命""无意识"等非理性因素作为人和客观世界的本原及本质，从本体论的意义上来论述非理性，从而使其不仅具有唯心主义的性质，而且是荒谬的。当然，我们也应该看到，西方哲学在人性论、认识论的层面上对非理性的研究及其所取得的成果亦包含着一些合理的因素，这对于我们研究人的非理性因素具有一定的借鉴意义。

重视非理性因素在道德认知中的作用，我们可以从三个层面来确认：其一，从道德认知系统层面。由于道德认知属于社会认知系统，因此，它比自然认知带有更多的诸如情感、态度等非智力因素，更多地表现出个体的人格差异性。如道德认知主体不同的立场或倾向，对认知的标准、结果难以取得完全一致的客观性；道德认知的信息加工，实际上是知、情、意相互作用的整体性加工；道德认知是相互作用的反馈性认知，其过程包含着极为复杂的中间环节和中介因素。因此，如果我们仅仅以理性的因素来把握道德认知，不仅是片面的，而且是违背客观实际的。其二，从道德认知与实践的层面。就一般理性的逻辑而言，道德认知与道德实践之间具有某种必然的内在联系，然而事实上，具有丰富道德认知的人，并不一定做出更合乎道德的行为，关键的问题在于从认知转变为行为的过程还受到许多非理性因素的影响，其中情感与意志的干预作用是最为明显的。从心理学的意义上看，情感是主体活动的心理动力，对主体活动具有激活、选择、内控及维系作用。它既可以激发主体的热情、想象力和创造性，也可以抑制主体的积极性。因此，人的情感状态往往影响着主体能力的发挥以及主体活动的质量、程度和效果,一个没有道德情感的人,是很难具有高尚的道德行为的。意志是主体确定目的并选择手段,以克服困难的心理过程。情感可以成为意志的动力,意志对情感起控制作用,故道德认知能否转化为道德行为,意志起着重要的调节作用。没有情感作为心理动力,道德实践则难以发生;没有意志的调节、控制,道德实践则是盲目的。在现实生活中,那些言行不一、口是心非的人常常是意志薄弱的人。其三,从道德与社会生活关系的层面。无论是人的道德认知还是道德实践,都不可能脱离人的社会生活。社会固然有其自身发展的规律,生活也有其内在的逻辑,但社会生活永远也不可能只按照一种必然性直线发展,社会生活本身确实渗透着大量的或然性的因素。在传统社会,由于社会变化缓慢,人们的道德认知与行为选择的参照系、标准是比较确定的,且具有相当的稳定性,故人们将它看作必然性的内在要求。然而现代社会的急剧变化与迅速发展打破了这种确定性与稳定性的绝对价值,从而极大地增强了偶然性对人类认识与实践的影响,特别是由此而造成的价值与道德的多元化情形,使人们的道德认知变得十分困难,道德实践变得更为复杂。于是,当个体主体面对社会生活的时候,他不可避免地要接受认知与实践的不确定性和随机性带来的挑战。因此,人的认知结构中理性与非理性的互补显得十分重要,而且在某种意义上,情感、意志、态度等非理性的因素成为把握偶然性的关键。

我国当代道德教育的发展要解决效果的问题,从方法论的角度,我们应当加强关于人的非理性因素,尤其是情感、意志、态度及其对人的道德认知、道德实践影响的研究,只有充分地挖掘人的理性与非理性的积极因素,并导之以正确的方向,使二者处在一种恰当的关系之中,才能较好地解决人的道德发展中的必然性与偶然性的问题,才有利于解决我国德育高投入、低产出的矛盾。

3. 强调道德实践的创造性品格

毋庸置疑,道德实践不仅是道德认知的外显与结果,而且是人类社会实践中最重要的组成部分,因为任何一种形式的社会实践都必然以人及其社会关系为承载体,故都必然内含一定的道德关系。因此,强调道德实践的意义实际上包含了两个基本方面:一是人类要在不断地参与道德实践中了解道德关系,学习道德知识,完善道德行为,提高道德境界。二是人类的道德知识和能力只有转化为道德实践才具有真实的意义。然而,在现代社会条件下，无论是在道德实践中的学习，还是将道德知识、能力转化为道德实践的过程，都是在一种复杂、多变的关系中进行的，各种情境性、偶然性的因素会以各种方式干预这个过程，即道德知识与道德实践的关系不可能是垂直的、一对一的关系。所以，人不仅要有道德知识，并懂得依据道德知识去引导道德实践，而且必须要懂得创造性地学习道德知识、创造性地实践道德，这一点在现代比在以往任何一个时代都更加重要。

在传统社会，由于道德关系具有较强的稳定性，道德实践变化缓慢，人的道德社会化往往比较顺利，故无论是道德认知还是道德实践，都强调对已有道德的遵从和直接地见诸行动。在现代社会，尤其是知识经济时代，创造性的品格已直接地成为这个时代的基本品格，机械地、教条式地学习或实践道德，都难以获得成功。

强调道德实践的创造性品格，我们要努力处理好三种关系：第一，原则性与灵活性的关系。道德学习与道德实践不同于其他形式的活动，更不同于自然科学，因此，人的创造性不是一种任意性的想象，而必须是在善的原则基础上的发挥和灵活运用，离开善的原则的灵活性，道德的价值意义就会丧失。第二，适应性与超越性的关系。任何道德知识或道德实践都有其特定的历史前提和现实基础，道德主体也必然在一定的关系中去认识、实践道德，在这个意义上，道德知识是道德超越的必要条件，割断这个历史逻辑，创造性发挥就可能演变成主观的盲目性。第三，创造性能力与机会的关系。创造性能力是形成创造性品格最为核心的问题，它是持久地保持和发挥创造性的基础。而机会却是创造性能力能否取得满意结果的外在条件。机会不适宜，创造性则可能变成盲动性，过分夸大机会而不注重能力，则会助长道德投机性心理。

总之，认识与实践，作为现代道德教育的方法论基础，我们必须站在新时代的起点上去理解其内涵，把握其内在的辩证性，只有在这个基础上把握道德教育的具体方法才是科学的。

四、小结

从哲学的视角，抽象现代道德教育的理论焦点，可以说它集中地体现在三个方面：

（1）个体与群体，关于现代道德教育原则的本体论基础。个体与群体不仅有一般意义上的相互依赖、相互独立的关系，而且，从人类文明发展的历史进程来看，二者的关系在自然状态、社会状态和道德状态三种状态下具有不同内涵。即在自然状态下，个体与群体的关系主要表现为个体与类的关系，二者相通性大，相异性小，强调人的自然属性；在社会状态下，群体是以个体为前提的，利益是二者联结的纽带；在道德状态下，个体与群体不仅具有相对独立的地位，二者的关系更是以道德理想为目标的。

（2）主体与客体，关于现代道德教育的认识论基础。在哲学、道德、教育三个不同的视野中，主体与客体的内涵是有区别的，但在主体都是具有能动性的人这一点上是相通的。道德教育的特殊性在于道德教育关系中的主客体都是具有能动性或主体性的人。因此，在道德灌输的问题上，我们必须要分清，在什么意义上坚持或反对灌输，不能过于简单化。

（3）认识与实践，关于现代道德教育的方法论基础。在人类认识史上，中国传统道德教育强调知行的辩证关系，突出个体道德的实践理性品格。西方传统道德教育却注重知识、理智的作用，忽略行的中介意义。在现代社会条件下，道德教育必须明确道德理智在人的道德发展中的价值功能，重视非理性因素在道德认知中的作用，强调道德实践的创造性品格。

（原载《现代道德教育论》，广东人民出版社 1999 年版）

李萍自选集 下编

伦理学与思想道德建设

重建道德理想[①]

一、道德冲突与人性期待的折射

从开放社会必然性的角度,开放道德无疑是符合历史逻辑的结果。显然,开放是一个趋向和序列,是一个有起点而无终极的过程,这个过程的道德主体(个人或社会)必然这样或那样地根据其价值目标去选择道德理想。这个选择对于当代社会,对于生活在当代社会中最敏感的集合体——大学生来说,无疑是一个痛苦、艰难的重建过程,而重建的理性前提正是道德冲突与人性期待的折射。

何为重建?为何要重建?承受这个重建过程的主体(以本研究的对象为中心)如何?什么是重建的驱动力?也许现在下定论为时过早,但真理的追寻又不得不从这里开始。

1978年是在中国现代思想史上具有划时代意义的时刻,它以"实践是检验真理的唯一标准"的讨论,拉开了中国当代社会思想解放运动的帷幕。这绝不仅仅是一场哲学领域的学术讨论,它所蕴含的思想深刻性是引发这场讨论的人以及当年参与激烈争辩的人都无法预料和估量的。事实上,它严酷地向社会宣告:一个盲从、迷信的时代该结束了,唯书、唯人的年轮应该转向唯实、唯真的世界中来。这个宣告无情地否定了一个绝对权威的价值标准,亦动摇了人们从未怀疑过的理想的价值体系。矛盾、冲突、困惑就这样在人们尤其是青年大学生毫无心理准备的状态下,和着这不以人的意志为转移的历史步履悄悄地走进了人们广阔的感情世界和理性空间,猛烈地撞击着人们习以为常的稳定生活。于是,有人说:20世纪70年代末以来,中国社会所发生的变化,就其广度和深度而言,其意义

[①] 本文选自《走向开放的道德》第三编第六章。1988年笔者申请并获批的第一个国家社会科学基金项目"开放地区大学生道德问题研究",成果包括:《混沌初开:来自当代大学生心灵的报告》《善恶的彼岸:大学生道德的时代状况》以及《走向开放的道德》系列丛书。《走向开放的道德》是该项目的理论归结,是一部以对改革开放十余年大学生道德变迁"点面透视"为基础的、关于走向开放道德探求的研究著作。

超过了过去的一个世纪，而最为震撼人心的变化则是价值体系的结构裂变。价值观的裂变，必然引起全方位的辐射；价值的迷茫，必然导致理想的失落和行为选择的茫然。尽管善良的人们不愿意看到这样的结果，但作为一个客观的过程，这个代价又是不得不付出的。

20世纪70年代末以来的大学生主要包括两代人，如果做一个不精确的大致的分界，情形是：1980级以前的属于第三代人，尔后的则属于第四代人。一位代际问题的研究学者曾这样描述他们之间的区别：第二代人是看着爷爷的手杖过马路的，在十字路口，爷爷的手杖就是指挥棒。第三代人想扔掉爷爷的手杖，但是他们怕这手杖孤独。第四代人既没牵着爸爸的衣后襟，也没拿着爷爷的手杖，他们要独自过马路，他们修改了交通规则，当红灯亮起时，他们成群结队地横穿过马路。①

如果说对极"左"思想观念产生逆反心理，第三代人是因为曾被误导过而要寻找真正的马克思主义，对第四代人来说，则是因为对未来无法预测而产生理想的迷离，他们不曾拥有，也无所谓失去；第三代人追求人生的终极关怀，他们不断地问自己从哪里来，到哪里去，活着的意义是什么？而第四代人则更多地用瞬间满足取代终极关怀，他们更关心的是现时感受；第三代人接受西方思潮是观念和体验的问题，而第四代人却是追求一种生活方式。观念和体验容易随着环境和认识的改变而变化，而生活方式却由于它的自然注入，易转化为习惯，在这个意义上，它比观念和体验表现出更大的直觉随意性，但却具有更加稳固的定势。显然，相对第三代人来说，第四代人既是承担这段特殊历史阶段道德变迁的主体，又是在打破旧的理想框架、追寻新的理想支柱过程中最敏感的先行者，理想和现实的落差与夹缝，常使得他们陷入困惑、茫然之中。一方面，我国社会重心的转轨引起了人们价值观念的根本改变；另一方面，思想解放运动唤醒了人们沉睡已久的自我意识。这两个方面的交错变化和撞击所带来的社会问题，是理论家们难以预料和完全概括的。这种撞击在当代大学生身上的投影集中地表现在三个方面。

（一）权威效应的丧失与自我的升值

社会的急剧转型给人们观念意识带来的最大的震动是对盲目信仰和盲

---

① 参见张永杰、程远忠《第四代人》，东方出版社1988年版，第111–112页。

目崇拜的破除，因此，青年大学生总是以怀疑、批判的态度去询问社会：过去错了，什么是对的？过去的理想有许多虚幻，什么才是真切的？当社会无法立刻回答他们时，他们便觉得自己置身在一个价值混乱、思想无所依归的现实中。绝对主义的崩溃，社会实践的丰富多彩，使人尤其是涉世之初的年轻人感到自己像一只断了线的风筝，不知何去何从。于是，在主观的层面上，自我成了合乎逻辑的理想归宿。从客观的层面上看，改革开放对人才的社会需求，不仅给大学生提供了证实自我价值的良机，而且强化了他们的这种自信。瞬间，自我迅速升值，以致"走自己的路，让别人说去吧"成为众多大学生的人生座右铭，自我意识、自我崇拜成了许多人的口头禅，自我设计、自我实现受到大学生普遍的认可。在这种心态下，西方非理性主义思潮伴随着经济文化的开放而渗透，引起大学生的由衷关注和特别青睐，自然是水到渠成的结果。从对萨特、弗洛伊德到对尼采的持续升温，我们看到青年大学生在某种新的盲目性下，逆向选择、追求自我的冲动，以及对填补理想真空的焦虑。

（二）理想的错位与自我的失落

在自我升值的盲目驱动下，大学生的社会声誉曾一度每况愈下，人们常常在赞叹 1977 级、1978 级大学生是十年之精华的同时，对第四代大学生却有自恃清高、功底浅薄的评价。于是，一方面，大学生们以为他们找到了价值裂变后新的理想坐标；另一方面，社会对他们却不以为然。大学生们的自信再次受挫，立足自我、建构理想的追求似乎遭到了双重否定，他们终于喊出了"我们究竟出了什么毛病"，那封以"朗朗"署名的信，道出了大学生们自我失落的困惑。"60 分万岁"思想的蔓延，使得"读书无用论"再度重演，经商热、跳舞热、麻将热等正是这种精神状态的附属品。有人说，"一无所有"歌声在校园的回荡，"黄土歌"在青年中的流行，从社会心理的角度分析，无不流露出大学生们极不平衡的自我宣泄。这种分析无疑是符合事实的。从自我升值至自我失落的过程给大学生一个这样的启示：以自己作为理想设计的起点和实现理想的终极目标，在活生生的现实社会中只能是一纸"蓝图"，人的社会本质决定了任何正常的个人永远也不可以逃避社会，最大限度地、深刻地认识社会本质，把握社会发展的规律，才能最终把握自己，否则，理想的建构会失去坚实的基础，理想的追求会陷入现实的迷离。

(三) 走出自我,向社会索问

对于第四代大学生来说,从自我升值到自我失落的过程曲折是痛苦的,打击是沉重的。然而,与其说这是人生成熟的原因,不如说是社会进步的驱使,他们终于开始试图在关注社会的前途命运中,寻找理想建构的支点。大学生们在经历了冷漠社会之后又回到了社会的怀抱中,他们以极大的热情关注着改革开放的进程,参与意识、精英意识再度滋长,对社会腐败、党风不正等现象表现出极大的愤慨。同时,商品经济发展的逐步深入,促使大学生们不断改变自恃清高、自我封闭的观念。竞争的刺激和挑战客观上成为他们认识自己、发展自己的新的动力。社会实践热、勤工助学热的主观用意,极大程度地表达了他们渴求社会的理解、缩小教育与社会鸿沟的愿望。这种取向无疑是积极的。尽管他们在走出自我、向社会索问的过程中得到了深刻的教训,但是大学生们所表现出来的社会责任感无不向人们显示,他们还在不懈地追寻着理想。这个追寻的过程既是社会历史性转轨和自我意识觉醒的复合反应在青年大学生身上的投影,同时又是道德冲突与人性期待的折射。

不言而喻,道德冲突无外乎来自道德与经济变革的冲突、新旧道德的冲突、行为定势与道德观念的冲突、主流道德与支流道德的冲突等。道德,作为意识形态,虽受制于经济基础,但又具有相对的独立性,这种独立性一方面表现为它对经济的反作用,另一方面表现在当其赖以存在的经济基础发生变化时,由于惯性的作用,道德变化具有非同步性。一般来说,社会的不断运动总是不同程度地震撼着原有的道德体系,使之朝着更加符合人性的方向改变;道德与经济基础之间保持一定的张力是正常的、必然的。但是,当社会发生急剧变革的时候,道德的相对独立性会发生迅猛扩张,如不及时有效地进行调整,社会就会陷入失衡状态。固然,调整道德的失衡状态,可以通过法规的健全、政策的完善来进行,但是,道德行为毕竟是自知自觉的行为,不唤起人的自觉性,道德就不可能获得普遍的认同,而这种自觉性的理性前提就是趋善避恶的人性期待。

关于人性善恶、人的本质为何的问题,是思想史上长期争论不休的焦点。19世纪唯物主义哲学家费尔巴哈从人的自然性的角度,强调趋利避害是人的自然本性。尽管唯物辩证法认为它夸大了人的自然属性,导致其陷入人本主义的困境,但是,费尔巴哈看到人性具有趋善避恶的特点无疑是十分重要的思想。马克思主义强调人的本质的社会性，其要旨在于，任何个人、任何个体的生命的存在和发展，归根到底是处在社会关系的普遍联系之中的，人的自然本能不可避免地要被打上社会的烙印。而恰恰因为人的这种社会本质的展示，从生命个体的角度看，人总是期望他们存在与发展的环境是善意的、良性的、和谐的。一个社会能越大限度地挖掘和引导人的趋善性，就能越大限度地发展人性，使越多的人的利益得到保障。人类需要自己订立规则来约束自己，无不是人性趋善的期待，是人作为人的价值的集中体现。这种期待揭示了人不仅是经济的主体，更是文化的、精神的主体。

第四代大学生在经历中国社会发生巨大变革以及由此而引致的道德理想的重构的过程中，他们的个性本身就已蕴含着全部的矛盾：他们要求独立，追求自我；他们渴望变化，追求创新；他们试图超越，追求自然。其中每一个特征都充满着矛盾：自我与社会的矛盾，现代与传统的矛盾，规范与自由的矛盾。每一种矛盾都有两极转化的可能。他们不明白，为什么当学校批评他们缺乏理想的时候，社会却认为他们太理想化了；他们弄不清，是社会不理解他们，还是他们不了解社会；他们不知道应该入世，还是应该洁身自爱……上海某大学一位学生在文章中这样坦言："我从小就想做一个布尔什维克，我曾有过浮士德式的追求，然而，在现实中我困惑了：站在人生的大门口，我捧着灵魂，如果把灵魂交给撒旦，那太可恶了，交给天使又太吃亏了。"是的，尽管在成人的眼里，年轻人是幼稚、简单、片面的，但是由于青年具有"边缘性"的特点，无论在任何时代，青年的敏感性、先锋性都决定了他们是社会变化的晴雨表，他们的剧痛是社会阵痛的缩影。

一个人心灵无所依归，则会恍惚不定，不知所措；一个社会失去精神支柱，则会导致人性的泯灭。重建道德理想，既是人性的呐喊，也是时代的呼唤。

二、 道德更替与历史发展的二律背反

道德变迁的必然性可以通过道德主体的矛盾冲突表现出来，但是道德作为人给自己的立法，自有其发展的内在规律，其所有的丰富性和矛盾性都必然在历史的发展中获得展示和解决，因此，道德更替与历史发展具有

不可割裂的联系。但令人费解的是，它们的联系在人们的直观表象中却是二律背反的。根据唯物史观，社会生产力愈发展，历史愈进步，社会应该产生愈高的道德水平和愈好文明道德风气。而"事实"却相反，似乎社会历史的进步和发展总是以牺牲道德作为代价的。毫无疑问，道德理想的重建必须以历史发展进程为基础，而历史的发展进程又绝不是自然进化的过程，它需要道德理想的指引和激励。因此，不从根本上解开这个困惑之谜，就无法确定和把握重建道德理想的方向。

历史与道德发展的二律背反问题，在人类社会由来已久。在古希腊就有人诅咒财富的增长使人类从黄金时代坠入黑铁时代。在近代，一方面，具有浪漫主义情绪的小生产者利益的代表者们对自然经济的解体和商品经济的兴起感到无限困惑和悲伤，认为与其败坏古朴道德来换取社会发展，不如放弃社会发展而保持道德的完美。另一方面，资产阶级经济学家却把商品经济的典型社会形式看作是绝对的、永恒的，认为利己是人的本性，追求财富是人最根本的价值要求。卢梭可谓历史上第一个较系统指出这种二律背反现象的哲学家。坎坷不幸的遭遇和漂泊贫苦的生活，使卢梭对其置身的不平等、充满虚伪的社会现实痛恨万分。他在《论科学与艺术》的论文中，一针见血地揭露了现实社会的腐朽虚伪，同时，给人类思想史留下了一个颇有价值的难解之谜——科学与道德发展的关系。在卢梭看来，人生来本是自由、平等的，自然状态是美好的，而科学与艺术的发展使得人们背离了自然，使人变得疑虑、猜忌、恐怖、冷酷、仇恨与奸诈。因此，他得到这样的结论："我们的灵魂是随着科学和我们艺术之臻于完美而越发腐败……随着科学与艺术的光芒在我们的天边上升起，德行也就消逝了。"①

应该看到，由于阶级和时代的局限性，虽然卢梭对资产阶级虚伪性的批判是深刻的，但他对科学与道德的认识却具有较大的片面性。因此，当他剖析科学与道德的分离时，实际上是把道德孤立起来，非历史主义的态度使其价值选择陷入两难困境。在1755年发表的《论人类不平等的起源和基础》一文中，卢梭终于发现道德退化的根本原因在于私有制。这个思想所蕴含的唯物史观，至今仍有重要的意义。但是，这个解释仍旧没有完全解决人们认识中的困惑。改革开放初期的历史进程再次刺激人们反思

---

① ［法］卢梭：《论科学与艺术》，何兆武译，商务印书馆1960年版，第7页。

这种困惑的真实缘由。一方面，短短十几年的社会生产力发展速度和水平大大超过了过去 30 年；另一方面，人们却感到社会道德风尚每况愈下，于是人们发出"雷锋叔叔不见了"、今不如昔的感叹。为了走出这种困境，有人主张，为保证社会生产力的绝对发展，以牺牲道德作为代价是值得的；有人则认为，宁可放慢经济发展的速度，也不可拿牺牲道德作为抵偿。道德更替与历史发展二律背反的真实缘由究竟是什么？回答这个问题，需要弄清几个理论的关键点。

（一）生产力的双重尺度

根据马克思主义的观点，生产力并不是外在于人的单纯的物，正是在这个意义上，生产力具有历史尺度和价值尺度的双重意义。从历史尺度看，生产力的发展决定并推动着社会由低级向高级更替，标志着人类的文明和繁荣。从价值尺度看，生产力是人的主体价值的实现，是人的个性、本质的生成，但是，这种必然性是在历史发展的无限过程中才能把握的。而事实却是，自从人类进入文明时代以后，每一个时代的生产力都是有限的，结果势必造成一些人的发展以另一些人的不发展为前提。在相当长的历史阶段中，生产力"在对抗中发展"的事实必然引起人们道德上的忧虑，这是不足为奇的。因此，如果我们把道德进步与否的评价建立在一个有限的横断面上，那么结论必然是自相矛盾的。其实，人类只有在把握这种客观必然性的基础上，才能实现自身价值的超越；同时，人类只有实现自身价值的不断超越，才能真正把握必然性。人类道德规范的确立与选择是受制于人对自然、自我、社会的认识能力、程度和水平的。而决定人的认识能力的基本客观条件则是社会生产力的发展水平。人类社会的整个文明史无不向我们证明了这个事实。道德只有在体现历史必然性的趋向上，才具有真实的生命力。

（二）意识的相对独立性

道德作为一种社会意识，毫无疑问是对社会存在的反映，这种反映在某种意义上亦是对社会存在的依赖性。即道德的发展依赖于社会历史运动的客观进程，道德价值目标的确定与社会的价值导向有关，道德原则、规范和准则的选择与人类一定的生活实践相联系；道德环境和风尚的形成亦是国民素质、心理状态、理想取向、文化传统等多种社会存在因素的综合反映。

但是，意识还有另一种属性，即意识的相对独立性。这主要表现在两个方面：一方面是意识的能动作用。正如恩格斯所描述的，在一些经济落后的地方，意识形态方面仍可以演奏第一提琴。① 这种情形实际上反映了这样的事实：意识对存在的依赖或经济对意识的决定作用，其绝对性只是在本体论的意义上，离开这个前提，从人类认识与实践的过程去考察，二者则是相互制约的。因此，当二者处于协调发展的时候，社会就呈现良性状态；当二者处于对立或异向运动时，社会则可能陷入恶性循环。所谓"生产力水平提高了，人们的道德水平就会自然而然地提高"，或者"经济的发展必然以道德沦丧为代价"的结论，恰恰完全否定了人作为社会主体的作用，否定了人的意识的能动性的价值。尽管道德的发展最终取决于经济发展的水平，但在必然性的方向上和过程中，人类却可能通过发挥其能动作用，最大限度地选择与这个方向相一致的德性，抑制与之相悖的方面，促进其向一定社会终极目标接近以及向更高阶段发展。

意识相对独立性的另一方面表现是思维与道德行为的惯性作用。当我们说经济基础的变更必然引起意识形态的变革时，在实践层面，它们是不同步的。这是因为，当基于一定经济基础之上确立的道德观念一旦形成，尤其是当这种观念广泛地渗透到人们的社会生活中，甚至成为人们的行为习惯时，其赖以存在的基础的改变，并不可能立刻改变原有的道德认识与行为的惯性，即人们可能用原有的观念去判断变化了的现实。因此，这种不同步常常引起人们产生对历史与道德发展的二律背反的思考。一般来说，社会的经济基础变化的幅度越大、速度越快，人们在理想与现实、新与旧、认识与实践等方面产生的矛盾就越突出、越尖锐。纵观历史的发展，这无不是一条客观的规律。

（三）道德评价标准的相对性和绝对性

关于历史与道德发展的二律背反问题，实际上是一个评价问题。既然是评价，就有评价的标准。如果评价标准无法基本确定，道德评价就会陷入智者见智、仁者见仁的相对主义的片面性。要科学确定道德评价标准，

---

① 参见中共中央编译局编译《马克思恩格斯选集》（第4卷），人民出版社1972年版，第485页。

则必须把道德评价标准植根于道德存在与发展的客观性基础上。

其一,判断道德进步与否的标准不应从道德本身去寻找,而应从社会的根本价值目标去寻找。关于这个问题,历史上有道德本体论与工具论之争。前者认为,道德规范本身就是其价值意义和目的所在,因此,规范就是道德尺度。后者认为,道德是人类用以达到社会根本目标的"工具理性",或者说是达到目标的手段之一;判断道德进步的尺度不在道德本身,而在多大程度和层面上接近社会的根本价值目标。显然,基于某一特定条件下所制定的道德规范总是相对的、有限的、不充分的,把规范作为终极尺度就会导致道德成为束缚人性发展的锁链。于是人们在现实中困惑了:道德本来是人给自己的"立法","立法"的目的在于使人能获得更加充分、全面的发展,而如果"立法"的结果与这种初衷相悖,那么就等于人自己束缚自己,这在逻辑上既是荒谬的,亦是违背人性的。的确,道德对于人的行为具有制约性的作用,但这种制约性是人的自觉理性的展示和发挥,是对人的非理性冲动的调整和制约,是对接近社会根本价值目标行为的选择与弘扬,而绝不是对人的整个的抑制和束缚。相反,当某种道德规范成为大多数人的束缚时,则应被扬弃和更替。

因此,在方法论的意义上,道德评价的标准可以从两个方面去把握:一是与历史发展必然性相一致;二是趋向于社会根本的价值目标。前者即为,道德进步与否,应看其是否有助于促进社会生产力的发展。后者即为,道德是否有利于人性的充分完善和人的全面发展。这两个方面反映了道德进步标准的绝对性。然而,道德评价标准的具体内容是不断变化的,是受到一定历史阶段社会经济、政治、文化以及社会各种关系和因素制约的,从这个角度看,道德评价标准具有相对的意义。但这种相对性只有当它依附于道德评价的绝对性时才是有意义的,离开这个前提,道德评价就失去了其客观的价值。

其二,判断道德进步与否的标准,在评价方式上要注意把握事实判断与价值判断的联系与区别。事实判断是一种真假判断,价值判断是善恶、是非判断。道德评价应在事实判断的基础上进行价值判断。由于历史发展过程是真善美与假恶丑同时并存的客观过程,因此,如果人们把道德评价简单等同于事实判断,那就等于把黑格尔的"存在的就是合理的"转换为"存在的就是道德的",这不仅彻底泯灭了人的理性价值,而且是不符合事实的。但是,我们亦不能离开事实判断去进行抽象的价值判断。因为当我们还没有搞清"是什么"时,就去说"应该怎样",会从根本上违背科学唯物主义的基本方向,使得价值评价失去客观依据,陷入主观唯心主义。显然,第一种偏颇,实际上失去了道德评价的真实的意义;第二种偏颇,则容易使人得到历史与道德发展背反的结论。因为这里有一个无法消除的可能性,即随着生产力水平和人的认识能力的提高,以及知识与科技的发展,客观上为人们从善或行恶提供了更加多样、复杂的选择性和手段,当人把这种能力、知识和技术运用到行恶的方面,它的破坏性则更大,因此,人们往往会觉得更不道德。

显然,道德作为人类精神生活的一种特殊现象和要求,既与社会生产力的发展及其水平具有内在的联系,又具有相对的独立性。值得注意的是,这种相对独立性除了与人的意识的相对独立性具有一致性之外,还具有其特定的蕴涵:道德对存在的反映往往更直接、更直观,而道德的历史超越性却受到明显的制约。这是因为道德不仅是一种观念和意识,而且必然要表现为道德行为和实践。于是,在现实中人们发现:在道德形而上的层面,人可以循着历史发展的必然性进行道德理性的选择,其思维的空间是十分广阔的,其超越性是无须限定的;而在形而下的层面,道德行为的选择空间却是有限度的。与法律行为的限度相比,道德行为的限度有很大的弹性,包括行为主体的个性品质弹性、文化弹性、人际弹性、环境弹性等。因此,一旦把握不好这个限度,就可能走向现实道德的反面。道德认知与实践之间的这种特殊矛盾,使得道德与经济的关系变得更为复杂,这种矛盾在一个社会走向现代化的进程中必然显得更加突出和尖锐。而隐藏在这种矛盾之后的问题却是更耐人寻味的,这就是德国现代著名社会学家马克斯·韦伯(M. Weber, 1864—1920)提出的关于工具理性与价值理性的省思。韦伯在考察资本主义国家实现现代化的过程中,深刻地揭示了工具理性的偏狭性,认为这种偏狭的理性观的发展不但导致了技术官僚意识的出现与泛滥,而且使人类的整个社会生活笼罩在一种特殊的支配形式下,使获得优位的人重新沦为机器和技术的奴隶。如果说韦伯的这一思想对于资本主义发展走向畸形化的批判具有深刻之处的话,那么,这种批判性对于我们讨论在市场经济条件下道德与经济发展的二律背反现象是具有深刻的启示意义的。

无论是社会主义市场经济还是资本主义市场经济,作为经济规律本身,其基本特征都是共同的,即价值决定机制、供求决定机制和竞争机制。它表明，商品的价格取决于其价值，是以价值为基础，围绕着价值而上下波动的；调节这种波动方向的是市场的供求关系。生产者为了追求最大的效率和最大的产出量（这恰是工业文明之现代性的主要特色），必须想方设法降低成本，提高价值，从而增强竞争性。但是，市场价格的机能并不能计算由于复杂的生产过程而转嫁给社会担负的费用，即社会成本，因为社会成本在许多情形中是无法计算的，尤其是在进行某种生产活动的当下是无法计算的。因此，如果我们在追求合理性时，只片面追求工具理性，追求当下的最大效率、最大功利，忽视或否定价值理性，那么工具理性则成为无所依附的目的本身，结果正如台湾学者杭之先生所深刻揭示的："在这种经济体制下，那些追求自己之最大利益的生产者，经常是以市场价格机能所不曾计算进去的社会成本来扩增自己的、现时的利润，而牺牲了公共的利益以及整个自然生态环境的未来。"① 这样，在客观上就造成了经济的发展是以道德的沦丧为代价的事实，而且正是在市场经济运作的基本过程和规律的层面上，这些问题亦是社会主义市场经济不可避免且必须正视和予以回答的。因此，我们应该清醒地看到，如果说社会主义市场经济与资本主义市场经济有区别，那就体现在它们在根本目的上的区别。言下之意，社会主义市场经济应具有避免资本主义经济发展片面化、畸形化的可能性和必要性。因此对工具理性与价值理性的关系，必须有科学的认识和分析。在我国生产力尚不发达和发展极不平衡的情况下，大力发展工具理性是极为必要的，但是在社会价值导向的层面，我们始终要把这种工具理性依附在价值理性的基础上。忘记这一点，就会发生新的理性迷失，市场经济就可能导致道德、文化乃至整个社会的"市场化""商品化"。这无不是我们需要警醒的。否则，我们必将应验杭之先生的批评：文化艺术不再是为了人类未来生活之新的可能性的一切留出空间，而变成一种制造娱乐效果的高级商品，于是，大部分人将沦为在物质上享受极高的生活水准，在精神上却退化为被动的、被支配的地位的人，变成韦伯笔下的"没有视野的专家，没有心灵的享乐人"②。

可见，重建道德理想必须以把握历史发展必然性为前提和方向，必须与社会基本的价值目标相一致，同时，它又是在基于现实并超越现实的不

---

① 杭之：《一苇集》，生活·读书·新知三联书店 1991 年版，第 86 页。
② 杭之：《一苇集》，生活·读书·新知三联书店 1991 年版，第 75 页。

断升华中完成的。

三、开放道德与道德约束的双重变奏

如果说道德理想的重建是一个必然，而实现必然的过程是充满矛盾的，那么重建的结果当然是人们所关注的焦点。新弗洛伊德主义的创始人埃里希·弗罗姆曾教人对任何理想都要加以考问，看看这种理想究竟有多少真实性？它实际对人类的"能力展现"具有多少鞭策力？它究竟对人类与其世界的平衡和和谐的需要提供了多少真实的解答？显然，弗罗姆非常重视理想的现实可能性及其对现实的意义。从方法论的角度，这种考问具有一定的局限性；从实践主义的立场，这种考问却包含了较深刻的蕴意。否定这一点，也就否定了重建道德理想的必要性，因为理想与现实的断裂势必致使理想流于空白。

当今我们面临的是一个逐渐走向开放的社会现实，道德理想究竟如何去反映这个趋向，把握趋向之本质，事实上我们遇到了一个两难悖论：一方面，开放的社会需要建立一个开放的道德体系；另一方面，道德功能的本质特征决定了道德对人的行为的制约性。于是在直观上使得二者之间发生一种拒斥力，要对这个悖论进行简单的是非断定着实是一件十分困难的事情，那么，能否在二者之间寻找到契合点呢？我们需要讨论以下几个问题。

（一）开放社会与开放道德的蕴意

开放是相对封闭而言的。封闭社会的基本特征是以地域为界定，其经济、政治、文化、信息、教育等都以一定的地域界定为轴心运转并作为最终归宿。因此，在封闭社会中，无论是上层建筑、意识形态还是经济基础，都具有相当的独立性和超稳定性。中国两千多年的封建历史是一个最典型的说明。

人类历史实际上是由物质、人口和精神三种再生产构成的有机体的运动过程，而中国封建社会的整个再生产过程却是在封闭的体系中循环的。其物质再生产，基本上是以一家一户为单位的、自发的简单再生产，这种社会的经济基础，是自给自足的自然经济，物质生产的目的是"事父母""畜妻儿"。因此，与这种自然经济模式相联系，人口再生产则以人丁兴旺为乐事，每一宗族都以增殖人口作为扩大劳动力的直接源泉来显示其力量强大。物质与人口再生产的特点使得中国封建社会的精神再生产具有自发、依赖、狭隘、实用和循环的特征。在这种自给自足的自然经济的制约下，整个社会的发展极为局限和缓慢，在某种意义上，人们只需了解自己一家和宗族就等于了解了整个社会和国家，这是最典型的封闭社会的形式。

不言而喻，开放社会必然打破自然经济的基础，其物质生产是商品生产，这就从根本上决定了它的生产形式、组织结构及生产效率与封闭社会有区别，由此制约的人口生产、精神生产则必然冲破封闭社会那种家族本位的狭隘的、单一片面的观念。追溯中国社会的开放历程，可以概括为三次高潮。

第一次高潮是鸦片战争，其拉开了中国开放社会的帷幕。鸦片战争是以英国为首的外国资本主义企图扩大鸦片贸易，对中国发动的侵略战争。然而，这场战争却在客观上打开了中国封闭了两千多年的封建国门。长期闭关自守的超稳定结构、清政府的腐败无能是致使洋人使用坚船利炮打开国门的主观原因之一。在一定层面上，鸦片战争动摇了封建王朝的统治，掀开了中国近代史上走向开放的帷幕。尽管这是被迫的，是建立在不平等的、被侵略和被欺侮的基础上的，但无论怎样，这场战争打破了具有悠久传统和凝固信仰体系的超稳定结构，打开了中国面向世界的国门，促使中国从封建社会沦为半殖民地半封建社会。

第二次高潮是五四运动。五四运动是在俄国十月革命的影响下，中国人民自觉地反帝反封建的伟大革命运动，同时它还是彻底地、不妥协地反封建文化的新文化运动。五四运动提出的"科学"与"民主"的口号，不仅标志着中国从被迫走向开放到自觉开放，而且对中国完成新民主主义革命和走向现代化产生了深刻的、深远的影响。

第三次高潮是中国共产党十一届三中全会以来的社会主义的改革开放运动。如果说第一次开放具有被动性，第二次开放主要是体现在思想文化领域的开放的话，那么，第三次开放则是一次以经济建设为中心的全方位的开放。我国在建立了社会主义制度之后，如何在一穷二白的基础上建设社会主义，无疑是一个新的课题。中国共产党在深刻总结历史教训的基础上，提出了改革开放的基本国策。尽管开放的过程像打开了一扇窗，不可避免地会飞进一些苍蝇、蚊子，但是实践证明，改革开放是坚持和发展社会主义的必由之路。

经济的改革必然引致政治、思想、文化的改革，经济的开放必然带来思想观念、文化艺术、社会环境全方位的开放，这是不以人的主观意志为转移的客观过程。显然，这个客观过程向人们展示了这样的一种必然性：世界之大，纷繁复杂，不仅有历史文化传统的差异与制度的对峙，还有社会进程的差距与发展的不平衡。因此，当一个社会置身于开放的环境中，它所面临的可能性、选择性必然增多，同时，由于其参照系的丰富性（在封闭社会中，参照系就是自己本身，故人们只有一个向度的比较——现在与过去比），比较的向度是交叉运作的，从而使得价值选择与判断更加复杂，并表现出极大的差异性。这种情形在从封闭向开放转换的初始阶段尤为突出，即新旧观念的冲突、理想与现实的矛盾、理论与实践的偏差往往更加尖锐，进而导致客观上的多元化和主体上的无所依从的困惑状态。如果从静止的、片面的角度来看，有人会倍加留恋封闭的社会，因为那种单调、沉闷的社会似乎比丰富而"混乱"的社会更稳定，心灵更有所依归。其中最有代表性的观点认为，我国的对外开放，只能限于经济和科学技术领域，思想文化战线不能实行开放政策。这种观点似乎表达了对中国社会发展的一种"理想"愿望。然而，这种"理想"的愿望在理论上是不能成立的，在实践上更是无法运行的。因为一个社会的经济、政治、文化等的发展是具有内在联系的有机整体，人为地将其分离，只能导致更加被动的结局。这在中国近代史上可以找到有力的佐证：1840年鸦片战争后，中国人企图把希望寄托在军械制造和西洋技术上。然而，洋务运动的失败促使戊戌变法和辛亥革命的矛头指向了政治，而这两次政治变革的失败又推动了中华民族的精英们去思索隐藏在经济、政治背后的深层原因。于是，以反封建、反传统，倡导民主与科学为旗帜的五四新文化运动兴起了。历史发展的偶然恰恰证明了历史发展的必然，它向人们揭示了这样一个平凡而又深刻的真理：国家的现代化，必须依赖人的现代化，而人的观念的现代化则是人的现代化的关键。美国著名学者英格尔斯在研究了许多发展中国家追求现代化的坎坷道路后指出，当今任何一个国家，如果它的国民不经历心理上和人格上向现代性的转变，而仅仅依赖外国的援助，引进先进技术和民主制度，都不能成功地使其从落后的国家跨入自身拥有持续发展能力的现代化国家的行列。而实践的过程恰恰是，人们在引进先进科学技术和管理的同时，已经内在地包含了思想文化和价值观念的渗透，这种渗透是任何人为的力量都无法完全阻止的，尤其是在当今的信息社会中，传媒网络迅速发展，企图在开放的环境中发展经济、在封闭的体系中更新意识形态是不可能的幻想。因此，对于伴随开放而可能引致的消极影响，我们的立足点应该放在科学的预见、积极的预防和提高人们的识别抵制能力上，否则，别无出路。反观20世纪70年代末以来我国改革开放的实践历程，我们从来没有提倡西方社会的意识形态和生活方式，并且更多地强调其带来的消极影响。然而，西方社会的价值观念、生活方式却在经济开放的大潮中，乘隙而入。尤其对身处文化窗口的大学生来说，这种影响更为普遍和明显。圣诞节、愚人节、情人节等的兴起可以说是一种形式的接受，其更深层的渗透，是人们对西方价值观念的逐渐认同，西方思潮热的此起彼伏则是一个典型的说明。

西方文化的核心集中体现在西方哲学思想中，而现代西方哲学尽管学派林立、观点分歧，但都始终围绕和突出以下三个问题：其一是强化人道主义的原则，强调对人的研究，突出人的价值和意义，推崇人的自由。但这种人道主义常常是建立在抽象的、非现实的基础上的。其二是高扬人的主体性，突出主体在哲学与各种研究中的地位和作用。但他们所理解的主体性常常等同于非理性的情绪、感受、欲望或抽象的自由意志。其三是反对古典哲学的理性主义传统，突出非理性主义的思想倾向。

与现代哲学思潮的核心内容相联系，有学者的研究认为，现代西方哲学具有五大特征：第一，强调否定性。这成为时代精神的潮流，在否定性的思潮中，激荡着相对主义、虚无主义的回音。第二，走第三条道路。他们认为，古典哲学的根本缺陷在于对唯物主义与唯心主义的对立采取非此即彼的态度，看不到二者统一的可能性。第三，创立新的哲学思考方式。他们反对西方古典哲学理性主义把哲学等同于知识的基本主张，而把哲学同人生结合起来，认为哲学是对智慧的探索，是对人生意义的解释和对人的问题的追寻。第四，注重人的主体性。他们认为，古典哲学对主体性的研究具有抽象的性质，把主体看作纯理智的抽象主体，而现代哲学的一个重要观点则是把人理解为具有超越性的存在。正如叔本华指出的，以往所讲的哲学主体都是认识的主体，而不是欲求的主体。第五，描述近代特有的情绪。这主要表现为三种情绪：非理性主义、悲观主义和虚无主义。

在当代大学生身上和行为方式中，我们不难发现现代西方哲学的价值倾向对他们产生了重要的影响。对开放地区大学生抽样调查的结果表明，相对以往的大学生群体，当代大学生具有以下突出的共性：①重个体，强调个性。无论是对人生幸福的看法，还是职业选择的倾向，多数人的立足点是建立在个体和发挥个性的前提下。②在对待个人与集体、义与利、传统与现代、是与非等问题上，多数人倾向二者居中的选择。③相对主义的评价倾向。如对婚前性行为、第三者现象和独身选择，以及考试作弊、见义勇为、善恶等的评价，多数人强调具体问题具体分析，而其主要的评价标准是个体的感受如何，表现出明显的宽容、理解和不干涉的态度。④明显的非理性主义情绪。"跟着感觉走"不仅是近年来青年学生的一种普遍心态，而且对他们的人生态度和选择也有着直接的影响。如在婚恋方面，多数人赞同"不求天长地久，只求曾经拥有"。卡拉 OK 的普及化，通俗文化、大众文艺产生的强烈效应，以及对教育的逆反心理和对政治的淡化，都包含着这种情绪的宣泄和折射。

由此，我们可以得到这样的结论：开放作为一个社会发展的基本背景，不可能局限于经济、科技管理的范围，全方位的渗透和影响是不可回避的客观事实。唯一科学的思路在于研究客观事实，把握其发展趋势，从而在分辨中扬弃，在扬弃中建设科学的思想、道德体系。

显然，开放的社会在客观上要求建立一个开放的道德体系。所谓开放的道德体系不是减弱道德规范的约束力，不是放任人的天性或自然性，恰好相反，开放社会打破了狭隘的地缘、亲缘范围和关系下的片面性，向人们展示了一个更加广泛、更加广阔、更加复杂的生活层面和道德空间，使得道德对行为主体的制约性具有了更加普遍和深刻的内涵。开放道德尤其要体现这种趋向和发挥这种功能。

（二）道德必然与道德自由

在讨论这个问题前，有必要对自由作一个明确的界定，因为人们在运用自由的过程中，容易在两个层面和两种意义上发生混淆。一是理论层面上的自由，其意义为人类的特征。这个意义上的自由包括两个方面，即一定社会历史条件给人提供实现某种目的的可能性的外在自由和人们独立按自己愿望对可能性做出选择与付出行动的意志自由。二是实践层面的自由，其意义为无拘无束的主体任意性。在此我们以第一个层面上的自由作为讨论的界定。根据这种理解，自由既是人类选择自身和超越自身的基本前提，又是人类追求的目的。然而，新弗洛伊德主义创始人弗罗姆的研究却给我们提出了一个人性的二律背反现象：追求自由与逃避自由。作为社会心理学家，弗罗姆把对人类及其活动的研究建立在心理学的基础上，从心理的角度来解释人的需要和自由特性。他认为，人类的全部活动都取决于两种心理需要：一种是人与同类交往以逃避孤独，另一种是人对自由的需求以排除其发展个性化的障碍。如果这两种需求同时得到满足，使人与自然、与他人有机和谐地结合，这即是追求自由。但是，在弗罗姆看来，由于人的成长切断了人与母体和他人的联系，人变得日趋孤独，于是人为了逃避孤独则不得不逃避自由——放弃其追求独立自由的倾向，形成按照文化模式所提供的个性，成为他人所希望的那个样子。在这里，弗罗姆描述了一幅在资本主义社会结构中人性异化的现实图景，这幅图景反映了自文艺复兴以来资产阶级推崇的抽象个性、个人本位主义的实践困惑和窘境。但是，弗罗姆并没找到逃避自由的真实原因。其实，在追求自由与逃避自由的背反背后，蕴含着一个更深刻的矛盾：人性的社会性与个体性。这是制约追求自由与逃避自由之缘由所在。

人性的社会性具有极丰富的内涵，最基本的方面就在于：首先，它指人必须以社会及其关系作为自己存在的前提。有人把先有鸡还是先有鸡蛋的讨论引入个人与社会的关系之中，认为个人与社会谁为先，则谁为本。这种讨论如果说在发生学的角度还有意义的话，在哲学的角度，却是没有意义的。因为当一个人呱呱坠地之时，个体就先在地存在于前人创造的一定社会文化和时代氛围及其家庭关系之中，对于每个个体来说，这是没有选择的选择。正是在这个不以个人意志为转移的社会前提下，个体开始通过各种活动和训练逐渐锻炼和提高自己，成为一个接受社会和被社会接受的成员。其次，人的社会性还表现为只有在社会的基础上，个体的存在才有可能，人生的发展才能实现。因为人除了具有饮食男女的自然本能之外，还具有自我意识、合群交往及创造和实现自身价值的精神需要，这是人类特有的本能。然而，这着实是人的社会本能。不仅社会的发展水平、文化积淀在一定意义上决定实现个体社会本能的可能性，而且个体选择什么、怎样选择及选择方式和手段亦内在地与社会性相联系。从这个角度，否定人性的社会性等于使人沦为与禽兽为伍。最后，人的社会性还在于人化社会与社会化人是相辅相成的互动过程。人具有意志自由的能力，这使得人在接受社会化的过程中，又同时在创造社会。这种双向运动不仅使人与社会具有无法解脱的依赖性，而且使人性具有了真实的、完整的意义。

人的个体性作为人性的另一端，造成了人类个体之间的差异性。这种差异固然包含生物学意义上的差异，但更重要的是个体在不同生存环境和生活关系中所形成的社会特质的差异。马克思、恩格斯在《德意志意识形态》中指出，对于各个个人来说，出发点总是他们自己。即尽管个体对社会的看法必然受到时代、民族、阶级等多种因素的影响，但他总是从其特有的角度出发去认识和评价周围事物，故必然被打上个人的印记。因此，人的个体性在某种意义上是证明独立个体的规定性，如果失去这一规定性，一个人可以相同于任何其他人，社会则失去了存在的基础。

可见，人的社会性与个体性，与其说是人性的二律背反，不如说它们是对立统一的有机体。在形而上的层面，二者是可分离的，具有相对立、相矛盾的关系；在形而下的层面，二者却是不可分离的，它们互为前提、相互交叉和相互证明，任何一种片面性都会引致人性的扭曲。如此说来，个体性与社会性是否在人性中就平分秋色呢？其实，在理论上证明人的个体性和社会性具有辩证的关系并不是困难的事情，马克思主义创始人比资产阶级思想家的深刻之处就在于，他们在实践的层面上，进一步揭示了人的本质特性："在其现实性上，它是一切社会关系的总和。"这是人类作为整体区别于动物界的标志和根本所在。有人借此攻击马克思主义忽略人作为生命个体的价值，而事实恰好相反，马克思、恩格斯既看到了人从动物界进化而来的事实决定人永远不能摆脱兽性，这就是与人的生理机能相联系的自然本能，同时他们又看到了人的自然本能的实现是以一定的社会方式为载体的。仅有前者，人兽无异，只有当前者与后者相联系时，人才成其为人。正是在这种意义上，马克思主义把人性中的社会性看作人的本质特性是具有科学真理性的。无论是人类思想史的演变过程，还是西方工业文明的现代化历程，实际上都向人们证明了这个真理。弗罗姆所描述的人从追求自由到逃避自由，恰恰是资产阶级夸大人的个体性、贬低人的社会性的产物。因为无论是人与同类的交往还是人的个性化发展，都不是封闭的个体心理需求，这种心理需求正是人的社会本质的反映。因此，虽然心理需求的具体物质承担者是千差万别的个体，但是这种需求的发生、满足及其内容、方式却是受到一定社会生产方式、生活方式、个体社会化的程度等影响的结果。个体只有自觉地把个人置于社会生活的有机关系中，才能主动地、有效地把握个体性，才能找到个体发展的立足点和方向。

既然道德作为个体所面临的复杂的社会关系、社会生活的一个方面，具有不以个人意志自由为转移的客观必然性，或者说它被包含在外在自由的内容中，那么，积极地适应才是有效超越的前提。把握道德必然，才能获得真正的道德自由。在这个过程中，缺乏外在自由，会使人的活动受到限制和阻碍。但是，人的意志自由，即在外在自由所提供的可能性中做出选择和决定的能力，却是对人的活动起指导性作用的。没有意志自由，人的活动就无异于动物的本能。值得注意的是，无论是外在自由还是意志自由，都是通过人的实践活动去实现的。因此，在人的道德活动中，道德选择是至关重要的，特别是道德在本质上作为人给自己的立法，它不是依靠外在的力量强制运作的，主体的内心信念才是善恶的主要鉴别者和取舍者。于是，人的意志自由在道德选择中具有最广阔的空间和余地。而人获得这种自由的程度，即体现为多大程度上摆脱了纯本能的任性和非理智冲动的驱使，逐渐进入孔子所描述的"从心所欲不逾矩"的理想境界。

从对人性的解析中，我们找到了获得道德自由的根据和前提。由此我们可以进一步得到这样的推论：开放社会变化万千，发展迅速，人们的活动空间和范围亦随之拓宽，人们要在纷繁复杂的开放社会中安身立命，就要最大限度地弘扬人的意志自由，摆脱盲目性，提高自觉性和自律性，从而不断地追求更大的自由。

自人类文明时代开始，任何社会都必然包含两个基本的方面，即实然状态与应然状态。实然描述的是现实的客观状态——是什么，它反映了事物的本真。应然描述的是社会现实中具有发展性的目标，它反映了人们对善的追求，其中包含了人的意志自由的判断选择和愿望。两者的逻辑关系是实然包含应然，但实然不等于应然。即在丰富多彩、复杂多元的实然状态中，只有那种揭示、代表事物发展规律方向的，才是最有生命力的，才符合善的应然目标。两者既相互联系又有根本区别，否定两者的联系和区别，以应然代替实然，则等于用理想取代现实，结果导致道德的虚伪性；而以实然代替应然，把"是怎样"简单等同于"应该怎样"，实际上等于否定了人的意志自由，结果导致道德虚无主义。

在这个问题上，我国社会道德理论与实践的发展，留下了不小的教训。我们曾把"大公无私""无私奉献"等具有共产主义境界的道德理想作为现实道德的普遍要求和道德评价的唯一标准，把本来是应然的目标作为实然的根据。而当人们发现社会主义初级阶段的经济基础所决定的社会存在是多元复杂的，在普遍性的意义上，达到共产主义的道德要求还相距甚远时,便开始对这种片面性提出怀疑和批判。加上心理和情感的作用,不少人却因此而走向了另一个极端:否定大公无私、无私奉献的道德精神,视之为"不符合实际的假大空"。这种断言在逻辑上是不能成立的,在实践上,亦把道德生活推向了相对主义。其实,在人类的道德实践中,任何个体都不可能获得完全的道德选择,非理性的因素时常会干扰人的意志,偶然的意志总是不断与自由意志抗争。因此,人的每一种选择结果都有多种可能性,善恶的两极较量使人常常处在边缘状态。从这个角度看,人在道德选择上的失误是难免的,尤其对于身心正趋于成熟的青年来说,选择错误并不可怕,可怕的是不去做选择或不知为什么要选择,任凭"自然"的驱使。人生一旦被动受必然性牵引,就会走向丧失个性、丧失自我的迷途。社会的进步正是在不断超越实然,趋向、接近应然的过程中实现的。否定应然,丧失道德理想,人类就会放弃自由、逃避自由,成为必然性的奴仆。

(三) 道德功能的约束性与道德个体的发展

从人性的两端——个体性与社会性的分析中,我们似乎找到了"逃避自由"的缘由,即人的个体选择必受到社会必然性的限制,人只有发挥意志自由认识必然性,才能摆脱限制,从而获得真实的自由。无视或否定必然性,则必受其惩罚,从而等于放弃自由。但是,从人类道德实践运动的角度看,社会道德对个体行为的约束作用确实是存在的。就个体而言,每个人都是基于自己的立场去认识事物,从个人的欲望、需要出发去进行行为选择和价值判断的。但是,人是社会动物,因此,个体的生存发展都处在一定的社会关系与角色氛围中,在这些关系中,与样体相对的个体,必然会有与社会、群体利益发生冲突的欲望和要求,而且两者间的矛盾具有普遍的必然性。于是,社会道德原则、规范等对于个体来说,就成为一种限制和约束。从积极的意义上说,约束使个体产生调节、自控的能力和意志力。从消极的意义上说,约束则使个体感到压抑和窒息。当然,就客观的层面而言,积极或消极的结果取决于社会道德原则和规范的公正性、合理性及其程度;就主观的层面而言,其取决于道德主体对必然性的认识和把握程度。无论是积极还是消极意义的约束,对个体来说都是来自外部的限制。这样,在直观上,它与基于个体欲望和需求驱使下的个人发展,会产生矛盾甚至对抗。因此,有人认为,开放社会与人的个性的发展是不同基点的同一个问题，二者具有正比关系，社会越开放、越文明，人的个性应获得越广泛、越全面的发展。因此，健全法律是发展个性的根本，淡化道德则是开放社会的趋势。这种观点的致命错误在于，把人的个性发展与社会道德的规范作用根本对立起来，进而将直观上、形式上的约束性与道德的本质特性混淆，而且从根本上否定了道德主体的意志自由。但是，这种观点却从另一个角度给我们提出了一个值得思考的问题，即对道德功能的重新考察和认识。

在传统的道德理论中，对道德功能的认识主要存在三种局限性。其一，道德功能主要被描述为调节功能，即调节个人与他人、个人与群体、个人与社会之间的关系和矛盾。那么，以什么作为调节的根据呢？社会主义道德的集体主义原则决定了这种调节是以社会道德为根据的，是以社会为本的。从人的社会特质，从个人利益总是以这样或那样的形式与国家、民族、群体、家庭的利益相联系来看，这个根据是毫无疑问的。这在以上的论述中已有了充分的说明。但是，在这个命题中，却包含着两个潜在的条件：一是这个集体、社会是代表大多数人利益的真实集体；二是社会道德规范、原则具有公正、合理性，符合社会的根本价值目标。随着社会的不断变化发展，如果这两个潜在条件没有到位或发生本质离异，谁来改变这种定势？谁具有批判的权力？是个人吗？如果是个人，这在逻辑上又陷入了自相矛盾。如果不改变这种定势，道德的虚假性必然致使道德失去其特有的功能。于是，我们发现，产生这种结果的主要原因在于我们所描述的调节功能是单向调节功能。既然社会与个人是构成道德实践的两个主要方面，而道德功能却只具有单向性，这就显得片面了。同时，如果道德的功能主要表现为调节、协和，那么道德具有滞后性的观点便成立。于是，在某种意义上，道德便成为与现代社会精神相悖的力量。

其二，道德功能的形式主要表现为对个体行为的规范化。固然，任何社会、任何制度都必然有相应的规范，没有规范就没有社会的有序运作，就失去了社会评价的基本法则。但是，由于任何道德规范都是在一定社会政治、经济、文化条件下产生的，因此，在其具体性上，它总是不完备的、具有局限性的。如果我们以某种特定的规范作为一成不变的标准去衡量和评价所有的个体行为，结果便是或者使个体发生扭曲，或者迷失道德主体性，陷入盲目性。尤其是在开放的社会条件下，个人与自然、社会的联系越来越广泛和复杂，个体行为选择愈加多样和丰富，于是道德规范的局限性亦会愈加突出。因此，如果把对个体行为的规范化作为主要的道德功能，就会在开放的社会中逐渐削弱和丧失道德的社会功能。

其三，道德功能与价值功能的简单混淆。道德与价值是既有联系又有区别的两个概念。价值作为物质与精神所具有的满足主体需要的属性，包含道德价值。道德是人类生活中由于利益分歧而产生的特有现象。道德功能主要反映在人类生活的精神领域，物质不具有道德属性。因此，价值是道德的基础，价值功能比道德功能具有更普遍的意义。人类的行为可以分为两大类：一类是关于善恶价值的行为，即伦理行为，它包括道德行为和不道德行为；另一类是无关善恶价值的行为，即非伦理行为。无论是伦理行为还是非伦理行为，都可能具有价值意义。而非伦理行为，则不可能具有道德意义。比如，一个人喜欢穿什么样的衣服，梳怎样的发式，性格内向或外向等均不属于伦理行为。对于非伦理行为不能进行简单的道德评价，把一个性格内向的人等同于骄傲自满，看不起群众，着实是张冠李戴。因此，混淆道德与价值的关系，事实上会夸大道德的功能，导致泛道德主义。

那么，在开放社会中，道德功能应如何定位才更具有科学性呢？

首先，道德的发展功能。人类给自己立法，并不是为了给自己戴上精神的镣铐。恰好相反，立法本身虽然在形式上是对个体的约束，但这种约束是为了保证大多数个体的发展。因此，能否促进个体和社会的有效发展，是道德的基本功能。当一种道德已经不能产生这种作用，甚至产生相反的作用时，就应以新的道德观念、规范取而代之。人类社会正是在新旧道德的对抗中不断进步和完善的。把发展个体和社会作为道德的功能，使得道德的调节作用是双向运作的，是开放式的。否定道德的发展功能，就会迷失人类建立道德理想的根本目标。

其次，道德的调节功能。道德的调节功能从最一般的意义上说，基于两个前提：人性的共同性和社会发展的共同利益。尽管在现实的社会关系中，每个个体、群体都是从自身的利益、愿望等出发去思考问题的，但是在千差万别的个体差异性中，人类却有着某种共同的需求，如追求友谊、爱情，向往幸福、和平和安定。于是，人们发现需求是共同的，起点是个体或群体的，二者间必然发生矛盾。对抗性的矛盾由法律来判解，非对抗性的矛盾（这种矛盾更加普遍、广泛，因为不道德的不一定是违法的，但违法的肯定是不道德的）则需要道德进行调节。在法律的限度里，只有是非对立的两极；在道德的范围里，除了是非界限之外，还有对"是"的更高境界的追求和弘扬。因此，法律对人的行为的调节作用在于，告诉人们"不能做什么"；道德的调节作用在于启示人们什么是不道德的和人类道德进步的方向，从而调动人的自主自觉性，朝着人性向善的目标规范自己。随着阶级和国家的消亡，法律亦随之消失，道德则成为调整人与人各种社会关系和利益的唯一准则，并伴随人类永存。

最后，道德的导向功能。我们在确定人的伦理（道德）行为时，其行为必须符合三个基本规定性。其一，这种行为是建立在个人与他人、集体或社会发生一定利害关系的基础上的，没有利害关系则无所谓道德行为。其二，道德行为是在自觉的道德意识指引下进行的自知行为，因此，精神病患者或稚气未脱的儿童的行为本身是不具有道德意义的。其三，道德行为必须是意志自由选择的结果，是自愿自择的行为，因此，被迫的选择或没有选择的选择都不能构成道德行为本身。从这三个规定性中我们可以看到，在道德行为中，主体的意志自由是最为关键的，它不仅决定人的行为的性质，而且亦从根本上决定其行为选择的结果。但是，人们的意志自由难以完全用规范性来描述和把握，它能帮助人们超越现实，掌握规律，同时又可以引导人的自主性、自觉性，不断建立和创造更加完善的道德。因此，与其说道德的功能在于规范人的现实行为，不如说其在于导引人的现实行为。道德的导向功能使得道德对主体的约束成为自觉的而不是被迫的。不可否认，由于道德的作用是依靠社会舆论和人的内心信念来实现调节的，而社会舆论毕竟是来自道德主体以外的压力，因此道德的作用包含一定的被迫性因素。但随着社会的不断开放和进入发展的更高阶段，道德要不断提高其约束作用的自律、自觉性，减少被迫、被动性。道德的导向功能展示了这样的方向。

在传统的封闭社会中，道德的特性及主要功能在于其协调性、维护性和约束性。在社会走向开放的时代，道德的功能则应向发展性、调节性和导向性方向转型，这与其说是道德发展的自身要求，不如说是开放社会发展的客观要求。开放道德的功能变化，使得道德对道德主体的约束性亦发生变化。

第一，道德选择空间放大，道德责任感增强。在开放社会中，道德对人的行为的规范性，并不表现为规范化、模式化，而主要是"向度"的规定，在"向度"指向的目标与现实合理之间，存在着广阔的选择空间，这主要取决于道德主体的意志自由，而这种"自由"权力的实现必然内在地包含道德责任的履行。马克思指出："作为确定的人，现实的人，你就有规定，就有使命，就有义务，至于你是否意识到这一点，那都是无所谓的。"① 即在道德实践的层面上，道德责任是道德必然性的表现。因此，在某种意义上，意志自由的发挥程度与其道德责任感是成正比的。人在进行行为选择时同时要选择道德责任，没有道德责任就没有真正的道德自由。这是人的主体性的内在标志之一。19世纪末，尼采曾向世界宣告：一个时代正在来临，我们要为我们当了两千年之久的基督徒付出代价了；我们正失去那些使得我们得以生存的重心——一个时期内我们不知何去何从。同时，尼采又喊出了惊世骇俗的一声："上帝死了！"人只剩下他的个体，只有他自己才能面对自己，照管好自己。因此，尼采把道德分为主人道德和奴隶道德，认为主人道德即强者道德，它通过自身的生命意志支配自己，控制万物，它不把自己的责任诿之于别人或上帝；奴隶道德则是弱者道德，它没有个性，轻视和压抑人的本能与意志，逃避承担责任，是一种对生命根本否定的颓废道德。在尼采的这一思想中，他夸大了人的意志自由的绝对性，把道德建立在抽象的、非理性主义的基础上，从而否定了道德的客观基础，导致极端的道德相对主义。但是，他在揭示基督教道德的虚伪性和虚无性，强调人在道德中的主体性地位和责任方面体现了其思想的深刻之处。这种深刻性也许正是尼采思想对现代社会产生深远影响的合理性所在。所以，我们得到一个这样的启示：开放社会的道德选择越具有多样性、个性化，道德的现实合理性与目标合理性的弹性越大，道德主体的责任意识就越重要；道德责任不仅是道德必然性的要求，同时还是实现个体道德选择的保证。在这个意义上，道德对主体的约束则更多地表现为外在必然性转化为内在必然性的自我约束上。

第二，道德判断自主、道德选择方式个性化。开放社会的多元存在及道德实践的丰富性，在客观上为道德选择方式提供了更多的可能性。在伦理学史上，有人曾根据道德生活的实际，将个人道德选择的方式描述性地概括为三种类型：习俗型、良心型和理性型。② 其实，任何社会的道德选

---

① 中共中央编译局编译：《马克思恩格斯全集》（第3卷），人民出版社1960年版，第329页。

② 参见王润生、王磊《中国伦理生活的大趋向》，贵州人民出版社1986年版，第184页。

择方式都不可能是单一的，但总有一种主要的倾向，而这种主要倾向往往反映了一定发展阶段上社会生产方式的特征，反映了社会价值观的变迁。在我国两千多年的封建社会中，与封闭的社会关系、落后的生产力水平相联系，道德选择方式主要倾向于习俗型，即个体是以大众的或传统的是非善恶标准作为自己判断和选择的标准。这种方式的基本特征是道德主体的从属性，从属于权威、祖先或众人。不管自己相信不相信、喜欢不喜欢，祖先怎样做，别人怎样做，"我"就怎样做。显然，由于社会发展缓慢，"从属"缺乏致变的客观动力；由于社会封闭，道德个体的选择参照非常有限，人们只能把他们的过去（祖先）和现时的权威作为直接的参照。因此，中国有句古训"不听老人言，吃亏在眼前"，一旦不从，则"枪打出头鸟"，木秀于林遭风摧，行高于人遭众非。这是一种最极端的他律性选择方式。本来，随着封建社会的瓦解，社会主义制度的建立，从根本上改变了个体道德选择的土壤，习俗型的选择方式理应得到改变。但是由于历史的惯性太大，尔后加上极"左"路线的扭曲，道德主体从从属走向绝对盲从。无论是政治观点还是道德判断，无论是价值选择还是审美意识，人们不需要更多的独立思考，因为连穿什么样的服饰、裤脚应多宽、梳怎样的发型等基本都是统一的，而独立思考及人的自主性、个性则等同于个人主义，这的确使社会生活单调得令人窒息，极大地抑制了人的自由意志的发挥。"从属"对于个体来说是没有选择的选择。

随着20世纪70年代末改革开放新的历史进程的开始，从属型的道德选择方式连同其价值观基础受到了开放社会的无情挑战，人们麻木、沉睡已久的自我意识被唤起，人们在绝对盲从的觉醒中，开始用自己的眼睛来看世界，用自己的脑袋来思考问题。从依附于他人到立足于自己，这个思维支撑点的改变，引起了整个价值判断、道德选择定势的改变。而青年，尤其是知识青年以其敏锐的洞察力、强烈的批判意识和行为的先锋性在这场深刻的社会巨大变革中充当着先锋队的角色。无论是《冬天里的童话》引起的争议，还是"潘晓"对人生的困惑；无论是通俗歌曲的流行，还是"的士科"的普及，青年始终是社会变迁的晴雨表，成为社会新潮的率先。尽管在这个过程中，青年思维的片面性和行为的偏激性常使他们的初衷与结果发生分离，但是他们毕竟首先为社会提交了一份不完善的却是自己的选择和答案，从而为社会寻找完善的答案奠定了基础；尽管青年在用自己的眼睛去看社会、用自己的脑袋去思考人生的时候，有过分夸大自我的倾向，但相对盲从与依附，这种独立思考的批判精神在社会变革的时代显得更加重要。

毋庸置疑，随着社会的全面开放和发展，人们的价值观念和生活方式将不断随之发生新的变化，其具体的内容和形式并非完全可以预料。但是，人们道德选择方式的自主性和个性化趋向将会更加凸显却是可以断定的。然而，在道德开放的条件下，道德选择方式的自主性、个性化并不意味着道德放纵和随心所欲，更不等于对集体主义道德原则的否定和提倡道德相对主义，而是意味着高扬道德主体性、增强道德责任感、提高道德自律性，这正是科学集体主义的基本内涵之一。个体的道德选择只有在这个意义上才能获得更大的自由。

开放道德与道德约束的双重变奏是一个历史的、辩证的社会化过程，是自由与必然分离和协调的过程。道德理想的重建必须正确地反映这个趋势，必须指引这个过程。

（原载《走向开放的道德》，中山大学出版社 1994 年版）

论市场经济条件下伦理道德建设的起点与目标

社会主义市场经济体制的逐渐建立为新时期思想建设提供了发展的客观基础,而思想道德建设的水平又制约着市场经济及整个社会生活的发展与质量。从广东道德建设的实践来看,笔者以为,我们已经走出了片面追求经济增长的迷茫,开始步入道德理论与道德实践相辅相成、良性发展的循环之中,从而解决了当代道德建设的起点与目标的关系问题。

所谓当代伦理道德建设的起点,亦即在社会主义市场经济条件下,道德建设从哪里开始,道德规范要求的下限是什么。所谓道德建设的目标,亦即道德建设应当引导的方向和理想的状态是什么。

首先,必须正确理解社会主义市场经济的本质。道德建设绝不是孤立的文化、心理现象,它必然受制于一定社会的经济基础和上层建筑,而当我们确定了社会主义市场经济作为当代道德建设的历史条件时,就已经内在地确定了支撑当代道德建设的经济基础和上层建筑的根本性质。对此,有两个理论要点。第一,我们现实的社会主义社会与马克思所论述的社会主义社会是有距离的。最大的距离就在于我国的社会主义政治制度是在一穷二白的基础上建立起来的,生产力水平还比较低,生产方式还比较落后,物质产品还没有达到极丰富的程度,还存在着多种经济成分,存在着三大差别。因此,中国共产党第十三次全国代表大会实事求是地提出了我国处在社会主义初级阶段的理论。如果以马克思主义的社会主义、共产主义理论作为参照,我们现在的社会主义尚是不完全的社会主义,社会主义主要还是指一种社会的政治制度和理想。建立社会主义市场经济体制之所以是邓小平同志建设中国特色社会主义伟大构想的核心,就在于邓小平同志创造性地把社会主义的政治理想制度与市场经济的经济体制结合起来了。这个结合的确给中国带来了前所未有的繁荣和发展,也给后人留下了需要不断探索的课题,因为这无论在国际共运史上,还是在人类文明的发展史上,都是一个前所未有的伟大创举。

第二,我们搞的是社会主义的市场经济。这里就包含了两个要旨:

①作为一种经济制度或经济体制,市场经济有自身的运行规律。一般来说,这种体制的存在和发展必须依赖于两个基本前提:其一是社会分工;其二是利益的分化与独立,即商品生产者和经营者必须成为独立的利益主体。因此,经济主体的利益是驱动市场经济最原始的动因和最直接的动力。正是在这个前提下,人的市场行为总是遵循"最小—最大"原则的,即以最小成本,追求最大的效率。显然,在市场经济体系中,市场是中心,竞争是手段,效率是目的。市场经济对人们和社会的道德影响确实存在着两重性,既有正面的,也有负面的。正如一些西方经济学家所指出的,"市场不经济"在某种意义上是"市场经济"的伴随物。例如,市场经济以其效率价值高于伦理价值的原则,加大了社会伦理制度建立的成本,产生一种独特的"不经济"现象;市场经济的竞争规律产生的一系列副作用,强化了利己主义的价值观,对社会价值观的发展产生了"不经济"的后果。②既然是社会主义的市场经济,社会主义就必须对市场经济可能引致的负面道德影响进行限制和引导。社会主义市场经济与资本主义市场经济的根本区别就在于,社会主义的市场经济不能离开社会主义政治制度的理想目标。在此关系中,市场经济仅仅是手段,是促进和提高社会主义生产的手段,在这个意义上,社会主义的市场经济责无旁贷地应该对市场经济的多种可能性进行符合社会主义发展目标的引导,即要限制与根本社会目标相悖的东西,弘扬与之相一致的东西。社会主义市场经济之所以能够对市场经济可能引致的负面道德影响进行限制和引导,根本原因在于市场经济的主体是有理性能力的人。按照什么样的规则去运作,采取什么样的方式和途径进行经济活动,是人在理性原则的指引下进行的,因而是可以把握的。

其次,在社会主义市场经济条件下,道德建设必须把握两个层面。第一,社会主义市场经济条件下的道德建设应正视并符合市场经济的内在规律。即要善于从市场经济的规律中引导其基本的道德性,这亦是道德建设的起点,是作为普遍道德要求的下限。因为市场经济作为一种经济制度,它对社会的制约是根本性的,经济制度的设置与变迁支配着所有社会和个人的行为,在某种意义上决定着他们行为选择的自然倾向,并影响着他们的利益分配、社会资源配置的效率和人力资源的发展。因此,如果社会运行的是市场经济,而道德提供的却是游离市场经济规律之外的设定,那么,结果势必出现或者道德成为束之高阁的理论,保证、调控和引导市经济是无能为力的，或者道德的功能被淹没在"市场"之中而无所作为。

在这个层面上，当前我们尤其需要加强道德规范制度的建设。根据斯考特（Andrew Schotter）的解释，制度是指"社会的全体成员都赞同的社会行为中带有某种规律性的东西，这种规律性具体表现在各种特定的往复的情境之中，并且能够自行实行或由某种外在权威施行之"①。我国学人李风圣认为，规则是制度最为核心的内容，它包括强制规则和习惯规则，强制性是制度最重要的特征。② 借助这种具有强制性力量的制度来加强基本的道德规范，恰是我国社会转型过程中的客观需要。这种转型与变革，势必打破原有的价值和道德框定，如果不能及时地确定新经济制度下的基本法则，不能及时建立带有一定"强制性"的道德规范制度，而仅仅依赖于个体的思想觉悟的提升，道德的失范或无序就无法避免。关于这一点，胡承槐先生的见解是深刻的。他认为，"制度性道德的伦理的'法治'原则，它既不要求市场行为主体成为至圣至善的'唐尧虞舜'，也不要求他们都是利他主义者，相反，它还假定市场行为的主体都是利己主义的'经济人'，承认利己主义是市场行为主体的本性和'天赋权利'。但是，'法治'原则却要求这些利己主义的市场行为主体必须遵循一系列市场体制运转的道德'立法'。依靠制度、'法规'的力量来建立和维系和谐的、合道德的社会秩序，是市场经济道德体系区别于自然经济条件下传统道德体系的根本特征"③。

第二，社会主义市场经济条件下，道德建设必须与社会主义的社会理想相衔接，成为向共产主义道德方向运动的环节。虽然，市场经济体制的存在与马克思主义所指引的社会主义理想在经济基础上还有一定的距离，这种距离就预示着道德的起点不能离开这个基础。但是，市场经济只是在一定社会发展阶段上提高社会生产力，追求社会主义、共产主义完整社会理想和总体目标的手段。如果我们看不到这一点，仅仅把对道德建设的定位停留在对市场经济的直观反映上，用合理性取代理想性、目标性，那么其结果不仅否定了社会主义市场经济的道德属性，而且否定了道德本身的

---

① A. Schotter, *The Economic Theory of Social Institutions*, Cambridge University Press, 1980, p. 11.

② 参见李风圣《论公平》，载《哲学研究》1995 年第 11 期，第 41 – 46 页。

③ 胡承槐：《关于市场经济基础上制度性伦理道德秩序的探讨》，载《哲学研究》1994 年第 4 期，第 32 – 37 页。

价值。时下确有一种"时髦",在市场经济的旗帜下,把所谓合理利己主义作为市场经济条件下唯一"合理的道德",而把大公无私、舍己为人、无私奉献的社会道德范式当作"虚伪道德"来批判,当作极"左"理论来批判。从理论上说,这种"时髦"不过是以"存在的合理性"取代"价值的合理性",把经济理性作为人的唯一理性,这种东西在西方资本主义的发展过程中已展示出其有目共睹的"代价"。从实践上说,这种"合理的道德"不仅会引导出与社会主义的理想目标相悖的个人中心主义甚至极端个人主义,而且最终不可能真正起到维护正当的市场经济体制运作的作用,其社会后果是不堪设想的。因此,在这个层面上,我们又必须提倡、弘扬、引导与社会主义理想目标相一致的高尚的道德追求。这种高尚的道德追求具有以下三个主要特征。

一是超越狭隘的个人利益,以他人、社会利益为先、为重、为上。这种高尚的道德在我们现时代的生活中虽然不普遍,但却是真实存在的,而这正是我们必须在道德教育中肯定和引导的。马克思深刻地指出:"道德的基础是人类精神的自律。"① 这个论断可谓抓住了道德的本质,它意味着道德动机应该超越狭隘的功利,在处理自我与他人、个人与社会的关系上,以他人、社会利益为先、为重、为上,就达到了高尚的道德境界。

二是追求社会奉献,富有自我牺牲精神。为了他人和社会的利益不仅不斤斤计较个人得失,而且在必要的时候能够做出自我牺牲。这种高尚的道德在现时代虽然还不普遍,但却是追求理想社会巨大的内在推动力。其实,即使功利主义思想家也不得不承认这一点,比如穆勒从功利主义的立场对此作了肯定,他把自我牺牲作为人类最高的美德。② 显然,自我牺牲并不是社会发展的目的和必要条件,但是,在社会发展尚没达到高度完善的时候,个人的自我牺牲却具有某种客观的必要性,因而毫无疑问,舍己为人是高尚的道德精神,是社会主义市场经济条件下道德教育应该肯定和引导的。

三是全心全意为人民服务,达到大公无私的境界。冯友兰先生曾把人的精神境界区分为自然境界、功利境界、道德境界、天地境界四种。他认

---

① 中共中央编译局编译:《马克思恩格斯全集》(第1卷),人民出版社1956年版,第15页。

② 参见[英]穆勒《功利主义》,徐大建译,商务印书馆2019年版,第19—21页。

为，处在自然境界的人，其行为是顺习的，即顺着生物的习性，而他对自己所行的事并没有清楚的了解，混混沌沌，不识不知。处在功利境界的人，其行为是为自己的利的，而且这种为自己的利他自己是清楚的，是出于心灵的计划，是为追求个人的功名利禄。处在道德境界的人，其行为是行义的，即求社会的利，懂得人之性的涵蕴是社会的，所以能知礼行义，为社会创造价值和做出贡献。处在天地境界的人，其行为是事天的，他不仅了解社会的全，还了解宇宙的全，不仅对社会有贡献，还应对宇宙有贡献。达到天地境界的人就是以天下为己任的人，就是把全人类的幸福作为个人追求目标的人，这种境界其实就是共产主义道德的最高境界。其特点是："一心为公，廉洁奉公，公而忘私，毫不利己，专门利人。……他们全心全意为人民服务，为共产主义事业奋斗，以天下之忧而忧，以天下之乐而乐。他们毫不计较个人的得失和安危，为了社会的进步，为了人民的幸福，为了共产主义事业的发展，呕心沥血，鞠躬尽瘁，以至不惜牺牲个人的生命。"① 在社会主义发展的初级阶段，达到这种境界的人当然是少数乃至极少数的，但是如果社会主义的道德建设不能向这个方向引导，共产主义的理想又从何谈起呢？

可见，在市场经济条件下，道德建设要把握的两个层面并不是相互孤立的。从其整体性来看，第一个层面是起点，是最基本的、基础性的和普遍性的要求。第二个层面是建立在第一个层面基础上的，是第一个层面内涵的理想目标。因此，如果忽略第一个层面，把第二个层面的道德理想作为普遍的道德要求，那么这种道德建设是无根基的，亦不可能到位，因而是空洞的、形式主义的。但是，如果道德建设仅仅停留在第一个层面，只满足于市场经济内在规律，那么这种建设也是不完整的，是丧失目标的，是与社会主义发展理想相脱节的，充其量是功利主义的。只有扎扎实实地把握第一个层面，循序渐进地引导第二个层面，这样的道德建设导向才是有生命力的。

实事求是地解决市场经济条件下道德建设起点与目标的问题，对于我国当代道德实践的发展具有十分重要的意义。

第一，它符合《中共中央关于社会主义精神文明建设指导方针的决议》提出的把先进性要求和广泛性要求结合起来的原则。一方面，我们

---

① 罗国杰、马博宣、余进编：《伦理学教程》，中国人民大学出版社1985年版，第465页。

应看到，道德生活是一种最普遍的大众生活，如果我们的道德规范脱离了一定社会最普遍的道德基础，成为少数先进分子的道德标准，那么这种"精英道德"对大多数人来说就会成为束之高阁的理论，就无法对他们产生道德的约束力，导致社会虽有明确的道德要求，却存在普遍的道德失范。另一方面，我们又不能把道德建设仅仅停留在现有的实然水平上，任何时代、任何社会都必然有其基于实然又超越实然的应然理想，根据这种理想，道德建设的目标应包含、反映道德追求的先进性，只有把二者有机地结合起来，伦理道德建设的把握才是科学的。

第二，它有助于消除道德教育实践中出现的理论与实际相脱节的弊端。强调道德建设要正确把握起点与目标的关系，从道德教育实践的角度来看具有十分重要的意义。反思我国道德教育的历史经验和教训，当前一个最突出的问题就是解决道德教育的有效性问题。诚然，这个问题的解决与社会转型和发展中的政治、经济、文化等问题有关系，但不能不说亦与我们在对待道德教育的起点和目标关系上的理论混淆有关联。具体表现为，我们在一定程度上把道德教育的理想目标作为现实道德教育的起点，把共产党员、先进分子的道德要求作为道德教育的普遍标准，把成人的认识作为孩子道德教育的起点，等等。由于道德教育主客体相容性的某种错位，致使道德教育的效果不尽如人意。值得注意的是，现代道德教育的主客体关系从根本上说是交替式的复合关系，道德教育实际上同时包括了道德教授与道德学习两个过程。就道德教授的过程而言，教育者、传导者是主体，被教育对象、接受者是客体，但这并不意味着接受者是被动的接收器。从道德接受活动的整体来看，真正起决定作用的是道德接受主体与道德接受客体的相容程度，如果道德接受客体的内容、形式与接受主体的成长需要、所达到的认知水平等相符合，就会刺激道德接受主体开启"接受之门"，从而产生德育效果。否则，无论教育传导者如何努力，接受环境产生的压力如何大，真正意义上的道德接受活动都是难以产生的。就道德学习过程而言，被教育对象、接受者是学习过程的主体，教育内容、教育者是学习过程的客体。学习主体的需要动力系统（主要包括动机、需要、兴趣）和知识系统（包括个人素质、教育程度、价值倾向、认知能力和水平等）对主体的学习主动性、选择性起着关键的制约作用，而对学习主体主动性的调动仍然取决于道德接受客体与道德接受主体的相容程度。混淆道德教育的起点与目标，在实践上就会致使这种相容性发生错位。列宁同志曾形象地指出:"理论是灰色的,只有生命之树常青。"忘记唯物主义这个基本观点,道德建设就会走向一厢情愿的孤芳自赏,从而丧失其对社会生活的规范、引导和发展的实践功能。

第三,它有利于促进个体道德的生成与发展。一般来说,道德建设的目标是对各个道德发展阶段、过程具体规范、要求的抽象和提升,因而具有较高的涵盖性、全面性和抽象性。道德建设的起点总是和一定的社会时代的客观条件、实然的道德关系及道德水平联系在一起,因而对个体道德的生成和把握具有较为直接的意义。这种看得见、摸得着、可望又可及的道德规范才能真正成为个体生活的现实引导。广东在新时期精神文明建设中的探索给人们展示了这样的蕴涵。

(原载《学术研究》1997年第7期)

论文化自觉的三个维度

云杉在《红旗文稿》2010年第15、16、17期提出,要以文化自觉、文化自信和文化自强的视角、态度和思路,来认识文化、对待文化和发展文化。在对文化自觉的论述部分,他认为,"文化自觉,主要指一个民族、一个政党在文化上的觉悟和觉醒,包括对文化在历史进步中地位作用的深刻认识,对文化发展规律的正确把握,对发展文化历史责任的主动担当。文化自觉是一种内在的精神力量,是对文明进步的强烈向往和不懈追求,是推动文化繁荣发展的思想基础和先决条件"①。费孝通先生曾这样理解文化自觉:"文化自觉只是指生活在一定文化中的人对其文化有'自知之明',明白它的来历,形成过程,所具的特色和它发展的趋向,不带任何'文化回归'的意思,不是要'复旧',同时也不主张'全盘西化'或'全盘他化'。自知之明是为了加强对文化转型的自主能力,取得决定适应新环境、新时代时文化选择的自主地位。文化自觉是一个艰巨的过程,首先要认识自己的文化,理解所接触到的多种文化,才有条件在这个已经在形成中的多元文化的世界里确立自己的位置,经过自主的适应,和其他文化一起,取长补短,共同建立一个有共同认可的基本秩序和一套各种文化能和平共处,各舒所长,联手发展的共处守则。"②

可见,合理的文化自觉至少应该包括如下三层含义:第一,对当下生活其间的文化传统及其特质有恰当的理性认识,这是认识和观照自我文化的过程,旨在明晰所处文化的来源和特质。第二,为了更好地"自知",必须以广阔的胸怀理解所接触到的其他文化传统或文化类型,这是经由认识他者而反观自我的过程,意在辨清自身文化在世界文化中的优势和不足,为其精进提供资源。第三,无论是认识自我还是他者,都不是为了

---

① 云杉:《文化自觉 文化自信 文化自强——对繁荣发展中国特色社会主义文化的思考(上)》,载《红旗文稿》2010年第15期,第4-5页。

② 费孝通:《反思·对话·文化自觉》,载《北京大学学报(哲学社会科学版)》1997年第3期,第22页。

"复旧"或者"他化",而是要满足现实的文化建设需要,追求文化的理想。因此,处于转型期的中国社会,其文化自觉就有三个基本的维度:对文化传统的自觉、对全球化文化影响力的自觉和对中国现代化进程的特殊矛盾的自觉。

一、 对文化传统的自觉

传统是"历史上流传下来的习惯力量,存在于制度、思想、文化、道德等各个领域"①。费孝通认为,"传统是指从前辈继承下来的遗产,这应当是属于昔日的东西。但是今日既然还为人们所使用,那是因为它还能满足人们今日的需要,发生着作用,所以它曾属于昔,已属于今,成了今中之昔,至今还活着的昔,活着的历史"②。美国社会学家希尔斯在其权威性著作《论传统》中对传统的三个特性做了揭示:一是"代代相传的事物",既包括物质实体,亦包括人们对各种事物的信仰以及惯例和制度;二是"相传事物的同一性",即传统是一条世代相传的事物变化链,尽管物质实体、信仰、制度等在世代相传中会发生种种变异,但始终在同一性的锁链上扣接着;三是"传统的持续性"。③

显然,传统不是历史,因为历史只属于过去;传统亦不是政治,因为政治必定是现实的,不可能代代相传;传统更不是经济,因为经济是不断变革的力量,不可能相传事物的同一性和具有持续性。毫无疑问,传统与历史、政治、经济都有密切的关系,但传统最直接的载体却是文化。文化既是有形的,也是无形的;既可以通过物质实体、社会范型来表达,亦可通过思想意识、制度理念来体现。因此,文化尤其是文化传统对人的影响方式,才具有渗透到每个人的毛孔,流淌到每个人的血液中之功能。而从文化传统的社会功能来看,"她使代与代之间、一个历史阶段与另一个历史阶段之间保持了某种连续性和同一性,构成了一个社会创造与再创造自己的文化密码,并给人类生存带来了秩序和意义"。

---

① 辞海编辑委员会编:《辞海》,上海辞书出版社1989年版。
② 费孝通:《重读〈江村经济·序言〉》,载《北京大学学报(哲学社会科学版)》1996年第4期,第14-15页。
③ 参见[美]爱德华·希尔斯《论传统》,傅铿、吕乐译,上海人民出版社1991年版,第15-21页。

在人类文化的诸多传统中，无论其类型如何，都"可能成为人们热烈依恋过去的对象"①，发挥着预制力功能，对现实的人类生存和社会发展显现出潜在、先在和先天的制约影响特性，深刻地影响着人们的生存样式和思维方式，同时使得文化的发展主要地不是表征为普遍的和制造的，而是呈现出经由历史延续而培育的特征。对于文化积淀成传统所产生的预制力，钱穆先生在下面这段话中已表达得十分清楚了："本源二字是中国人最看重的，一个民族是一个大生命，生命必有本源。思想是生命中的一种表现，我们亦可说，思想亦如生命，亦必有它的一本源。有本源就有枝叶，有流派。生命有一个开始，就必有它的传统。枝叶流派之于本源，是共同一体的。文化的传统，亦必与它的开始，共同一体，始成为生命。"②

文化传统的预制力会影响对异己文化的理解和接受。如果说"生物基因"是使人成为人的自然力量，那么，"文化基因"则可以被恰当地称为使人成为此人的文化力量。正是"生物基因"和"文化基因"的共同作用，才使人既保有人的共性，又秉持人的特性。

因此，在人类文明的发展历程中，特别是在中国社会的历史进程中，无论出于何种想法，无论以何种方式反传统，传统始终反不掉。而且我们可以看到，传统在历史的变迁中"尽管充满了变化，现代社会生活的大部分仍处在与那些从过去继承而来的法规相一致的、持久的制度之中；那些用来评判世界的信仰也是世代相传的遗产的一部分"③。显然，从民族的角度，文化传统是文化延续和发展的根基与源泉，也是理解当代世界文化差异的"钥匙"。文化建设应是不断"温故而知新"的过程，是时时回望文化"典祖"的过程。从个体的角度，每个人一出生即已生活在传统的"掌心"中，传统对于我们每个人而言都是无法摆脱的"命定"。文化传统关联着人们的文化情感、文化记忆和文化习惯，如果缺乏对文化传统预制力的深刻自觉，那么，当代文化建设实践不仅会陷入"无根无据"的漂泊状态，还会与社会大众的文化观念和文化心理产生隔阂而难以取得真正的实效。

---

① ［美］爱德华·希尔斯：《论传统》，傅铿、吕乐译，上海人民出版社1991年版，第17页。

② 钱穆：《从中国历史来看中国民族性及中国文化》，香港中文大学出版社1979年版，第77页。

③ ［美］爱德华·希尔斯：《论传统》，傅铿、吕乐译，上海人民出版社1991年版，第2页。

但是对文化传统的自觉不是要复古，而是要厘清这些文化自身的规律与特质，并明晰其未来的趋向。从这个向度来思考，我们当下对文化传统的自觉必须重点关注两大内容：一是如何在开放的社会背景下，坚守中华民族创建的精神家园及其文化传统，在客观地挖掘传统资源的同时，自觉地与多元文化传统进行对话，使民族的文化传统理性地融入人类文明之宝库。二是如何在现代社会发展的历史平台上，承继并发展文化传统，而不是将文化传统当作历史的教条。当代中国人的生活样式和古代人的一定是不同的，它在某些方面也许与当代美国人或法国人的生活样式有相似之处，但一定不是美国人、法国人的生活样式，而是中国人的。

二、 对全球化文化影响力的自觉

在文化人类学的田野调查研究方法中，有文化主位和文化客位之争。文化主位论者强调通过文化持有者或"族内人"去认识和理解文化的意义；文化客位论者则分析了文化持有者或"族内人"认识自身文化的局限，提出必须由"外来者"以外来的、客观的、科学的观察，来认知、剖析异己的文化。其实，无论哪种方法都难以独自承担起认识人类文化的重任，只有结合二者，才能接近对文化本真的探究。文化主位的必要性，源于文化持有者对自身文化的熟稔；而文化客位的必需性，来自对文化持有者文化差异判断敏感性降低的纠偏。换言之，为了更好地认识自我的文化，我们必须借助他者的力量，或在与他者的比较中去认识、把握自我。这个维度就是对全球化时代多元文化影响力的自觉。

根据马克思历史唯物主义的基本立场，社会变迁更替、世界历史形成的现实基础在于物质生产实践，即生产力的发展及与之相应的分工的扩大、交往的普遍发展是世界历史形成的根本原因。马克思在《德意志意识形态》中，通过对资本主义社会发展的分析，明确给我们提供了思考这个问题的一个重要的思想方法。马克思指出，"大工业创造了交通工具和现代的世界市场，控制了商业，把所有的资本都变为工业资本，从而使流通加速（货币制度得到发展）、资本集中"[①]。正是这个大工业，"首次

[①] 中共中央编译局编译：《马克思恩格斯选集》（第1卷），人民出版社1995年版，第114页。

开创了世界历史,因为它使每个文明国家以及这些国家中的每一个人的需要的满足都依赖于整个世界,因为它消灭了各国以往自然形成的闭关自守的状态"①。

的确,从20世纪初提出现代化的问题到20世纪末叶真正启动、追求现代化,中国社会可谓经历了艰难曲折、波澜壮阔的历史性巨变,其中最根本的变化在于,中国社会的基本格局从一个半封建半殖民地的社会变成了社会主义国家;改革开放、社会主义市场经济体制的建立为中国现代化的启动提供了可能,使中国真正进入了世界历史的进程。从整个世界来看,正如有学者指出的:"全球化既是一种事实,也是一种发展趋势。无论承认与否,它都无情地影响着世界的历史进程,无疑也影响着中国的历史进程。"② 在这个历史进程中,当今世界面临着两种相互冲突而又同时并存且影响相当大的基本潮流,一个是全球化现象,另一个是本土化现象,这两种潮流造成当代文明内部出现了一种矛盾和张力。如何对待这种矛盾,实际上存在两种截然不同的文明观。

其一,从欧洲中心主义的立场出发,认为文明的冲突不可避免,主张用西方文明作为典范来建构世界文明的秩序。美国哈佛大学亨廷顿认为,随着20世纪80年代末共产主义世界的"崩溃",冷战时期的国际体系已成为历史。在冷战后的世界中,全球政治在历史上第一次成为多极的和多文化的。在新的世界里,最普遍的、重要的和危险的冲突不是不同社会阶级之间,富人和穷人之间,或其他以经济来划分的集团之间的冲突,而是不同文化实体的人民之间的冲突。在他看来,一方面,现代社会由于社会之间相互作用的日益增多和知识经济取代农业经济、工业经济而减少了对自然的依赖,技术、发明、实践从一个社会到另一个社会的转移空前普遍;另一方面,普世文明的概念是西方文明的独特产物,从19世纪以来,这种思想就有助于为西方扩大对非西方社会的政治经济影响力作辩护,有助于为西方对其他社会的文化统治作辩护,所以只能用西方文明去改造、征服不同的文明。

其二,从轴心文明的视角出发,主张通过文明的对话,寻求文明的发

---

① 中共中央编译局编译:《马克思恩格斯选集》(第1卷),人民出版社1995年版,第114页。

② 曹天予:《现代化、全球化与中国道路》,社会科学文献出版社2003年版,第1页。

展。哈佛大学杜维明先生是持此种观点的重要代表。杜维明先生在分析雅斯贝尔斯轴心文明的历史论证的基础上，得出鲜明的结论：人类文明发展的多元倾向有着相当长的历史，多元文化是世界文明发展的大脉络，而不同轴心时代的文明有不同的源头活水、不同的精神资源、不同的潜在力、不同的发展脉络。他以下的这段话很深刻地驳斥了欧洲中心主义的文明观："有人问我为何中国没有发展资本主义，我的回答是为何欧洲从罗马帝国崩溃以后至今尚没统一？问题是以什么作为典范来考问对方。"① 正是在这个意义上，杜维明先生认为，不能只把现代化当作一个全球化的过程，也不能把现代化当作一个同质化的过程，更不能把全球化当作一个西化的过程。

可见，这两种文明观是根本对立的。如果说20世纪初是否必须回答这个问题还有退却的空间的话，那么，随着中国社会从封闭逐渐走向开放，更深、更广地融入全球化，今天已经进入世界历史进程的中国人必须对此做出自己的价值选择。从世界的角度来看，正如有学者指出的，15世纪以前人类的历史属于"独白的历史"，即各民族的经济与文化处在一种彼此相知甚少、相互影响不大的独白发展历程中。"独白"就是缺少与听众的交流，而且在有限的听众中，只允许一种声音说话，所以，它意味着武断。15世纪以来，随着地理大发现的深入，历史由此开始从"独白时代"转向"对话时代"。"对话时代"最主要的特征就是经济、文化的发展越来越超出了国家、民族的界限而在世界的范围内运作。不同地区与民族间的经济、文化关系具有相互渗透和相互依赖的特征。如果说过去我们可以不管美国人、法国人、德国人或日本人等怎样生活，我们可按自己的"惯性"生活的话，今天我们则需要了解不同国家、不同民族的人是如何生活的；我们不可以简单地模仿不同文化的人们的生活，但也不能漠视差异背后隐含着的某种可通约的因素。

因此，文化对话既是一个借由对方认识自我和他者的过程，也是一个相互欣赏的过程，但是从实质上看，文化对话更应是一个相互取长补短的过程，否则，对话就失去了实效。费孝通先生对文化间的相处之道有"各美其美，美人之美，美美与共，天下大同"的箴言。每种文化的持有

---

① ［美］杜维明：《现代精神与儒家传统》，生活·读书·新知三联书店1997年版，第29页。

者都认为自己的文化是最美的，这就容易产生冲突，所以，要同时承认他者的文化也是美的，这样就可以使不同的文化和谐共融。但是对于文化对话而言，通过对话，仅仅认识到自身文化的优势和他者文化的长处，然后坚守着文化相对主义的信念，依然不够。因为对话的根本目的是要以人之长补己之短。于是，同样主张文化对话，就会有两种不同的态度：一种是为对话而对话，通过对话发现自身之美和他人之美，美美与共；一种是为精进而对话，通过对话发现自身之丑和他人之美，进而自觉地以他人之美完善自身之丑。前者可使文化间和谐共融，后者可使文化不断优化。很显然，两种对话姿态都很重要，但对于中国文化发展而言，后者更为迫切。

三、对中国现代化进程特殊矛盾的自觉

无论是对文化传统的自觉，还是对多元文化影响力的自觉，其目的既不是复古，也不是他化，而是要落实到对文化理想追求的实践中。因而我们必须关注第三个维度：对中国现代化进程特殊矛盾的自觉。

的确，与欧美以及东亚一些前现代化的国家相比，中国现代化在如何回答20世纪初"科玄论战"提出的三大问题时，有自己面临的特殊矛盾。其一，中国现代化的启动无论我们愿意还是不愿意，都无法摆脱其植根的文化土壤（传统），而这块土壤的历史悠久与曾经的辉煌、独立与系统，使其产生了极大的惯性和文化拉力，但同时中国近现代以来传统所遭遇的批判又是空前的：中国现代化的历史进程始终与反传统的道德批判交织在一起。

20世纪以来，中国社会的发展、人生观念的变革、社会价值的更替，始终摆脱不了对传统进行批判的主线，这是因为变革必然伴随批判，更重要的是因为以农业文明为基础的传统社会在中国经历了太漫长的时期，致使人们将传统与某种社会形态、某种生活样态必然地联系在一起。近百年来对传统的批判有三次负载着极强的文化意义。第一次发生在20世纪初，与中国资产阶级民主主义革命、辛亥革命的爆发相伴随，在思想文化领域爆发了五四新文化运动。第二次始于20世纪中叶，与社会主义改造和社会主义建设相伴随，我国先后发生了"反右派"斗争与"无产阶级文化大革命"。第三次是20世纪末叶，与改革开放、发展社会主义商品经济和市场经济的中国现代化进程相伴随，中国再一次掀起了文化反思的高

潮，其实质仍然是如何对待传统与现代化的问题。

第一次反传统的前提是把传统等同于封建制度与意识；第二次反传统的前提是把传统等同于政治需要的现实；第三次反传统的前提是把传统与反现代化联系在一起。从这个视角看，我们不难理解，当代中国人的人生为何如此的困惑：理论的与实践的、理想的与现实的、传统的与现代的。以诚信为例，中国文化传统视诚信为"立身之本，立业之基"是有史可载的，"人而无信，不知其可也""思诚者人之道也"，故"信"乃五常之义；"民无信不立"，以致去兵、去食，宁死必信。而当文明进入 21 世纪，中国人却在为诚信危机深深忧虑：理论上我们否定过诚信吗？没有，而实践诚信有时怎么这么难呢？追求诚信的理想有错吗？没有，诚信几乎在所有的文化中都被视为美德，可现实中有时不仅老实人会吃亏，而且诚信做人、诚信处事反倒被认为不正常？这是传统的责任，还是现代性的必然？任何一种原因似乎都无法解释。正因为如此，解决诚信危机既不可照搬西方现成的模式，因为任何模式的背后都有深厚的文化基因，改变文化基因不仅需要相当长的时间，而且是十分困难的。解决诚信危机必须系统地考虑诚信得以运行的机制、条件和进程，如果我们只强调对不诚信的结果予以严厉处罚，而不解决制度诚信的问题，就可能导致"道高一尺，魔高一丈"，或者老实人更吃亏，社会变得更为不诚信。简言之，回应当代中国人价值的困惑必须深及文化的层面去思考、去把握，不可只停留在形式上。

其二，中国现代化的真正启动是建立在中国社会经济极其低谷的时期，解放生产力、解决贫困问题成为当务之急、民生之重，这是我国启动现代化进程与发达国家启动现代化进程所面对的极不相同的问题：脱贫与求富双重任务。因此，一方面，政府必须高度关注民生的贫困与温饱，解决发展不平衡的问题；另一方面，市场经济极大地激发了百姓脱贫致富的本能，在物质文明与精神文明的天平上，追求物质文明自然有某种不可遏制的急迫性，正所谓"穷则思变"。的确，二十多年中国经济的快速增长，不能不说包含了这种极强的、来自民间深层的冲动，也正因为这种冲动，一些急功近利、唯利是图的竞争方式在给当代中国人的生活带来丰富性的同时，也给他们的生活留下了许多问题和代价。因此，拨乱反正的文化要求和社会急剧转型的文化冲突对现代化的文化选择提出了双重使命。简言之，中国现代化的进程是在一种"高速跳跃"或"挤压"式的状态中展开的，这就使得当代中国社会需要面对许多特殊的矛盾。正是在这样一种充满特殊矛盾的背景下，中国现代化进程的推进往往伴随着一定的代价。然而，我们不可以因为有代价而停滞，也不可以因为有代价而继续茫然。

文化自觉的三个维度及其契合，也许是思考中国文化发展的认识前提。

（原载《道德与文明》2011年第5期）

德性法理学视野下的道德治理

西方德性法理学的思想萌芽可以追溯至古希腊的亚里士多德的伦理学、政治学及其自然法本质的构想中。但是，当代西方的德性法理学作为一种规范和解释的法律理论，直接受到了当代西方德性伦理学复兴所提供的思想资源的启发。它融合德性伦理学、德性认识论和德性政治学，力图对当代法律理论的重大问题做出更深刻的回答，在亚洲、欧洲和北美引起了哲学和法学研究的关注。美国乔治敦大学法学院（Georgetown University Law Center）教授索伦（L. B. Solum）是当代西方德性法理学研究的首创者和重要人物，其研究成果为我们反思当代中国道德治理的理论困惑与实践疑难提供了有价值的思想资源。

一、道德治理中德性与规范间的圆融

"道德治理"包含两种基本的含义。第一种含义是利用道德去治理，发挥道德在社会实践中扬善抑恶的功能，道德是治理的手段，我们称之为"德治"。这种意义上的道德治理是先秦儒家治国理政中的首要观念。第二种含义是针对道德的治理，是对社会实践中不道德现象的纠偏和矫治，道德是治理的对象，我们称之为"治德"。中国共产党第十八次全国代表大会在提出的"深入开展道德领域突出问题专项教育和治理，加强政务诚信、商务诚信、社会诚信和司法公信建设"的历史任务中，正是在这种意义上使用道德治理，是对当代中国社会经济生活中道德失范或道德贫困现象的回应。

道德不仅可以成为治理的对象，也可以作为治理的手段，因此，德治和治德之间就存在强弱不同的两种联系。先秦儒家的德治思想代表的是德治和治德之间的强联系，认为只有通过道德的手段（德治），经由化育臣民德性的途径（治德），才能实现讲信修睦的理想的道德社会（德治与治德的统一）。法家的主张代表着对德治和治德之间弱联系的理解。例如，韩非子提出："圣王之立法也，其赏足以劝善，其威足以胜暴。"（《韩非子·守道》）这就表明，在法家的思想表述中，德治不是治德的不二法门，法律也可以成为培养人们道德品质的手段。

本文探讨的不是作为德治的道德治理，而是作为治德的道德治理。它试图回答当代中国社会实践中具体的道德难题：在社会转型的背景下，提高人们的道德品质如何成为可能。先秦儒家和法家提供了极富启发但又相互对立的思想资源。无论是先秦儒家的德性本位，还是法家的规范（律法）优先，都代表着对道德治理中的德性与规范之间关系的一种理解上的偏执。笔者认为，无论是出于对历史传统的尊重情感，还是源自对道德本真的审慎思虑，当代中国道德治理中德性与规范之间的合理关系是：从逻辑顺序而言，德性始于规范，规范止于德性；从价值序列而言，规范是德性的手段，德性是规范的目的。这就是德性与规范之间的一种圆融。

任何成熟的道德理论都必须包括对德性和规范的说明，即使是行为导向的规范伦理也必须关注德性的发展，因为这些德性与正当（right）一致，或者支持对正当的尊重。因此，德性与规范的矛盾不是指它们之间存在的非此即彼的取舍，而是指它们之间地位的优先性衡量。德性伦理使德性优先于规范，而规范伦理使德性从属于规范。因此，后果主义和道义论包括德性的理论说明或者德性理论，而不是德性伦理。德性理论是对德性的说明或者解释；德性伦理将德性评价作为伦理学的基础和伦理分析的核心概念，认为这种对人类品质的评价同行为正当性或行为后果价值的评价相比，更具根本性意义。正如规范伦理不排除德性的价值，德性伦理也认同规范的意义。

中国人在日常道德生活中，道德是连起来使用的。但是，严格区分的话，道和德是有差异的。"道"在伦理学层面的含义主要是指处世做人的根本原则和基本准则，是外在的规范；"德"的伦理含义主要是指行道或修道后形成的内心品质，是内在的德性。因此，中国文化中的道和德分别对应着西方伦理中的规范（norm）和德性（virtue）。在道德生活中，道和德会出现分离。人的言行符合道，但未必内心有德。孔子之所以认为"乡愿，德之贼也"（《论语·阳货》），是因为"乡愿""非之无举也，刺之无刺也，同乎流俗，合乎污世，居之似忠信，行之似廉洁，众皆悦之，自以为是，而不可与入尧舜之道，故曰德之贼也"（《孟子·尽心下》）。这种内心无德而表面行道之人乃孔子所言之"乡愿"，更准确地说即"小人"。所以，孔子曰："恶似而非者：恶莠，恐其乱苗也；恶佞，恐其乱

义也；恶利口，恐其乱信也；恶郑声，恐其乱乐也；恶紫，恐其乱朱也；恶乡愿，恐其乱德也。"（《孟子·尽心下》）

在重视德的中国伦理传统中，人们的道德评价主要不是基于对方行为是否合道，而是源自对方内心是否有德。在日常生活中，好人所指涉的不仅仅是行为主体的行动合乎道的要求，更在于其行动之理由是否有德。事实上，道所呈现的规则、规范并非都属于道德评价范畴，只是对道德行为而言，才有道德的行为或不道德的行为之区分。道是显性的，德是隐性的；前者基于利益而立规，后者基于良心而立德。因此，我们普遍赞同这种说法：做好事容易，做好人难。与之相关的是，做好事的人未必是好人，这些好事可能是做给他人看的，谋取有利于自己的名利等，这在中国传统道德评价上应属于无德或缺德的。当然，好人做的未必都是好事，可能好心办坏事，对此种评价与前者有质的区别。我们往往基于道德生活中的直觉或者常识，更倾向于赞同好人而不是好事。这种集体心理同中国德性文化传统有关。

传统思想文化中崇德的历史延续性，构成当代中国道德治理的事实前提。它预示着，德性是道德治理的当然目标。从道德的本意而言，德性是道德的目的，规范是德性的手段。道德经过他律进至自律并不是行程的结束，而是提升至自由的开始。道德的终极目的是达至自由。这是道德区别于法律和宗教等的基本特质。在自由的道德阶段，行动者依凭实践智慧，就可以在恰当的时间、恰当的地点，针对恰当的对象而油然生发出恰当的行为，对道德行为的选择表现出更少的被动性及他律性，展现出更大的道德自由。对于行动者而言，外在规范的作用已经消弭于无形，他把握了道德判断和选择的主动权，摆脱了外在功利的计算或者对绝对命令的被动遵从，纯粹是心灵状态在特殊境遇合乎情理的自然流露。守诺是儒家看重的重要的道德规范，可是，如果所守之诺已经失去了价值，特别是丧失了合理性，那么，为守诺而守诺就成了一种与道德追求南辕北辙的迂腐。孔子提出："言必信，行必果，硁硁然小人哉，抑亦可以为次矣。"（《论语·子路》）这种不问是非黑白固执己见地执着于诺言的人，并没有很高的道德境界，是相对于大人而言的小人。但是，这种迂腐小人体现出了对诺言的一种认真的态度，因此，他们在某种程度上也分享了士的投射，所以是"抑亦可以为次矣"。大人对守诺有着不同的道德态度。"大人者，言不必信，行不必果，惟义所在。"（《孟子·离娄下》）这表明，大人行动的依据和理由是由义所限定的,而不是由外在的守诺的道德规范所约束的。守诺或者不守诺,来自大人对义的恰当理解与妥当判断。这种自由的状态正是德性的表征。这些道德上正确的行为的显现,不是对外在规范的考量,而是来自行动者自由的习惯性的心灵状态。人具备了德性,便可以更好地把握道德判断和选择的主动权,减少道德失控。

既然道德治理的目标是培养人们的德性,那么,它最终取得成效的标准就不是仅仅依据规范订立的多少或者规范是否得到遵守,而是要深入理解人们遵守这些规范的主观情感、动机和愿望等品格要素。人们德性的形成不能依靠政治行为的催迫一蹴而就,其成效的考察也难以通过短期客观化行为的分析而完成,所以,在以德性为导向的道德治理工程中,我们需要的是系统观,充分认识到德性养成的长期性、复杂性和渐进性,而最忌讳以短、平、快的思维方式,通过一时的轰轰烈烈的造势,取得表面上的结果。这不但无助于德性的养成,反而是对德性的戕害。

但是,行动者的德性是实践规范的结果,规范是德性的手段。每一类德性都对应着一条规范,诚信的德性对应着诚信的规范,慷慨的德性对应着慷慨的规范。规范指引下的一次性行动无法培养行动者的德性,一次公正的行动并不能成就一个公正的人。人的公正等德性来自公正地规范行动的习惯性倾向或思维定势。孔子曾经说:"吾十有五而志于学,三十而立,四十而不惑,五十而知天命,六十而耳顺,七十而从心所欲不逾矩。"(《论语·为政》)如果将"从心所欲不逾矩"视为孔子德性和成人的最终完成阶段,那么,这就意味着,即使是现实世界的圣贤,人生仍然需要规范,以达到涵养德性的目的。从流传至今的古代乡规民约可以看到,其中所列的都是关于行为的禁止性规定,通过对这些规定的明示,使人们在长期遵循规范后,养成行善的习惯,渐成德性。

二、 化德性为规范的德性法理学探索

在确立了道德治理中德性与规范的辩证关系之后,随之而来的挑战是,我们应该将德性的目标融入何种类型的规范手段中,才更具有合理性?我们应该将德性的目标以何种方式融入规范中,才更具有正当性?"谁之规范?""何种方式?"这正是道德治理中两个重要的理论和实践难题。当然,人们德性养成的复杂性、长期性和系统性决定着任何单一的规

范都无法承受住化育德性的重任,因此,化德性于道德、宗教和法律诸规范中,是我们推进道德治理时无法逃避的路径依赖。但是,在这种诸法(规范)并举中,有没有一种规范居于更优先的地位呢?在法治化和世俗化的现代社会中,这种更具优先地位的规范既不是道德规范,也不是宗教规范,而是法律规范。当代西方德性法理学通过对法律理论的亚里士多德式转向的强调和德性中心论的审判理论的聚焦,做了积极的理论探索。

德性法理学对法律的目标做出了一种亚里士多德主义的重新理解,提出法律的目标是使公民富于德性,而不是效用最大化或一系列道德权利的实现。德性法理学是当代西方德性伦理学复兴的法学产物。1958 年,安斯康姆(Anscombe)在《现代道德哲学》中提出,道义论和功利主义的基础是宗教的义务概念,但这些概念已经很难令人信服。无论是功利主义还是道义论都面临着严重的困难。功利主义虽然原则上提供了解决道德争议的一种方法,但忽视了不可侵犯的人权和公正;道义论的方法具有不确定性,并且忽视了必要的行动后果的价值。因此,必须以德性伦理替代伦理学方法中的道义论和功利主义。① 这就揭开了复兴德性伦理学的序幕。索伦认为,当代西方法律理论的状态同安斯康姆对当代道德哲学困境的概述表现出神秘的相似性,权利与后果的矛盾引起了持续的但拒绝经由缜密的论证寻求解决的争论。这些争论无助于达成共识性的结论,既没有真正的对话,也少有真正的进步。受当代西方德性伦理学复兴的启发,一些西方法学家尝试在法律理论的探讨中借鉴和运用亚里士多德主义。正如科林·法拉利(Colin Farrelly)和索伦(Lawrence B. Solum)指出:"在道德理论中,德性伦理学提供了一种第三条道路。直至最近,道义论和后果论在现代道德哲学中一直居主导地位。但是,德性伦理学提供了一种替代。如果我们将德性伦理学移植到规范法律理论中,那么,将会发生什么呢?"② 德性法理学主张,法律的核心功能不是防止出现伤害他人的行为或者保护权利,而是"实现和维持使每位个体能够达成人类最高功能的社会条件","促进人类繁荣,使人类能够过上卓越的生活"③;反对将福利、效率、自决或平等作为法律哲学的基本概念,而是倡导将德性、卓越

---

① G. E. M. Anscombe, "Modern Moral Philosophy", *Philosophy*, 1958, 33, pp. 1 – 19.
② C. Farrelly, L. B. Solum, *Virtue Jurisprudence*, Palgrave Macmillan, 2007, p. 1.
③ C. Farrelly, L. B. Solum, *Virtue Jurisprudence*, Palgrave Macmillan, 2007, p. 2.

及人类繁荣作为法律哲学的中心概念。这样，德性法理学挑战了以偏好为基础和以权利为基础的规范法律理论，认为德性伦理学是法律理论最具前景的规范基础。

既然德性与人类繁荣是法律的核心功能，那么，在德性法理学看来，"法律就是政治"的口号扭曲了法律的目标。"法律就是政治"是作为现实主义的极端版本的批判法律研究运动提出的口号，它将法律机构特别是法院视为使用法律工具而达成一些规范理论（例如社会福利国家主义）的目标或者一种政治意识形态的手段；批判法学鼓吹"不确定性命题"，主张法律规则无法决定判决的结果；在任何案件中，法律都能为不同的主张提供基础，法律根本就不具有拘束性，必须以政治倾向代替法律来决定案件的判决结果。① 索伦认为，法律政治化使美国的司法系统整体上面临着巨大的危险。虽然政治化的危险是一种长期的现象，且在某种程度上为所有的法律体系所共有，但美国司法系统政治化的危险目前因诸种原因而尤其严重，其中主要的原因也许在于美国的司法审查制度。它将几乎任何能够想象到的问题的终极裁决权委付于美国最高法院。终极裁决权产生了诱惑。政治部门被诱使利用法官选任的权力，使法官成为政治雇佣文人扎堆之地；法官被诱使通过法令，利用他们的权力，获取政治目的。这两种诱惑之间相互强化，政治化孕育了法官的平庸。如果法官选任的标准是其对一个意识形态代言人的忠诚，那么，他们就不会因忠诚于法治、博学于法律或者明智而被选任。政治化法官只需要花言巧语的技巧、脱离规则推理的能力以及成功地掩饰矛盾的手段。因此，政治化不仅使法官流于平庸，而且隐藏着将法官引入堕落的风险。

为了回应或者消解当代法律理论和实践面临的严重困扰，索伦建议，法理学需要一种亚里士多德式的转向，"从对意识形态、权利和效用的强调，转为对德性的聚焦"。这就使得德性法理学明显不同于自由主义法律传统。达夫（R. A. Duff）指出，自由主义在20世纪60年代几乎成为一种正统观念。它认为，法律对于德性与邪恶，特别是公民的德性与邪恶，并无真正的兴趣；它所关注的是公民的行为。如果公民的行为影响他人的利益，那么，法律就对之课以责任，但是，这些公民行为背后深层的品质

---

① 参见 Lawrence Solum、王凌皞《美德法理学、新形式主义与法治——Lawrence Solum 教授访谈》，载《南京大学法律评论》2010年第1期，第333、335–343页。

特征不是法律关注的内容。这种法律观念隐含的德性立场是，国家及其法律不应该偏好或者强制任何单一的善的构想；只要公民相互尊重彼此的权利，他们就应该被允许自由地决定和追求他们自己关于善的构想。这种正统观念反映了一种强烈的"私人"观念：法律调整的是侵犯社会及他人利益的行为的"公共"事件，而不是属于"私人"事件的道德信念和道德品质。法律的任务在于维持和平与保持人们对社会结构的期待。在这种社会结构中，个人可以追求他们自己关于善的构想。① 但是，德性法理学声称，法律的目标不是最大化满足偏好，也不是保护一套权利，而是使公民富有德性，促进人类的繁荣兴旺，使人类享受卓越的生活。

德性法理学通过对法官德性的聚焦，提出了以德性为中心的审判理论。其首要主题是，法官应当是有德性的，且应当做出有德的裁决；应当根据法官审判德性的拥有或者潜在获得而选任他们。② 出于简单和明晰的考虑，索伦以五种定义的形式表达了这种德性中心论的审判理论：一种审判德性是心智中一种使拥有者可靠地倾向于做出公正的裁决的自然的可能性情，包括但是不限于适度、勇气、好品性、理智、智慧和正义；一位有德的法官是一位拥有审判德性的法官；一个有德的裁决是由一位有德的法官在与裁决有关的情形中出于审判德性做出的裁决；一个合法的裁决是由一位有德的法官在与裁决有关的情形中特别做出的裁决，在这种语境中，法律上正确等同于合法；一个公正的裁决完全等同于一个有德的裁决。③

可见，在索伦的审判理论中，德性始终是一个关键的概念。因而，分析索伦对德性的论证，就成为理解其德性中心论的审判理论的核心。索伦认为，审判德性的本质是普通的德性在特定的审判情境中的具体应用。"总体上，司法德性与人类卓越有很多相同之处。理论的理智德性、实践智慧以及勇敢、节制和好品性的道德德性为卓越的审判所需，正如它们为

---

① R. A. Duff, "The Limits of Virtue Jurisprudence", *Metaphilosophy*, 2003, 34 (1/2), pp. 214–224.

② L. B. Solum, "Virtue Jurisprudence: A Virtue-centred Theory of Judging", *Metaphilosophy*, 2003, 34 (1/2), pp. 178–213.

③ L. B. Solum, "Virtue Jurisprudence: A Virtue-centred Theory of Judging", *Metaphilosophy*, 2003, 34 (1/2), pp. 178–213.

人和人类生活的繁荣所需。"①

索伦认为，法官应当具有实践智慧，成为一个明智者（phronimos）。好的法官在其正当的法律目的与手段的选择中必须拥有实践智慧。它是一种使个人在特定情形中能做出好的选择的德性。拥有实践智慧的人知道哪种特定的目的值得追求，哪种手段最适宜于达成这些目的。司法智慧只是实践智慧的具体运用。拥有司法智慧的法官知道在特定案件中追求的目标及手段。这就是法律理论中的"境遇感"。法律文本常常是用普遍性的语言形式，面向一般对象而不是特定的个体。在某些特定情况下，如果完全遵从法律的形式主义要求，则会导致不公平的甚至荒唐的结果。这就要求法官超越法律的字面意义来追求最好的司法判决，捍卫法律的精神。② 这就是衡平。

衡平是对规则的一种背离。它通过案件总结出特例，校正法律的普遍性。在一些案例中，衡平要求法官理解立法机关的意图；在其他一些案例中，衡平要求法官纠正立法者没有或者无法预料的法律的缺陷。因此，衡平是一种特殊主义，是在特定案件的事实的基础上的一种对规则的背离。但是，在一个关于公平有着多元主义理解的社会中，如果每个法官遵从自己的公平信念，那么，法律将不能履行协调行为和避免冲突的职分，法官将在法律的内容上产生分歧。因此，衡平只能由一个明智者履行。一位明智的法官拥有道德和法律的洞察力。③ 实践智慧虽然赋予法官衡平特定个案和普遍规范的能力，但是，这并不表明法官拥有无限的自由裁量权而可以为所欲为。"因为妥当地进行衡平的法官内化了其所处文化的根本价值，而实在法正是通过这些价值才得以正当化的，所以，我们可以说法官内化了法律的目的。即使法官的判决脱离了文义，他还是受制于他对法律的妥当理解，即编撰法律是为了让它们提供确定性和可预测性，超越文义是为了更好地实现法律指引法律主体（公民和官员）行动的这一功能，

---

① L. B. Solum, "Virtue Jurisprudence: A Virtue-centred Theory of Judging", *Metaphilosophy*, 2003, 34 (1/2), pp. 178-213.

② 参见 Lawrence Solum、王凌皞《美德法理学、新形式主义与法治——Lawrence Solum 教授访谈》，载《南京大学法律评论》2010 年第 1 期，第 333、335-343 页。

③ L. B. Solum, "Virtue Jurisprudence: A Virtue-centred Theory of Judging", *Metaphilosophy*, 2003, 34 (1/2), pp. 178-213.

让法律主体能够依靠法律,知道怎样行为才是与法律一致的、合法的。"①

但是,法官也应当拥有作为守法的正义(justice as lawfulness)的德性。卓越的法官必须拥有忠诚于法律及关注法律连贯性的德性,我们称之为"作为守法的正义"。"看上去清晰的是,正义是司法德性中最重要的德性。"② 一位法官应当拥有适度、勇气和好的品性等自然的德性,但是,如果他缺乏正义的德性,那么,他也不会是优秀的法官。一位拥有自然德性而缺乏正义的人,不会是一个好的裁决者。"正义是卓越的审判必不可少的德性。"③ 索伦提出,正义作为德性应当被理解为守法,正义的人和不正义的人或者具备正义德性的人和缺乏正义德性的人之间最重要的区别在于,正义的人或者具备正义德性的人的品格上最大的特点在于守法。④ 那么,守法应该在什么意义上去理解呢?索伦提出,守法显然不限于遵守制定法或者成文法。他转引杰出的亚里士多德学者 Richard Kraut 的研究提出,当亚里士多德在最广泛的意义上说一个正义的人是守法者时,他所使用的古希腊语中的"法"(nomos)不是实在法,而是泛指协调人类交往的社会规范。因此,正义的德性不只是同一个社群的立法者颁布的成文法有关,而是同更广泛的社会规范有关。这些规范治理着所处社群的成员。一个具有正义德性的人已经将基本社会规范内化,成为自觉的守法者。⑤ 这表明,作为实践智慧的衡平与作为守法的正义在最根本的意义上是相通的。衡平之所以必要,源于作为制定法或成文法的法律的瑕疵,这就要求法官超越其文字表面的意义去捍卫法律的精神。法律的精神植根于维系社群的社会规范。因此,法官根据社会规范去校正普遍法律的缺漏,并没有违反法治的目标,而是更深刻地体现了守法的要求。索伦认为,一个具有德性的人,不会因为某个规则有问题而拒绝社会规范或者实在法而

---

① 参见 Lawrence Solum、王凌皞《美德法理学、新形式主义与法治——Lawrence Solum 教授访谈》,载《南京大学法律评论》2010 年第 1 期,第 333、335 – 343 页。

② L. B. Solum, "Virtue Jurisprudence: A Virtue-centred Theory of Judging", *Metaphilosophy*, 2003, 34 (1/2), pp. 178 – 213.

③ L. B. Solum, "Virtue Jurisprudence: A Virtue-centred Theory of Judging", *Metaphilosophy*, 2003, 34 (1/2), pp. 178 – 213.

④ 参见 Lawrence Solum、王凌皞《美德法理学、新形式主义与法治——Lawrence Solum 教授访谈》,载《南京大学法律评论》2010 年第 1 期,第 333、335 – 343 页。

⑤ L. B. Solum, "Virtue jurisprudence: A Virtue-centred Theory of Judging", *Metaphilosophy*, 2003, 34 (1/2), pp. 178 – 213.

随心所欲地行动；相反，他会内化这些规范，并且以符合法治理念的方式来改变他认为应当改进的规则。①

当代西方德性法理学是要借助复兴的德性伦理学的思想资源，力图对法律理论和司法实践的重大问题给予更深刻的回答。我们姑且不论这种学术追求在法理学的层面是否成功，至少它为我们理解化德性为规范的实践提供了有意义的指引。第一，当我们试图以法律规范实现德性的理想时，并不意味着要通过法律规范的强制性和威慑性力量，将德性直接施诸于人，或者将德性通过立法的形式转变为法律条文；而是说法律的正当性标准不能仅仅限于履行特定的政治使命或者灌输意识形态，这种政治的合法性只是法律正当性的一种维度，除了这种维度之外，法律还必须对人们的德性和人类的繁荣保持合理的道德关注。它不是对德性的直接强制，而是通过清晰地表明德性是公民个人最好的利益而为德性的繁荣提供间接的支持，从而为德性的培养提供必要的前提性条件。第二，法律审判是法官适用法律和寻求公正的艺术，而不只是一种法律技能。这正如我们说，写字是一种技能，而书法是一门艺术。技能追求真，而艺术要在真的基础上追求美。如果我们能够无误地写出字来，那么，我们就掌握了写字的技能。但是，我们只有对每个文字的结构之真及文字间的布局之真有着深入的理解，才能达到书法艺术的美。因此，既然审判是适用法律的艺术，那么，它的标准就不仅仅是"以事实为依据，以法律为准绳"，而是要理智地在司法的法律效果和社会效果，特别是道德效果之间取得平衡。这不是鼓励法官以德性之名枉法裁判；恰恰相反，它是警醒法官不能以法律的名义戕害德性，而是要通过提供恰当的积极的司法激励，支持和鼓励德性的实践。

三、 当代中国道德治理的反思

随着以市场为导向的经济改革的展开，中国社会的结构日益由封闭走向开放，个人利益在全民范围的道德建设中就得到了合理的辩护。但是，人追求利益的欲望一旦从过度压抑的状态中被释放出来，而又预先缺乏相

---

① 参见 Lawrence Solum、王凌皞《美德法理学、新形式主义与法治——Lawrence Solum 教授访谈》，载《南京大学法律评论》2010 年第 1 期，第 333、335–343 页。

应的调整和规范手段，必定会成为席卷全社会的反道德潮流。它在20世纪80年代曾经以"良心值多少钱"的社会之问淋漓尽致地表达出来。因此，改革的社会需要开放的道德，而开放的道德需要道德治理，否则，就容易由开放滑向无序。但是，在道德治理的思路上，在德性与规范之间，我们容易陷入两种极端对立的思维：一种是彻底否定德性的价值，"经济学家不需要良心"，不求合德性而只求合法性；另一种是过度高扬德性的自足性，特别是对传统社会的德性理想怀有浓烈的"文化乡愁"。根据第一种思路，道德治理的实质就是规范治理，或者更狭义地说就是法律治理；根据第二种思路，道德治理就被拉回到了传统德治的轨道。第一种思路似乎有着全球化的经验，而第二种思路相应地夹杂着更本土化的地方性知识。但是，我们会发现，在现代开放社会的背景下，传统德治主义已经难以完全适应社会；而全球化的经验却逐渐被发现是不断被批判、怀疑和否定的权宜之计。那么，当代中国的道德治理之路在何方呢？

我们认为，当代西方德性法理学提供了一种有价值的启示。它没有放弃理想的德性追求，但又立足于坚实的规范基础；它回应了德治主义的传统，但又坚持着法治主义的现实，从而使德性与规范在道德治理中实现圆融。从德性法理学的角度看，我们在推进道德治理的进程中，有两个重要的支点需要引起格外关注。

第一，我们的立法必须为德性的实践预留适当的空间。美国洛杉矶加州大学人类学系教授阎云翔在其论文《善良的撒玛利亚人的新麻烦：当代中国变迁中的道德图景的一项研究》中，对当前中国社会"做好事被讹"的道德现象做出了富有启发的分析。他的研究以26例个案为基础，其中20例来自媒体报道，6例来自对当事人的访谈。在26例个案中，有12例牵涉警察或者法院。阎云翔发现，在他研究的26例个案中，即使最后澄清了施助者是无辜的事实，执法警察或法官也没有采取任何措施惩罚讹诈者；更有甚者，即使一位老年妇女讹诈施助者的伎俩被识破后，警察还是要求好心的施助者把老年妇女带到当地一家医院进行治疗并分摊医疗费。[①] 因此，在这些"助人被讹"的事件中，讹人者基本是不需要花费成本的。即使讹诈失败，他也无须承担法律上的责任。他的讹诈行为既不是

---

① X. Y. Yan, "The Good Samaritan's New Trouble: A Study of The Changing Moral Landscape in Contemporary China", *Social Anthropology*, 2009, 17 (1).

一般的治安管理处罚的调整对象，又不符合敲诈勒索罪的构成要件；相反，如果他能够顺利讹诈上一个人，他就可轻而易举获得"收益"。

本来根据一般的举证原则，谁主张谁举证。但是，在这些特定的"助人被讹"事件中，举证责任发生了倒置。在阎云翔研究的26例个案中，没有一个讹诈者被要求提供证人；相反，助人者必须为自己不是肇事方的主张举证。如果事发当时无见证人在场或者见证人未能作证，那么，助人者就可能要为自己的好心承担赔偿的法律责任。讹人者受伤的事实成为其免于举证的护身符，"如果不是你撞到了我，你为什么帮我"的推理逻辑成为最有效的证据。这种零风险的法律环境无形中会感染或者强化讹人者的不道德的讹人动机。与讹人者优越的法律地位相比，助人者的法律地位明显尴尬得多和困难得多。这种司法审判传递了一种有限的、精明的和算计的好人好事观念。根据这种观念，我们不能对别人的危难表现出无限的同情和救助，而是必须克制自己善行义举的热忱，坚守陌生的路人的道德立场，使自己保持在不被人曲解为肇事者的有限时空；如果我们无法抑制做好人好事的冲动，那么，要精明地认识到人性的丑恶，预先为自己的无错辩护收集好证据，做一个会算计的人，否则，就可能要承担不利的法律后果。显然，在这种强烈的反差中，人们的善行被异化。

我们曾经广泛讨论过见死不救立法的可能性。即使这部立法是可能的，它的立法技术和原则也应该同其他法律不同。首先，它不能惩罚见死不救者，不能回复到以法律规范强制德性的前现代观念；它应该奖励见死相救者，通过法律的效力激发人们行善的情感。其次，它不能纵容受救的讹人者，而必须课以相应的法律责任，遏制社会中效仿讹人的冲动或者隐患。一般的法律功能是抑恶而不扬善，善与恶的主体都是同一个人，抑制这个人的恶行而不赞同他的善行。但是，见死不救的立法既要抑恶又要扬善，善与恶的主体指向不同的人，抑制讹人者的恶，赞扬救人者的善。我们甚至可以由此推而广之，对法律的功能的认识不能仅仅停留在传统的抑恶方面，而是要开掘法律扬善的功能。开掘这种功能不仅是必要的，而且是可能的。

第二，我们的司法，从消极的方面来说，不能成为无德者的怂恿者；从积极的方面来说，应该成为有德者的支持者。我们明白，法律是静态的文字表达，美好的法律文本只有借助法官优秀的司法审判活动，才能实现其规范社会的功能。美国著名法学家德沃金指出："一位法官的点头给人们带来的得失往往比国会或议会的任何一般性法案带来的得失更大。"①英国哲学家培根有一句名言:"一次不公正的裁判比多次不公平的举动为祸尤烈。因为这些不公平的举动不过弄脏了水流,而不公的裁判则把水源败坏了。"② 因此,我们不仅需要在立法中为人们的德性预留空间,使法律不仅抑恶,而且扬善;更需要相应的优秀的司法审判活动阐发立法本意,支持和鼓励德性实践。正如当代西方德性法理学所主张的,法官不仅需要拥有勇敢、温和与节制的德性,也需要拥有作为守法的正义。但具体到"助人被诬"的事件,法官更需要实践智慧。

从以上的案例中我们看到,法官在"助人被诬"的司法审判中表现出了常人的德性,展现了对诬人者的怜悯、同情和关爱,因为这些诬人者往往都是社会中相对而言的"弱者"。在阎云翔研究的 26 例个案中,诬人者多数是老年妇女,而助人者的社会地位和经济能力相对优越得多。当问及在大多数做好事被诬的案例中,为什么诬诈者没有受到法律惩罚时,有位警察反问:"当一位可怜的老妇想从一位小伙子的腰包里捞取二三百元钱的时候,你能做什么呢?"然后他很快地回答:"什么也不做!"③ 作为共同体的成员,扶助弱者是德性的彰显。但是,对于一位法官来说,他的首要职分是如其所是地公平分配当事方的权利和义务。这就决定着他必须平等地理解当事方的利益和情感,做出正义的判决。一位法官当然可以在诬人的"弱者"身上展现出德性的光辉,但必须以守法的正义为前提。因此,在司法德性的层面上,法官应该判决诬人者承担不利的法律责任;退一步说,在常人德性的层面上,法官可以自愿或者说服助人者帮助这些相对的"弱者",但不能以常人德性混淆了甚至超越于司法德性。

正义并不总是写在纸上,表现为制定的成文法。因此,在一些特别的法律个案中,公正的裁决不仅是那些合法的裁决,而且包括那些看似逸于法律规范之外而仍恪守法律精神的裁决。纵观中国古代的案件裁决,有两种情况给人留下最深刻的印象:一种是严格按照法律的公正裁决,例如包公判案;一种是参酌情理而非仅仅依据法律条文的司法判决。因为法官审

---

① [美] 德沃金:《法律帝国》,李常青译,中国大百科全书出版社 1996 年版,第 1 页。
② [英] 培根:《培根论说文集》,水天同译,商务印书馆 1983 年版,第 193 页。
③ X. Y. Yan, "The Good Samaritan's New Trouble: A Study of The Changing Moral Landscape in Contemporary China", *Social Anthropology*, 2009, 17 (1).

案往往会面对这种悖论：严格公正的审判往往被证明是极端非正义的。因此，在具体的法律案例中，法官就需要衡平。但是，如何保证衡平不是恣意胡为呢？这就需要实践智慧。实践智慧是一种理智德性，需要经验和时间。实践智慧在更为内在的层面上表现为对度的把握，而度的观念与中道相联系。卓越的法官不仅要明晰法理，更要透彻事理和情理；不仅要恪守作为守法的正义，也要追求作为衡平的正义，运用实践智慧以达成法理、事理和情理的圆融。

（原载《哲学研究》2014 年第 8 期）

中国传统伦理道德中的公私观及其现代辨析

公私观念是中国传统伦理文化中的一个特殊概念,也是一个核心概念,几乎贯穿人生的所有社会活动。"公"与"私"经常作为对举运用的概念,在现代社会已经成为一种普遍共识。现代生活中,人一方面作为个体而存在,另一方面又作为社会的一个成员而存在,这反映的就是个体与社会的一种公私伦理关系。在中国人的观念里,对公私的理解至少有两个层面:在事实层面,公私被理解为全体与局部、社会整体与个人、社会集体与自我之间的利益关系;在价值层面,公私承载着公正、公平与自私、偏邪之间的道德评价。如何历史、客观地认识"公"与"私"概念之内涵及其关系的演变,揭示其在现代伦理生活中的真实意义,无疑是当代中国伦理道德建设的重要议题。

一、公私概念的原生之意及其演变

(一)"公"的原生意

根据甲骨文字考证,甲骨文中有与"公"对应的"𠔌"字,《甲骨文字典》解"公"字为"像瓮口之形,当为瓮之初文,卜辞借为王公之公",其有两种释义"一先公。二公宫,宫室名,即大众之宫"①。卜辞的"公"也有用作地名的,如"𠦪"(才公,在公地)(甲一三七八)(粹五三八)。②《金文诂林》引王献唐的考证:

> 铭文的公不是五等爵号的公,只为国君一种尊称……早期卜辞未见这种称谓,武乙时才有,指的是殷王祖宗。《方言》六:"凡尊老,周晋秦陇谓之公……公就是翁字的古文,称公亦犹称翁。殷王以祖宗

---

① 徐中舒主编:《甲骨文字典》,四川辞书出版社2014年版,第71页。
② 参见赵诚《甲骨文简明词典》,中华书局2009年版,第227页。

为公，后世也然。"《史记·外戚世家》："封公昆弟。"索隐："公，祖也。"中国历史传统是尊老敬老的，因而公为尊称，用于祖宗，用于长老。周代早期周公、召公及二王之后称公，即由此出，那时还没有这一爵号。这一尊称最初只属于长老，久而失其本义，或把年轻而尊贵的人也称为公……（周代）一国君主是最尊贵的，也称国君为公，不论老幼。《尔雅·释诂》："公，君也。"……周代君、公两名通用……他们并不是死后追称为公，也不是周天子三公和所谓二王之后，更不是僭越自尊为五等爵首，只是一国统治者的通名。他人称公，自署亦为公，儿子称公子，孙子称公孙。①

铭文中"公"的释义说明，殷商时期只作"祖先"解，周早期增加"尊贵"之意，周中后期又只作"君"解。可知，殷周时期"公"的指意多是对人物的称谓，并且对人物的身份角色有特定限制。王献唐特别指出，"公"在殷周时期不能作为"爵号"解，至少在周早期还没有封爵制度。所以，"公"作为爵号之意是周中后期才演化出的。

《诗经》中"公"的用例主要除了指称特定人物之外，也扩展到与特定人物相关的物品和事件。《尔雅·释诂》："公，君也。"《鲁颂·有駜》："夙夜在公，在公明明。"这里的"公"既可指君，又可指公事、公所。《召南·采蘩》："公侯之事。于以采蘩？……公侯之宫。被之僮僮，夙夜在公。"朱熹《诗集传》对"夙夜在公"有解曰："公，公所也……或曰：公，亦即所谓'公桑'也。"② 朱熹的解释可以有两种理解：一是作为名词"公所"，为"公"做事的地方；一是作为动词，即为"公"所做之事。作为名词的"公"主要是对特定政治伦理身份的称谓，除了"国君"称"公"，还增加"公侯"的称谓，这里"公侯"就是指爵号。《周南·兔罝》："赳赳武夫，公侯干城……公侯好仇……公侯腹心。"可知，"公侯"在春秋时期已经是一种普遍使用的爵号。《诗经》中与"公"构成的复合词的用例比较多，如"王公""公侯""公姓""公孙"等意指与"公"的家族相关的人物，"公路""公行"指与公相关的官职，"公庭""公所""公堂"指与公相关的场所，"公田""公车"指与

---

① 周法高主编：《金文诂林》（卷二 0090），香港中文大学出版社 1975 年版，第 482-483 页。
② （宋）朱熹集撰、赵长征点校：《诗集传》，中华书局 2017 年版，第 14 页。

之相关的物品,"公事""公法""公举"指与之相关的事件。日本学者沟口雄三依据甲骨文、金文的资料考证,指出古文字"公"的下面凵ㅂ❍部分是表示共同体祭祀的广场或首长的宫殿广场,上面八丿乀的部分表示参加祭祀或仪式的队列,所以,"'公'一字在甲骨文、金文时代指的是与共同体的首长相关的东西或对它的尊称,还指共同体的设施、财物"①,这与周代以后"公"作"君"解是一致的。从沟口雄三的解释可以看出,"公"自诞生之时就蕴含了政治伦理的价值倾向。同时,沟口雄三也指出中国传统公私观的一个重要的特征,那就是中国政治性之"公"的外侧有着更高位的天之"公",正是这种高位的原理性和道义性的天之"公"使政治之"公"具有正统性。② 中国传统公私观的这一特征对解释"公"的原生意限定在祖、君、尊等具有特定身份的人物具有天然合理性。大量中国古籍文献也可以证实,中国的"公"之观念渗透着浓重的"天"的观念,这是战国以后"公"的意涵逐渐由事实描述的概念向伦理价值的概念转变的合理逻辑解释。正是在这种天然合理性的基础上,"公"演化成主宰中国人伦理生活的基础性、根本性命题,对中国人的思想和行为有着深远的影响。

(二)"私"的原生意

古文字中关于"厶"的记载远迟于"公",这是学界的基本共识。至于"厶"的甲骨文及词意,很少有史料记载。徐中舒认为,作为有文字依据可查的"厶"字,直至春秋战国时代才有记载。③ 依据李孝定编述的《甲骨文字集释》④ 和周法高主编的《金文诂林》的文献考证,也是只有"公"的用例,而没有"厶"或"私"的用例。在《诗经》《尚书》这些古代典籍中,"私"的用例远少于"公"。《诗经》中"私"字用例有8处:"谭公维私"(《卫风·硕人》);"私人之子,百僚是试"(《小雅·大东》);"王命傅御,迁其私人"(《大雅·崧高》);"诸父兄弟,备言燕

---

① [日]佐佐木毅、[韩]金泰昌主编:《公与私的思想史》,刘文柱译,人民出版社2009年版,第38页。
② 参见[日]沟口雄三《中国的公与私·公私》,郑静译,生活·读书·新知三联书店2011年版,第50-51页。
③ 参见徐中舒主编《汉语古文字字形表》,四川人民出版社1981年版,第364页。
④ 李孝定编述:《甲骨文字集释》,台湾"中央研究院"历史语言研究所1982年版。

私"（《小雅·楚茨》）；"薄污我私，薄浣我衣"（《周南·葛覃》）；"雨我公田，遂及我私"（《小雅·大田》）；"骏发尔私，终三十里"（《周颂·噫嘻》）；"言私其豵，献豣于公"（《豳风·七月》）。根据《诗经》中"私"的用例，"私"的原生意可归纳为4种：一是指人，如家人、同姓、宾客以及亲近的人；二是指正式或非正式场合所应该穿的衣服；三是指拥有的财物，如私田；四是作为动词，即私有。《尚书》中有4处"私"字用例："非天私我有商"（《商书·咸有一德》）；"官不及私昵，惟其能"（《商书·说命》）；"以公灭私，民其允怀"（《周书·周官》）；"民之乱，罔不中听狱之两辞，无或私家于狱之两辞"（《周书·吕刑》）。《尚书》中"私"的用例指意可以归纳为"偏爱""偏私""私欲""私利"等。

比较《诗经》《尚书》中"私"的用例发现，《尚书》中"私"的用例已具有鲜明的道德价值意蕴，特别是提出"以公灭私"的命题，成为古今学者言说公私的重要立论点和中国传统公私观的价值标杆。就叙事年代而言，《尚书》比《诗经》的年代更早，而《尚书》中"私"的指意相比《诗经》价值跃迁却如此之大，这本身就会让人产生怀疑。事实上，《尚书》证伪也是学术界关注的焦点问题。其中，《周官》之伪在古今学界早有论证。古有明人梅鷟所著《尚书考异》中，通过逐条考证对《古文尚书》进行广泛而仔细的辨伪搜证工作。[①] 今有学者以公私历史演变为切入点，通过文献征引、字义构形以及公私观念发展演变三个角度证伪《尚书·周官》。由于《尚书·周官》之为伪书逐渐成为学界共识，其中所记载的殷商和西周历史时期事态的"私"之用例所呈现的价值意涵，自然变得存疑。这说明《周官》中"私"用例的价值意涵可能是后人杜撰所云，因为西周时尚未出现"以公灭私"这样成熟的观念，显然是融入了商周以后的时代观念。[②] 尽管在这一历史时期，"私"还不具有明确的道德意，但通过古典中"私"的用例可以发现，《诗》《书》中的"私"已经成为以"己"为中心的个人主体表达，或是与之相关亲近的

---

① 参见姜广辉《梅鷟〈尚书考异〉考辨方法的检讨》，载《历史研究》2007年第5期，第95－191页。

② 参见刘畅《古文〈尚书·周官〉"以公灭私"辨析》，载刘泽华等《公私观念与中国社会》，中国人民大学出版社2003年版，第68－90页。

人，或是自己的衣、田等所有物，或是有意使物为"己"所有。"私"作为自我主体意识表达已初见端倪，这种主体意识包含两个层面的认识：一方面它表达了行为主体主观态度，是对自我主体存在的一种认识；另一方面也阐述了"我"与"物"的关系所属，是从"我"到"我的"主体性意识的觉醒，反映了存在与世界的现实关系。主体意识的自觉说明，公私价值观念正在逐渐形成，并随着其道德意的丰富走向成熟。

（三）公私演变的历史与逻辑之序

《甲骨文字典》解释"ᆢ"像瓮口之形，当为瓮之初文，卜辞借为王公之公①，说明"公"最初的会意是指像"瓮"一样的器具，这应该是"公"字的最早指意。日本的《广汉和辞典》解释甲骨文的"ᆢ"，说是指事字。上面的"八"是开的意思，是通路的象形，下面的"口"是场所，表示举行祭事的广场。② 甲骨文有与"公"对应的"ᆢ"字，却找不到"私"的甲骨文字，后发展的小篆体才有"ᆢ"（厶）字。③《汉语古文字字形表》也言"厶""是在春秋战国时期才出现的文字"④。朱凤瀚在《商周家族形态研究》中指出：西周时代初期，农民即有自己独立经营的私田。既有私田，必然有自己的农具。《臣工》："命我众人，庤乃钱镈。"《大田》："以我覃耜，俶载南亩。"《周语上》："司空除坛于籍，命农大夫咸戒农用。"韦昭训农用为田器，皆是其证。⑤ 上述字源例证皆说明，公、私二字最早指意的是跟人们生活中的器具或者场物有关的称谓，即"事指"，表示对具体事物的描述。虽然学界对"私"之概念出现的时间有不同意见，但它远晚于"公"是基本共识。公、私二字的古文字发展顺序是"先公后私"，这是公私观念生成的事实基础。在字源描述事实基础上，公、私作为正反向背的概念也被历史与逻辑证伪。依据以上共识，韩非解释的"背私为公"在逻辑上是不能成立的，无"厶"可背的话，"公"自然也不存在。沟口雄三也认为，韩非子的"背私为公"之解"只

---

① 参见徐中舒主编《甲骨文字典》，四川辞书出版社2014年版，第71页。
② 参见《广汉和辞典（上）》，大修馆书店昭和五十六年（1981年）版，第287页。
③ 参见段渝主编《徐中舒论先秦史》，上海科学技术文献出版社2008年版，第29-30页。
④ 徐中舒主编：《汉语古文字字形表》，四川人民出版社1981年版，第364页。
⑤ 参见朱凤瀚《商周家族形态研究（增订本）》，天津古籍出版社2004年版，第415页。

是传达了韩非子时代以来的公·私概念而已,不用说殷周时代,就是战国前期也找不到这种内容上背反对立的公·私概念"①。这也确证了公私含义演变和逻辑生成只能是以事实层面的原生意为基础,即以事实意为基础、经由抽象意、走向价值意,是公私观念生成的自然逻辑。

王中江在分析中国哲学的"公私之辨"时指出,"公字的本义,可能是对人的尊称,最早是称呼部落的首领,后称贵族和诸侯。而'私',一开始并不与'公'相对,它的出现较晚,应是随着私有权(允许占有禾)的产生而产生的"②。"公"字比"私"字出现早了很长时间,商周以前的原始社会时期的"个体"都是作为"公"的部分,即"天民"存在,原始社会的存在关系决定了当时尚未出现赋有善恶价值意的公私观念。徐复观指出:"从思想史上看,最先常常先有某种事实,才有解释此种事实的观念;有了某种观念,才有表现此种观念的名词。"③"私"的观念产生是与西周末年土地私有制观念出现直接联系在一起的。西周早期因推行"井田制"把周王所属的土地分成"公田"与"私田",由庶人耕种,庶人在"公田"为国王和贵族劳动,在"私田"生产自身需要的生活资料。随着私有观念的出现,"逐利"逐渐蔓延为社会主流的思潮。《吕氏春秋·审分》:"今以众地者,公作则迟,有所匿其力也;分地则速,无所匿迟也。"可见,追逐自我利益成为社会变革的动力,推动社会经济结构发生变化。《墨子·非命下》:"今也农夫之所以早出暮入,强乎耕稼树艺,多聚菽粟,而不敢倦怠者,何也?曰:'彼以为强必富,不强必贫;强必饱,不强必饥。故不敢倦怠。'"春秋以后,努力追求私利已经是社会的普遍现象。私有观念引起社会经济结构的变革和商业的发展,冲垮贵族宗法等级的堤坝。到了春秋中叶以后,贵族宗法制度逐渐全面崩坏,即孔子所谓的"礼崩乐坏"的时代,这为公、私原生意向价值意转变提供了社会必然因素。私有观念的兴起引起社会关系的变革的事实逻辑,也基本契合学界基本认同的公私的价值意成熟于春秋战国时期的观点。

---

① [日]沟口雄三:《中国的公与私·公私》,郑静译,生活·读书·新知三联书店2011年版,第441页。
② 王中江:《中国哲学中的"公私之辨"》,载《中州学刊》1995年第6期,第64页。
③ 李维武编:《徐复观文集(修订本)》(第1卷),湖北人民出版社2009年版,第38页。

二、 公私的含义演化及其道德意蕴

通过《诗》《书》中"公"与"私"的原生意的分析可知，上古时代言"公""私"只是对特定的人物，或是对与之相关的物、事、场所的指意，以及对事物、人物具体存在及所属关系的表达。这说明上古时代人的社会存在关系相对简单，因此，基于这种简单社会关系产生的公私概念并不具有道德和价值。公私观念是在公私含义的不断演化的过程中形成的，公私含义的演化又与私有观念的产生有直接关系。随着私有观念的发展，社会主体关系的复杂化是公私观念的形成的伦理基础和道德载体。公私原生意从对人、事等的事指性概念发展为对社会主体关系存在的描述性概念，反映了公私原生意从概念到观念的转向，展现出公私含义从具体意向价值意转化的脉络。下面我们可以从中国传统道德文化中的几个重要概念，窥视公私含义演化过程和其道德载体的形成。

（一）关于"共同性"的概念

沟口雄三认为，中国的"公"所具有的"共同性一面"为"公"的含义之价值演化做了铺垫。由于甲骨文和金文中的"公"根本找不到《说文解字》中的"平分"之意，为了进一步确证中国文化中公私的含义，他提出应该从早期文献《诗经》和《书经》中寻找公私原初含义中的道义因素。他在对比中国和日本的公、私的具体含义后发现，中国的公私具有善恶、正邪的明显伦理性，而日本的公私没有任何伦理性。所以，他提出中国的公私的这种道义因素从何而来的问题，这也是他研究中国的公私提出的第一个疑问。他分析《诗经·国风·豳风·七月》所唱"一之日于貉，取彼狐狸，为公子裘。二之日其同，载缵武功，言私其豵，献豜于公"，从"私"和"公""公子""公堂"等用例想到："'平分'和共同体全体成员之间分配的公平性密切相关，因而与此相反的排他性的独占会作为'奸邪'受排斥，这种共同体内分配规则很可能成为道德原则。"① 他尤其强调《诗经》中"公田"的例子，根据孟子有关的井田制

---

① ［日］沟口雄三：《中国的公与私·公私》，郑静译，生活·读书·新知三联书店2011年版，第46－47页。

论述，认为公的首领性的一面可能内含着共同性的一面。① 这种"公"所体现的"共同性的一面"已初步具有对所属关系的表达。"公"的原生意就是对首领的尊称，首领象征着一个共同体，因此，作为指称人的"公"引申出"共""共同"之意。就"公"作为一种尊敬的称谓而言，其处于支配性地位，故其所隐含的"共同"之含义在公私含义转化中发挥了主导作用。所以，"公"所蕴含的"共同（体）"之意在公私含义转化过程中起到支配性作用。

  对传统文化中公私含义从具体意到价值意发展的历史变化，学界也有不同观点。郭齐勇认为，"公""私"在春秋以前是具体意，指称人、物、事，降至春秋末期至战国时期才具有抽象的价值意。具体而言，"公"引申为公正、公平、均平等；"私"引申为营私、奸邪、偏私等。诸子争鸣之世，"公""私"具体意和价值意同时并用，并沿袭至今。② 陈来分析《诗经》关于"公侯""夙夜在公""在公明明"等用例，认为"公"的这些含义概括性地代表一般的公务以及对待公务的态度，认定它们是具有德目内涵的价值之"公"。③ 这表明在西周至春秋时期，公私含义就已出现向价值意转化的倾向。对春秋战国之前的公私含义是否具有抽象的价值意虽存有争议，但可以肯定的是，从周以后至春秋战国时期是公私含义从具体意转向价值意的历史时期。春秋战国时期公和私的含义已经具有明确的抽象意。就"公"而言，这种抽象化发展的主要表现为从指谓特定个人向非个人的政治领域的转化，并在这种转化的过程中孕育了"公平"的价值意，成为共同体的普遍准则。"共同体准则必然是有普遍性的，任何承担公共管理职能的阶级和集团，必然会，至少在一定程度上，提出合符此社会共同体要求的普遍准则。"④ 随着周代封建伦理秩序的建立，贵族统治阶级的地位不断强化，代表贵族阶级利益的"公"必然成为古代

---

① 参见［日］沟口雄三《中国的公与私·公私》，郑静译，生活·读书·新知三联书店2011年版，第237—238页。

② 参见郭齐勇、陈乔见《孔孟儒家的公私观与公共事务伦理》，载《中国社会科学》2009年第1期。

③ 参见陈来《古代宗教与伦理：儒家思想的根源》，生活·读书·新知三联书店2009年版，第337页。

④ 陈来：《古代宗教与伦理：儒家思想的根源》，生活·读书·新知三联书店2009年版，第339—340页。

政治共同体强化的道德价值之一。

（二）关于"天"的概念

天人问题相当古老久远。据考察，"天"字在甲骨文就已经出现，其字形突出人的头部。许慎《说文解字》说："天，颠也。至高无上。从一大。"段注谓其以"颠"释天，是"以同部叠韵为训也"；又说"颠者。人之顶也，以为凡高之称。始者，女之初也，以为凡起之称。然则天亦可为凡颠之称"。可见，在远古时期，天是一个极为抽象的词，人之头顶，至高无上，其大无二。焦国成将"天"的主要含义归纳为五个方面：①在人们头上的苍苍宫宇里，居住着一个创造万有、主宰宇宙、无法无边、不可战胜的神秘存在，有着人无法想象的智慧，因而尊他为至上之神；②在人头上或周围存在的自然天体、天象和气象；③人不能操纵、人力所无可奈何的天命、命运、偶然遭遇；④自然如此或应该如此的天道、天理，各种事物本身所具有的规律和法则；⑤没有后天的人为造作加于其上的事物之天然状态或本然状态。① 人与外物的所有关系都统摄于"天"这一概念之下，即称之为天人关系。天人关系也是人类需要处理的最古老的伦理关系，并成为人类处理一切伦理关系的参照体系，"贵公"的伦理价值合理性也源于对这种古老伦理关系的情感依赖。

沟口雄三在探究"公"的词源时发现，与日本相比，只有中国的"公"才具有"平分"这个特点，这与中国文化中"天"的观念有关，"中国古代的殷周交替之际出现了天命决定王权更迭的思想。换句话说，就是王权的正当性由天的权威判定的思想"，"在没有私履之天的背景下，'平分'被作为共同性的原理附加于公"②。正如《尚书》中"民之所欲天必从之"（《周书·泰誓上》）、"天视自我民视，天听自我民听"（《周书·泰誓中》），这些天受民意所托的思想反映了人对天的道德期待。《汉书·郦食其传》中"王者以民为天，而民以食为天"与"民所欲者"思想都反映了天人合一的伦理思想。沟口雄三推论其中所言的"食"即指"生存"，故由"天无私履"推出"平分"的生存。因此，天不单纯是以

---

① 参见焦国成《中国伦理学通论》，山西教育出版社1997年版，第34-35页。
② ［日］佐佐木毅、［韩］金泰昌主编：《公与私的思想史》，刘文柱译，人民出版社2009年版，第41页。

上帝为主宰的天，而是与人相关，天人相通、天人相对应的天，人对天的道德期待反映的是对处理人伦关系的道德诉求。

可见，人由天生、天地相通、天人合一是中国传统文化的根本观念，表明人乃宇宙自然演化所生，人与万物一体。无论是《周易》的天地絪缊、阴阳交感，还是庄子万物一体，人之生死、物之存灭都乃一气之化，都是对人为天地所生，是宇宙自然演化所生的肯定，是对人乃天地之德的肯定。北宋张载在《正蒙·乾称》中，从"乾称父，坤称母"引出"民吾同胞，物吾与也"的结论，亦被认为是中国传统道德文化天人关系的最简练表述。《庄子·内篇·应帝王第七》说"任性自生，公也；心欲益之，私也；容私果不足以生生，而顺公乃全也"，强调的正是基于对"天"之存在本体性的肯定与张力。"天"成为中国传统公、私概念转化在认识论意义上的伦理道德观念的载体与前提。

（三）公私概念演化的三个阶段：具体意—抽象意—价值意

正如前述，从文字出现的顺序看，"公"与"私"显然不在同一个时序上，它们之间的联系经历了一个漫长的历史时期。而公私之含义的演变，也经历了从人、事、物指具体意到类指抽象意，再到与人的主体道德观念相联系的价值意。刘泽华曾从战国时期人们使用与"公"组成的"至公""奉公""为公"等25个词汇，以及与"私"组成的"私善""私德""私廉"等15个词汇，分析"公""私"含义的变化，证明公私是如何从具体意到抽象意，再向价值意转变的。的确，这些与"公""私"组成的丰富词汇，涵盖了社会生活的各个方面，其含义也呈现出"像连续乘方一样的大扩张"[①]，反映了殷周社会大变革对人的观念的影响，其价值意的旨征十分明显。但从所列与"私"组成的15个词汇以观之，"私善""私德""私廉""私恩"等词义[②]，主要表达的是与个体相关的意识、行为，并没有以私为恶的价值判断含义。

《吕氏春秋》作为战国末年熔诸子百家思想为一炉，整合先秦文化观

---

① 刘泽华：《春秋战国的"立公灭私"观念与社会整合》，载刘泽华等《公私观念与中国社会》，中国人民大学出版社2003年版，第3页。

② 刘泽华：《春秋战国的"立公灭私"观念与社会整合》，载刘泽华等《公私观念与中国社会》，中国人民大学出版社2003年版，第4页。

念的经典著作,其中《贵公》《去私》两篇对传统文化中公私价值做了较成熟的概括。《贵公》开篇云:"昔先圣王之治天下也,必先公。公则天下平矣。平得於公……伯禽将行,请所以治鲁,周公曰'利而勿利也'。"伯禽赴任,请教父亲(周公)治鲁方略,周公回答为政要利民而不要只考虑利己。古代圣王治理天下,其公心摆在首位,即天下太平,圣王公心以定。治理国家最主要的就是要体现公平,而不能有偏颇、偏党、好恶,这也是历代王朝迭替的历史经验与教训。所以,"公"成为一种"治世"的道德,而且是最高道德,其核心在于平等地对待百姓。这种以"公"为王的治国之道体现了儒家仁德仁政的治世思想。《去私》开篇云:"天无私覆也,地无私载也,日月无私烛也,四时无私行也,行其德而万物得遂长焉……尧有子十人,不与其子而授舜;舜有子九人,不与其子而授禹;至公也。"在此,天、地、日月、四时"四无私"既是对以天拟人的公私观形象的描述,也是从应天的角度对"无私"之德的高度褒扬。尧、舜、禹三帝禅让行为正是"无私"之德的践行之举,所以称之为"至公"。"天"乃"至公",其平等地对待万物,万物自由生发,体现出天地间"阴阳之和"的生生之德,实现了"无私即大公"的自然生成命理。

《吕氏春秋》两篇独文虽然反映了儒、道、墨、法等思想流派不同的公私观,但对"公"之赞扬与对"私"之抑制的思想倾向是基本一致的。这种思想倾向为形成"崇公抑私""大公无私"的道德文化主旋律奠定了基础。单从两篇独文的题目中"贵""去"二字就可以看出,"公"的地位已经高于"私",这足以清晰地标志着公私概念在这一时期已具有明确的、丰富的价值意,也可证明公私观念作为价值判断在先秦思想中开始趋于成熟。所以,"贵公去私"的价值观成熟正是以前述的两个关键概念为基础和载体演化而就的。"共同性"的含义在"公"从具体意到价值意演化的过程中发挥了载体作用,确切地说,正是有作为"共"的伦理实体才生发"公"的价值追求。在这个意义上,"共"既是作为社会的存在又是对存在的规范,具有双重的含义。"天"正是在这种双重价值上体现出"公"的含义转换。但对宇宙万物而言,"天"这一客观存在又具有共同性质的一面,这种共同的性质就是"天"的"公"之价值,后来形成"天下为公"的价值理念。这种理念把"天道"的价值完全演化为"人道"价值,为君主统治构建出"大同"的理想治理模式。至此,"公"不同于上古早期作为存在事态描述之概念,而赋予主体的能动性之道德内涵。

三、回归公私的伦理本性

从公私概念在中国文化中的原始意及其历史演变的内在逻辑,我们发现,今天在人们意识形态里的公私观念至少包括两个层面:一是事实层面,公私被理解为全体与局部、整体与个人、集体与自我之间的利益关系;二是价值层面,公私承载着公正、公平与自私、偏邪之间的道德评价。但在社会生活中,这两个层面的问题常常被混淆、混用,导致价值观的混乱。从思想史的角度看,中国文化的公私观本质上是道德观,其宇宙观的原意,特别是经过宋明理学的精致化演绎,已融入中国道德文化的体系中,需要从理论上进一步剥离与澄清。为此,我们需要讨论三个问题。

第一,中国文化中的公私概念究竟是存在论概念还是道德概念?回到历史的原点,我们清楚上述两个层面并不是同时发生的,公私观念是一个随社会数千年的演变相继发生、相互联系而沉淀的文化观念。如何理解公私的伦理本性?这是本文力图解决的问题,因为只有明白公私的本性所旨,才能回归其真实之意,才能找到其应变之方向。

正如前述,据最早文献记载,"公"的用例主要指称人物以及与之相关的物与事,是对共同体的首领、君王的尊称等,而且它"渗透着浓重的天的观念",是一个至高、至广大、具有神圣性的概念表达。公私的原生意都是对存在物的指谓,直至商周时期,公私都只有具体意而乏抽象意,或只是一种对存在的描述性概念。显然,这种描述是对原始社会处在混沌一体之特点的直观反映,其内含的伦理本性在于,"公"作为共同体的存在,包含了宇宙万物,是未分化的统一体,是私己的集成统一体。正如沟口雄三指出的,中国的"公"是"天之公","天下"是超越国家的全世界(global)之空间,即用人类的感觉可以把握的天空之下的无限共同空间。"这种共同空间中包含有道义性的观念和中国自古以来天生民之所谓生民的思想。"① 中国文化从天和天下的观点出发,天下之公是天的生民或天下的万民,因此中国的天之公也可称为"以民为公",即从"国

---

① [日]佐佐木毅、[韩]金泰昌主编:《公与私的思想史》,刘文柱译,人民出版社2009年版,第43页。

家的观点看，朝廷、国家、政府、爵位是公，臣僚和民间区域、民间事物等是私；然而改变视角，另外一方面站在天下的观点看，转而变成民众是公，朝廷、国家是私了"①。显然，公私的缘起之意首先是存在论的表达，是存在的伦理关系。因此，在存在论的意义上，公私概念表达的是一种实然状态，也可理解为："公"的原始之意是包含"私己"的，从"公"伸展出来的"私"及其与公的联系并不是相对立的关系，而是从"公"分离出来的相对待的两个概念，即全体与局部、社会整体与个人、社会集体与自我之关系；公、私各自指谓对象之属性，决定了各自的原初属性，公私在此分别代表不同的价值主体；顺其逻辑，不可能推出公为善、私为恶的两极，即"公"代表一个集合体，代表"多数"，"私"表达"己"或与己靠近的相关物，表达"少数"。古代的"人我"概念就是公私概念于人际关系中的显现。"我"作为"施身自谓"之辞，在上古时期有多种具体表达，如卬、吾、台、予、朕等，"我"是它们的代表，人我对称之"我"对应"私"；对称之"人"就是指我以外的"他人"，对应"公"。

由此来看，离开具体的"私"，"公"就是抽象物，落实到具体的人就有人性，包括自然属性和社会属性，虽然人的社会属性从根本上决定人与动物的区别，但是人的自然属性依然是人性构成的真实存在。焦国成认为，"我"字最初的含义并非指人类个体的自谓，而是人间主宰的特称，后来演变为人们"施身自谓"之辞，其中保留了自我主宰的意蕴。② 这个发现与上述关于公私概念的演变是相一致的。正是在这个意义上，公私所代表的利益不是对立的、不能相互取代的，而是互相支撑的。"私"是起点、特殊性，"公"是相对普遍性。

当然，人们意识形态里的公私观念的另一层面就是它的道德层面。正如前述，春秋战国晚期，是公私观念从具体意、抽象意向价值意转变的重要时期，诸子百家对公私论述虽各有精到，但在价值论的意义上，中国传统文化自古以来就倡导"尚公"的思想，主导"抑私扬公"，倡导"大公无私"的精神。《尚书·周官》有"以公灭私，民其允怀"的说法，《诗经》也有"夙夜在公"的事例。尽管那时的"公"之意还主要是具体意，

---

① ［日］佐佐木毅、［韩］金泰昌主编：《公与私的思想史》，刘文柱译，人民出版社 2009年版，第 44 页。

② 参见焦国成《古代人我关系论》，中国人民大学出版社 1991 年版，第 9－10 页。

但"公"的这种优先至上的"自然禀赋"在随后的伦理道德文化中始终是社会道德规范与道德教育的引导方向。

孔子在《论语》中虽然鲜有谈公、私，但其思想中最核心的理念"仁"之观点体现了如何处理公私关系的价值取向。《论语》中孔子有两次从正面对"仁"做过具体解释。一则是："樊迟问仁。子曰：'爱人。'"（《论语·颜渊》）这个解释就是后来孟子概括的"仁者爱人"思想，可以说它表达了儒家对人的生命价值和意义最简明的回答，也成为人之为人的行为准则。孔子这种"爱人"的思想表现了维持社会温度的公德意识，体现了社会公共理性的思维，在这种公共理性中实现人的价值和社会价值的统一，实现人我、利义的统一，这就是社会的公利所在。另一则是："克己复礼为仁。一日克己复礼，天下归仁焉。为仁由己，而由人乎哉？"（《论语·颜渊》）在此所言"克己"就是要使自己的行为符合"礼"的规范，"己"为私。在儒家伦理道德思想中，"礼"是社会公共性的代表，即"公"的化身，体现社会整体的利益，"爱人"在本质上就是按照"礼"而行事。就个人主体而言，"克己"与"复礼"又反映了个人内在之欲与外在之礼的有机平衡。

在中西方公私观念的比较研究中，许多学者普遍认为，在英语中很难找到能够包含中国"公""私"这么丰富含义的单词。通过对最接近"公""私"概念的"public"和"private"的词源分析，认为西方语境中的"公"是由个体组成的群体域，"私"是群体域之外的个人的生活域，这两个领域的区别界限比较明确，而且"公"的领域反映的也是个体的意识，通过个体自由参与而形成共识，公域生活并不需要个体为此付出过多或者牺牲的代价，个体私域的生活也不会受到公共生活空间的直接干预和影响。所以，西方语义中公与私之间是相互独立的个体，并且私是作为构成公的基础而存在的，从这个意义上，私具有主导性的作用。

中国的公私概念无论是具体意还是价值意都有着较大的不确定性和模糊性，中国独有的文化意涵赋予"公"丰富的含义，并使之成为一种社会主流价值形态。具有道义性的价值是中国的公私区别于西方的公私最明显的特征，也成为社会良性发展的基础。在公私价值性的意义上，"私"代表个体利益，其居于合理的地位；"公"代表一种境界、一种精神、一种超越，但二者依然不是对立的伦理关系，而具有道德同一性的内在联系。中国传统道德是一种由内向外推的道德。"志于道，据于德，依于仁，游于艺"（《论语·述而》）之意，就是人要立志高远，要以希望达到的境界来确立自己的志向，用良好的道德规范约束自己的言行，这就是一种"奉公"的精神。

应该看到，不同于西方公私观的现实需要基于其社会性，中国传统公私观的现实基础在于它具有极强的政治性。一方面，中国传统文化中个人与社会的关系源于"家国"同构的理路，个人使命在于"修身、齐家、治国、平天下"，并以"治国、平天下"作为个人的最高价值追求。"奉公"的道德精神是中华文明的一种美德和境界。另一方面，在两千多年的封建社会中，封建统治阶级出于维护其统治的需要，将个体之私抑制、消解在所谓天下之"公"中，"假公济私"成为封建统治者的虚伪道德。这正是我们对传统道德文化进行创造性转化与创新性发展中必须予以澄清和剥离的，也是五四新文化运动的根本意义所在。

第二，义利与公私关系之解。在中国传统文化中，"公私"与"义利"究竟有没关联、如何关联，是一个比较复杂的问题。首先，我们从"义利"之原意开解。义利及其关系问题是人类伦理生活的基本问题，朱熹把义利之说视为儒者第一义。在古代，"义"字一般作"谊"，谊字训"宜"。《说文》云："谊，人所宜也。"事得其宜为义，正是"义者，宜也"（《礼记·中庸》）。孟子曰："人皆有所不为，达之于其所为，义也。"（《孟子·尽心下》）故就其通义而言，所谓义就是人之行为的适当、适宜的标准，即道德上的"应当"，因此"义"也获得"善"的价值定性。利，由最初的农器具引申为锋利，再引申为利害之利，即利益。"利"之含义有三层之意：公利、私利，以及泛言有利。在古代，思想家们只是一般地讨论诸如义是否可以带来利益等问题。《墨子·非命上》："发以为刑政，观其中国家百姓人民之利。"此指民之利，公利。《论语·里仁》："放于利而行，多怨。"北宋邢昺疏："人每事依于财利而行则是取怨之道。"这些都是指个人之利的私利。在关于义利道德价值观上，儒家的基本价值取向是"以义制利"，但其中各意有别。孔子虽极少谈利，但并不否认人追求利的基本事实，不反对欲利、谋利。他曾明确申言："不义而富且贵，于我如浮云。"（《论语·述而》）在孔子看来，"利"虽为人生之必需，但不能作为人生第一原则。孔子的名言"君子喻于义，小人喻于利"常常被解释为有德的君子只讲义、无德的小人只讲利，即从道德上，君子与小人之别在于他们如何对待义利。对这个问题，焦国成持不同的见解。依据孔子的相关言论，他明确指出此句首先是一个事实描述，主要是从人的名分之位来区分君子与小人的，"君子"指在政治上的有位之人，"小人"指在政治上没有政治地位的人，不同名分的人做不同的事。因此，有名分的君子应按照义做好治理家国之事，没有名分的小人只能做劳役之事。在孔子看来，相对于在政治上有位的"君子"而言，普通百姓追求富足不是追求利，而是本然之事。"君子讲义，合乎其名分；小人讲利，也合乎其名分。君子喻于义是为合其德，小人讲利也可以说是合其德。"① 而荀子关于义利之辩，比较接近孔子之原意，但比孔子做了更充分且合乎人道的论证。荀子从存在论出发，认为凡人都有欲利的本性，对于人类生活而言，义利两者一样不可或缺。荀子曰："义与利者，人之所两有也。"（《荀子·大略》）同时，荀子从道义论的角度，对如何获利才是道德的，做了明确区分："为事、利，争财货，无辞让，果敢而振，猛贪而戾，悻悻然唯利之见，是贾盗之勇也……义之所在，不倾于权，不顾其利，举国而与之不为改视，重死持义而不桡，是士君子之勇也。"（《荀子·荣辱》）荀子以为，不讲辞让、争利贪婪、唯利是图者是"贾盗"，把"言无常信，行无常贞，唯利所在，无所不倾"者谓之"小人"，"不学问，无正义，以富利为隆"者谓之"俗人"。当然，孔子关于义利的思想在孟子那里出现"过度发挥"的拐点，导致"何必言利"的道德倾向。与孔子从人之名分来论义利的合德性，荀子从存在论的取向论义利的合德性不同，孟子从其性善论的前提出发，力图建构一种完满的、具有超越性的道德体系框架。在这个体系中，"言利"具有道德低下甚至不道德的意涵，但孟子并没有否认人有"求利"之需。至宋明时期，理学将义利之关系推向更加对立化、绝对化。显然，这是对正统儒家思想的曲解。与儒家不同，墨家主张"尚利"，以"兴天下之利"为行为价值取向，并用以作为区别善、恶的标准，强调"义，利也"（《墨子·经上》），肯定义与利的统一。道家崇尚"自然"，主张"绝巧弃利"，超乎"利害之端"。但总体上看，春秋战国早期的思想家谈义利，都重在伦理道德意义上论二者的关系，或孰轻孰重、孰褒孰贬的问题，没有很明确地将义利与公私联系起来。而战国末期的韩非子认为二者之关系似乎有较明确的关联。《韩非子·八说》："匹夫有私便，人主有公利。"在此，韩非

---

① 焦国成：《中国伦理学通论》，山西教育出版社1997年版，第156页。

子视君利为"公利"、臣利为"私便",认为人各"利异",利己("自为")是人的本性,对"公利""私便"并无道德上的褒贬之意,但有名位之分,这与孔子、荀子的思想主张较一致。法家则把公利和私利对立起来,强调"塞私便"而"立公利"。至 16 世纪末叶,以孔孟传统儒学"异端"自居的李贽鲜明地提出"私利"的正当性:"夫私者,人之心也。人必有私,而后其心乃见;若无私,则无心矣。如服田者私有秋之获,而后治田必力。"① 显然,在此李贽将人之"私利"看作人之性,并对其实然性予以更确切的肯定。总体而言,中国传统文化的"义利"与"公私"概念既有分殊又有交集,但其主要道德倾向是重义轻利、重公抑私。当道德的应然与存在的实然之间保持恰当的张力时,有益于人与社会的发展,或者说人与社会的发展是顺畅的;当双方的平衡被打破而走向极端时,社会势必遭到破坏。

第三,"公私"的伦理性与道德性之解。要回答这个问题,首先需要澄清"伦理"与"道德"的区别及其联系。学界对此有许多讨论,但本文想强调的是,在不同的文化语境下,二者是有区别的,甚至有较大区别。从伦理学的角度,在西方,无论是英文中的 ethic(来自希腊文 ethos)表达"伦理",还是 morality(来自拉丁文 mores)表达"道德",二者在语义上都与品格、习惯等相关,即具有相当的可通约性。亚里士多德作为伦理学的创建者,在其著作《尼各马可伦理学》中虽将"德性"分为"理智德性"与"伦理德性"(前者表达与人的理智活动相联系的"理智""明智"等;后者表达与风俗、习惯等相联系的诸如节制、慷慨等),但亚里士多德将存在论意义上的、具有某种普遍性特质的"伦理"与价值论意义上的"道德"都归属于"德性",视"德性"为人的灵魂,将其用于生命物及其现实活动,并引导人的生活。在康德的《道德形而上学》中,"道德"有较大的涵盖性,既包括德性的学说,也包括法哲学之权利的学说,换言之,其"道德"在意指上与伦理是相通的。相对而言,黑格尔将道德、伦理在应然与实然层面做了区别。在他看来,道德是一种

---

① (明)李贽:《藏书·德业儒臣后论》,载张建业主编《李贽文集》(第 2 卷),社会科学文献出版社 2000 年版,第 626 页。

求善的意念："道德的主要环节是我的识见，我的意图……"①"道德"的善念仅存于主观中，尚未进入现实的领域，而伦理更多地展开于现实中，"伦理性的东西不像善那样是抽象的，而是强烈地现实的"②。当代哲学家 B. 威廉姆斯认为，道德与伦理的关系具有特殊性与普遍性的关系，或言之为狭义系统与广义系统之别，"道德应当被理解为伦理的特定发展"③。显然，西方从古希腊哲学至当代哲学，不同哲学家对"伦理学"的解构有不同观点，但"伦理"与"道德"的通约及变线的历史逻辑主要基于伦理的轨道上，或者说伦理是道德的原点。

中国自古虽有"伦理""道德"之概念，但如焦国成所指出的，通览中国古代典籍，找不到一本以伦理学命名的书，这是西方分析观念的产物。与西方传统路径不同，古代中国人讲究的是全体、宏观，而不重分门别类的、单方面的、细枝末节的研究，其各种学说思想都纳藏于经、史、子、集等书中。中国古代不仅有伟大的哲人、丰富的伦理思想，而且中国传统伦理道德观念及其思想体系，正是中华民族传统文化源远流长、博大精深的主体或内核。④ 如果将伦理、道德的概念及其关系置于中国传统文化的历史逻辑中加以考察，显然"道德学"更贴切地表达了中国传统伦理道德文化的基调与特质。换言之，其"伦"之关系，"理"之阐发与实现，有机地融于"道德"之中。在中国伦理思想传统奠基的意义上，有两条主要进路：一是以孔孟奠定的儒家道德学说。它以人为主体，以人的关系为前提，以人的生活为场域，以性善论为原点，并由己及人、由内在心性向实践外推，是与人的现实生活紧密相连，具有内在自洽性的道德体系。二是以老庄奠定的道家道德学说。与儒家不同，道家以"道"为万物万有之本源，其为"一"，"德"乃每个具体事物因得到道，而获得存在和发展的根据，是道在万物身上的体现。中国第一部专门研究道和德的书《老子》，即《道德经》，将道与德相联："道生之，德畜之，物形之，势成之，是以万物莫不尊道而贵德。道之尊，德之贵，夫莫之命而常自然。"（《老子》第五十一章）在此，"道"与"伦理"意思相近，具有客

---

① ［德］黑格尔：《哲学史讲演录》（第 2 卷），贺麟、王太庆译，商务印书馆 1981 年版，第 42 页。
② ［德］黑格尔：《法哲学原理》，范扬、张企泰译，商务印书馆 1961 年版，第 173 页。
③ B. Williams, *Ethics and Limits of Philosophy*, Routledge Press, 2006, p. 6.
④ 参见焦国成《中国伦理学通论》，山西教育出版社 1997 年版，第 2-4 页。

观性的特质，但"道"比作为理性的"伦理"更具有超越性；"德"是"道"的某种具体形态，具有人的主体性特质。道和德连用，在《四书章句集注》中被解释为"道者，人之所共由；德者，人之所得也"①。故"道德"不仅包含普遍性与特殊性的关系，而且具有认识论的意义。如果"道"是一种具有普遍性的客观存在的话，"德"就是指人们对这种普遍性存在的认知，并落实为德行。在这个意义上，中国传统道德的发展更关注、强调"道"之教育，强调个体如何通过"得道"而"合群"，从而达至社会的和谐与自治。因此，在中国文化语境下，伦理道德之意统合于"道德"之中。

基于如此辨析之基础，公、私才能回归其应有之意。首先，"公"是人以外的，具有客观性、恒常性，包容万物的天之大道。《老子》云："夫物芸芸，各复归其根。归根曰静，是谓复命，复命曰常……知常容，容乃公，公乃王，王乃天，天乃道，道乃久。"（《老子》第十六章）"公"并不是一个具体的精神实体，而是内涵超越性的精神，此处之"王"是与天相通的精神符号，反映了天地生成的无私性即天道，天道可谓至公，公与天具有价值同一性，其实质是以天道喻人道。与文中前述之意完全弥合，即"公"是一个至高、至广大、与天同义、具有神圣性的概念。若用伦理性或道德性加以分殊，"公"的第一阶属性是伦理性，第二阶属性是道德性；若从中国道德学的角度加以分殊，"公"则为"道"。其次，与"公"不同，自古以来，"私"总与具体的人、各种角色及同具体人相关的财、物联系在一起，道德中的"德"为"得道"，其必然依附特定的生命个体主体，与"私"相连。所以，中国传统道德中的伦理规范都具有双重性：一是具有超越个体的绝对性，释义为"公"；二是依赖个体的相对性，释义为"私"。这不仅包含天道赋予的各种角色之性，如"何为人义？父慈，子孝，兄恭，弟弟（悌），夫义，妇听，长惠，幼顺，君仁，臣忠"（《礼记·礼运》）；也包含对不同角色的不同要求，或"得道"的不同境界。《中庸》开篇言："天命之谓性，率性之谓道，修道之谓教。"人的自然禀赋是天所赋予的，所以人要顺天道（公道）而行，而每个人认识天道、将天道内化于私己之修道过程，则为教育，正可谓"立德树人"之意。

---

① （宋）朱熹撰：《四书章句集注》，中华书局2011年版，第54–55页。

基于对公私的伦理性与道德性分殊，我们可以避免混淆公私概念的本意所指，将单位、组织的"领导"之言行直接等同于"公"，造成假公济私之混乱。同时，我们也需澄清人具有私己性是"自然禀赋"，在这个意义上是合天之常理的，当然中国传统文化强调以道率性、以教修道，既表达了对人的自然性的肯定，更强调对人的社会性价值理想的追求，揭示了中国传统道德中的天道、人道、公私之内在联系及其一体性。

（原载《现代哲学》2020 年第 5 期）

"人生观论战"的反思与中国现代化的文化追求

对中国人来说，20世纪是一个翻天覆地的时代，是社会政治、经济、文化全面反省、变革、重构的时代，其之所以如此波澜壮阔而又艰难曲折，是因为它负载着中国追求现代化的历史进程。在中国追求现代化的意义上，有两次重大的社会变革，而两次重大变革都伴随着一场深刻的思想文化讨论，并且都是以"人生观论战"为题引发的。两次论战不仅与当时的社会变革之要求有内在的必然性，而且两次论战之间也有着历史的连续性。因此，反思这两次"人生观论战"，对于进一步澄清中国现代化的价值选择，明确现代化的文化追求具有重要的意义。

一、两次"人生观论战"的论题与背景

第一次"人生观论战"发生在1923年，是伴随着反帝、反封建的新文化运动展开的，即以张君劢、梁启超为代表的"玄学派"同以丁文江、胡适为代表的"科学派"展开的"科学与人生观"的论战，史称"科玄论战"，亦称"人生观论战"。这次论战的直接缘起，是1923年张君劢先生在清华大学为即将赴美学习科学的学生做了一次题为《人生观》的演讲。他在开篇就指出："诸君平日所学，皆科学也。科学之中，有一定之原理原则，而此原理原则，皆有证据。……诸君久读教科书，必以为天下事皆有公例，皆为因果律所支配。实则使诸君闭目一思，则知大多数之问题，必不若是之明确。而此类问题，并非哲学上高尚之学理，而即在于人生日用之中。……同为人生，因彼此观察点不同，而意见各异，故天下古今之最不统一者，莫若人生观。"① 接着他从我与我之亲族之关系、我与我之异性之关系、我与我之财产之关系、我对社会制度之态度、我在内之心灵与在外之物质之关系、我与我所属之全体之关系、我与他我总体之关

---

① 《中国现代文化史料丛刊：科学玄学论战集》，台湾帕米尔书店1980年版，第2-8页。

系、我对于世界之希望、我对于世界背后有无造物主义之信仰等9种关系,说明人生观与科学是不同的,并从5个方面阐述了科学与人生观的差异:科学为客观的,人生观为主观的;科学为论理的方法所支配,而人生观则起于直觉;科学可以以分析方法下手,而人生观则为综合的;科学为因果律所支配,而人生观则为自由意志的;科学起于对象之相同现象,而人生观起于人格之单一性。①

随后丁文江发表了题为《玄学与科学——评张君劢的〈人生观〉》的文章。在文章开头丁文江就尖锐地批判道:"玄学真是个无赖鬼——在欧洲鬼混了两千多年,到近来渐渐没有地方混饭吃,忽然装起假幌子,挂起新招牌,大摇大摆的跑到中国来招摇撞骗。你要不信,请你看看张君劢的《人生观》!"② 接着他从人生观能否与科学分家、科学的智识论、张君劢的人生观与科学、科学与玄学战争的历史、中外合璧式的玄学及其流毒、对于科学的误解、欧洲文化破产的责任、中国的"精神文明"等角度③,一一反驳了张君劢的观点,主张科学才能解决人生观的问题。他引用胡适的话作为该文的结论:"我们观察我们这个时代的要求,不能不承认人类今日最大的责任与需要是把科学方法运用到人生问题上去。"④

这次论战是五四运动后一场深刻的思想大论战。胡适在《科学与人生观序》中将此形容为"空前的思想界大笔战的战场"⑤,显然,无论从论战的内容或参与的程度来看,这场论战都绝不是空穴来风。从思想史的角度看,"科玄论战"发生在五四新文化运动及当时学术界展开的东西文化论战之后,"科玄论战"虽然直接争论的问题是以"科学"还是以"玄学"来解决人生观的问题,实际上这场论战既是五四新文化运动的继续和深入,也是后五四时期,中国思想界对"科学与民主"五四基本理念反思的结果。

第二次"人生观论战"发生在1980年,这次论战是由"潘晓"("潘

---

① 参见《中国现代文化史料丛刊:科学玄学论战集》,台湾帕米尔书店1980年版,第10页。
② 《中国现代文化史料丛刊:科学玄学论战集》,台湾帕米尔书店1980年版,第15页。
③ 参见《中国现代文化史料丛刊:科学玄学论战集》,台湾帕米尔书店1980年版,第16-42页。
④ 《中国现代文化史料丛刊:科学玄学论战集》,台湾帕米尔书店1980年版,第43页。
⑤ 《中国现代文化史料丛刊:科学玄学论战集》,台湾帕米尔书店1980年版,第1页。

晓"是一个笔名）的文章《人生的路呵，怎么越走越窄……》引起的。作者在追思自己 20 多年的人生历程后写道："我体会到这样一个真理，任何人不管是生存还是创造，都是主观为自己，客观为别人。就像太阳发光，首先是自己生成运动的必然现象，照耀万物不过是它派生的一种客观意义而已。所以我想只要每个人都尽量去提高自我存在的价值，那么整个人类社会的向前发展就成为必然。"该文章在《中国青年》杂志发表后，引起了强烈的社会反响，杂志社收到了海内外各行各业人士的来信 3 万多封，社会各界人士积极参与讨论。这场讨论与 20 世纪初的论战不同之处是，它没有明确的两派代表人物，是民间提出了一个社会变革中众人关心的问题，讨论的焦点围绕着"主观为自己，客观为别人"而展开，并从初始的个人经验层面之感受逐渐转向理论层面的哲学思考。

这次"人生观论战"正值中国结束"文化大革命"，开始实行改革开放，进行社会主义现代化建设的新的历史转折时期，因此，"潘晓"的文章是反思极"左"路线对人生价值的轻蔑、压抑、扭曲的反映，是对人生价值进行时代反省的结果。"潘晓"以自然界生成运动的现象来比喻人生现象，有不恰当之处，以致后来人们把"主观为自己，客观为别人"加在"潘晓"的头上，将其变成作者的主张，这其实是不符合作者原意的。"潘晓"的文章，之所以一石激起千重浪，是因为它提出了一个具有深刻时代意义的问题——究竟应如何看待个人价值与社会价值的关系，其更深刻的蕴涵是，如何认识西方个人主义、自由主义之传统，如何对待中华民族群体主义、集体主义之文化，现代化的终极价值为何。这场讨论很快融入到"人性、人道主义和异化问题"的理论论战中，最后在反资产阶级自由化中落下帷幕，同时也由于经济改革面临了特别的困难，思想文化问题的关注被弱化而隐藏在背后。

值得我们关注的是，时隔近 60 年，两次"人生观论战"的论题虽稍有不同，但其发生的背景却惊人地相似。19 世纪末 20 世纪初的中国，一方面，清政府的腐败没落，使中华民族遭帝国列强之侵略，人民处在水深火热之中，激起了中国知识分子的深深忧虑和民族责任。另一方面，随着西方经济贸易的东进，越来越多的中国青年往东洋、西洋的大学留学，学成而归，带回许多新的思想，西学东渐，中国开始了现代教育。如在光绪三十年至三十四年间（1904—1908），胡适所上过的三所学校都有西学，学习英文、数学，不仅讲西学的梗概，使人对西洋文明有初步了解，国学的内容也注意结合时代的重大问题。贾祖麟在分析这段历史时认为："在那些年，教育最明显的特点，就是使青年最担心中国在世界上的地位一事。不管是正式教育或非正式教育，很明显的是，不再重视宣讲儒家的教条，而在力求了解自19世纪半以来吞灭这古老帝国的大灾难的原由。"① 这为"科玄论战"奠定了思想基础。同时，五四运动的爆发，把中国人的这种变革热情激发出来了，正如有学者用1928年3月《新月》杂志创刊号社论所引用的两段英文［一是"上帝说：要有光。于是就有了光"（《圣经·旧约》第一篇《创世纪》）；二是"冬天来临时，春天还会远吗？"（雪莱《西风颂》）］来形容当时中国知识分子的自信情怀，甚至喻为中国新文化运动的精神。② 在反帝反封建旧文化运动的旗帜下，中国的确开启了现代化的启蒙之舟。但是，隐藏在五四运动之后的深刻的思想文化之价值澄清，并没有因五四运动的结束而完成，当时的改革家们在中国传统文化已不适应世界的潮流，"中国必须现代化"这一点上是基本一致的。但对现代化的真谛为何，如何解释传统文化，对中国传统文化是连根铲除还是只剪除枯枝朽木，如何认识和接受西方文化，这种变革究竟给人类带来更大的自由还是新的奴役等问题的认识却十分不一致，可谓言人人殊。按贾祖麟先生的说法，在涉及如何变革的性质，"诸如其范围、其宗旨，以及为求其实现所必须付出的代价等，这些性质将中国人分散了。在这些问题上，各方歧见极深"③。正是在这种背景下，"科玄论战"拉开了帷幕。换言之，五四运动为"科玄论战"提供了契机。

20世纪80年代，以邓小平为代表的中国共产党第二代领导人，在十一届三中全会上做出了拨乱反正、改革开放、全面启动社会主义现代化的决定，它如一声春雷，惊醒了已近乎失去理性，亦近乎麻木于贫困的中国人，从此中国进入了一个崭新的社会发展的历史阶段，或者说这是中国在20世纪第二次被置于社会转型的历史关口。与20世纪初的背景相似的是，由于对外开放，文化的单一性被打破，国际交流日趋频繁；由于改革，人民的创造热情被激发，压抑了10年且生活在贫困中的中国人，强烈渴望改变现状，追上发达的国家。这可谓为这场思想论战提供了可能。

---

① ［美］贾祖麟：《胡适之评传》，张振玉译，南海出版公司1992年版，第15页。
② 参见［美］贾祖麟《胡适之评传》，张振玉译，南海出版公司1992年版，第27页。
③ ［美］贾祖麟：《胡适之评传》，张振玉译，南海出版公司1992年版，第274页。

与 20 世纪初的背景不同的是，这一次的社会转型是以经济改革为突破口的，如果用当年"科玄论战"的观点来比喻的话，这次首先是用科学启动现代化进程的，也即马克思主义唯物论的选择。然而，这并不意味着玄学派提出的问题没有意义，或已经解决，相反，现代化进程愈是深入，这个"玄学鬼"所关切的问题却愈突显。

二、"人生观论战"的实质与现代反思

如上所述，20 世纪中国两次社会转型之际，都伴随着"人生观论战"，这究竟是巧合还是必然？其实质何在？在此我们以"科玄论战"为例做一深入剖析。"科玄论战"讨论的问题似乎是"人生观应依凭科学还是玄学来把握"，但只要将这个问题放到前面提到的背景里，就会发现这场讨论意味深长。的确，无论是张君劢还是丁文江，以他们的智慧和思想的深邃性都不可能简单地将人生观问题之解决落实到用玄学，或者用科学的结论，这是在常识的意义上都不会发生的错误。我们还是以事实说话。张君劢的《人生观》作为给学习科学专业、即将赴美国深造的学生的演讲，通篇来看，其要旨是让学生明白，只懂科学是不够的，人生观的问题（此处讲的人生观不是狭义上的人生观，包括社会观、价值观、道德观，即泛指思想意识、精神层面的东西）比科学更复杂，而且更重要，因为不同的人会有不同的观点，而且人生观还会随着社会的变迁而变迁，不同的民族有不同的文化，希望学生们不可忘掉自己对民族和国家的责任。他在文中列出的 9 种关系，特别是对人生观 5 个特点的阐述，连他自己也并不认为这可以概括所有的人生观。"思潮之变迁即人生观之变迁也。中国今日，正其时矣。尝有人来询曰，何者为正当之人生观。诸君闻我以上所讲五点，则知此问题，乃亦不能答复之问题焉。"[①] 很明显，其对人生观特点的阐述，是相对科学的特点而言的，况且这不是一篇学术论文，只是在特定场景下的演讲稿而已，对其逻辑严谨性的指责、观点片面性的批判似乎都难以在常理中找到根据。但为什么这样一篇演讲稿会引起这么大的争论呢？

就张君劢文章的内涵来看，他针对当时国人过于热衷西方文明而忽视

---

① 《中国现代文化史料丛刊：科学玄学论战集》，台湾帕米尔书店 1980 年版，第 10 页。

自己的传统文化，甚至认为"科学万能"的情形（主张科学的胡适先生在其《科学与人生观序》中也描述了当时国人的心态：30年来有一个名词在国内几乎有着无上尊严的地位，无论懂与不懂的人，无论守旧或维新的人都不敢公然地对它表示轻视或戏侮的态度，那个名词就是"科学"），鲜明地表达了与当时环境不协调的声音："所谓古今大思想家，即对于此人生观问题，有所贡献者也。譬诸杨朱为我，墨子兼爱，而孔孟则折衷之者也。自孔孟以至宋元明之理学家，侧重内心生活之修养，其结果为精神文明。三百年来之欧洲，侧重以人力支配自然界，故其结果为物质文明。"① 他在演讲的最后一段强调说："方今国中竞言新文化，而文化转移之枢纽，不外乎人生观。吾有吾之文化，西洋有西洋之文化。西洋之有益者如何采之，有害者如何革除之；凡此取舍之间，皆决之于观点。观点定，而后精神上之思潮，物质上之制度，乃可按图而索。此则人生观之关系于文化者所以若是其大也。诸君学于中国，不久即至美洲，将来沟通文化之责，即在诸君双肩上。所以敢望诸君对此问题，时时放在心头，不可于一场演说后便尔了事也。"②

当然，丁文江的强烈反驳使论战的实质更突显出来了。丁文江在万言长文中，不仅将张君劢之论归为玄学，并强调玄学影响的根深蒂固。他说："玄学的鬼是很厉害的，已经附在一个人身上，再也不容易打得脱，因为我们打他的武器无非是客观的论理同事实，而玄学鬼早已在张君劢前后左右砌了几道墙。"通篇檄文确有极强的针锋相对，其中不仅有为攻击对方而将其意推向极端（张君劢的第一篇演讲稿是比较平和的，第二篇《再论人生观与科学并答丁在君》就出现了不理性的对答）之词，也有大量不严谨的逻辑，如将科学与科学方法、科学精神与科学科目等混为一谈。胡适先生在指出论战双方都有概念不清，将问题简单对立的错误时，对科学派（胡适先生的基本立场也属科学派）的批评确实是中肯的："我总观这二十五万字的讨论，总觉得这一次为科学作战的人——除了吴稚晖先生——都有一个共同的错误，就是不曾具体地说明科学的人生观是什么，却去抽象地力争科学可以解决人生观的问题。"③ 其实这是有意之

---

① 《中国现代文化史料丛刊：科学玄学论战集》，台湾帕米尔书店1980年版，第9–10页。
② 《中国现代文化史料丛刊：科学玄学论战集》，台湾帕米尔书店1980年版，第12–13页。
③ 《中国现代文化史料丛刊：科学玄学论战集》，台湾帕米尔书店1980年版，第9–10页。

"错",是为了强调欧洲启蒙运动所带来的科学对人类的空前价值,是对中国长期科学不昌,而玄学过彰的反动。丁文江在《中国的"精神文明"》中,用"事实"把张君劢作为"精神文明"的宋明理学,形容为一把杀人不见血的刀子。① 在总结科学与玄学斗争的历史后,丁文江先生坚信,"在知识界内,科学方法是万能的,不怕玄学终久不投降"②。

综上,我们可清晰地看到,张、丁之争反映的是20世纪初中国社会面临重大变革转型之际社会发展取向的两种截然不同的意见,是关于如何引导中国现代化的价值之争,实质上这是任何国家的现代化都必然遇到,且必须回答的问题。它涉及的主要问题有:传统与现代的关系(历史的角度),物质文明与精神文明的关系(社会结构的角度),本土文化与外来文化的关系(全球的角度)。正是在不同的角度上,玄学派和科学派都提出了对中国如何实现现代化具有十分重要意义的问题。

首先,张君劢在《再论人生观与科学并答丁在君》一文中的要点是值得我们深思的:"近三百年之欧洲,从信理智信物质之过度,极于欧战,乃成今日之大反动。吾国自海通以来,物质上以船坚炮利为政策,精神上以科学万能为信仰,以时考之,亦可谓物极将返矣。"③ 如此立场明显隐含着这样的价值前提:反封建旧道德,并不等于全盘否定道德传统;批判本土文化糟粕,并不等于用西方文化取而代之;发展物质文明,并不能取代精神文明之发展。换言之,中国文化传统中的心性之学对于人生观问题的解决依然是有价值的。西方近300年的过度物质化、科学化使其走向反面,国人应吸取教训。

其次,主张科学立场的胡适在评论此次论战时的思考亦是十分深刻的:"我们要知道,欧洲的科学已到了根深蒂固的地位,不怕玄学鬼来攻击了。几个反动的哲学家,平素饱餍了科学的滋味,偶尔对科学发几句牢骚话,就像富贵人家吃厌了鱼肉,常想尝尝咸菜豆腐的滋味;这种反动并没有什么大危险。那光焰万丈的科学,决不是几个玄学鬼摇撼得动的。一到中国,便不同了。中国此时还不曾享着科学的赐福,更谈不到科学带来

---

① 参见《中国现代文化史料丛刊:科学玄学论战集》,台湾帕米尔书店1980年版,第41-42页。
② 《中国现代文化史料丛刊:科学玄学论战集》,台湾帕米尔书店1980年版,第30页。
③ 《中国现代文化史料丛刊:科学玄学论战集》,台湾帕米尔书店1980年版,第99-100页。

的'灾难'。我们试睁眼看看：这遍地的乩坛道院，这遍地的仙方鬼照相，这样不发达的交通，这样不发达的实业——我们哪里配排斥科学？至于'人生观'，我们只有做官发财的人生观，只有靠天吃饭的人生观，只有求神问卜的人生观，只有《安士全书》的人生观，只有《太上感应篇》的人生观——中国人的人生观还不曾和科学行见面礼呢！我们当这个时候，正苦科学的提倡不够，正苦科学的教育不发达，正苦科学的势力还不能扫除那迷漫全国的乌烟瘴气。"① 这段话充分表明丁文江、胡适等人并不否认科学可能带来的问题，只是强调当时中国的首要问题，或中国现代化的根本问题是要发展科学，解决贫困，不是过度科学带来了灾难。而由于两千多年的封建意识根深蒂固，已成为发展科学的障碍，因此宁可用科学压玄学。胡适认为，"新文化运动的根本意义是承认中国旧文化不适应于现代的环境，而提倡充分接受世界的新文化"，来自西方的"科学与民主"正是这种新文化的表征。于是，用科学解决人生观的问题就是这种历史逻辑的选择。

虽然20世纪初的那场论战以科学派优胜而告终，但双方对提出的问题还没来得及深入讨论和付诸实践，现代化的启动就被国内战争、民族战争所终止。直到20世纪70年代末，中国现代化的问题随着中国的改革开放才又被重新提出，第二次"人生观论战"正是那场论战的继续。回顾、反思20多年追求现代化的历程，80年前"科玄论战"提出的几个基本问题仍然需要做出全面的、发展的和审慎的回答。只有这样，中国的现代化才能健康发展，才能真正给中华民族乃至人类带来福祉。

三、 中国现代化发展的文化矛盾与选择

现代化的确是一个含涉面很广的问题，无论现代化以何种范式为目标，都不可回避文化选择的问题，因为文化是价值的载体和母体，价值观是文化的核心。中国的现代化从20世纪初叶提出，到20世纪末叶真正启动，时隔近60年，当我们回到五四时代理解现代化的文化选择，和今天我们要考虑的文化选择，我们面临的问题似乎没多大的变化，但如何回答这些问题的背景的确已发生深刻的变化。有3个问题特别值得关注。

---

① 《中国现代文化史料丛刊：科学玄学论战集》，台湾帕米尔书店1980年版，第8-9页。

第一，中国已真正进入了世界历史进程。根据马克思历史唯物主义的基本立场，社会变迁更替、世界历史形成的现实基础在于物质生产实践，即生产力的发展及与之相应的分工的扩大、交往的普遍发展是世界历史形成的根本原因。马克思在《德意志意识形态》中，通过对资本主义社会发展的分析，给我们提供了思考这个问题的一个重要的思想方法。马克思指出，"大工业创造了交通工具和现代的世界市场，控制了商业，把所有的资本都变为工业资本，从而使流通加速（货币制度得到发展）、资本集中"①。正是这个大工业，"首次开创了世界历史，因为它使每个文明国家以及这些国家的每一个人的需要的满足都依赖于整个世界，因为它消灭了各国以往自然形成的闭关自守的状态"②。从20世纪初提出现代化的问题，到20世纪末叶真正启动、追求现代化，中国社会可谓经历了艰难曲折、波澜壮阔的历史性巨变，其中最根本的变化在于，中国社会的基本格局从一个半封建、半殖民地的社会变成了社会主义国家；改革开放、社会主义市场经济体制的建立为中国现代化的启动提供了可能，使中国真正进入了世界历史的进程。这就意味着，20世纪初"科玄论战"提出的三大问题，已经从一种隐性的问题变成了显性的问题，即提出了回答这些问题的紧迫性和解决这些问题的客观可能性。的确，从整个世界来看，正如有学者指出的，"全球化既是一种事实，也是一种发展趋势。无论承认与否，它都无情地影响着世界的历史进程，无疑也影响着中国的历史进程"③。正是从这样的事实出发，中国现代化发展的文化选择越来越呈现出多元复杂性和某种不可选择的选择性。

第二，两种文明观的视野。正如美国华裔著名学者杜维明教授指出的，当今世界面临两种相互冲突而又同时并存且影响相当大的基本潮流：一个是全球化现象；另一个是本土化现象。这两种潮流造成了当代文明内部的一种矛盾和张力。如何对待这种矛盾，实际上存在两种截然不同的文明观。其一，从欧洲中心主义的立场出发，认为文明的冲突不可避免，主张用西方文明作为典范来建构世界文明的秩序。美国政治家亨廷顿的观点是十分清楚的，他认为，随着20世纪80年代末共产主义世界的"崩

---

① 中共中央编译局编译：《马克思恩格斯选集》（第1卷），人民出版社1995年版，第114页。
② 中共中央编译局编译：《马克思恩格斯选集》（第1卷），人民出版社1995年版，第114页。
③ 曹天予主编：《现代化、全球化与中国道路》，社会科学文献出版社2003年版，第1页。

溃",冷战的国际体系已成为历史。在冷战后的世界中,全球政治在历史上第一次成为多极的和多文化的。在新的世界里,最普遍的、重要的和危险的冲突不是社会阶级之间,富人和穷人之间,或其他以经济来划分的集团之间的冲突,而是属于不同文化实体的人民之间的冲突。显然,他在一定程度上看到了冷战后世界意识形态格局的极大变化,选择以文明的冲突作为重构的方式,而这恰是其欧洲中心主义立场的必然结果。在他看来,一方面,现代社会由于两个原因,即社会之间相互作用的日益增多和知识经济取代农业经济、工业经济而减少了对自然的依赖性,技术、发明、实践从一个社会到另一个社会的转移空前普遍;另一方面,普世文明的概念是西方文明的独特产物,从19世纪以来,这种思想就有助于为西方社会扩大对非西方社会的政治经济影响力作辩护,有助于为西方社会对其他社会的文化统治作辩护,所以,只能用西方文明去改造、征服不同的文明。

其二,从轴心文明的视角出发,主张通过文明的对话,寻求文明的发展。可以说杜维明先生是持此文明观的重要代表。杜维明先生在分析雅斯贝尔斯轴心文明(即在公元前一千年左右,人类在几大文明区涌现的,且至今仍对人类文明有一定的导引作用的几大思潮或几种文明形态)的历史论证的基础上,得出鲜明的结论:人类文明发展的多元倾向有着相当长的历史,多元文化是世界文明发展的大脉络,而不同轴心时代的文明有不同的源头活水、不同的精神资源、不同的潜在力、不同的发展脉络。他以下的这段话很深刻地驳斥了欧洲中心主义的文明观:"有人问我为何中国没有发展资本主义,我的回答是为何欧洲从罗马帝国崩溃以后至今尚没统一?问题是以什么作为典范来考问对方。"[①] 正是在这个意义上,杜维明先生认为,不能只把现代化当作一个全球化的过程,也不能把现代化当作一个同质化的过程,更不能把全球化当作一个西化的过程。

可见,这两种文明观是根本对立的。如果说在上个世纪初,"科玄论战"已经历史性地将这个问题提出来了,那么,今天这个问题和矛盾则变得更加突出和尖锐;如果说20世纪初是否必须回答这个问题还有退却的空间的话,那么今天已经进入世界历史进程的中国人必须对此做出自己的价值选择。而我们恰恰尚缺乏这种自觉,使得现代化的启动在工具理性

---

① [美]杜维明:《现代精神与儒家传统》,生活·读书·新知三联书店1997年版,第29页。

的层面有明显的扩张，但在价值理性的层面却有许多的盲点。

第三，必须关注中国现代化进程的特殊矛盾。的确，与欧美以及东亚一些前现代化的国家相比，中国现代化在如何回答"科玄论战"提出的三大问题时，有自己面临的特殊矛盾：其一，无论我们愿意还是不愿意，中国现代化的启动都无法摆脱其植根的文化土壤（传统），而这块土壤的悠久与曾经辉煌、独立与系统，使其产生极大的惯性和文化的拉力。但自中国近现代以来，传统所遭遇的批判却又是空前的："中国现代化的历史进程始终与反传统的道德批判交织在一起，但并没有真正解决传统的继承性与发展性的问题。第一次反传统的前提是把传统等同于封建制度与意识；第二次反传统的前提是把传统等同于政治需要的现实；第三次反传统的前提，是把传统与反现代化联系在一起。"① 其二，中国现代化的真正启动是在中国社会经济处于极其低谷的时期，解放生产力、解决贫困问题成为当务之急。因此，在物质文明与精神文明的天平上，本能地追求物质文明有某种不可遏制的急迫性。拨乱反正的文化要求和社会急剧转型的文化冲突对现代化的文化选择提出了双重使命。其三，中国现代化的真正启动是在相当封闭之后实行对外开放的背景下展开的，由于物极必反，西方崇拜成为一种"时髦"，而且这种"时髦"又无可选择地变成了某种潜移默化的生活方式。即中国人尚未来得及对"何为现代化"进行深刻的理性反思就进入了所谓"现代性的轨道"。

正是在这样一种充满特殊矛盾的背景下，中国现代化进程的推进与付出代价几乎是同时的。然而，我们不可以因为有代价而停滞，我们也不可以因为必然有代价而继续茫然。现代化的文化选择随着全球化的到来，随着中国进入世界历史的进程而变得更为迫切。我们能否自觉地把握选择的主动权，关系到中国现代化发展的基础性问题。

（原载《中山大学学报（社会科学版）》2005年第4期）

---

① 李萍：《现代道德的传统承接：可能与实现》，载《中山大学学报（社会科学版）》2004年第4期，第2页。

早期中国共产党人接受马克思主义的历史契合点及其当代启示
——20世纪初"社会主义论战"的再审视

20世纪初的中国充满危机和苦难,各种思想思潮交汇、交锋。为什么中国共产党人在建党初始,就选择接受马克思主义作为中国共产党的指导思想和理论基础?为什么马克思主义在中国能被广大人民群众所接受,并成为中国共产党领导中国人民追求社会主义理想伟大实践的指南?本文试图通过对20世纪初"社会主义论战"的再审视,揭示早期中国共产党人选择接受马克思主义的历史契合点及其当代启示,这对我们理解中国共产党的初心与使命,理解马克思主义理论的真理性价值与当代中国特色社会主义道路的选择具有重要的意义。

一、中国共产党的初心与马克思主义的契合

从中国近现代社会历史的维度不难发现这样两个重要的事实:"社会主义论战"是19世纪末20世纪初一个被高度关注和影响深远的主题,也是早期中国共产党人认识、接受马克思主义的重要来源;在半封建、半殖民地的旧中国,面对民族危亡、民不聊生的积贫积弱之现实,如何救中国以及寻找变革、改造中国社会的一条新路,是决定中华民族生死存亡的根本问题。早期中国共产党人正是在这样的特殊背景下选择并接受了马克思主义,在某种意义上这就是中国共产党的初心与马克思主义的历史契合。

1920年11月,张东荪在《时事新报》发表题为《由内地旅行而得之又一教训》的时评,拉开了关于社会主义论战的帷幕。在论战中,马克思派和改良派的分歧正是起于当时中国人的生活状况。张东荪直言,"有一部分人住通商口岸,眼所见都是西洋物质文明的工业状态,于是觉得西方人所攻击西方物质文明的话都可移到东方来,而忘了内地的状态和欧洲大不相同",并认为"中国的唯一病症就是贫乏,中国真穷到极点了"。据此,他提出,救中国只有一条路,就是发展实业,增加富力,这才能让

大多数人过上人的生活。针对论战的不同主张,张东荪强调,当下中国"所急者乃在救贫",而致贫的主要原因有二:远因是"物产未被开发",导致这种状况的原因很多,其中最重要的"莫甚于企业者之不道德";近因是"外货之压迫",欧美各国是为资本之阶级国家,此种资本家利用国力以征服弱种。"中国至今日所以愈加贫困者,尤在近因。"① 总体来看,张东荪等改良派对解救中国危亡的基本倾向是十分明确的:中国近代以来的民族危亡,主要是深受欧美资本主义入侵的压迫所致;现实的路径首要是实业救民,不能走欧美资本主义国家的资本主义道路,正可谓"欧美之资本主义不倒,则中国永无翻身之日"②,但也不适宜用革命的手段搞"社会主义"。

以陈独秀、李大钊等早期共产党人为代表的马克思派,对于张东荪等改良派所指出的大多数中国人尚未过着人的生活之现实并不否定,或者说在这点上"未尝无同感"。陈独秀认为,张东荪所言"中国除了开发实业以外无以自立","非常中肯又非常沉痛"。显然,在中国大多数人尚过着民不聊生的非人生活之现状以及迫切需要发展物质文明以解决百姓穷困生活窘境的问题上,马克思派与改良派是高度一致的,但马克思派明确提出了以下三个重要的论点和主张。

第一,只顾增进物质文明,却不讲适当方法分配物质文明,使多数人能享物质文明的幸福,结果物质文明还是归少数人垄断,多数人仍旧得不着人的生活。陈独秀例举了诸如开发煤矿、修建铁路等物质上的大工事,工人并没有因此减少生活的苦痛,反而矿坑烧死了几百名工人,铁桥压死了几百名工人。如果不修这些大工事,"这几百工人或者还不至一齐惨死;可见只知开发物质文明,却不用有益于多数人的主义去开发……也不能使多数人得着人的生活"③。

第二,要用适当方法去分配物质文明,使多数人得着人的生活,只有社会主义才能救中国。陈独秀在回复张东荪的信时直言道,按资本主义生

---

① 陈独秀:《关于社会主义的讨论》,载新青年社编辑部编《社会主义讨论集》,新青年社1922年版,第46-47页。
② 陈独秀:《关于社会主义的讨论》,载新青年社编辑部编《社会主义讨论集》,新青年社1922年版,第47页。
③ 陈独秀:《关于社会主义的讨论》,载新青年社编辑部编《社会主义讨论集》,新青年社1922年版,第34-35页。

产制度一方面固然可以增加财富,另一方面却也会增加贫乏,这是稍有常识的人都应该知道的。多数人过不着人的生活,正是资本主义生产制度下必然的状况,不是资本家个人的罪恶。① 陈望道在批评改良派"实业救国"之见时,亦坚定地相信并强调,只有马克思的社会主义才能解决大多数人得着人的生活、改造人的全体生活的问题。

第三,中国社会的贫乏、中国多数人过着非人的生活,固然逃不出欧美资本主义生产制度下机器工业发展必然造成的多数失业及物质昂贵的公例,但中国的状况不仅有此因,而且中国官僚武人与绅士土豪互相结托的资本主义,比各国纯粹资本家的资本主义还要厉害。多数人得不着人的生活,到底仍免不了社会革命。② 可见,早期共产党人对解救民族危亡的基本取向亦是非常明确且针锋相对的:站在无产阶级的立场,对人民的苦难感同身受,力图采取各种方式增加物质文明,以改变多数人得不着人的生活之状况。但这只是基础,而且仅是一个方面。要从根本上解决中国积贫积弱、民族危亡的问题,必须从制度上入手,即要让多数人都过上人的生活,必须用革命的手段推翻半封建半殖民地的旧制度,建立社会主义新制度;同时,既要反对帝国主义的侵略压迫,又要反对封建主义的束缚压迫。正是在这个意义上,马克思派与改良派分道扬镳了。

20世纪初的中国社会,确实面临民族危亡的深重苦难。在1923年展开的"人生观论战"中可以看到这样的回应:胡适在对欧洲人文主义传统进行了不屑一顾的讽刺之后,认为"玄学鬼"根本动摇不了欧洲科学"根深蒂固的地位"。而"一到中国,便不同了。中国此时还不曾享着科学的赐福,更谈不到科学带来的'灾难'。我们试睁开眼看看:这遍地的乩坛道院,这遍地的仙方鬼照相,这样不发达的交通,这样不发达的实业——我们哪里配排斥科学……中国人的人生观还不曾和科学行见面礼呢!"③ 内忧外患、积贫积弱成了20世纪初中国社会的缩影,这也是科学派所言之"事实",是他们批判玄学派的重要"武器"。

中国共产党人选择接受马克思主义,特别是历史唯物论、无产阶级专

---

① 参见陈独秀《关于社会主义的讨论》,载新青年社编辑部编《社会主义讨论集》,新青年社1922年版,第64−65页。

② 参见陈独秀《关于社会主义的讨论》,载新青年社编辑部编《社会主义讨论集》,新青年社1922年版,第34−35页。

③ 张君劢等:《科学与人生观》,山东人民出版社1997年版,第12−13页。

政理论及社会主义理论,将其作为改造旧世界、建设新世界的指导思想,正是顺应了当时中国社会最广大人民根本利益的诉求。换言之,马克思主义正是契合了中国共产党人要通过彻底改变旧社会,使多数人过上人的生活之迫切需要的使命。这种契合不仅是一种历史必然性,而且与中国共产党的建党宗旨一致,初心与使命便成了中国共产党百年奋斗的理想与实践。

二、中国共产党的使命与"社会主义"理想的契合

从认识论的角度看,正如前所述,20 世纪初,早期中国共产党人认识、接受马克思主义,并不是从直接系统地学习马克思主义的先进理论开始的,而是从中国的社会现实之迫切需要出发的。回溯历史,主要有三个路径背景。

其一,1840 年西方列强用武力打开中国大门,西方宗教、科学、技术、制度与文化等所谓的"资本主义"文明随之汹涌而至。容闳在《西学东渐记》中分析道,当时不少仁人志士在反思中国政治、文化危机时,逐渐祛除了"天朝上国"的优越感,转而掀起了"借西方文明之学术以改良东方之文化"的西学东渐浪潮。① 于是,一时间无论是洋务派、维新派还是革命派,无论是改良派还是马克思派,都把学习西方先进的技术、文化、制度看作中国救亡图存之关键。与此同时,由于西方资本主义社会正处在从自由资本主义向垄断资本主义过渡的阶段,以银行业、股份等为特征的金融业的发展,推动了资本主义经济结构的变化,不仅扩大、强化了垄断资本组织,而且使资本主义国家在拥有政治职能的基础上拥有了经济职能,为西方资本主义借助国家的力量向外大规模扩张提供了强有力的条件,也使资本主义社会内部的矛盾更加激烈。在某种意义上,这为西方社会无产阶级力量的崛起提供了舞台,使得马克思、恩格斯对理想社会的"预见性"获得了一种现实的强烈回应,各种社会主义思潮和运动在欧洲相继而起,社会主义思想亦夹杂在西方理论中传入中国。"社会主义革命

---

① 参见容闳《西学东渐记》,徐凤石、恽铁樵等译,生活·读书·新知三联书店 2011 年版,第 78 页。

运动、马克思主义学说的只言片语正是在此背景下被译介到中国。"① 换言之，早期中国共产党人接受马克思主义，是在西方世界内部对资本主义文明的批判反思中，在西方世界介绍或描述社会主义运动中，从接触与了解马克思主义关于"社会主义""共产主义"的一些基本术语、概念和思想开始的。

  值得注意的是，这个背景隐含了当时中国社会各路精英认识马克思主义的一个重要切入点，即"社会主义""共产主义"等术语、概念是与马克思主义相联系的。正如李达所指出的："马克思学说出世以后，从前的空想社会主义变而为科学的社会主义；于是社会主义就为马克思主义所代表，一说社会主义，就晓得这是马克思主义了。"② 而且，马克思主义是西方文明的有机部分，各种流派从不同角度与方向或多或少地接受了马克思主义的观点和思想。从这样一个历史契合点观之，早期中国共产党人对马克思的社会主义、共产主义学说的接受和向往主要是急于为改变旧中国寻找方向，但对马克思社会主义、共产主义学说的认识还处在较为粗糙和表面的阶段，特别是对马克思所揭示的这样一种美好社会理想的基础、本质、规律的认识，尚存在较大的局限性，这也从我们建立社会主义制度、追求社会主义理想的实践中走了一条极其艰难曲折的道路得到某种解释。在这个意义上，中国共产党坚持在马克思主义理论的指导下，探索中国特色社会主义道路，真正具有了回归马克思并自觉探索的开创性意义。

  其二，随着西方经济贸易的东进，越来越多的中国青年去东洋、西洋留学，带回许多新的思想，由此中国开始了现代教育。正如贾祖麟在分析这段历史时指出，"在那些年，教育最明显的特点，就是使青年最担心中国在世界上的地位一事。不管是正式教育或非正式教育，很明显的是，不再重视宣讲儒家的教条，而在力求了解自19世纪半以来吞灭这古老帝国的大灾难的原由。"③ 五四反帝反封建新文化运动的爆发，深刻地展现了这样一种新生的力量。

  有学者在考察社会主义概念在中国的传播时指出，在中国共产党成立

---

① 陈红娟：《19世纪末20世纪初社会主义概念在中国的原初表述、普及化及理解》，载《社会主义研究》2018年第6期，第45页。
② 李达：《马克思派社会主义》，载新青年社编辑部编《社会主义讨论集》，新青年社1922年版，第172页。
③ [美]贾祖麟：《胡适之评传》，张振玉译，南海出版公司1992年版，第15页。

以前，中国的社会主义理论传播主要是以中国留日学生为媒介，以日本为主渠道的。事实上，早期中国共产党人李大钊、陈独秀等一批先进分子均曾在日本留学，日本社会主义学者对马克思主义术语的使用以及对社会主义理论的理解深深地影响着中国留学生。1903年以前，中国知识界主要将日文中的"社会主义"挪用到中国语境，而1903年以后，中国知识分子才开始在影响较大的报刊、辞典中对社会、主义、社会主义这样的术语进行阐释。① 这个分析有相当充足的历史依据。

在20世纪初专门解释西方术语的中文辞书《新尔雅》② 中，关于"社会主义"的阐释是，"废私有财产，使归公分配之主义，谓之共产主义，一名社会主义"③。资产阶级改良派主办的很多报刊都致力于介绍新思想，培养新的社会意识，"社会主义"一词频频出现，甚至成为一种"时尚"。一方面，新文化运动以后，"社会主义"作为一种改造中国社会的新学说，其定义、真意、目的以及与其他主义的区别等被充分讨论，社会主义概念在中国逐渐得以"普及化"。另一方面，当时对马克思"社会主义""共产主义"学说的理解和认识还是比较多元混杂的。正如陈独秀在关于社会主义的演讲中所指出的，现今尚留存的、有力量的社会主义有五派，其中重要的是无政府主义、共产主义、国家社会主义这三派。至于哪种社会主义理论是真正的马克思主义理论，当时的认识是模糊且泛化的。

有学者考察指出，在日文语境中，"社会主义"是明治时代的产物。1870年，日本德文翻译家加藤弘文、西周等在其《真政大意》《百学连环》等著作中以经济学的形式介绍社会主义、共产主义。当时关于"社会主义学说"的解读主要是负面性的，多为危害、激进行动的"邪说"。1878年6月6日，福地源一郎在《东京每日新闻》上首次用汉字"社会主义"对译"socialism"，在这里，"社会主义"主要与"个人主义"相

---

① 参见陈红娟《19世纪末20世纪初社会主义概念在中国的原初表述、普及化及理解》，载《社会主义研究》2018年第6期，第49-50页。

② 《新尔雅》是清末民初时期由留日中国学生所编写的新语词典，主要收录西洋的人文、自然科学新概念、术语。

③ 汪荣宝、叶澜：《新尔雅》，上海文明书局1906年版，第64页。

对，大体指"将社会置于中心地位的主义""集体主义"。① 可见，当时对社会主义的概念、学说的认识不仅模糊、泛化，而且日本文化下所理解的社会主义和欧洲的社会主义也有不小区别。瞿秋白曾直指，一些人虽对社会主义的讨论有无限的兴味，但对社会主义含义及流派的理解却像"隔着纱窗看晓雾"。李达在论及马克思派社会主义时，也表达了这样的看法："马克思派社会主义究竟包含一些什么主义，恐怕还有一些研究社会主义的人是弄不清楚的。他们自己要提倡马克思派社会主义……倒反指摘别人所提倡的马克思主义为过激主义……也许是不懂得马克思主义的派别所致。"② 马克思的社会主义理想成为那个时代先进青年、志士仁人的追求和希望。

其三，俄国十月革命的胜利，使中国共产党人找到了通向光明的现实样板。如果说之前对社会主义的讨论还只是一种对社会主义理论、学说纷争的理解的话，那么俄国十月革命的胜利，使之建立了人类历史上第二个无产阶级政权和由马克思主义政党领导的社会主义国家，这对正在苦苦寻求救国救民之路的中国共产党人无疑直接树立了一个实践的典范。正是这个典范，使早期中国共产党人看到了马克思的社会主义是能够使大多数人得着人的生活的理想社会之图景，坚定了马克思派要建立社会主义社会的信念，并促使了其实践的开启。毛泽东指出："中国有许多事情和十月革命以前的俄国相同，或者近似。封建主义的压迫，这是相同的。经济和文化落后，这是近似的。"③ 换言之，马克思社会主义理论的传播和俄国的革命实践，完整地构成了早期中国共产党人接受马克思主义的一个重要契合点。

诚然，在经历了洋务派、维新派、资产阶级革命派所开出的各种"药方"后仍然无果的中国社会，的确亟需一种能够彻底反帝反封建的思想武器，其间中国共产党人经历了一个极其艰难曲折的探索过程：中国先进分子虽然痛恨资本主义对中国的侵略，但在效法西方的过程中，起初还

---

① 参见陈红娟《19世纪末20世纪初社会主义概念在中国的原初表述、普及化及理解》，载《社会主义研究》2018年第6期，第48页。

② 李达：《马克思派社会主义》，载新青年社编辑部编《社会主义讨论集》，新青年社1922年版，第172-173页。

③ 中共中央文献编辑委员会编：《毛泽东选集》（第4卷），人民出版社1991年版，第1469页。

是对其制度充满渴望的；当马克思社会主义学说传入中国，俄国取得无产阶级革命胜利之后，早期中国共产党人不仅把社会主义作为一种理想的制度、改造中国社会的方向及道路，也同时把其当作一种现实的实践方案，因此不免有脱离中国社会实际、急于求成的简单化追求。譬如当时马克思派的主流倾向是，认为自由竞争和私有财产这两大原则就是现实社会中万恶的根源，"是流行世界的瘟疫"①。

从历史唯物主义的立场观之，当时这种思想倾向显然包含了对马克思社会主义理论认识的误区。这一误区的焦点问题是，在马克思的学说中，社会主义、共产主义是人类理想的社会形态，而这种理想是在对资本主义发展阶段进步性的肯定和对资本主义本质的批判的基础上建立起来的，忽略这个基础和过程，直接把理想作为现实实践方案，也致使中国革命的道路走了一些弯路。经过艰难的实践，马克思主义者逐渐清醒地认识到，"没有一个由共产党领导的新式的资产阶级性质的彻底的民主革命，要想在殖民地半殖民地半封建的废墟上建立起社会主义社会来，那只是完全的空想"②。这个认识过程并不是一次性完成的，而是伴随着历史的发展在社会实践中不断深化的；它是中国特色社会主义理论形成与完善的过程，也是中国特色社会主义实践深入发展的过程。

三、马克思主义与中华民族文化传统基本价值的契合

中华民族的文化传统是中国人深层次的社会基因，并构成中华民族精神追求的基本定力。为什么马克思主义诞生在欧洲，但并没有深刻地影响、改变欧洲社会，而马克思主义在中国却如此地受欢迎？以马克思主义理论为指导的中国共产党得到广大人民的衷心拥护和支持，从接受主体的文化角度来看，马克思主义与中华民族文化传统的基本价值具有某种契合性。

第一，"贵公"作为中国社会主流的伦理价值取向，与社会主义社会的价值理想具有某种相似性。"贵公"是中国伦理道德传统的核心元素，作为中国社会的主导价值观，深刻地影响着中国人的价值判断和道德行为

---

① 李达：《李达文集》（第1卷），人民出版社1980年版，第71页。
② 中共中央文献编辑委员会编：《毛泽东选集》（第3卷），人民出版社1991年版，第1060页。

选择，表意着中国文化独特的伦理精神。"贵公"伦理文化在中华文明历史长河的不同时期虽有不同诠释和深化，但"公"之"贵"意，始终没有改变。有研究者从"贵公"思想历史嬗变的角度做过这样的梳理："贵公"思想始于中华文明的上古时期，"公"的初始涵义从原始"共同体的价值需要"到对占有支配权力首领式人物的"道德期待"的发展过程，明显表现出"以公为尊"的价值观念；随着私有财产的出现，先秦时期"贵公"获得了明确的"道德概念"之身份；"贵公"思想经宋明理欲之辨，获得"天理"之义，具有超越性的道德价值；明末清初之际，通过"聚私为公"理论论辩，使传统"贵公"思想的伦理主体发生了重要转向及重构；随着中国现代化历史进程的开启，经过多次思想论战的深化反思，更加确证了在"公私相利"的价值论视域下"贵公"思想的主导性。①

"贵公"思想对于理解中国历史文化具有提纲挈领的意义，它与以个人主义为文化传统的西方社会相区别，与马克思主义的无产阶级世界观、价值观相契合。杜维明针对西方一些学者对中国文化的误判，在对现代性的反思中提出了中国文化传统核心价值的生命力。他深刻指出，近现代以来，西方文明的冲击造成了极大的偏差。资本主义的发展是建构在坚实的以个人为主体的原则之下的，以自我为中心的个人主义在促进资本主义发展的同时，其极端性也致其走上一条不归路。因此，反思现代性，我们必须要走一条具有中国特色的道路，它是一条由我们的历史、文化、社会所使然之路，但这条路既是中国的，也应该是世界的。也就是说，它源自中国历史文化发展的轨迹，同时又是开放的；它是世界普遍性中的特殊性，其特殊性中又蕴含着世界的普遍性。②

第二，中国文化传统的超越性、理想性气质与马克思主义的社会理想图景具有某种契合性。文化是人的一种精神土壤，不同的土壤滋养不同精神气质的人。文化又是与社会历史相伴相随而生长、发展的，它具有某种与生俱来的符号效应。解析中国文化传统的超越性、理想性气质，笔者认为，从儒学以"仁"为核心的道德文化传统中可以开掘出丰富的思想。

---

① 参见李萍、杨勇《中国传统伦理道德中的公私观及其现代辨析》，载《现代哲学》2020年第5期，第1—11页。
② 参见[美]杜维明《以精神人文主义应对全球伦理困境》，载《文汇报》2017年10月1日第7版。

在儒家思想中，"仁"所指涉的自我结构是具有开放性和张力的，自我并不是孤立绝缘的，其结构内部就有他者的存在，自我与他者之间具有同一性，并且是可通达的。以这样的方式与向度思考问题，人们就可结成一个自我与天、与人、与物一体的关系，结成一个"和而不同"的社会。孟子所代表的心性之学，是一种对人的重新认识，其超越性体现在它是一种由内向外的开掘与普遍联系的超越。因为人认识了自己的本性就认识了天道，正可谓"尽其心者，知其性也。知其性，则知天矣"。儒家仁爱之"仁"内含同情，具有无限的精神张力。把他人看成与自我同类，这是人类最重要的一种"自觉"，即最重要的自由意志，正是以这个"自觉"为基础，人的同情心才可以得到释放，而同情是普遍存在的，多维度、多样式的。"因此自我认同本身必须有一种关爱之情，这也就是从儒家传统里面提出来的恻隐之情与关爱之情。"①

汉学家艾恺对于梁漱溟与中国文化的追踪研究，可谓贯穿他的学术人生。他认为，梁漱溟提出的三种文化"理想典型"，表现出人的"意欲"面对环境障碍的三种不同方向。他还将梁漱溟对文化的这一阐析看作对历史的"后设推测"。他从文化比较的历史视野出发，以历史演进的事实分析了东西文化精神带来的不同的文明形态，指出在现代，西方以"普罗米修斯式"的盗火启蒙人类的意志，将西方文化自私自利与理性计算两大基本倾向结合在一起，征服自然环境，发展出现代化的工业。这种态度本身就蕴含了毁灭人类自己的种子，使人类无法摆脱存在的痛苦与精神的污染。而儒家的生活方式是一种基于情感直觉，并非基于智谋计算的态度。中国人既不像西方人那样刺激欲望，征服自然，也不像印度人那样压抑欲望，而是采取和谐与妥协的态度。孔子通过礼乐将人的生活直觉主义化，其意义在于为人类生活创造了精神上的安定，通过审美达到宗教所追求的目的。因此，儒家的生活方式和态度更接近宇宙永恒直流的真理。正是在这个意义上，艾恺做出了这样的历史性判断：中国文化有早熟的性质，即在第一阶段的演化尚未完成前，就已经预见到隐含其中的第二、第三阶段的问题了。儒家文化解决现代生活隐含的问题比西方文化更有洞见，当人的本性处在人类演化的第一阶段时，西方文化会变成世界文化，

---

① ［美］杜维明：《人类如何走出世俗性的人文主义》，载《人民论坛》2016年第21期，第131页。

而当人类演化进入第二阶段（即经过科技、经济的发展后），中国文化将会变成世界文化。中国文化中所谓留天地正气、行心之所安，并非来自上帝诫命或意旨，但其心之所安之道却超越了个人之现实生命。毫无疑问，这种观念包含了超越性的精神，只是与西方不同一出而已。①

毫无疑问，在马克思学说中，社会主义社会首先是一个超越资本主义的、崇高美好的社会理想，是一个通过不懈奋斗可以实现的理想。尽管在旧中国，广大劳苦大众身处半封建半殖民地的水深火热之中，但马克思的社会理想依然燃起具有超越性、理想性文化气质的中国人之情怀、勇气和一往无前的精神。中国共产党人身上大无畏的英雄主义、"砍头不要紧，只要主义真"的革命精神确实凝聚了中国文化的这种气质，代表了这种先进的文化精神。

第三，"经世致用"的文化传统，与马克思主义所强调的哲学不仅在认识世界，更在改造世界的实践唯物主义的特质方面具有某种契合性。"经世致用"作为中国宋代后逐渐形成的一种提倡研究实际问题有益于治理国事的学术思潮，经明清之际王夫之、黄宗羲、顾炎武等思想家的进一步推动，得到更深入的发展。用今天的话语来表述，就是"学以致用""理论联系实际""求实务实""讲求功效"。这种思潮不仅是对宋明理学某种极致性的"反叛"，更是对中国传统文化的一种反思与继承。

中国文化传统具有致知与力行合一且更强调"行为知功"的特点。朱熹认为，"大抵学问只有两途，致知、力行而已"②。当然，在理学家那里，他们更关注致知与力行的统一，将之视为"人之两足"。王夫之在批判宋明理学家"以知代行"倾向的基础上指出，"知行统一"是以知行相分、相并为前提的，知有不统行，而行必统知，故行比知更重要。正是基于这种传统，中国人的伦理道德强调人生实践之智慧，注重哲学家的全人格、全生活及其言行；中国文化的"义理之学"正是连接人的知行，强调人的道德实践之恰当性、应然性的学问，人能自觉依据义理，才可以定是非，以定存心与行为。

---

① 参见［美］艾恺《最后的儒家——梁漱溟与中国现代化的两难》，王宗昱、冀建中译，江苏人民出版社1996年版，第80－94页。
② （宋）朱熹：《答吕子约》，载《朱熹集》卷四十八，郭齐、尹波点校，四川教育出版社1996年版，第2344页。

马克思在《关于费尔巴哈的提纲》中明确指出，"哲学家们只是用不同的方式解释世界，而问题在于改变世界"①。他并没有否定解释世界的重要性，但提出更重要的是改造世界。在《德意志意识形态》中，马克思、恩格斯更是以"实践唯物主义"作为划清与直观的、感性的一切旧唯物主义的界限，强调实践在改造世界中的作用，并由此得出革命的结论："对实践的唯物主义者，即共产主义者说来，全部问题都在于使现存世界革命化，实际地反对和改变事物的现状。"②

由此可见，在民国初期，中国社会各派虽然对社会主义的理解有不同，但"社会主义"作为一种"时尚"被广泛讨论、传播，不能不说与中国人的文化传统之特质有关。有研究认为，改良派的代表性人物梁启超是在中国明确使用"社会主义"概念的第一人，正是由于他将"社会主义"学说的理解紧紧地与中国传统文化、与中国改良运动的实践结合起来，才促使"社会主义"得以较广泛地传播。马克思主义实践唯物主义的革命精神，必然引起渴望民族独立和解放的中国人民强烈的情感共鸣和精神震撼。因此，这使得先进的中国人更容易接受马克思主义，中国共产党所选择的马克思主义社会主义的道路才可以在中国大地上生根、开花、结果。尽管这个过程极其艰难曲折，但历史的车轮将滚滚向前。

四、小结

中国共产党与马克思主义的"结缘"并不是偶然的发现和联结，本文所述的三个历史契合点从中国共产党人的立场初衷、使命理想和伦理文化的维度，展现了二者内在的具象与交集，蕴含着某种历史选择的必然性。这种必然性并不旨在代表某种理论的结论或历史事态的结果，而在于它昭示的历史发展方向与方法论：其一，中国共产党的党性就是人民性；其二，必须从中国社会的实际出发发展生产力，才能实现为人民谋幸福的根本宗旨；其三，马克思主义的真理是在历史实践中不断发展和完善的。

（原载《北京师范大学学报（社会科学版）》2022年第2期）

---

① 中共中央编译局编译：《马克思恩格斯全集》（第3卷），人民出版社1960年版，第6页。
② 中共中央编译局编译：《马克思恩格斯全集》（第3卷），人民出版社1960年版，第48页。

近百年来中国"精神人文主义"的建构性探索

近百年来的中国思想史始终贯穿着一条线索,即追问中华民族的文化精神与未来命运。当人类文明进入 21 世纪,当中华民族跨入现代化的历史轨道,这一追问产生了一个建构性的成果——基于儒学传统而又以全球化为背景的"精神人文主义"的提出,是具有重要里程碑意义的探寻。

一、20 世纪中国文化精神之追问

20 世纪对中国人来说,是一个天翻地覆的时代。笔者曾在《"人生观论战"的反思与中国现代化的文化追求》一文中指出,在中国追求现代化的历史上有两次重大的社会变革,而两次重大变革都贯穿着一场深刻的思想文化讨论,且都是以"人生观论战"为题引发的。[①] 1923—1924 年的"人生观论战"是反思中国传统道德文化的一次重要而深刻的思想论战。这场论战缘起于张君劢给即将赴美学习科学的学生所作的演讲。回溯其演讲的要旨,张君劢并无贬低科学之意,而是强调科学不是万能的,人生观[②]的问题比科学更复杂、更重要;且中西方文化不同,不应过度热衷西方文明而忽视中国文化传统。张君劢的演讲暗含了两个重要的前提:一是中国文化是以精神性价值为特征的,因此中国哲学具有基于生命并超越生命之意义;二是中国文化与西洋文化有别,西洋文化重物质及制度,中国文化重精神与道德,而文化是生命植根之沃土,需要革新,但不可简单替代之。这两个前提彰显了张君劢理想主义的人文情怀和道德立场。回到历史的逻辑,为什么张君劢的演讲会引起以丁文江为代表的科学派的强烈

---

① 参见李萍《"人生观论战"的反思与中国现代化的文化追求》,载《中山大学学报(社会科学版)》2005 年第 4 期,第 52 页。

② 此处讲的人生观不是狭义上的人生观,它包括社会观、价值观、道德观,即泛指思想意识、精神层面的东西。

反响呢？

一方面，该演讲的价值旨趣与中国当时的社会背景有明显甚至是对立性的反差。胡适在《科学与人生观序》①中指出，近三十年来有一个名词在中国几乎达到了无尚尊严的地位，无论守旧或维新的人都不敢公然对它表示轻视或戏侮的态度，这个名词就是"科学"。五四运动的旗帜就是反帝反封建和倡导科学、民主，这是一场对旧世界、旧文化的空前大批判。而已被打上深刻"封建"烙印的"传统道德文化"此时正像浸在澡盆脏水中的婴儿，其弱势显而易见。丁文江在其万言长文中，将张君劢之论不仅用玄学指称，并强调"玄学鬼"的影响根深蒂固——它附在人的身上，不容易被打掉。而打掉"玄学鬼"的武器就是"客观的论理同事实"。他列举大量的"事实"对张君劢以为"精神文明"的宋明理学思想进行了批判，将之形容为"杀人不见血的刀子"②。丁文江的回击隐含了两个潜判断：第一，他认为，以精神文明为特质的传统伦理道德文化是渗透到中国人的生命、血脉中的。这恰与梁漱溟"文化就是人的生存样式"的解析相吻合，从另一个角度道出了中国儒学传统的精神性价值。第二，他把基于几千年中国文明演变而形成的文化传统直接等同于封建社会的意识形态，混淆了两者的区别。如何对待这种混淆呢？汤一介曾在回应亨廷顿"文明冲突论"时指出，要区分中国历史上儒家文化的两种不同形态：一种是作为官方意识形态的儒家文化；另一种是作为理念形态的儒家文化。作为官方意识形态的儒家文化确实存在着某种"专制"和"暴力"的性质，但即使这样，它也并非有着强烈的扩张性；作为理念形态的儒家文化主张"和为贵"，因此具有相当大的包容性。③

另一方面，科学派批判的立场是现实主义的。胡适对这场论战进行评论时贴切地道出了科学派现实主义的批判立场：他在对欧洲人文主义传统作了不屑一顾的讽刺之后，认为"玄学鬼"根本动摇不了欧洲科学"根深蒂固的地位"；而"一到中国，便不同了。中国此时还不曾享着科学的

---

① 1925 年，上海亚东书局出版了《科学与人生观之论战》，该书后被收入"中国现代文化史料丛刊"，并更改书名为《科学玄学论战集》（台湾帕米尔书店 1980 年版），其中收集了当时 19 位思想家的 29 篇文章。

② 丁文江：《玄学与科学——评张君劢的〈人生观〉》，载《科学玄学论战集》，台湾帕米尔书店 1980 年版，第 43 页。

③ 参见汤一介《我们三代人》，中国大百科全书出版社 2015 年版，第 443–451 页。

赐福,更谈不到科学带来的'灾难'。我们试睁开眼看看:这遍地的乩坛道院,这遍地的仙方鬼照相,这样不发达的交通,这样不发达的实业——我们哪里配排斥科学?"① 的确,内忧外患、积贫积弱是 20 世纪初中国社会的缩影,这正是科学派所言之"事实",也是他们批判玄学派的重要"武器"。从这个角度看,科学派提倡的科学对于当时中国社会摆脱积贫积弱之困境,的确具有基础性、优先性的价值,其主张有合理性。

不论这两派当时的立场与观点如何,这场大讨论的意义远超出他们各自批判的论域。它是"后五四"时期中国人对中国思想文化的一次全面反思,是中国人对中国社会命运的一种追问,是中国人自觉追求中国现代化的积极探索。在探讨中国文化精神的意义上,他们之间的"歧见"并不重要,而隐藏在这场论战背后的重大问题更有价值:中国走向现代化如何可能?中国的文化命脉是什么?这又关联着对传统与现代、精神文明与物质文明、中国文化与西方文化三种基本关系的处理。回到百年前,我们发现,无论是对中国人还是对西方人,这三种关系几乎是同义关系,因为当时的潜台词是中国代表传统,西方代表现代,中国精神文明深厚,西方物质文明昌盛。正因这种混同与复杂性,"人生观论战"留给我们的思考远超出论战本身,而且,这场论战揭开了探讨基于儒家道德传统的中国文化精神之现代价值的帷幕。

二、新儒家向世界发出的呼吁

循着中国思想史的发展,在"人生观论战"发生三十多年后,牟宗三、徐复观、张君劢、唐君毅四位新儒家学者在 1958 年向世界发出了《为中国文化敬告世界人士宣言》(以下简称《宣言》)。此时与发生"人生观论战"时相比,时代背景已经发生了根本变化。

一方面,新中国的建立标志着社会主义政治、经济在根本制度上取得了胜利,但在意识形态领域中的社会主义革命刚刚开始,即国家面临着社会主义改造与社会主义建设的双重任务。因此,在思想文化领域,中国共产党历史地提出了"政治思想战线社会主义革命"的命题。虽然中国共

---

① 胡适:《科学与人生观序》,载张君劢、丁文江等《科学与人生观》,岳麓书社 2011 年版,第 12 页。

产党在确立马克思主义指导地位的同时，也确立了以"批判继承"为原则来对待中国文化传统的基本立场，但在"极左"思潮的影响下，这时期对传统文化之学术价值的探索遭到巨大挫折。与此同时，西方国家更对新生的社会主义中国进行了"围剿"。

另一方面，1958年伊丽莎白·安斯康姆在《现代道德哲学》一文中，提出了德性伦理学的当代复兴问题；也正是同年，几位新儒家学者发表了《宣言》，以表明儒家伦理学在当代哲学中的重要性。余纪元认为，《宣言》是当代儒学复兴的里程碑。也许是某种历史的巧合，德性伦理学和儒学的复兴逐渐成为国际性思潮。20世纪七八十年代，一些具有儒家文化背景的区域和国家的工业化成功很大程度上促进与推动了儒学的复兴，儒学被视为有可能为现代性提供一种不同视角的文化资源。在这个意义上，亚里士多德伦理学的复兴主要是一个学术现象，而儒学复兴则呈现出广阔的文化与社会维度。①

《宣言》开宗明义言："我们所要说的，是我们对中国文化之过去与现在之基本认识及对其前途之展望，与今日中国及世界人士研究中国学术文化及中国问题应取的方向，并附及我们对世界文化的期望。"那么，《宣言》对中国文化的基本认识、前途展望以及对世界文化的期望是什么呢？

第一，中国文化问题有世界的重要性，而西方学界对中国文化的诸多偏见需予以澄清。《宣言》直言："我们之所以要把我们对自己国家文化之过去、现在与将来前途的看法，向世界宣告，是因为我们真切相信：中国文化问题，有其世界的重要性。"为此，《宣言》深刻剖析了历史上中国文化与世界的三次互动，以及西方对中国文化产生的偏见。

首先，耶稣会士因传教而认识中国文化。《宣言》指出，耶稣会士最早开辟了中国文化与西方文化交流之通道，他们在对中国输入西方宗教教义的同时，也将中国的经籍、宋明理学等介绍给西方。但是，通过耶稣会士介绍的儒学思想是片面的，结果"只是报导性质，并不能得其要点"（《宣言》）。其次，鸦片战争、八国联军侵华打开了中国门户，引起了西方人士对中国文化之关注和研究，但他们的动机是对那些被运入西方的及在中国发现的新文物之好奇，"并不是直接注目于中国这个活的民族之文

---

① 参见余纪元《亚里士多德伦理学》，中国人民大学出版社2011年版，第18—22页。

化生命、文化精神之来源与发展之路向的"(《宣言》)。因此，他们根本不可能了解真正的中国文化及其真正的价值。最后，一些西方学者出于对现实政治的兴趣而关注中国文化。《宣言》敏锐地分析道，当时世界对中国文化学术之关注是一种新的趋向，这种趋向来自西方人士对中国近代史之兴趣，而此种兴趣乃出于现实政治之需要。但由于政治具有较强的主观性，易导人以偏见，所以他们同样不可能全面认识真正的中国文化。

由此，《宣言》认为，要认识中国文化对世界之重要性，理解中国文化绵延不断数千年的历史积淀，必须纠正西方人士对中国文化的偏见和误解。在《宣言》看来，中国文化具有世界重要性的理由主要有二：一是中国数千年的历史文化绵绵不断，源远流长，乃"世界上极少的国家之一"(《宣言》)，中国文化对于人类文化是有贡献的；二是中国人口占世界人口近四分之一，中国人的生命与精神如何安顿，本身就是一个世界性的问题。显然，这里包含着这样的潜台词：文化是人安身立命的精神之所；中国文化数千年绵绵不断，且曾为世界做出贡献，故其必有对人类文明的独特价值；人类必须认识到这个问题的意义与迫切性，否则将对人类产生灾难性的影响。

特别值得肯定的是，《宣言》发表之时，西方世界普遍认为中国文化的生命已经死了。《宣言》则大胆强调中国文化对世界不仅重要，而且是活的生命有机体，是人类客观精神生命之表现。《宣言》作者用了最现实的证据，证明中国文化是活的生命之存在："发表此文的我们，自知我们并未死亡。如果读者们是研究中国学术文化的，你们亦没有死亡。如果我们同你们都是活的，而大家心目中同有中国文化，则中国文化便不能是死的。"(《宣言》)当然，新儒家对中国文化在世界地位的"呼吁"仍然包含着相当被动和理想主义的情绪，且有其历史的局限性。

第二，中国文化精神生命的核心是孔、孟至宋明理学的心性之学。《宣言》指出，要了解中国文化的精神生命，就必须了解中国的思想或哲学，"只有从中国之思想或哲学下手，才能照明中国文化历史中之精神生命"(《宣言》)。中国文化中的道统说，虽不为许多现代人所接受，但它确实蕴含着中国文化的本性。这种本性就是中国与西方的历史文化自开始就不一样。

一方面，中国人具有重"天人合德"、重"义理之学"的文化传统。《宣言》直言，中国传统文化不好武力，亦不好商人，所以中国人将那些随炮舰商船而至的传教士视为西方文化侵略的象征。由此文化传统，不难理解"近代中国之学术界，自清末到五四时代之学者，都不愿信西方之宗教，亦不重中国文化之宗教精神"（《宣言》）。不过，虽然中国古代文化中并无一独立之宗教传统，但这并不表示中华民族先天缺乏宗教的超越性情感及宗教精神。在中国的人生道德思想中，古今思想家都强调"天人合德，天人合一，天人不二，天人同体之观念"（《宣言》）。中国文化所理解的"天人交贯"，既指由上天彻下于人之内，亦指人由下至上通于天，是一体两面的双向交融。其超越性来自仁义价值，即道之本身。它虽非来自上帝诫命或意旨，但其心之所安之道实超越了个人之现实生命。这种观念无疑包含了超越性的精神，只是与西方不同而已。

同时，中国人的伦理道德强调人生实践之智慧，注重哲学家的全人格、全生活及其言行，而此学问存在于中国文化的"义理之学"中。所谓中国文化的"义理"指人的行为之适宜、恰当之标准，是人的道德行为之当然、应当法则。人心能自觉依据义理，才可以定是非，进而定行为。《宣言》以中国儒者所言"气节"为例，说明中国文化中这种自觉的舍生取义包含了一种绝对的"信仰"，只不过此"信仰"的对象不是上帝之意旨，而是人之内在自觉，即对仁义之道及价值本身的信仰。

另一方面，心性之学是"天人合德"之理由。新儒家们认为心性之学既是中国学术思想之核心，亦是"天人合德"的根据，是义理之本源所在。与西方宗教思想不同，中国传统的心性之学以性善论为主流；与西方哲学主客二分不同，此心性之学中包含形而上学，其既是道德实践的基础，亦需要由道德实践证实。故而人的行为、实践依觉悟而生，同时人又在实践中不断增加、提高觉悟。所以知、行相依而进，内外相通。与西方文化重道德规则、行为及宗教价值不同，儒家的德性源于心性，性即为天理，心亦通于天。所以此德性既能润泽我们的身体，又能让我们真实存在于天地之间。中华民族文化历史之所以能长久，正是源自中国学术思想中自觉的人生观念。《宣言》以心性之学为本而对中国文化所蕴含的生生不息的精神文化价值之揭示是极为深刻的。

第三，中国文化应进一步伸展出更高的文化理想。《宣言》坦言，在中国的文化历史中缺乏像西方那样的科学、实用技术以及近代民主制度，"致使中国未能真正的现代化、工业化"（《宣言》）。但是不能说中国文化中没有民主与科学的种子。以民主为例，《宣言》列举二例以证：一是中国最早产生了"以民意代表天命"的政治思想;二是在儒家、道家的政治思想中,都包含了限制君主滥用权力的思想。在新儒家看来,在古代君主制度下,通过君主施德以政、德治天下,似乎亦能使天下清平。但如果人民只是沐浴王恩般被动地接受德化,则人民不能作为自己的道德主体,这种道德充其量只是"王者之德"而已。《宣言》在此深刻揭示了君主制度下"德治"的局限性,但同时其也强调,要克服这种局限性,必须要顺应自己文化本来的轨迹,进一步"伸展出其自身的文化理想",而不能用外在添加的方式来扩大原本的理想。《宣言》认为,伸展中国文化理想的"种子"就是中国哲学中的"心性之学"。中国人由心性之学可以自觉视自我为"道德实践的主体",进而自觉视自我为"政治的主体""认识的主体"及"实用技术的活动之主体"(《宣言》)。

《宣言》在此表达了两个观点:①中国文化需要接受西方或世界文化,需要民主、科学,但这不是简单地移植、外在添加就可以的,而应从中国文化的思想资源中伸展出来。②中国文化具有很高的理想性,这种理想性就是"伸展"的可能性。"政治的主体""认识的主体"及"实用技术的活动之主体"正是中国人要自觉成为"道德实践主体"本身所要求的,亦是中华民族客观的精神生命发展过程所要求的。虽然新儒家向世界发出的中国文化之"呼吁"在中国大陆因与新中国历史进程的主题不相契合并未得到多少反响,且其对马克思主义的认识也存在相当的片面性,但作为一种学术探讨,《宣言》对中国文化之精神与前途的许多见解,为中国乃至世界留下了宝贵的思想资源。

三、 精神人文主义的建构性探索

《宣言》发表后的六十余年里,新中国在曲折中不断成长,且发生了巨大而深刻的历史性变化。特别是随着改革开放和市场经济的发展,中国的社会主义现代化历史进程不断深入。然而,与经济全球化相随而行的是西方各种文化思潮和意识形态扑面而来,由此中国文化命脉与精神之问题再次凸显。如果说"人生观论战"重在对中国传统道德文化的封建性予以深刻批判,20世纪50年代新儒家的"呼吁"重在纠正西方国家对中国文化之偏见的话,那么近年来杜维明基于儒家文化之"精神人文主义"的提出,既是对中国百年思想史之追问的继续,也是建立在文化自觉和文化自主基础上的具有建构性的思想探索。杜维明的思想探索有两个重要特质。

其一，杜维明将对儒家精神价值的挖掘与反思不仅建立在对现代性之自觉的基础上，而且建立在对全球伦理困境的反思以及文明对话的基础上。这两个前提与视域使得他对中国文化精神的研究具有了更广阔的世界意义。杜维明自20世纪60年代以来一直努力开掘儒学传统及其内在精神的现代价值。从其"学缘"及经历看，他与许多新儒家学者既有相似之处，又有显著区别，其中最重要的区别是其立论的两个前提和视域。唐君毅等在《宣言》中虽已明确指出"中国文化问题，有其世界的重要性"，但其认为中国文化问题的重要性之理由是中国"历史的悠久"与现实"人口众多"，这显然带有极大的历史局限性，这种基于文化情感主义的恳求是一种单向度的呼吁，是一种被动的坚守。杜维明则坚持从世界的维度看中国和从中国的维度看世界，在开放的视野下进行一种建构性的工作。杜维明在接受专访时坦言，在20世纪60年代，美国学术界普遍认为儒家学说是东亚文明的一部分，对世界而言只有发展的潜力。如美国学者列文森认为，儒学传统已成为"历史现象""博物馆记忆"，不可能再现辉煌。有学者认为，这种认为儒学已没落的看法显示出西方中心主义的傲慢；但也有学者认为，这是对儒家命运的一种"哭泣"式表达。无论哪种看法，杜维明都将之视为传统精神文明面对现代化的遭遇，故儒家的遭际亦有其必然性，"这是一个人类文明的困境"①。杜维明指出，要证明这是西方学者的误判就要解开隐藏在这些误判背后的"西化即现代化"逻辑。因为在这种逻辑下，尚处在前现代化的中国一旦进入现代化的历史进程，科学、工业革命所代表的现代性就会消解、摧毁一切传统的东西。

针对这个逻辑，杜维明从两个维度予以批判。一是对现代性的反思。近现代以来，西方文明使现代人受到物质主义、科学主义的影响，从而导致其对文化的认知不足，忽视了人的终极精神性问题。资本主义的发展是建基于坚实的以个人为主体的原则之上的，但个人主义在促进资本主义发展的同时，也致其走上一条不归路。杜维明清晰地看到，反思现代性是我们必须要走的一条具有中国意义的道路，而且这条路是由我们的历史、文

---

① ［美］杜维明：《以精神人文主义应对全球伦理困境》，载《文汇报》2017年10月1日第7版。

化、社会所使然之路。不过这条路既是中国的，也是世界的；这条路既源自中国历史文化发展的轨迹，又是开放的；它既是世界普遍性中的特殊性，其特殊性中又蕴含着世界的普遍性。二是对人类多元文明本源的反思。对人类思想史的研究表明，人类文明发展的多元倾向有着相当长的历史，轴心时代先后继起的几大文明有各自不同的源头活水、精神资源和潜在动力，多元文化是世界文明发展的大脉络。因此，现代化不能被视为同质化、西化的过程。此前以西方现代化为典范的做法，是违背人类文明起源及发展之客观规律的。

因此，杜维明从"交流儒学"的使命出发，自20世纪90年代以来，更关注文明对话、文化中国、全球伦理、人文精神、启蒙反思等领域，关注马克思主义与中国文化的融合问题。经过几十年的不懈追求，他提出了一个具有建构性意义的方向，即"以精神人文主义应对全球伦理困境"。而笔者此前所述的两个前提与视域，奠定了杜维明基于儒家传统的"精神人文主义"建构超越新儒家的思想限度；而且他在对西方文明中心论作出有力回击的同时，亦为全球化时代提出了新的文化方向。

其二，杜维明的探索基于儒家精神文明的思考方式及其普遍性意义。正是从以上所述的前提和视域出发，杜维明强调，扎根儒家传统的"精神人文主义"的建构是在回应正在涌现的全球性问题，是对启蒙运动予以反思的结果。而这一思想关联着我们如何能够找到一条通向永久和平的道路，如何通过文化对话达成文化谅解，如何与地球形成一种可持续的关系等问题，这些问题的解决有赖于一种新的思考问题的方式。① 基于儒家传统的"精神人文主义"正是这样一种新的思考方式，是一种具有全球性价值的地方性知识和智慧。那么，应当如何理解这种不同于现代性的"新的思考方式"？或者说，儒学传统中有哪些资源是可以提供这种新的思考方式的？杜维明主要从三个角度开掘了儒学"精神人文主义"的世界价值。

一是在以"仁"为核心的中国伦理道德资源中建立一个关于"精神人文主义"的框架。这个框架包含天、人、物、我四个面向：人与自身、人与他者、人与自然、人与天的关系。其中首要的问题是自我的自觉，即

---

① 参见［美］杜维明《人类如何走出世俗性的人文主义》，载《人民论坛》2016年第21期，第130—131页。

个人自我的主体性如何建立。杜维明认为，对这个问题的回答，儒家以"仁"为核心的道德文化传统中蕴含着丰富的思想资源。他还指出，世俗性的人文主义，特别是强调个人利益绝对优先性的个人主义道路是走不通的。随着全球化的发展，人们越来越认识到必须要有开放的自我。"开放的自我和私我有极大的矛盾，因此自我认同的本身必须有一种关爱之情，这也就是从儒家传统里面提出来的恻隐之情与关爱之情。"①"仁"是中国传统哲学思想中一个重要的范畴。孔子提出"仁者，爱人"，进而解释道："夫仁者，己欲立而立人，己欲达而达人。能近取譬，可谓仁之方也已。"（《论语·雍也》）显然，此"方"之可行在于自己必须把他人当人看，这样才有建立同理心的可能。在其他儒家文献中亦有记载子路、子贡、颜回分别将仁理解为"爱己""爱人""自爱"。可见，在儒学中，"仁"所指涉的自我结构是具有开放性和内在张力的，自我结构之内部就有他者的存在。人并不是一个孤立绝缘的自我，自我与他者之间具有同一性。这种思考问题的方式与向度，使人们可结成自我与天、与人、与物一体的关系，结成一个"和而不同"的社会。

二是孟子所代表的心性之学兼具现实与终极意义，可以构建儒学的超越观念。在轴心时代几乎同时出现的四种文明中，学界普遍认为只有中国文明未曾出现超越的突破，即中国文明中没有超越现实世界之外的关于人的终极价值之关怀，儒家的人生意义选择不过是凡俗世界俯拾皆是之物。对此，杜维明从孟子所代表的心性之学入手，打开了基于儒学传统的"精神人文主义"的建构的大门。杜维明以为，孟子所代表的心性之学是一种对人的重新认识。孟子性善论的根本之意在于道德起源于人的本性，"良知良能"的"仁义礼智"四端"非由外铄我也，我固有之也"（《孟子·告子上》）。这是指每个人面对外部各种情境，都可能以内在于自心的恻隐之情等作出积极回应，并发挥自己做人的基本价值。在孟子那里，个人的主体性是"为己之学"的起点，但"己"并非孤立之个体，而是家、国、天下关系中的结点或中心点。人不仅具有多面向，而且可以同时展开。只要人们能反求诸己、求其所放之心，尽量发挥、扩展自己的本心，就可达圣人之境界。所谓"修身、齐家、治国、平天下"，就是由主

---

① ［美］杜维明：《人类如何走出世俗性的人文主义》，载《人民论坛》2016年第21期，第131页。

体本心外推的逻辑。因此,"儒家传统的选择是在轴心时代对人类的自身进行反思。这也是一种质的飞跃,是对何谓人,如何学习做人,成己何以能成人成物,尽己之性如何可以参天地之化育,乃至如何能与天地万物为一体等重大问题的反思"①。换言之,中国儒学传统的超越性体现在它是一种由内向外的开掘与普遍联系的超越。因为人认识了自己的本性就认识了天道,此即"尽其心者,知其性也。知其性,则知天矣"(《孟子·尽心上》)。

三是儒家仁爱之"仁"内含着"同情",具有无限的精神张力。孔、孟的仁爱表达了"仁"蕴含着一种主体内生的可能性和个人的主体性。如孔子言"我欲仁,斯仁至矣"(《论语·里仁》),这与西方哲学中的"自由意志"概念在先在性、功能性等意义上有相似之意。其不同之处主要有两点:一方面,在儒家思想中,"仁"的能动性是包含善意的,是与生俱来、存于人心的。孟子将以仁为核心的"四端"看作根本之人道,是人与非人之分水岭,即人区别于禽兽的本质特征。具体而言,人、兽的区别主要有三点:动物以食色为性,而人懂得仁义道德;动物没有同情心,互相吞食,人则有同情心,互相爱护;动物的生活没有秩序,而人类生活是有秩序的。另一方面,"仁"作为儒家内在于人之心性的"自由意志",它所内含的"同情"是一种可以推向他人的自然情感,是一种"我"与"我"以外的人、物相通的自然路径。考察"人我"称谓,可知"人与我对称,使人、我两称谓的意蕴显得十分明确。与'我'对称的'人',是指我以外的、与我发生关系并具有与我同样意识的别人或他人。人与我总是相比较而存在,舍我无人,舍人无我"②。把他人看成与"我"同类,这是人类最重要的一种"自觉"。而"自由意志"只有以这个"自觉"为基础,人的同情心才可以得到释放。"同情"是普遍存在的,也是多维度、多样式的,所以仁爱不仅包含了"爱人""爱己""爱物",而且在实践的角度上,"同情"使得中国人的道德生活形成了"能近取譬""推己及人"等伦理传统。在某种意义上,这个传统印证了孟子设想的理论逻辑:如果能将"同情"由己及人,个人不仅可以与天、人、

---

① [美]杜维明:《以精神人文主义应对全球伦理困境》,载《文汇报》2017年10月1日第7版。

② 焦国成:《中国古代人我关系论》,中国人民大学出版社1991年版,第11页。

物、我有机联系起来，而且可以形成一个良善、丰富的精神世界。"同情"所蕴含的这种主体内生的可能性，至宋明时期成为陆象山"心即理"的基础，也成为王阳明"致良知"的根本。杜维明深刻揭示道："我们的心对外在世界有着无限反应的可能，它开放、多元、包容，从最遥远的行星到眼前的草木瓦石，对我们的心量来说，都可以到达。"① 这种"心量"何尝不是一种主体自觉？不是一种超越精神？不是一种具有"精神人文主义"特质的新的思考方式？固然，随着人类对自我、对世界认识的不断深化，孟子的有些判断并不完全正确，但其揭示的人心之"仁"及其向外推扩的逻辑，显然是具有无限张力和超越性的。

四、 结语

从20世纪初"人生观论战"的深刻自我批判，到20世纪50年代新儒家向世界发出"中国文化对世界的重要性"之呼吁，再到近年来"基于儒家文化的精神人文主义"的提出，这是近百年来中国文化自我意识的三次觉醒与反思。杜维明"基于儒家文化的精神人文主义"之所以是具有里程碑意义的建构性探索，就在于他将对中国文化精神的思考，即将新儒家"顺应自己文化本来的轨迹，伸展出其自身的文化理想"（《宣言》）的期望路径，置于中国已真正进入的世界历史进程中加以把握。同时，其建构性探索是建立在对现代性之自觉、对全球伦理困境的反思以及多元文明对话的基础上的，因而也是一种自我扬弃式的建构。

正如杜维明所言，启蒙运动的构想与实践对人类以往几百年的历史发挥了极大的作用，改变了人类的生活与文明。但我们必须看到，随之而来的是财富和权利成为人们最关注的对象，而人们忽略甚至丢掉了启蒙运动之前影响人们生活的那些重要的东西。世俗的人文主义事实上成了主导世界的意识形态，这导致了带有侵略性的人文主义、帝国主义、殖民主义以及带有占有性的个人主义等不良后果。② 当代西方"关怀伦理"的重要代

---

① ［美］杜维明：《以精神人文主义应对全球伦理困境》，载《文汇报》2017年10月1日第7版。
② 参见［美］杜维明《人类如何走出世俗性的人文主义》，载《人民论坛》2016年第21期，第131页。

表人物弗吉尼亚·海尔德曾从两个方面对现代正义理论提出质疑：一是正义理论对人所作的自由主义的个人主义预设；二是正义理论所依赖的普遍道德规则的优先权。他从人的生命本质出发，充分论证了人是相关且相互依赖的，是处于关系之中并依赖关怀关系的。而当基于关怀关系的道德选择与基于普遍道德规则的道德选择相冲突时，前者应具有优先性。由此，海尔德重新界定了关怀与正义的关系：关怀是比正义更为根本的道德价值，关怀关系提供了更广的道德框架，正义包含于其中并仅在有限的领域具有优先性。实际上，海尔德对现代性反思的向度与中国儒学以"仁"为核心的道德传统具有不谋而合的聚焦。而杜维明更有远见的是，他通过揭示儒家精神文明思考方式之特质，为求解人类的普遍伦理困境提供了一把特殊的钥匙，而这把钥匙又具有开放的向度。

（原载《哲学动态》2020年第9期）

"人生观论战"的历史场域与当代价值

一、"人生观论战"的共时性问题

"人生观论战"发生在20世纪20年代,源于1923年张君劢在清华大学为即将赴美学习科学的学生所作题为《人生观》的讲演。这场论战的"共时性"问题是,究竟用玄学还是科学来解决人生观的问题。进而延伸出中国社会如何才能摆脱苦难的困境这一根本问题。一百年过去了,论战的时空发生了历史性的巨变,但这场"后五四"时期"空前的思想界大笔战的战场上"① 讨论的问题,并没有随着中国现代化及世界现代化的历史进程之深入而消失。它们不仅挥之不去,反而愈加成为当代人类文明发展的重大主题。重返历史场域,我们究竟如何理解那场"人生观论战"对中国文明乃至世界现代文明发展的意义呢?梁漱溟曾言道,"因为所谓文化运动的原故,我们时常可以在口头上听到,或在笔墨上看到'东西文化'这类名词。但是虽然人人说得很滥,而大家究竟有没有实在的观念呢?据我们看来,大家实在不晓得东西文化是何物,仅仅顺口去说罢了"②。为了便于讨论,笔者以为,理解这场论战,有三个前提性的概念或基本意指需首先澄清:第一,此处所指"人生观"既是个人关于生命、生活的基本态度与价值认知,也是从社会本位立场出发,对中国人应过一种怎样的生活的根本看法或态度。正如陈独秀和胡适所批评的,论战中所指涉的一些基本概念或者很笼统,或者看似枝叶繁茂但离题空悬。实际上,在中华传统文化中,"人生观"就是人的道德文化符号或状态。而在梁漱溟看来,所谓文化就是"人类生活的样法"③。这两种看法互为表里。第二,此处所言的"玄学"既指两千多年以降的中国传统文化,特别是宋明理学的心性传统,也泛指欧洲文艺复兴及启蒙运动以来的人文主义思

---

① 张君劢、丁文江等:《科学与人生观》,岳麓书社2011年版,第8页。
② 梁漱溟:《东西文化及其哲学》,商务印书馆1999年版,第11页。
③ 梁漱溟:《东西文化及其哲学》,商务印书馆1999年版,第60页。

潮,即统指以人的观念意识、精神文明建构为标识的文化特征。此处所言的"科学"亦不是狭义的科学技术,而是以"物质文明"为旨趣的文化取向。第三,贯穿论战的"传统与现代""物质文明与精神文明""中国文化与西洋文化"三大问题,是当时中华民族寻找摆脱苦难的出路和奋力走向现代文明所面临的基本关系问题。三者之间相互交织、相互包含,尤其是这三大关系都内含不证自明的隐喻指向——中国文化代表"传统""精神文明",西洋文化代表"现代""物质文明",即中国文化代表贫困落后,西洋文化代表进步繁荣。基于对前提之澄清,本文试图通过对论战双方几位重要思想家的观点的阐析,还原论战的历史场域及其问题。

首先,张君劢演讲提出的主要问题。张君劢在演讲开篇就指出:"诸君平日所学,皆科学也。科学之中,有一定之原理原则,而此原理原则,皆有证据。……诸君久读教科书,必以为天下事皆有公例,皆为因果律所支配。实则使诸君闭目一思,则知大多数之问题,必不若是之明确。而此类问题,并非哲学上高尚之学理,而即在于人生日用之中。……同为人生,因彼此观察点不同,而意见各异,故天下古今最不统一者,莫若人生观。"① 接着张君劢从"我"与亲族、"我"与异性、"我"与财产、"我"对社会制度之态度、"我"内之心灵与外之物质、"我"与全体、与他我总体、"我"与世界及信仰等诸种关系,说明人生观与科学是不同的,并从如下几方面阐述了科学与人生观的差异:科学为客观的,人生观为主观的;科学为论理的方法所支配,而人生观起于直觉;科学可以以分析方法下手,人生观则为综合的;科学为因果律所支配,人生观则为自由意志的;科学起于对象之相同现象,而人生观起于人格之单一性。②

张君劢通篇演讲的内容实无贬低科学之意,而是针对19世纪末以来中国社会广泛存在的对所谓"科学"的滥用,对即将赴美学习科学的学生提出自己的希望,以及他对中国文化之特点的看法。张君劢在演讲中强调三点认知:第一,他以人生观为例,强调科学不是万能的,不要跟着现实滥用科学的"潮流"走;第二,强调科学与人生观之最大差别在于前者乃可视为"公例"和"因果"的逻辑,后者则不可简单以"公例"和"因果"逻辑而概之;第三,中西文化不同,不应过度热衷西方文明而忽

---

① 张君劢、丁文江等:《科学与人生观》,岳麓书社2011年版,第1页。
② 参见张君劢、丁文江等《科学与人生观》,岳麓书社2011年版,第3-5页。

视中国文化传统,希望留学生担负起民族兴亡的责任。

其次,丁文江的反驳及主要观点。丁文江以题为《玄学与科学——评张君劢的〈人生观〉》的万言长文,对张君劢演讲的主要观点展开了尖锐的批判:"玄学真是个无赖鬼——在欧洲鬼混了二千多年,到近来渐渐没有地方混饭吃,忽然装起假幌子,挂起新招牌,大摇大摆的跑到中国来招摇撞骗。你要不相信,请你看看张君劢的《人生观》!"① 他特别强调,他与张君劢是朋友,玄学却是科学的对头。"玄学的鬼"附在张君劢身上,学科学的人要打的是"玄学鬼",不是张君劢这个人。接着丁文江针对张君劢关于人生观是"主观的""直觉的""自由意志的"等主要观点进行了逐一批判,认为这"目的不是要救我的朋友张君劢,是要提醒没有给玄学鬼附上身的青年学生。我要证明不但张君劢的人生观是不受论理学公例的支配,并且他讲人生观的这篇文章也是完全违背论理学的"②。

我们通览丁文江的评论,且不具体讨论其所指是否合理、是否合乎逻辑,但其立场是十分鲜明的:其一,所谓"玄学"是指以人的观念意识、精神文明建构为标识的文化传统或特征,它包括了中国两千多年来的传统文化,以及西方社会两千余年的文化传统。张君劢所言的人生观特征,正是受"玄学鬼"笼罩的结果。其二,人生观与科学的界限无法分开,"物质科学同精神科学的分别也不是真能成立的"③。丁文江认为,持人生观与科学不相通观点的人,既因受玄学的蒙蔽,也有对科学的误解,诸如"科学是物质的,机械的。欧洲的文化是'物质文化'"等,但"工业发达当然是科学昌明结果之一",不能将所谓的"欧洲文化破产"之责推给科学。④ 在丁文江的辨析中隐喻了当代西方社会的繁荣,正是摒弃了玄学与科学昌明的结果。其三,中国社会的贫穷、败落正是受玄学的束缚,进而导致科学不昌之果。丁文江明确指责,许多中国人误以为西洋的科学是机械的、物质的、向外的、形而下的,并以为欧战发生表明产生科学的欧洲要破产了,要赶快抬出我们的精神文明来补救物质文明。这种学说自然很合欧洲玄学家的脾胃,但自孔孟至宋元明之理学家侧重内心生活之修养

---

① 张君劢、丁文江等:《科学与人生观》,岳麓书社2011年版,第8页。
② 张君劢、丁文江等:《科学与人生观》,岳麓书社2011年版,第9页。
③ 张君劢、丁文江等:《科学与人生观》,岳麓书社2011年版,第12页。
④ 参见张君劢、丁文江等《科学与人生观》,岳麓书社2011年版,第19-21页。

的"精神文明",正是使中国文明走向衰落的原因。丁文江借用胡适之言作为最后的结论:"我们观察我们这个时代的要求,不能不承认人类今日最大的责任与需要是把科学方法应用到人生问题上去。"①

最后,关于陈独秀和胡适的基本态度。陈独秀和胡适都因身体的原因未能直接参加这场人生观的大论战,但他们都受到亚东图书馆的邀请,为《科学与人生观》一书作序。两位新文化运动的先驱,在各自作的"序"中表达了对这场论战的基本立场和思想倾向。

陈独秀鲜明地提出,只有"唯物的历史观"才能解释历史和支配人生观;而且他之所以"很欢喜的做这篇序",是"因为文化落后的中国,到现在才讨论这个问题……进步虽说太缓,总算是有了进步"②。从这可以看出其对改造旧中国、旧文化的迫切心情和立场。接着陈独秀对科玄双方的论辩进行了坦率的述评:"只可惜一班攻击张君劢、梁启超的人们,表面上好像是得了胜利,其实并未攻破敌人的大本营,不过打散了几个支队,有的还是表面上在那里开战,暗中却已投降了。……就是主将丁文江大攻击张君劢唯心的见解,其实他自己也是以五十步笑百步。"③ 陈独秀进一步指出,"科学何以能支配人生观",丁文江等并没有拿出证据来,却把本来和人生观没什么关系的,诸如数学、物理学、化学等科学拉在一起讨论,看不出争论的焦点。因此其结论是:大家的文章写得虽多,但大半是"下笔千言,离题万里"④。于是,陈独秀亮出了自己的基本观点。

第一,科学迄今分为两类:自然科学和社会科学。"自然科学已经说明了自然界许多现象,这是我们不能否认的;社会科学已经说明了人类社会许多现象,这也是我们不能否认的。"⑤ 在陈独秀看来,所谓科学的,就是能够说明自然界客观现象和人类社会客观实际的,而不是人主观臆想的。

第二,不同的人生观是由人生活的客观环境造成的。陈独秀在列举张君劢、丁文江及张君劢家族对生病如何求医之可能的三种态度后,得到一个结论:"他们如此不同的人生观,都是他们所遭客观的环境造成的,决

---

① 张君劢、丁文江等:《科学与人生观》,岳麓书社2011年版,第25页。
② 张君劢、丁文江等:《科学与人生观》,岳麓书社2011年版,第1页。
③ 张君劢、丁文江等:《科学与人生观》,岳麓书社2011年版,第1页。
④ 张君劢、丁文江等:《科学与人生观》,岳麓书社2011年版,第1页。
⑤ 张君劢、丁文江等:《科学与人生观》,岳麓书社2011年版,第2页。

不是天外飞来主观的意志造成的，这本是社会科学可以说明的，决不是形而上的玄学可以说明的。"① 他进而通过逐一反驳张君劢所列举九项人生观均乃起于直觉、主观及自由意志之论，揭示这些人生观不外是与社会经济形态及其变化有关，如大家族主义和小家族主义，男女尊卑及婚姻制度都是"农业经济宗法社会进化到工业经济军国社会之自然的现象"，私有财产观念产生于农业社会，工业社会开始出现公有财产观念，"公有财产制"是和社会主义相联系的。②

第三，只有"唯物的历史观"才能真正彻底解答什么是支配人生观的力量。陈独秀在指出丁文江的思想根底与张君劢走的是一条道路的同时，认为梁启超、范寿康也不过是取骑墙态度，"把欧洲文化破产的责任归到科学与物质文明，固然是十分糊涂，但丁在君把这个责任归到玄学家、教育家、政治家身上，却也离开事实太远了"③。他进而指出，"我们相信只有客观的物质原因可以变动社会，可以解释历史，可以支配人生观，这便是'唯物的历史观'"④。

因为陈独秀并未直接参加"人生观论战"，因而他亦未被划入科学派或玄学派，所以学界许多研究一般主要关注分别以张君劢和丁文江为代表的两派。然而陈独秀在《科学与人生观》一书"序"中的观点，足以表明他所持立场非"科玄"两派之意，而是马克思主义的唯物史观。在这个意义上，我们可将其视为那场论战的第三种学派。虽然陈独秀在此没有系统阐述唯物史观与人生观的内在关系，但其已运用唯物史观阐释了个人与社会关系、物质文明与精神文明关系等的内在逻辑。他在"序"之最后鲜明地表达道："我们现在要请问丁在君先生和胡适之先生：相信'唯物的历史观'为完全真理呢，还是相信唯物以外像张君劢等类人所主张的唯心观也能够超科学而存在？"⑤ 陈独秀的"挑战"中包含了一个无须争辩的逻辑，即不是简单从西方拿来"科学"和"民主"解决中国人的人生观问题，诸如唐钺和梁启超辩论"孝子割股疗亲，程婴、杵臼代人而死"之类问题；也就是说，根本不是应不应该植入新的价值观的问题，

---

① 张君劢、丁文江等：《科学与人生观》，岳麓书社2011年版，第3页。
② 参见张君劢、丁文江等《科学与人生观》，岳麓书社2011年版，第3—5页。
③ 张君劢、丁文江等：《科学与人生观》，岳麓书社2011年版，第6—7页。
④ 张君劢、丁文江等：《科学与人生观》，岳麓书社2011年版，第7页。
⑤ 张君劢、丁文江等：《科学与人生观》，岳麓书社2011年版，第7页。

而是孝子、程婴等的人生观根本就是"农业的宗法社会、封建时代所应有之人生观"①。因此，所谓用科学方法解决人生观问题，首先就要用唯物史观来认识、解释历史，并根本变革封建宗法社会。这个基本立场与陈独秀在"社会主义问题论战"中对改良派的批评是完全一致的。在这个意义上，陈独秀在几次思想大论战中确实代表了一个比较彻底的马克思主义者之立场。

　　胡适是带着挽回做"逃兵"之愧，欣喜接受作序的。与陈独秀受邀作序之态度不同的是，胡适在看了丁文江《玄学与科学——评张君劢的〈人生观〉》的文章后十分高兴，感觉为原准备停刊的《努力周报》找到了新的生命，故而胡适是带着新的兴趣从南方休息中赶回来加入这场论战的。我们可以从胡适所作的"序"看出其基本立场倾向是与科学派相契合的，所以历史上也将胡适与丁文江一起作为科玄论战中科学派的代表人物。胡适所作的"序"虽没有像陈独秀那样明示自己的观点，但提出了三个与这场论战密切相关的问题：一是论战的背景是基于对科学认知的盲区状态。胡适开序直言："这三十年来，有一个名词在国内几乎做到了无上尊严的地位；无论懂与不懂的人，无论守旧和维新的人，都不敢公然对它表示轻视或戏侮的态度。那个名词就是'科学'。这样几乎全国一致的崇信，究竟有无价值，那是另一个问题。"② 在此，胡适表达了中国社会自维新变法以来，人们对科学盲目崇信的一种状态，而梁启超《欧游心影录》的发表，因为其"论证的笔误"，又带来对科学另一种极端和片面的理解，"科学方才在中国文字里正式受了'破产'的宣告"③。胡适指出，梁启超因论证之误而带来"欧洲科学破产了"的传言，使得"科学在中国的尊严就远不如前了"；虽不能说梁启超与当时反科学的风行有什么直接关系，但以梁启超的声望与健笔，其确实"替反科学的势力助长不少的威风"④。

　　二是明确揭示了"科学与人生观大论战"发生的动机。胡适针对梁启超描述关于欧洲时下"科学破产"的喊声，明确指出："我们要知道，

---

① 张君劢、丁文江等：《科学与人生观》，岳麓书社2011年版，第5页。
② 张君劢、丁文江等：《科学与人生观》，岳麓书社2011年版，第9页。
③ 张君劢、丁文江等：《科学与人生观》，岳麓书社2011年版，第9页。
④ 张君劢、丁文江等：《科学与人生观》，岳麓书社2011年版，第11页。

欧洲的科学已到了根深蒂固的地位，不怕玄学鬼来攻击了。几个反动的哲学家，平素饱餍了科学的滋味，偶尔对科学发几句牢骚话，就像富贵人家吃厌了鱼肉，常想尝尝咸菜豆腐的风味：这种反动并没有什么大危险。那光焰万丈的科学，决不是这几个玄学鬼摇撼得动的。一到中国，便不同了。中国此时还不曾享着科学的赐福，更谈不到科学带来的'灾难'。"①应该说，胡适看到了欧洲与中国处在不同的历史发展阶段，以及科学对拯救当时中国苦难的意义，并以此理解论战的动机乃是通过科学唤醒民众。

三是提出"什么叫作'科学的人生观'"才应是论战的焦点问题。胡适在对各位参与论战的思想家的观点进行辨析之后，认为论战之文只是一个对问题的开启，尚未真正深入展开，即便如此，其对唤醒当时正处乌烟瘴气之中的中国，功劳实在不小。胡适得出此结论的主要理据是，张君劢提出了"悬空武断"的论题，引发人人都在笼统地讨论科学能不能解决人生观问题；但"几乎没有一个人明白指出，假使我们把科学适用到人生观上去，应该产生什么样子的人生观"②。因此，大家犯了一个共同的错误：规避"科学的人生观是什么"的问题。接着，胡适理性地指出："我们要认清：我们的真正敌人不是对方；我们的真正敌人是'成见'，是'不思想'。我们向旧思想和旧信仰作战，其实只是很诚恳地请求旧思想和旧信仰势力之下的朋友们起来向'成见'和'不思想'作战。凡是肯用思想来考察他的成见的人，都是我们的同盟！"③

从胡适对论战的评价与提醒中可以看出，他既表达了与科学派的一致取向，这与其在新文化运动中的主张一脉相承，亦显示出他对中国社会现实的看法更理性了。胡适虽没有具体论证什么样的人生观是科学的，但他在"序"的最后部分提出"科学的人生观"是一种新人生观，这是建筑在二三百年的科学常识之上的一个大假设，或可称之为"自然主义的人生观"④。至此可见，胡适试图将论战从学术上、理论上引向深入的意图确是明显的。还有一点值得关注的是，胡适在答陈独秀的"附注"中，再次明确表达了他对陈独秀用解释历史的唯物史观来解释个人人生观的疑

---

① 张君劢、丁文江等：《科学与人生观》，岳麓书社2011年版，第11－12页。
② 张君劢、丁文江等：《科学与人生观》，岳麓书社2011年版，第15页。
③ 张君劢、丁文江等：《科学与人生观》，岳麓书社2011年版，第22页。
④ 张君劢、丁文江等：《科学与人生观》，岳麓书社2011年版，第23页。

虑，认为陈独秀虽然强调"经济史观"作为客观的力量可以变动社会、解释历史，但认为其支配人生观的观点是片面的。胡适仍然不接受唯物史观是支配人生观的"完全真理"，坚持"唯物史观至多只能解释大部分的问题"，故无法实现陈独秀提出的"百尺竿头更进一步"的希望。[①] 依此之见，胡适虽被划为与丁文江一致的科学派，但实际上他对待唯物史观的态度与丁文江是有明显区别的。

综上所论，"人生观论战"作为一场思想论战，双方的主要分歧在于关切点和立论立场的差异。玄学派的关切点在于如何客观、全面认知中华文化传统的特性及其在人类文明发展中的价值，主要立足于确立正确人生观的认知立场。他们强调，中国文化与西洋文化有别，西洋文化重物质及制度，中国文化重精神与道德；中国文化需要革新，但不可以西洋文化简单替代之。这一论调彰显了张君劢理想主义的道德情怀和立场。

科学派的关切点在于，当时用什么方法可以解决中国社会贫穷落后、大多数人还没过着"人的生活"的问题，其立场是现实的、实践的。胡适在对论战进行评论时的下面这段话，可以说是一个十分贴切的说明和注脚。胡适认为，"玄学鬼"根本动摇不了欧洲科学根深蒂固的地位，而一到中国便不同了。"我们试睁眼看看，这遍地的乩坛道院，这遍地的仙方鬼照相，这样不发达的交通，这样不发达的实业——我们哪里配排斥科学？"[②] 内忧外患、积贫积弱正是20世纪初中国社会的缩影，亦是科学派所言的事实。发展物质文明解决人的基本生存问题正是当务之急，这也是科学派批判玄学派的重要理据。科学派的这一立场与"社会主义问题论战"中马克思派的主要倾向具有不谋而合的共识。

从上述共时性的论战场域分析中，我们可以清晰地看到，百年前的这场大论战的参与者虽各持一隅、各立其据，但都始终带有对中华民族文明崛起的深切关怀，聚焦着基于中华民族文明发展的历史文化传统来解决建立现代文明国家的根本问题之思考，聚焦着中华民族如何走向现代文明的

---

① 参见张君劢、丁文江等《科学与人生观》，岳麓书社2011年版，第25-27页。陈独秀在"序"的结尾向科学派提出了一个挑战性的希望：我们现在要请问丁文江先生和胡适之先生——相信"唯物的历史观"为完全真理呢，还是相信唯物以外像张君劢等类人所主张的唯心观也能够超科学而存在？（参见张君劢、丁文江等《科学与人生观》，岳麓书社2011年版，第7页）

② 张君劢、丁文江等：《科学与人生观》，岳麓书社2011年版，第12页。

理想追求。毫无疑问,"人生观论战"的最重要贡献在于为中国现代化的思想启蒙和实践路径打开了追求现代文明的天窗。

二、"人生观论战"的历时性视野

对"人生观论战"的理解,除了共时性的问题聚焦外,我们还必须有历时性的视野,这样才能更全面地把握这场论战的实质及意义。所谓历时性视野,即把对中西文化焦点问题的认知置于一个社会历史变化、变迁的链条上加以考量。面对中华民族生死存亡的严峻挑战,"人生观论战"蕴含着一个更深刻的伦理意蕴,即要唤醒国民的道德主体性,以及通过对中西文化优劣之辨析,来澄清中国社会走向现代文明的价值取向。如果说在共时性问题的讨论中,我们力图回到百年前论战的场域来理解论战各方的立场及主要思想内涵与价值的话,那么所谓历时性视野,则要进一步将论战置于历史进程和比较视野中加以考量。因此,本文选择三个观察点:中西方社会的历史背景、社会状况、国民心态及潮流所趋。

19世纪末20世纪初的旧中国有两个最鲜明的时代特点:一是清政府的腐败没落,令中华民族遭受帝国主义列强之侵略,这使得中国在两千多年封建专制主义统治的基础上不仅雪上加霜,而且彻底沦为半封建半殖民地社会,帝国主义、封建主义和官僚资本主义三座大山的压迫,令广大人民处在水深火热之中,大多数人"未曾得着人的生活"①。二是随着西方经济贸易的东进,越来越多的中国青年往东洋、西洋的大学留学,他们学成而归,带回许多新的思想,于是西学东渐,逐渐打破了传统国学的藩篱,促使现代教育开始缓慢浸润中华大地。当时的新学校不仅开始设有英文、数学等现代教育的科目,而且这种教育的气息也促使国民对西洋文明有了初步了解。

面对中华民族的深重危机,面对欧洲工业革命给西方文明带来的历史性进步,中国知识分子的深深忧虑和民族责任感被澎湃地激起。贾祖麟在分析这段历史时指出,"在那些年,教育最明显的特点,就是使青年最担心中国在世界上的地位一事。不管是正式教育或非正式教育,很明显的是,不再重视宣讲儒家的教条,而在力求了解自19世纪半以来吞灭这古

---

① 新青年社编辑部编:《社会主义讨论集》,上海三联书店2014年版,第34页。

老帝国的大灾难的原由"①。毫无疑问，这在某种意义上为"人生观论战"奠定了重要的思想基础。

梁漱溟在《东西文化及其哲学》中，对"人生观论战"发生的背景有过一个十分直接且鲜明的概述和分析："所谓东西文化的问题，现在是怎样情形呢？我们所看见的，几乎世界上完全是西方化的世界！欧美等国完全是西方化的领域，固然不须说了。就是东方各国，凡能领受接纳西方化而又能运用的，方能使它的民族、国家站得住；凡来不及领受接纳西方化的即被西方化的强力所占领。……而唯一东方化发源地的中国也为西方化所压迫，差不多西方化撞进门来已竟好几十年，使秉受东方化很久的中国人，也不能不改变生活，采用西方化！"② 在梁漱溟看来，那时的中国人看见西洋火炮、铁甲、声、光、化、电等的奇妙，而中国是没有的，便以为可以向西方学习，取其之长；但他们并不明白，这是学不来的，因为"这些东西与东方从来的文化是不相容的"③。梁漱溟通过例举废科举、兴学校、建铁路、办实业以及政治制度的变革都未能成功来指出其原因在于，"中国人不会运用，所以这种政治制度始终没有安设在中国"④。直到陈独秀在《新青年》发表《吾人之最后觉悟》，中国知识分子才算真正找到了最根本的问题，就是东西伦理思想——人生哲学的差异，即文化的问题。"因为大家对于两种文化的不同都容易麻糊，而陈先生很能认清其不同，并且见到西方化是整个的东西，不能枝枝节节零碎来看！这时候因为有此种觉悟，大家提倡此时最应做的莫过于思想之改革——文化运动。经他们几位提倡了四五年，将风气开辟。"⑤ 梁漱溟深刻地发现了一个十分关键的问题，即将"人生观论战"中"枝叶繁乱""离题万里"等忽明忽暗的"现象"争论，聚焦到文化、文明的比较和自觉的高度来讨论。在他看来，只有文化的觉醒和觉悟才是根本的，具有本质意义的。

从历时性的视野观之，"人生观论战"并不是一场孤立的论战。20世纪初的中国历史见证了中华民族的"文化觉悟"这个高光时刻：以反帝反封建为旗帜的新文化运动的爆发，把中华民族的变革热情激发出来了，

---

① [美]贾祖麟：《胡适之评传》，张振玉译，南海出版公司1992年版，第15页。
② 梁漱溟：《东西文化及其哲学》，商务印书馆1999年版，第12页。
③ 梁漱溟：《东西文化及其哲学》，商务印书馆1999年版，第13页。
④ 梁漱溟：《东西文化及其哲学》，商务印书馆1999年版，第14页。
⑤ 梁漱溟：《东西文化及其哲学》，商务印书馆1999年版，第15页。

把作为现代文明重要标识的"科学""民主"口号提出来了；与新文化运动相伴随并持续十年有加的"东西文化论战"（1915—1928），则围绕着"中国文化和中国社会的出路"之主题，拉开了 20 世纪初第一场重要思想论战的帷幕——"如何认识东西文化""东西文化能否调和"，并最后进入实践层面的考量，即"东西文化如何结合"。这种认知的进一步聚焦，与梁启超、张君劢、丁文江等 1918 年对"一战"后欧洲的实地考察之"心得"不无关系。可以说，《欧游心影录》记载了梁启超这位在"人生观论战"中作为玄学派的代表人物对西方文化、文明发展之价值取向的基本立场和态度倾向：他认同和推崇西方文化的核心——"自由精神"；反对西方把物质生活、科学凌驾于一切事物之上（但他其实并不反对科学，更不是要放弃高度发展的物质文明）；他倡导个体本位的文化理论观，并对欧洲文明的前途抱持乐观态度。尽管在梁漱溟看来，梁启超关于中西文化特质的认识虽然还有"肤浅"之面，还没说到根本点，但不可否认，"欧游"不仅令梁启超关于中西文化文明的认识产生了明显的改变，而且对"人生观论战"的展开与取向产生了直接影响。

在"东西文化论战"展开五年后，"社会主义问题论战"紧随而至。就时间接续而言，此论战尚处在"东西文化论战"的时间链条上；就论战主题而言，其也似乎与"东西文化如何结合"的实践考量有着某种内在的联系。"社会主义问题论战"的最重要成果，就是以陈独秀、李大钊等早期中国共产党人为代表的马克思派，提出要想从根本上拯救中华民族于水深火热，就要遵循马克思历史唯物主义，大力发展物质文明，建立社会主义新制度。在该论战中，马克思派与以张东荪为代表的改良派，在对当时中国社会积贫积弱、民不聊生的现实之分析，以及发展实业、增进物质文明的具体路径上有高度共识，但在中国现代化发展的根本问题上，马克思派与改良派分道扬镳了。陈独秀认为张东荪所言"中国除了开发实业以外无以自立"这句话，"非常中肯又非常沉痛"；"中国多数人未曾得着人的生活，这句话确是不错；要使中国多数人得着人的生活，只有从增进物质文明上着手，这句话更是不错"①。但如果只顾增进物质文明，却不能通过分配物质文明使多数人都能享受幸福，结果物质文明则还是归少数人垄断，多数人仍旧不能过上人的生活。因为按照资本主义生产制度，

---

① 新青年社编辑部编：《社会主义讨论集》，上海三联书店 2014 年版，第 34 页。

一方面固然可以增加财富,另一方面却也会增加贫乏。这种多数人过不着"人的生活"之状况,正是资本主义生产制度下必然的状况,并不是资本家个人的罪恶。① 所以中国必须推翻旧制度,建立社会主义的新制度。

"人生观论战"作为"社会主义问题论战"之后的思想大论战,不仅是新文化运动的继续,更是中国思想界对"科学与民主"等新文化运动基本理念以及中国传统文化的进一步深刻反思,表达了中华民族追求现代文明的又一次文化觉醒。

从历时性的视野观之,"人生观论战"的展开正值欧洲文明处在资本主义危机而欧洲思想界开始加以反思的阶段。如果说 19 世纪末 20 世纪初,中国思想界思考的最大问题是要从文化根源的角度找到致使古老中国文明走向衰落的根本原因,并为中国社会寻找出路的话,那么 20 世纪 20 年代以欧洲为中心的西方世界面临最大的问题便是,随着工业文明开启的资本主义现代化道路在促进现代文明巨大发展的同时,"工具理性"片面膨胀、贫富悬殊日益加剧、资本主义内在矛盾日益激化、世界大战带来的后遗症等交织引发的社会危机四起。《欧游心影录》的记载可谓给我们提供了最鲜活的第一手资料。1918 年,辞去财政总长职务的梁启超,带着包括张君劢、丁文江在内的随员赴欧洲进行历时一年多的考察学习。作为考察"功课",梁启超在《欧游心影录》中记录了他对战后欧洲的如下一些观察。

一是对欧洲较早进入现代化的主要国家如英、法、德战后状况的一般观感。梁启超发现,"一战"以来,法国"黑煤的稀罕,就像黄金一样,便有钱也买不着"②。当时的法国人靠着半干不湿的木柴和煤气厂里蒸取过煤气的煤渣勉强取暖。梁启超感叹道,这次战争,"真算得打一场倾家荡产的大官司"③。生产的第一要素,比战前减了大半;各人将历年所积贮的多半变卖作国债;生存必需物品,已经处处觉得缺乏,面包要量腹而食,糖和奶油看见了便变色而作;因为缺煤,交通机关停摆的过半,甚至电灯、机器也隔日一开;欧洲各国自开战以来,公债比从前加了几百倍,

---

① 参见新青年社编辑部编《社会主义讨论集》,上海三联书店2014年版,第64—65页。
② 梁启超著,汤志钧、汤仁泽编:《梁启超全集》(第10集),中国人民大学出版社2018年版,第55页。
③ 梁启超著,汤志钧、汤仁泽编:《梁启超全集》(第10集),中国人民大学出版社2018年版,第58页。

美国大银行家万特立直指"欧洲现在已经完全破产"①。

二是对当时欧洲世界的社会政治心态之观察。梁启超通过亲身观察，感知到"一战"后欧洲主要参战国都充满十分不确定性的心态：战后德国虽然暂时一败涂地，但不甘沉沦，全国结合益加巩固，力图在四面楚歌之中拼命开辟出一条生路；法国人提心吊胆，唯恐复仇战祸临头，故恳求英美制定特别盟约以壮强大；欧洲因战事在东南一带产出许多新建的小国，它们相互间利害关系复杂、时时冲突，为求自保，各求外援，强国便操纵其间。

三是对资本主义文明日益激化的内在矛盾之分析。梁启超指出，在欧洲各国内，贫富两阶级战争日益激烈："科学愈昌，工厂愈多，社会遍枯亦愈甚。富者益富，贫者益贫。物价一日一日腾贵，生活一日一日困难。"② 加上战后欧洲国民社会心态普遍消极，资本家与劳工阶层矛盾尖锐化。他进一步揭示道："战胜国人民一时为虚荣心所掩，还没有什么法外行动，但过后痛定思痛，想起这些胜利光荣，还不是昙花一现。"③ "你们说奖励国产、增进国富是目前第一要义，我还要问一句，国富增进了究竟于我有何好处？你们打着国家的旗号谋私人利益，要我跟着你们瞎跑，我是不来的。这种思想在战胜国的劳动社会中，已是到处弥满了。"④ 于是，罢工风潮四起，最为甚者是英国铁路罢工，资方与工人之间简直就如两个敌国。梁启超深切地感到，"如今世界上一切工业国家，那一国不是早经分为两国？那资本国和劳动国，早晚总有一回短兵相接拼个你死我活"⑤。随着欧洲根本改造社会组织的呼声鹊起，社会革命的暗潮此起彼伏，梁启超判断道："社会革命恐怕是二十世纪史唯一的特色，没有一国

---

① 梁启超著，汤志钧、汤仁泽编：《梁启超全集》（第 10 集），中国人民大学出版社 2018 年版，第 55－59 页。

② 梁启超著，汤志钧、汤仁泽编：《梁启超全集》（第 10 集），中国人民大学出版社 2018 年版，第 60 页。

③ 梁启超著，汤志钧、汤仁泽编：《梁启超全集》（第 10 集），中国人民大学出版社 2018 年版，第 60 页。

④ 梁启超著，汤志钧、汤仁泽编：《梁启超全集》（第 10 集），中国人民大学出版社 2018 年版，第 60－61 页。

⑤ 梁启超著，汤志钧、汤仁泽编：《梁启超全集》（第 10 集），中国人民大学出版社 2018 年版，第 61 页。

能免。"① 可见，在某种意义上，欧洲正在经历一场关于现代文明的思想革命。

在梁漱溟看来，正是在上述背景下，欧洲国民普遍对西方文化心生厌倦、大加批评，而对以中国文化为代表的东方文化显出羡慕之情，像罗素、杜威等哲学家对中国文化的肯定都包含了这种因素。"西洋经大战的影响对于他们本有的文化发生反感，所以对于东方文化有不知其所以然的羡慕，譬如杜威、罗素两先生很不看轻中国的文化，而总觉得东西文化将来会调和融通的。"② 梁漱溟坚定地相信，中国文化如有可贵，必在其特别之点，必须有特别之点才能见长。他还指出，把旁人对中国称赞的、中国与人家相同的，就当作宝贵的，这种所谓对中国文化的推尊，其实适见中国文明的不济，完全是糊涂的、不通的！

无论如何，中国20世纪初以"人生观论战"为"结语"的思想大论战，与当时欧洲文明对自身的革命性反思，是历时性的对话和交锋。如果把现代化看作一个文明历史进程的话，英、法、德等几个欧洲大国作为较早进入现代化的国家，当时正处在对资本主义现代文明发展的深刻反思阶段，那么中国社会就处在力图挣脱半封建半殖民地的"三座大山"的统治压迫，追求人民基本生存的文明启蒙阶段。可以说，西方在反思科学带来的灾难时，中国还未经历科学的洗礼，因而忽略或模糊掉这个不同的历史前提，去争论何种文化应成为现代文明的价值取向，必然会带来因对不同文明历史理解的错位而造成对现代文明发展方向认识的迷失。关于这一点，"社会主义问题论战"的引发人张东荪在《时事新报》发表的时评《由内地旅行而得之又一教训》中已有明确表达："有一部分人住通商口岸，眼所见都是西洋物质文明的工业状态，于是觉得西方人所攻击西方物质文明的话都可移到东方来，而忘了内地的状态和欧洲大不相同。"③ 张东荪强调，当时中国与欧洲不同，因为"欧洲各国遂为资本之阶级国家。此种资本家利用国力以征服弱种"④。简言之，欧洲资本主义工业革命发展遭遇的困境并不是当时中国文明遇到的困境。因此，我们揭开"人生

---

① 梁启超著，汤志钧、汤仁泽编：《梁启超全集》（第10集），中国人民大学出版社2018年版，第60页。
② 梁漱溟：《东西文化及其哲学》，商务印书馆1999年版，第21页。
③ 新青年社编辑部编：《社会主义讨论集》，上海三联书店2014年版，第32页。
④ 新青年社编辑部编：《社会主义讨论集》，上海三联书店2014年版，第46页。

观论战"历时性文明对话的真相,对于如何认识中国与欧洲文化、文明的特征,以及理解我们为何自觉选择中国现代化道路是有重要启发意义的。

三、"人生观论战"基本问题:特殊性与普遍性的反思

百年前的那场"人生观论战"早已结束,但该论战所提出的关于东西文化、文明之特质及价值的追问并没有停止,反而随着全球化历史实践进程的深入,再次成为21世纪的新文明之问。然而,21世纪新文明的当代场域已发生了根本性的变化。从特殊性的角度,基于不同文明、文化传统的民族、国家,在各自的轨道上都有长足的变化与发展;从普遍性的角度,各个国家、民族的现代化已进入异质文明发展的互联网时代。因此,在理论上如何进一步理解文化、文明的特殊性与普遍性关系,进而在实践中,基于不同文化传统的国家的现代化如何在多元文明的交织中完成,以及这些国家如何相处并保持各自文化的方向,乃是21世纪文化、文明之问的焦点。

那么,如何理解异质文明、文化的特殊性与普遍性呢?所谓文化的特殊性,就是要回答不同源头活水的异质文明之个性,以及此文明与彼文明的区别。形象地说,就是不同文化的"身份认证"。它主要包括不同文明的历史源头、不同文明实践形态的特质、不同的文化传统等几个维度。我们可通过自"人生观论战"以来中华民族在不同历史时期的追问的印记,对此问题做一简略回顾与回应。

其一,20世纪初的文化焦点。李大钊在《东西文明根本之异点》中认为,东方文明之根本精神在静,西方文明之根本精神在动,并深刻地指出:"苟不将静止的精神根本的扫荡,或将物质的生活一切屏绝,长此沈延,在此矛盾现象中以为生活,其结果必蹈于自杀……总之,守静的态度,持静的观念,以临动的生活,必至人身与器物、国家与制度都归粉碎。世间最可恐怖之事,莫过于斯矣!"[①] 胡适在《中国哲学史大纲》中也从源头上区别了东西方文化,指出"世界上的哲学大概可分为东西两

---

① 朱维铮编:《中国现代思想史资料简编》(第1卷),浙江人民出版社1982年版,第133-134页。

支。东支又分印度、中国两系。西支也分希腊、犹太两系。初起的时候，这四系都可算作独立发生的"①。早稻田大学哲学教授金子马治在题为《东西文明之比较》的讲演中指出，"若谓今日欧洲之文明为征服自然之文明，而征服自然所用之武器为自然科学者，当知此自然科学渊源实在于希腊"，并认为西洋文明是一种征服自然的文明，即"势能（power）之文明"②。杜威在北京大学哲学研究会的演说中说，西方人是征服，东方人是与自然融。该观点与金子马治等人的观点基本一致。但在梁漱溟看来，上述这些观点要不过于简单，要不过于抽象，并未论及其本质。

梁漱溟基于儒家文化的基本立场，在《东西文化及其哲学》中对"文化"提出了一个基本定义："文化不过是一个民族生活的种种方面。"③他认为，文化主要包括精神生活、社会生活和物质生活，如果以此三方面观察东西文化，"东方化都不及西方化，那么，东方化明明是未进的文化，而西方化是既进的文化"④。诸如东方文化和哲学，都是一成不变、始终如一的，一切今人所有的都是古人之遗，一切后人所做的都是古人之余，故东方化即古化。西方化便不然：思想逐日翻新，文化随时辟创，一切都是后来居上、非复旧有，即西方化就是新化。既然一古一今不能平等而观，若说古化能大行于未来之世界又无人可信，因此，所谓东方在政治制度、社会风俗以及物质享用等方面虽然不及西方人，但所谓精神方面比西方人有长处的观点也根本站不住脚。⑤显然，梁漱溟在此明确表达了既不能离开多元文明源头的异质性立场看待文化的差异性，也不能以某种文明作为普世的标准评价文化的优劣的态度与认识，这些思想都是极其深刻的。

德国的诺贝尔文学奖获得者鲁道夫·奥伊肯在与张君劢合著的《中国与欧洲的人生问题》一书中，对欧洲人生观进行过一个"形构"：古代欧洲的主要文化民族是希腊人；在这片结构丰富的土地上，文化虽然很年轻，"但它一直独立地发展着，并在所有个别领域都作出自己的创造……希腊的特性是紧密地联结着科学思想与艺术形貌；真理与美是这种生活的

---

① 胡适：《中国哲学史大纲》，崇文书局2015年版，第3页。
② 梁漱溟：《东西文化及其哲学》，商务印书馆1999年版，第27页。
③ 梁漱溟：《东西文化及其哲学》，商务印书馆1999年版，第19页。
④ 梁漱溟：《东西文化及其哲学》，商务印书馆1999年版，第20页。
⑤ 参见梁漱溟《东西文化及其哲学》，商务印书馆1999年版，第20页。

主要推动力量"①。在奥伊肯看来，希腊人的生活即他们的人生观是艺术和科学精神的结合，这种结合"成就了一个绽放得令人惊讶的文化，并因此成为后来时代的模范"②。故此，艺术和科学精神相结合的希腊文化亦成为欧洲文化最重要的传统。

张君劢则对中国文化的历史源头即文化传统进行了如下"形构"：孔子以前的时代即自黄帝时代至周朝的建立，"在这期间已创造了中华帝国的基础，并因此确立了中国的国家制度与精神文化的基石"③。《易经》《书经》《诗经》及《礼记》等乃为代表中国精神潮流之作。从春秋时期开始到秦帝国的创立，在思想领域，北方以孔子为代表，南方以老子为代表，出现于中部的墨子代表了第三个学派。秦王朝首次统一中国时，中国的精神世界逐渐地采取一种统一的性格，并自此形成日益稳固的中华文化传统。在张君劢看来，三个学派虽有交织融合之处，但基本的文化取向是有差异的：儒家从人性推论出道与德，并由之生发出习俗伦常与道德；老子与庄子学派在空无与静之中来看道与德的本质，并因此在无为中来看人的幸福；墨子的哲学更多地立足在逻辑和实证的基础上，较少关注道与德的本质。张君劢深刻地指出，"兼爱"的理论预设人人平等，而中国长期实行的是一种绝对君权体制，因此，"兼爱"的理论是不会被采用的；老子的"放任"理论与专制政体也是无法合一的，因为这种专制政体要介入民众的生活中；儒家强调秩序、身份等级差异以及君主的法律权力，意味着一种对君主政体的支持，"这即是为什么各个不同朝代的帝王总是偏爱儒家的主要理由"④。

在梁漱溟看来，思想界对东西文化的差异和个性都有各自的认识及其道理，但尚未揭示出根本差异。梁漱溟以为，所谓根本差异就是要回答为什么东西方生活的样法不同。而其答案是明确的：东西方生活中解决问题

---

① ［德］奥伊肯、张君劢：《中国与欧洲的人生问题》，江日新译，上海人民出版社2022年版，第3页。
② ［德］奥伊肯、张君劢：《中国与欧洲的人生问题》，江日新译，上海人民出版社2022年版，第5页。
③ ［德］奥伊肯、张君劢：《中国与欧洲的人生问题》，江日新译，上海人民出版社2022年版，第42－43页。
④ ［德］奥伊肯、张君劢：《中国与欧洲的人生问题》，江日新译，上海人民出版社2022年版，第73页。

的方法不同。他从东西文明源头差异性的角度提出三种不同的生活样法。第一，本来的路向：奋力取得所要求的东西，设法满足自身的要求，也就是奋斗的态度。即人们遇到问题都是直向前面去下手，这种下手的结果就是改造局面，使其可以满足人们的要求。第二，人们遇到问题不去要求解决、改造局面，而是就在这种境地下变换自己的意思而求得满足。即人们不想以奋斗改造局面，而是随遇而安。第三，走第三条路向的人，既不像走第一条路向的人那样去改造局面，也不像走第二条路向的人那样变更自己的意思，其解决问题的方法是想根本取消这种问题或要求。①

在梁漱溟看来，西方文化的根本精神是"本来的路向"；中国文化是以意欲自为调和、持中为根本精神；印度文化是以意欲反身向后要求为其根本精神。他进一步指出，西方文化这个路向有两样特长：一是科学的方法，二是人的个性伸展、社会性发达。前者是西方学术上特别的精神，后者是西方社会上特别的精神。②梁漱溟强调，和西方文化相比，几千年来维持中国社会安宁的就是"尊卑大小"四字。"没有尊卑大小的社会，是他从来所没看见过的。原来照前所说，中国的办法，拿主意的与听话的，全然分开两事，而西方则拿主意的即是听话的，听话的即是拿主意的。因此，中国'治人者'与'治于人者'划然为两阶级，就生出所谓尊卑来了，也必要严尊卑而后那条路才走得下去；西方一个个人通是'治人者'，也通是'治于人者'，自无所谓尊卑上下而平等一般了。"③蒋梦麟在《改变人生的态度》一文中对梁漱溟的观点予以了一个积极的回应："我生在这个世界，对于我的生活，必有一个态度；我的能力，就从那方面用，人类有自觉心后，就生这个态度。这个态度变迁，人类用力的方向，也就变迁。"④

不难看出，20世纪的几次思想大论战对中西文化差异性的讨论还是相当深入的，在面对当时中国严峻的民族危机时，学习、接受西方的科学、民主精神亦成为那个时代的主流之声。但如何学习，是把中国文化连

---

① 参见梁漱溟《东西文化及其哲学》，商务印书馆1999年版，第61页。
② 参见［德］奥伊肯、张君劢《中国与欧洲的人生问题》，江日新译，上海人民出版社2022年版，第62－68页。
③ ［德］奥伊肯、张君劢：《中国与欧洲的人生问题》，江日新译，上海人民出版社2022年版，第43页。
④ 蒋梦麟：《蒋梦麟讲学术文化》，百花洲文艺出版社2020年版，第48页。

根拔掉，还是修枝剪叶；或者说如何对中国文化、西方文化做出一个更客观的价值澄清，进而更自觉地选择中国现代化道路的文化取向，这些都仍然是一个极其艰难的认识与实践的过程。

其二，现代新儒家《为中国文化敬告世界人士宣言》（以下简称《宣言》）对中国文化的再认知。1958年，张君劢、徐复观、牟宗三、唐君毅四位现代新儒家思想家，针对西方学术界对中国文化的诸多偏见、误解和攻击，毅然向世界发出《宣言》。①《宣言》发表之时离"东西文化论战"结束刚好30年。《宣言》开宗明义地指出："我们之所以要把我们对自己国家文化之过去现在与将来前途的看法，向世界宣告，是因为我们真切相信：中国文化问题，有其世界的重要性。"②《宣言》从中国具有重"天人合德"、重"义理之学"的文化传统，强调人生实践之智慧，注重哲学家的全人格、全生活及其言行等方面，论证中国文化精神生命的核心价值，并认为中国文化中的道统之说虽不为许多现代人所乐闻，但这恰是源于中国文化本性的事实。这种"本性"就是，中国与欧洲的历史文化，自始就不一样。《宣言》最深刻而有远见的思想是，它明确提出中国文化应进一步伸展出自身更高的文化理想。这里包括两个基本判断：一是中国文化需要学习、接受西方或世界文化，需要民主建国，需要发展科学与技术，但这不是简单地移植、外在添加，而是要从中国文化的思想资源、文化轨迹中伸展出来；二是中国文化具有很高的"理想性"，因此其内含了"伸展"的可能性。

其三，"潘晓"问题的提出。如果说20世纪初中国思想界的主题是从反思和批判的立场诠释中国文化的特殊性，尤其是对其中封建性的因素进行强烈批判，而20世纪50年代现代新儒家的《宣言》重点在纠正西方国家对中国文化的偏见，即为中国文化"辩护"的话，那么"潘晓"关于人生价值的追问，便是伴随着中国的改革开放，再次对中国传统文化进行的深刻反思。

1980年，一篇以"潘晓"为笔名发表的文章《人生的路呵，怎么越

---

① 1958年，张君劢、徐复观、牟宗三、唐君毅四位新儒家思想家针对西方学术界对中国文化的诸多偏见、误解和攻击，联名发表《为中国文化敬告世界人士宣言》于《民主评论》和《再生》杂志。之后，此文以《中国文化与世界——我们对中国学术研究及中国文化与世界文化前途之共同认识》为题收入唐君毅《中华人文与当今世界》一书中。

② 唐君毅：《中华人文与当今世界》（下），台湾学生书局1975年版，第867页。

走越窄……》发表在《中国青年》杂志上,作者在追思自己二十多年的人生历程后写道:"我体会到这样一个道理:任何人,不管是生存还是创造,都是主观为自我,客观为别人。就像太阳发光,首先是自己生存运动的必然现象,照耀万物,不过是它派生的一种客观意义而已。所以我想,只要每一个人都尽量去提高自我存在的价值,那么整个人类社会的向前发展也就成为必然的了。"①"潘晓"问题一石激起千重浪,杂志社收到了来自海内外、工农商学兵等各界人士的3万多封来信,这一来信的数量在靠8分钱邮票传递信息的时代简直是天文数字,可见其社会反响之强烈!"潘晓"从初始的个人生活经验、生命体验的角度发问求答,进而引起学术界、思想界聚焦"主观为自我,客观为别人"的主题,并持续得到反响与升温,这一现象着实表达了社会转型期人们对文化转型的诉求与思考。不言而喻,个人与社会的关系是人生观中首要的基本问题。正如前述,梁漱溟曾揭示中西文化本质上处于两个不同的路向,"个性伸展,社会性发达"是西方文化的根本特征,"意欲自为调和、持中"乃维持中国社会安宁的根本态度。因此,关于"潘晓"问题的讨论,不仅是20世纪初"人生观论战"的继续,更是中国开启现代化文明实践征程中又一次深刻的文化觉醒。这个觉醒的方向,是力图在建立社会主义市场经济体制的基础上,进一步在与历史的对话中深化对人类文明特殊性与普遍性的认识及其实践。

在此基础上,基于不同文明传统的国家现代化如何在世界多元文明的交织中实现,且这些国家如何相处及保持各自文化的方向,也成为20世纪80年代后的重要课题。伴随着中国现代化实践的深入发展、科技革命给世界带来的巨大变革以及经济全球化的历史推动,"人生观论战"的当代场域发生了根本的改变,"人生观论战"的问题域不仅从局部的、单向的、被动性的方向向全面的、双向的、主动性的方向转变,而且由隐性的问题转化为21世纪文明发展的显性问题。更重要的是,中国学术界、思想界不仅在批判与反思之处用力,更朝向基于反思、批判基础上的建构。从世界的范围观之,20世纪90年代初,亨廷顿提出"文明冲突论",并强调"以西方文明作为普适性价值的典范"重建世界秩序,这显然触动了各种对文明敏感的神经,再次使异质文明的特殊性与普遍性问题彰显出

---

① 潘晓:《人生的路呵,怎么越走越窄……》,载《中国青年》1980年第5期,第5页。

来，而杜维明是最早直接参加对这一问题进行论辩的华裔思想家之一。

一方面，杜维明针对所谓"现代化即西化"的逻辑，通过揭示西方文明现代性的本质以及对人类多元文明本源的反思，深刻指出西方文明以自我为中心的个人主义在促进资本主义发展的同时，其极端性也致资本主义走上一条不归路。多元文化的共存是人类文明发展的大脉络，现代化不能等同于全球化，更不能视为同质化、西化的过程。我们既不能用西方的特殊性代替普遍性，也不能认为存在没有特殊性的普遍性价值。另一方面，杜维明明确主张，通过反思现代性，我们认识到必须要走一条具有中国特色的道路，而这条路是由我们的历史、文化、社会所使然之路。但这条路既是中国的，也应该是世界的。即这条路既源自中国历史文化发展的轨迹，同时又是开放的。它是世界普遍性中的特殊性，其特殊性中又蕴含着世界的普遍性。可见，杜维明的立场既是批判的，也是建构的。杜维明不同于传统新儒家的深刻之处在于，其将这种批判与建构建立在对现代性之自觉的基础上，建立在对全球伦理的困境与启蒙的反思及文明对话的基础上。

诚然，每一种文明都有自己独特的历史与文化传统，即独特的文化解释系统，这个解释系统既奠定了文明本源的形态雏形，又预制了文明发展的实践路径，并对现实的人类生存和社会发展显现出潜在、先在和先天的制约性、影响性。因而，文化自觉是一个十分艰难的过程。因为任何文化传统都有极强的惯性，都可能成为人们热烈依恋过去的对象。由此，我们既要对自己的文化传统进行创造性转化和创新性发展，又要对不同文明的传统保持彼此尊重、包容的基本态度，从而在新的历史场域上，通过文明对话、交流与互鉴，建立基于全人类共同利益或共同价值的文化精神。

四、结语

恩格斯指出，"文明是实践的事情，是社会的素质"①。文明形态从根本上标志着人类社会的发展水平和人类实践的现实样态。它既有静态的形态表征，又有动态的形态变革。改革开放以来，中国社会主义现代化事业开启了一个新的历史时期。中国共产党在领导中国人民探索建立中国特色

---

① 中共中央编译局编译：《马克思恩格斯文集》，人民出版社2009年版，第97页。

社会主义事业的实践中，对现代化道路的特殊性与普遍性有了愈来愈清晰的认识：1982年9月1日，在中国共产党第十二次全国代表大会上，邓小平在《中国共产党第十二次全国代表大会开幕词》中正式提出："我们的现代化建设，必须从中国的实际出发……把马克思主义的普遍真理同我国的具体实际结合起来，走自己的道路，建设有中国特色的社会主义，这就是我们总结长期历史经验得出的基本结论。"① 从党的十二大到二十大，"中国特色的社会主义"始终是报告的主题词，它表明了中国共产党坚定的文化信念和自觉的实践理性。

党的十八大以来，习近平总书记对文化自信、文化传统、文明形态等重大问题进行了十分丰富而深刻的理论阐述。在庆祝中国共产党成立100周年大会上，习近平总书记指出，我们"创造了中国式现代化新道路，创造了人类文明新形态"②。中国共产党领导中国人民创造的这个"人类文明新形态"就是中国社会主义的"新文明形态"。这一文明形态既不是历史的模板，也不是其他社会主义的复版，更不是资本主义的翻版。这一文明形态是中国共产党基于马克思主义的科学社会主义理论，植根于中华优秀传统文化，带领中国人民经历艰难曲折的百年探索而奋斗创造出来的。党的二十大报告进一步完善、深化了中国特色社会主义思想的理论体系，不仅明确将中国特色社会主义思想聚焦为马克思主义的中国化、时代化，而且自觉将马克思主义中国化、时代化的特殊性置于国际共产主义运动和全球化的历史进程的普遍联系中加以考量，提出"以中国式现代化全面推进中华民族伟大复兴"，以及"推动构建人类命运共同体"等重大命题。③ 这充分昭示了中国共产党高度的实践理性和理论自觉，是中国共产党在第二个百年新的历史征程上发出的深刻"伦理觉悟"，并奠定了建设中华民族现代文明的思想根基。

（原载《哲学动态》2023 年第 12 期）

---

① 中共中央文献编辑委员会编：《邓小平文选》，人民出版社 1983 年版，第 371－372 页。

② 习近平：《在庆祝中国共产党成立 100 周年大会上的讲话》，人民出版社 2021 年版，第 14 页。

③ 参见习近平《高举中国特色社会主义伟大旗帜　为全面建设社会主义现代化国家而团结奋斗——在中国共产党第二十次全国代表大会上的报告》，人民出版社 2022 年版，第 21、60 页。

中国式现代化的伦理旨趣及其文化逻辑

党的十八大以来，习近平总书记对文化自信、人类文明新形态、中华民族现代文明等重大问题做出了十分丰富的阐述。党的二十大报告把"以中国式现代化全面推进中华民族伟大复兴"作为中国共产党在新时代新征程的使命任务。何谓"中国式现代化"？其背后的伦理旨趣是什么？如何理解其发展的文化逻辑？本文尝试从思想史的角度对其进行阐述。

一、中国现代化的启蒙：三大思想论战发出的文化先声

从中国近现代思想史观析，19世纪中叶爆发的鸦片战争在打开中国大门的同时，使中国逐渐沦为半殖民地半封建社会。面对帝国主义、封建主义的双重压迫，国家积贫积弱，民不聊生，拯救中华民族于危亡之境迫在眉睫。20世纪初，先是爆发了五四新文化运动，中华民族的先进分子竖起了反帝反封建、科学与民主的旗帜，随之而起的三大思想论战——"东西文化论战""社会主义问题论战""人生观论战"此起彼伏，发出了中国现代化启蒙的文化先声。

"东西文化论战"始于五四运动前夕，持续十年有加的这场论战围绕着"中国文化和中国社会的出路"这一主题展开辩论。这场论战的第一阶段从"如何认识东西文化"入题，聚焦于比较东西文化优劣，进而引申出东西文明的异同之争。随后转向第二阶段，争论的焦点转为"东西文化能否调和"，即如何处理东西文化间的关系、建立新的文化的问题。论战随着梁启超《欧游心影录》与梁漱溟《东西文化及其哲学》的相继发表被推向一个新的高潮，并开始关注东西文化如何结合的实践问题。"东西文化论战"作为五四新文化运动的一个重要组成部分，不仅直接推动了新文化运动的发展，也为现代科学与民主观念的深入人心发挥了重要的思想启蒙作用。

"社会主义问题论战"是紧随着五四运动和"东西文化论战"而起的，拉开这场论战帷幕的正是最早在中国传播社会主义思潮的宣传者之一

张东荪。1920年11月，他在《时事新报》上发表时评《由内地旅行而得之又一教训》，直言"有一部分人住通商口岸，眼所见都是西洋物质文明的工业状态，于是觉得西方人所攻击西方物质文明的话都可移到东方来，而忘了内地的状态和欧洲大不相同"①。张东荪特别强调的是，当时中国人的生活状况除了少数住在通商口岸的人之外，大多数的人都尚未过上"人的生活"。中国近代以来的民族危亡，主要是深受欧美资本主义入侵带来的压迫所致，正可谓"欧美之资本主义不倒，则中国永无翻身之日"②。所以"救中国只有一条路"，就是要发展物质文明，实业救民。

以陈独秀、李大钊等早期中国共产党人为代表的马克思派，对于张东荪等改良派所指出的大多数中国人尚未过着"人的生活"之现实感同身受，并认同迫切需要发展物质文明。但在怎样才能从根本上拯救中华民族于危难之际的问题上，马克思派与改良派分道扬镳了。马克思派主张，必须要用革命手段推翻半殖民地半封建社会的旧制度，建立社会主义新制度，既要反对帝国主义的侵略压迫，又要反对封建主义的统治压迫。

这场论战从单纯的中西文化、文明优劣异同的争论开始，直接转向了为处于深刻危机中的中国社会寻找出路的争论，并在客观上催生了中国共产党，促进了早期中国共产党人与马克思主义的结缘，使中国在黑暗中找到了通向社会主义的光明前途。

紧随其后，1923年，以张君劢在清华大学为即将赴美学习科学的学生所作的演讲为缘起，以丁文江、胡适为代表的科学派与以张君劢、梁启超为代表的玄学派展开了"科学与人生观论战"，历史上亦称之为"科玄论战""人生观论战"。③ 这场论战的焦点从形式上看是物质文明与精神文明何者为要之争，实际上双方都暗含了同一个前提：西洋文化重物质及制度，中国文化重精神与道德，即中国代表传统，代表精神文明，西方代表现代，代表昌盛的物质文明。因此，论战的实质焦点转向了东西文明差异

---

① 左玉河编：《中国近代思想家文库·张东荪卷》，中国人民大学出版社2015年版，第143页。

② 左玉河编：《中国近代思想家文库·张东荪卷》，中国人民大学出版社2015年版，第147页。

③ 1925年，上海亚东书局出版了《科学与人生观之论战》，该书后被收入"中国现代文化史料丛刊"，并更改书名为《科学玄学论战集》（台湾帕米尔书店1980年版），其中收集了当时19位思想家的29篇文章。

性的争论。

面对20世纪初中华民族内忧外患、积贫积弱的严峻现实，玄学派从理想主义的立场为中国文化辩护显然处于弱势，科学派以现实主义立场对封建传统文化的批判和对科学的辩护则明显处于优势。科学派的立场与"社会主义问题论战"中马克思派的唯物主义观点具有不谋而合的共识。"人生观论战"不仅是五四新文化运动的继续，更是"后五四"时期中国思想界对五四新文化运动"科学与民主"基本理念及对中国传统文化的进一步深刻反思。

综上所析，五四新文化运动及随之而起的三大思想论战，不仅在时间上有历时性和共时性的交集，在论战主题上更是高度聚焦于是什么原因致使一个古老文明的东方大国沦为"东亚病夫"？中华民族如何才能摆脱这苦难困境，其出路何在？而贯穿论战的红线，或者说中国现代化启蒙的伦理旨趣，就是如何认识和处理传统与现代、物质文明与精神文明、中国文化与西方文化的关系。在此意义上可以说，三大思想论战发出了中国必须走向现代文明的文化先声。

三大思想论战亦揭示了文化、文明形态与现代化的实质及其相互之间的关系。文化既是文明形态的有机部分，又是文明观念形态的凝结和人的内在尺度。梁漱溟先生曾把文化直接定义为"人类生活的样法"①，表明特定的文化对特定人群生存方式的深刻影响。同时，特定的文化传统使代与代之间、一个历史阶段与另一个历史阶段之间保持了某种连续性和同一性，构成了一个社会创造与再创造自己的文化密码，并给人类生存带来了秩序和意义。如果说文明特别是物质文明主要表达一个社会的发展形态，代表着社会发展的硬实力的话，那么文化则主要反映一定社会形态中的人的意识、心理、价值与行为等达至的文明水平，代表着社会发展的软实力。二者互为表里，在某种意义上也互为前提和条件，构成文明社会的基本价值。

现代化既是人类社会文明发展特定阶段的产物，亦是促进传统社会转型，向更高级文明形态演进的手段、目标与过程，因此其内含文化与文明变化的基本价值趋向，是文化样态与文明形态矛盾运动的表现形式。正如英格尔斯（Alex Inkeles）对现代化实质的揭示所言，一个国家可以从国

---

① 梁漱溟：《东西文化及其哲学》，商务印书馆1999年版，第60页。

外引进现代化的科学技术和卓有成效的管理方法，但是，如果这个国家的人民缺乏一种广泛的现代心理，自身还没有从心理、思想、态度和行为上都经历一个向现代化的转变，那么其就注定不能成功地从一个落后国家跨入自身拥有持续发展能力的现代化国家之列。①

马克思主义经典作家则深刻揭示了人类文明形态演进的基本矛盾和规律。马克思在其著作中多次提及"社会形态""社会经济形态"等概念，并从不同维度对社会形态的形成、发展和演进展开论述。社会形态理论与唯物史观具有重要关联，即马克思主义历史唯物主义的基本思想表达。马克思主义经典作家曾从三个维度论述了"社会形态"的更替和发展：一是马克思与恩格斯在其合著的《德意志意识形态》中，从"交往方式"的维度分析历史的发展，首次提出"社会经济形态"这一重要概念，提出了"分工的各个不同发展阶段，同时也就是所有制的各种不同形式"②的观点，从根本上区别于青年黑格尔派与费尔巴哈等人的唯心主义论断。二是马克思在《政治经济学批判（1857—1858年手稿）》中，从人的发展状况之维，阐析社会形态更替的根据。马克思指出，个人的生存与发展被完全置于共同体之中，个人的生产能力在共同体之中缓慢发展，是"人的依赖关系"阶段。随着生产能力不断进步，社会形成了普遍且全面的交换、需求和能力体系，便是以"物的依赖性为基础的人的独立性"阶段。最终，社会达到以"个人全面发展和他们的共同的、社会的生产能力成为从属于他们的社会财富这一基础上的自由个性"③的第三个阶段，即共产主义社会。三是马克思在《〈政治经济学批判〉序言》中，从生产方式的维度阐述社会形态的演变。马克思指出，"大体说来，亚细亚的、古希腊罗马的、封建的和现代资产阶级的生产方式可以看作是社会经济的形态演进的几个时代"④，揭示了社会形态的基本内容和演进动力。

---

① 参见殷陆君编译《人的现代化——心理·思想·态度·行为》，四川人民出版社1985年版，第20-21页。

② 中共中央编译局编译：《马克思恩格斯文集》（第1卷），人民出版社2009年版，第521页。

③ 中共中央编译局编译：《马克思恩格斯全集》（第30卷），人民出版社1995年版，第107-108页。

④ 中共中央编译局编译：《马克思恩格斯文集》（第2卷），人民出版社2009年版，第592页。

然而，马克思、恩格斯无论从哪个维度阐析社会形态的演变发展，其立场始终是没有改变的，即社会形态是由经济基础和上层建筑构成的社会有机体，包括经济基础、上层建筑、社会存在、社会意识等内容。而生产力的发展则是社会形态更迭的最主要的动力，生产力在一种社会形态中释放它的全部力量，新的生产关系则在这种社会形态当中慢慢成熟，那么旧的社会形态就会被新的社会形态所代替。

马克思主义经典作家的深刻洞见揭示了文明形态发展演进的基石、路径与方向。按照马克思主义历史唯物主义的观点，一个社会的文明形态是社会生产力发展及其与生产关系矛盾运动的产物。文化是一个民族或国家的精神标识，落实到人类主体，就是特定族群的生存方式、思维方式及其精神面貌等的总体样态。所谓现代化，就是实现传统社会向现代社会转型的动力，是现代文明形态的建设过程。可见，"五四"时期的三大思想论战不仅是中华民族对中国社会前途命运的追问，更表达了中华民族追求现代文明的文化觉醒和现代启蒙。

二、新时期中国现代化的开启：艰难的实践求索

20世纪初中华民族的"伦理觉悟"，并没有轻而易举地让中国走向现代文明社会，在中国共产党的领导下，中国人民经过艰苦卓绝的斗争，推翻了"三座大山"，取得了新民主主义革命的胜利，建立了新中国。而面对旧中国留下的深重危机，如何在经济文化落后的国家建设社会主义现代文明国家，如何回答贯穿中国现代化进程的上述三个基本伦理关系问题，马克思主义经典作家那里并没有现成的答案。在马克思的学说中，社会主义、共产主义是人类理想的、高级的文明社会形态，而这种理想是在对资本主义发展阶段进步性的肯定和对资本主义本质的批判的基础上建立的，是社会生产力高度发展的产物，而中国的情形则完全不同。这就意味着中国的现代化道路是一条充满艰难曲折、充满特殊矛盾与挑战的探索之路，对中国共产党和中华民族来说，这是一个全新的考验。在苦苦求索的实践中，我们曾受到教条主义和极"左"路线的影响，走过不少弯路，照搬苏联模式留下了深刻的教训。此时，中华民族追求现代文明的实践，再次面临严峻的危机和考验。

在这历史的关键时刻，1978年发生了两件将永远铭刻在社会主义现

代化发展史册上的伟大事件：其一是1978年5月10日、11日先后在中央党校内部刊物《理论动态》和《光明日报》发表的《实践是检验真理的唯一标准》一文，及随后该文引发的真理标准问题的大讨论。这篇只有三千多字的短文之所以引起了深刻影响中国社会主义现代化进程的大讨论，是因为其有力地从思想上破解了教条主义的魔咒，为恢复我们党实事求是的思想路线奠定了广泛的认识基础。

该文在论述马克思、恩格斯、毛泽东等革命导师们不仅提出了实践是检验真理的唯一标准，而且"亲自作出了用实践去检验一切理论包括自己所提出的理论的光辉榜样"之基础上，进一步指出，"我们不仅承认实践是真理的标准，而且要从发展的观点看待实践的标准"。"社会主义对于我们来说，有许多地方还是未被认识的必然王国。我们要完成这个伟大的任务，面临着许多新的问题，需要我们去认识，去研究，躺在马列主义毛泽东思想的现成条文上，甚至拿现成的公式去限制、宰割、裁剪无限丰富的飞速发展的革命实践，这种态度是错误的。""勇于研究生动的实际生活，研究现实的确切事实，研究新的实践中提出的新问题。只有这样，才是对待马克思主义的正确态度，才能够逐步地由必然王国向自由王国前进。"①

其二是1978年12月18日至22日中国共产党召开的十一届三中全会。十一届三中全会在深刻总结新中国成立以来艰难曲折的社会主义实践探索的基础上，做出了把党的工作重心转移到经济建设上来，开启改革开放和社会主义现代化的伟大征程的历史性决策，通过拨乱反正，把历史的车轮推入了正确的轨道，实现了新中国成立以来党的历史上具有深远意义的伟大转折，使中国进入了改革开放和社会主义现代化建设新时期，这也标志着现代中华文明的建设与发展开启了一个新的时代。

回眸中国现代化的实践历程，在某种意义上可以说，中国共产党是用改革开放的方式打开了社会主义现代化新时期的大门。我们坚持马克思主义历史唯物主义的基本立场和观点，基于中国社会发展的特殊矛盾，明确提出改革开放的首要任务就是要改善人民的物质生活，实现国家的富强，这也构成了改革开放肇始时一个重要的动力因。然而，实现四个现代化，

---

① 参见本报特约评论员《实践是检验真理的唯一标准》，载《光明日报》1978年5月11日第1版。

要求大幅度地提高生产力，也就必然要求多方面地改变同生产力发展不相适应的生产关系和上层建筑，改变一切同生产力发展不相适应的管理方式、活动方式和思维方式，因此，这确实是一场广泛、深刻的革命。

在我国开启现代化伟大实践之初，中国改革开放总设计师邓小平就明确指出，基于中国人口多、底子薄、生产力落后、商品经济不发达的国情，中国的社会主义还处于初级阶段。这种具体历史条件决定了中国要想摆脱贫穷落后，奔向富强、民主、文明的目标，必须实行"三步走"的发展战略：第一步是解决人民的温饱问题；第二步是在20世纪末，使人民生活达到小康水平；第三步是到21世纪中叶，人均国民生产总值达到中等发达国家水平，人民生活比较富裕，基本实现现代化。

实践证明，中国的社会主义现代化实现了对人民的承诺：完成了第一步、第二步中华文明发展的战略要求，正在向着第三步的战略目标前进。我国国民经济总产值跃居、稳居世界第二，消灭了绝对贫困，实现了全面小康，人民的物质生活和精神生活水平均得到了根本的改善与提高，真正彰显了社会主义制度的优越性，与我们党建设新中国的初心及伦理旨趣一脉相承。中华民族现代文明的发展和巨大进步，得到举世公认，得到人民的真心拥护。

反思中国现代化，这场革命取得巨大成功的根本经验就在于我们党恢复了马克思列宁主义、毛泽东思想的精髓即"实事求是"，把"解放思想，实事求是"重新确定为我们党在新时期的思想路线，并通过改革开放的实践，开辟了一条有中国特色的社会主义建设道路。

反思中国现代化，理性这面镜子也清晰地提醒着我们，在中国现代化的历史进程中，在认识和处理传统与现代、物质文明与精神文明、中国文化与西方文化的关系这三大基础性问题时，始终贯穿着中国特殊的矛盾，中国现代化的发展与反思并没有止步，也不能止步。

第一，关于传统与现代。这是任何一个国家在追求现代化的发展过程中面对自己的历史、文化传统时所必须作出回答和选择的基本问题。无论我们的主观意图如何，中国现代化的历史进程都无法摆脱其植根的文化土壤和深厚的传统之基。任何传统，无论其类型如何，都"可能成为人们热烈依恋过去的对象"，具有相当的"预制力"功能，而中华文化传统的博大精深和源远流长，以及其曾经的辉煌和独立，使其对现代文明产生更大的惯性"障碍"与更强的文化拉力。与此同时，中国近现代以来，传统所遭遇的批判却又是空前的，中国现代化的历史进程始终与反传统的道德批判交织在一起。如何使传统与现代这种两极性的拉力变成一种连接文明发展的张力，仍是中华民族现代文明建设需要进一步思考的重要问题。

第二，关于物质文明与精神文明。中国社会主义现代化新征程是从中国社会经济极其低谷的时期开启的，解放生产力、解决贫困问题成为当务之急。因此，在物质文明与精神文明的天平上，本能地追求物质文明有某种不可遏制的急迫性。但实际上，经历极"左"思潮冲击后的精神文明也并不健全，拨乱反正的文化要求和社会急剧转型的文化冲突对中华民族现代文明的发展提出了双重使命。如何在中国现代化的文明取向上，坚持物质文明发展的基础性、优先性定位与开掘精神文明的创造力、引领力的有机统一，仍然是建设中华民族现代文明需要把握和处理好的重要问题。

第三，中国社会主义现代化新征程是在相当封闭之后实行对外开放的背景下拉开帷幕的，由于物极必反，西方崇拜曾成为一种现代"时髦"，而且这种"时髦"又无可选择地变成了某种潜移默化的生活方式。即中国人尚未来得及对"何为现代化"进行深刻的理性反思就进入了所谓"现代性的轨道"。一方面，中国作为后发展的现代化国家，客观上存在着与西方现代文明发展的历史差距；另一方面，如何克服盲目崇洋，简单对标，而忽略中国文化"本来的轨迹"①的问题依然错综复杂。如何在对中国传统文化进行创造性转化与创新性发展的基础上，充分吸收包括西方优秀文化在内的一切人类文明的先进成果，仍是中华民族现代文明建设需要审慎思考的重要问题。

三、新时代中国式现代化发展：历史方向与文化逻辑

在中国共产党的领导下，中国人民经过几十年的不懈奋斗，历史的车轮从改革开放新时期驶入了中国特色社会主义新时代，如何深刻理解中国式现代化对于中华民族现代文明发展的意义及其文化逻辑，笔者认为有三个重要的基点。

---

① 唐君毅、牟宗三、徐复观、张君劢：《为中国文化敬告世界人士宣言》，载封祖盛《当代新儒家》，生活·读书·新知三联书店1989年版，第1-52页。

第一，新的历史方位奠定了中国式现代化的价值基础。习近平总书记在党的十九大报告中庄严宣告，"经过长期努力，中国特色社会主义进入了新时代，这是我国发展新的历史方位"，并用"三个意味"对新的历史方位作出了深刻概括：意味着近代以来久经磨难的中华民族迎来了从站起来、富起来到强起来的伟大飞跃；意味着科学社会主义在二十一世纪的中国焕发出强大生机活力；意味着中国特色社会主义道路、理论、制度、文化不断发展，拓展了发展中国家走向现代化的途径，给世界提供了一种全新选择，贡献了中国智慧。①

可见，所谓新的历史方位，即从大历史观的角度揭示中华民族现代文明体所处的历史地位及其生长的方向，这是一个重要的历史判断和重大的政治判断。这个判断为中国式现代化奠定了基本的价值基础和取向。这就是要在具有历史性、连续性和发展性的中国现代化进程中，自觉、主动地推进中华民族现代文明的发展；要从世界文明发展的历史趋势和大格局中认识与把握中华民族现代文明发展的特点和意义；要将中华民族现代文明的建设置于已发生深刻变化的中国特色社会主义事业的历史进程和已发生巨大变革的世界历史进程中加以把握。这为全面深刻理解中国式现代化的内涵旨趣，为新时代中国特色社会主义实践的深入发展指明了方向，并极大地丰富、完善了中国特色社会主义的思想体系。

第二，中国式现代化的根本主旨，在于实现遵循国家现代化发展的特殊性规律与追求人类文明发展的普遍性价值的有机统一。顺应中国现代化所处的新的历史方位之逻辑，我们可以进一步理解为，在全球化的历史背景下，所谓"中国式现代化"并不是要片面固化中国现代化发展的特殊性，拒绝人类文明发展的普遍性，而是强调中国现代化是基于中华文明发展的历史前提、文化传统及现实国情展开的现代化。因而，中国现代化的性质、道路、目的与战略手段有自己的特色内涵，它既不是简单套用其他国家社会主义现代化的模板，也不是资本主义现代化的翻版。中国现代化是根据马克思、恩格斯揭示的人类文明形态发展规律，在批判吸收人类多元文明优秀成果，特别是其他国家走向现代化过程中的经验教训的基础

---

① 参见习近平《决胜全面建成小康社会 夺取新时代中国特色社会主义伟大胜利——在中国共产党第十九次全国代表大会上的报告》，载《人民日报》2017年10月28日第1版。

上，依靠广大人民的能动性、创造性，在实践中不断推进完善的。因而，中国式现代化"既有各国现代化的共同特征，更有基于自己国情的中国特色"①。同时，中国式现代化又是中华民族在人类文明历史发展中的一种选择，它既是中国独有的，又是与世界文明的发展普遍联系的。中国推动共建人类命运共同体，倡导全人类共同价值，正是将中华文明的发展自觉置于世界文明的普遍联系中加以把握的深刻考量。

习近平站在中华民族现代文明发展新的历史起点上坚定地指出："在五千多年中华文明深厚基础上开辟和发展中国特色社会主义，把马克思主义基本原理同中国具体实际、同中华优秀传统文化相结合是必由之路。这是我们在探索中国特色社会主义道路中得出的规律性的认识，是我们取得成功的最大法宝。"②"两个结合"是中国共产党在向第二个百年奋斗目标进军的新的历史征程上发出的深刻"伦理觉悟"，它将从根本上奠定新时代中华民族现代文明建设的思想基础，而实现马克思主义理论的中国化、时代化，正是特殊性与普遍性有机统一的实践形式。

第三，中国式现代化强调在对传统文化的创造性转化和创新性发展中建设中华民族现代文明。这个逻辑包含了三个重要特征。其一，中华文化具有较强的内省力和批判力，这来源于中华文明具有重"天人合一""天人合德"的文化传统。"为天地立心，为生民立命，为往圣继绝学，为万世开太平"的士人之心，即是对天人合德的体悟。这种"天人交贯"的生命意识，既指由上天彻下于人之内，亦指人由下至上通于天，是一体两面的双向交融。不同于西方哲学的主客二分，不同于西方宗教在人之外寻找超越性价值的传统，中华文化的超越性来自人的心性仁义与天道相通。即人的德性源于心性，性即为天理，心通于天，因而它是流动的，是有反思力的，正是这种反求诸己的文化禀赋使得中华文明能在不断的自我超越中保持旺盛的创造力。

在中国追求现代化的历史进程中，我们可以清晰地印证这一思想的轨迹：20世纪之初，面对中华民族陷入深重危亡之现实，"三大思想论战"

---

① 习近平：《高举中国特色社会主义伟大旗帜　为全面建设社会主义现代化国家而团结奋斗——在中国共产党第二十次全国代表大会上的报告》，载《人民日报》2022年10月26日第1版。

② 《习近平在文化传承发展座谈会上强调　担负起新的文化使命　努力建设中华民族现代文明》，载《人民日报》2023年6月3日第1版。

直指文化传统的封建性展开深刻的批判；20 世纪 50 年代末叶，面对西方学术界断言"中华文明已经死了"，已成为"博物馆里的文明"的论断，新儒家向世界发出"中国文化对世界的重要性"之辩护；20 世纪 80 年代初，"潘晓"发出对人生价值和意义的反思与追问；21 世纪以来，面对经济全球化趋势与逆全球化的矛盾，中华民族倡导通过文明对话，携手共建人类命运共同体。显然，这充分展现了中华文明五千多年绵延不断的内驱力，正是来自对文化传统始终保持历史的敬畏和积极扬弃的发展定力。

其二，中华文化具有突出的包容性，这使得中华民族的文化传统具有丰富的精神资源和潜在力量。汤一介先生曾深刻指出，从中国历史上看，儒家文化有两种不同的形态：作为官方意识形态的文化和作为理念形态的儒家文化。前者确实存在某种专政和暴力的性质，即使是这样，它也并非有着强烈的扩张性。而作为理念形态的儒家文化，它主张"和为贵"。[①] 儒家文化中的"和"并不是排除差异性的同质性之"合"，相反，儒家文化视"同"为"和"的对立面，视"异"为"和"的先行条件，因此，"和"是包含差异的。

贵"和"的包容性禀赋使得中华文明不仅保持对己文化的多元性宽容，这包括多元民族、多元宗教及其多元的生活方式等，在多元文化的相互融合中建立起了中华文化的主体性，而且对外来文化的先进性抱有兼收并蓄的胸怀和张力。无论是百余年前在面对中华民族的深重危机时，中国共产党选择了与中华文化传统不同来源的马克思主义，作为开辟中国现代化道路的理论武器，还是将改革开放作为一个具有鲜明意识形态禀性的政治口号及社会转型的重大标志，都充分彰显了中国文化的包容性和张力。正如习近平总书记所指出的，马克思主义和中华优秀传统文化来源不同，但彼此存在高度的契合性。相互契合才能有机结合，"'结合'的结果是互相成就，造就了一个有机统一的新的文化生命体，让马克思主义成为中国的，中华优秀传统文化成为现代的，让经由'结合'而形成的新文化成为中国式现代化的文化形态"[②]。中华文化的这种特质，使得中华文化

---

① 参见汤一介《评亨廷顿的〈文明的冲突?〉》，载《哲学研究》1994 年第 3 期，第 17 - 21 页。

② 《习近平在文化传承发展座谈会上强调　担负起新的文化使命　努力建设中华民族现代文明》，载《人民日报》2023 年 6 月 3 日第 1 版。

具有绵延不断的、持久的生命力。儒家思想中普遍和谐的观念无疑将对人类社会和平与发展做出特殊的贡献；中国"和而不同"的伦理原则对于应对全球化时代文化多元发展的新形势，无疑可以提供具有正面价值的资源。

其三，中华文化强调人生实践之智慧，"经世致用"的实践理性使得中华文明的发展彰显开放性的价值。在儒学的思想中，"仁"所指涉的自我结构是一个包含他者存在的开放性结构，自我结构内部的"自我"并不是孤立的绝缘体，其与他者之间具有同一性，并可通达。在孟子看来，个人的主体性是"为己之学"的起点，但"己"并非孤立之个体，而是家国天下关系中的结点或中心点。人不仅具有多面向，而且可以同时展开，只要人们能反求诸己，求其所放之心，尽量发挥扩展自己的本心，就可达人之境界。所谓"修身、齐家、治国、平天下"就是由主体本心外推的逻辑。"推己及人""成人成己"的思考方式与向度，使得人类可结成一个自我与天、与人、与物一体的关系，结成一个"和而不同"的社会。

杜维明在对现代性及全球伦理的困境与启蒙进行深刻反思的基础上指出，近现代以来，西方文明的冲击造成了极大的偏差，现代人受到物质主义、科学主义的影响，忽视了人的终极精神性问题。以自我为中心的个人主义在促进资本主义发展的同时，个人主义的极端性也致其走上一条不归路。反思现代性，我们必须要走一条具有中国特色的道路，而这条路是由我们的历史、文化、社会所使然之路。① 与西方文明传统相比，在中国传统文化中，正义的价值和自由一样重要；同情比理性更必要；人的责任，特别是个人对家庭、社会、人类的责任比权利更重要；礼治比法治更基础；社会和谐比个体发展更优先。显然，这是不同于西方文明的另外一种价值体系。面对人类的共同伦理困境，从世界文明发展的趋势观之，中华文明思考方式之特质，试图为求解普遍困境提供一把特殊钥匙，其实这是一种向度，一个开放的向度。因此，这条路既是中国的，也应该是世界的。即这条路源自中国历史文化发展的轨迹，同时又是开放的；它是世界普遍性中的特殊性，其特殊性中又蕴含着世界的普遍性。中华文化的这种

---

① 参见［美］杜维明《以精神人文主义应对全球伦理困境》，载《文汇报》2017年10月1日第7版。

实践理性价值对于世界秩序的重建、人类文明的发展无疑有其特别的意义。

（原载《现代哲学》2023 年第 5 期）

创新主流意识形态研究方式之探析
（英文版）

中文摘要：主流意识形态与中国哲学社会科学创新体系具有紧密的联系，创新主流意识形态研究方式，既是当代中国一个重要的理论与现实命题，亦是中国哲学社会科学创新体系的前提。创新中国主流意识形态研究方式，有三个重要的维度：一是从文明格局的高度创新主流意识形态研究方式，把握主流意识形态的历史连续性与文化特性，反对历史虚无主义和历史复古主义；二是以包容并蓄的方式拓展、丰富主流意识形态研究的视角与内容，在研究创新中优化主导地位，克服居高临下的意识形态傲慢和无力失语的意识形态虚弱症状；三是秉承开放学习的心态对国外主流意识形态进行比较研究，在借鉴交流中维护我国的主流意识形态安全，克服封闭自语和盲目崇外的意识形态研究套路，创造无愧于时代的意识形态新文化。

Thoughts on Innovation in Mainstream Ideology Research

In the "Making Intensified Efforts to Prosper Philosophical and Social Scientific Research in Higher Education Institutions" issued in September 2011, the Chinese Ministry of Education set the goal of "basically establishing a new innovation system for research in philosophy and social sciences by the year 2020." In contemporary China, innovation in mainstream ideology research is not merely related to the practical space for innovation in Chinese philosophy and social sciences, but also constitutes an important part of this innovation itself. The "mainstream ideology" under discussion here refers to the dominant ideology of a society within a particular period of time, which is usually the ideology of a ruling class. Centering around this ideology are some peripheral ideologies, including political views, academic schools of thought, value orientations, ways of thinking, etc. Generally, the peripheral ideologies emerge in a form that accompanies the mainstream ideology, although of course they stand as its antithesis in extreme circumstances. Clearly, to explore "innovative research in mainstream ideology" is not to abandon the resources of traditional ideology and start all over again, but to stress that mainstream ideology research should be adaptive to the changing times and environment. The innovative research in mainstream ideology includes the following three main aspects.

I. Mainstream Ideology Research Should Be Innovative in Terms of the Pattern of Civilizations, Grasp Historical Continuity and Cultural Identity, and Should Oppose Historical Nihilism and Revivalism.

The rise of a real power presupposes the rise of its culture. Only a country with huge civilization potential has the qualifications and conditions to rise as a power. It was incisively pointed out in "Rethinking the Prosperity and Development of Socialist Culture with Chinese Characteristics: Cultural Awareness, Cultural Confidence and Cultural Self-reliance" in the *Red Flag Manuscript* (2010) that "The awakening of a nation is, above all, the awakening of its culture. The power of a political party is largely determined by its cultural awareness." Clearly, the mainstream ideology of contemporary China has to be analyzed in the historical perspective of Chinese civilization.

Today, we need to face two questions squarely with regard to innovating approaches to mainstream ideology research. First, we must respect the historic timeline of changes in tradition with regard to research in this field, revealing the internal character of innovation in mainstream ideology in the long river of historical time; in other words, we should stress the historical continuity of ideology and the dynamic inheritance and historical development of cultural tradition. This is because cultural tradition is, to some extent, a "prefabrication" of people's social consciousness and ideology.① This is something of which those who are engaged in innovating research on mainstream ideology should be fully aware. "Traditions should betaken into account not just as obstacles or inevitable conditions. The renunciation of tradition should be considered as a cost of a new departure; the retention of traditions should be considered as a benefit of a new departure."② In other words, tradition as an intrinsic value accompanies the whole process of innovation in ideological studies. To abandon it or deliberately forget it is to create an artificial gap in such studies. Even worse is the claim that tradition is a burden, which demonstrates a deep disrespect for the values of tradition. Returning to the specific research situation in China, we must give a high priority to the inherent values implicit in historical tradition, and try to create space for innovation in mainstream ideology research through comparative methods and process-oriented analysis. As the philosopher Gan Yang argued, "The Confucian tradition, the Mao Zedong tradition and the Deng Xiaoping tradition form the continuum of Chinese history and civilization. It is this 'integration of triple traditions' (*tongsantong*) that China hopes to achieve today in our new era."③ With this in mind, researchers are expected to gain a new understanding of the fundamental influence that the Chinese historical tradition, represented by classical studies, has exerted upon China. In doing so, conducting historical analysis on the basis of a more flexible perception of tradition seems rather important. Besides, in view of the founding of socialist China, it would also seem necessary to stress the historical continuity of mainstream ideology in undertaking an analysis of historical experience, so as to retain the overall sanctity of that ideology, which would otherwise be dissolved by a right-or-wrong approach to ideological research.

Second, mainstream ideology requires conscious development in the course of historical progress. Every historical era has its own themes and historic tasks,

---

① Prefabrication means that cultural traditional ways exerts a latent, pre-existing and "inborn" effect—positive or negative—upon the reality of human existence and social development.

② [美] 爱德华·希尔斯:《论传统》, 傅铿、吕乐译, 上海人民出版社 2009 年版, 第 354－355 页。

③ 甘阳:《通三统》, 生活·读书·新知三联书店 2007 年版, 第 5 页。

and these themes and tasks are constantly developing and changing. The historical facts show that "The Chinese ideology before the reform and opening-up was an organic whole made up of a specific set of theoretical concepts and symbols, like class struggle, two-line struggle, mass movement, continued revolution under the dictatorship of the proletariat, and so on. Within it, each basic concept was supported by others; and all these concepts were logically consolidated into a compact whole based on interdependence, complementarity and mutual constraints."[①] During that period, revolution, struggle, transformation and planning were the important vocabularies of mainstream ideology. When reform started in 1978, the traditional mainstream ideology was facing a severe challenge, as China seemed to be trapped in a crisis of faith and a dilemma provoked by an impasse in the traditional model of socialist development. But then, China made a breakthrough through the great practice of reform and opening up, and updated creatively the internal repository of concepts, categories and symbols in traditional mainstream ideology. In particular, China put forward a set of theories on "the essence of socialism" and "the primary stage of socialism," thus achieving an internal "soft landing," i. e. a smooth transition from the traditional ideology of revolution to the ideology of the new era. New key words entered the discourse of the new mainstream ideology, such as "bringing order out of chaos," "test of practice," "market economy" and "harmonious development." Accordingly, remarkable changes also took place in Chinese studies of mainstream ideology: a theme shift from "taking class struggle as the key link" to "taking economic development as the central task," a transformation from one-sided pursuit of economic growth to scientific development, and the replacement of the materialized way of thinking by man-oriented views. It can be seen that, along with the changing themes of different historical periods, the innovation of mainstream ideology can display periodic characteristics and variations; i. e., there is an ideological evolution from a primitive to a secondary and a tertiary state.

In short, cultural tradition is the basis and source of cultural continuity and

---

① 萧功秦:《中国的大转型:从发展政治学看中国变革》,新星出版社 2009 年版,第 154 页。

development, and is the key to understanding the variation between different cultures. In a memorial submitted to the emperor, Li Hongzhang, a Chinese statesman of the late 19th century, presented a vivid elucidation of the essence of cultural tradition. He said, "Both Confucius' and Jesus' teachings seem to be based on persuasion. They are primarily expressed and disseminated for the betterment of all humanity—both Christians and non-Christians. I recognize this. If my life had been spent in Britain, France or the United States, I would have declared myself Christian too because Christianity is the prevailing religion in these countries. Someone who arranges his life in such a way will avoid trouble, and indeed will be respected. He will not think of Confucius, for he does not need Confucius or his teachings. By the same token, the same principle applies here in the other way round."① In innovating studies of mainstream ideology, researchers should respect and demonstrate the important dimensions of history and culture, rejecting both the historical nihilism that isolates ideological innovation from history and historical revivalism that wants to reinstate the past. Only in this way can we achieve the organic realization of the heights of our civilization and the autonomy of its intrinsic consistency as well as its power to interpret reality.

II. We Should Adopt an Inclusive Approach to Mainstream Ideology Research, so as to Encourage Different Perspectives and Overcome Both Ideological Arrogance and Ideological Aphasia.

After the founding of the People's Republic of China in 1949, mainstream Chinese ideology developed a peculiar feature or inertia due to economic, political and historical reasons. As China's reform and opening-up advances, the limitations of this "inertia" have become ever more evident: domestically, it is manifested in a condescending arrogance; and internationally, it evinces the frailty of aphasia. In order to change this situation, mainstream ideology research

---

① 贺麟:《文化与人生》, 商务印书馆 2006 年版, 第 153–154 页。

need to be more inclusive.

We should recognize the fact that since reform and opening up, the Chinese economy has been growing at a remarkably high speed, people's living conditions have greatly improved, and the superiority and vitality of socialism with Chinese characteristics have been brought into full play. At the same time, with the deepening of economic and social transformations, many changes have taken place in the social consciousness of people, especially that of intellectual elites and the public. With these changes, there have emerged unprecedented new contradictions, problems and dilemmas. The development of market economy has led to a pattern of diverse interests and differentiation of social strata and even classes, thus undermining the blurred and highly-overlapping situation with state ideology, party ideology and social ideology. It is true that the changes in the country's social ideology have happened at different stages or at different times since the founding of New China yet all of them are the result of the interaction between the state, market and society. It used to be thought that state ideology had complete control of social consciousness before 1978; however, a lot of fieldwork and oral history materials indicate that such control is limited, and that the influence of folk forces and traditions in grass-roots social consciousness still persists, though relatively weak. Nowadays, due to a combination of government power and capital, capital is becoming highly active and pervasive insomuch that its influence upon Chinese society seems to be even greater than that of state control before the reform and opening-up. A triangular relationship between the government (political party), the market (various subjects) and the society (intermediate organizations) is shaping. As it develops, a variety of ideologies representing different interests have emerged, giving rise to the coexistence of mainstream ideologies, non-mainstream ideologies and even anti-mainstream ideologies. On such questions as "Whose ideology is it?" and "How is it expressed?," the mainstream ideology has actually broken through the singularity and linearity of traditional mainstream ideology of the past and displays a more complex and richly-layered prospect.

Ideology, as a given expression of the values of the subject, the reflection and defense of the ideas of a given class or interest group. It is a vivid manifestation of the question "Whose ideology is it?." After thirty odd years of reform, the layout of Chinese ideology has gone beyond the stereotype defined by the ruling class or elite group under planned economy, and has increasingly begun to reflect the ideas of different interest groups. For instance, mainstream ideology has actually integrated the ideologies of the proletariat, the bourgeoisie and other classes or strata; in other words, by reducing itself to the expression of the value propositions held by a complex of groups, Chinese mainstream ideology has assimilated different ideologies ranging from that of the ruling party—the Chinese Communist Party— to the non-ruling democratic parties and from the new social stratum of freelancers to the ideological divisions in what used to be a single social stratum. In the peasantry stratum, for instance, peasants living in the developed coastal areas of southeastern China will have different interest appeals from those living in poverty-stricken areas in the central and western areas, and from those migrant workers in urban areas. These different appeals have led to different ideologies in terms of value propositions. Different ideologies are no longer in binary opposition or pure confrontation. Rather, they have a competitive ideological opposition alongside a differentiated ideological tolerance of one another, which fully demonstrates the diversity and multiplicity of the range of different ideological subjects. In terms of the question of "How is it expressed?," we no longer regard ideology as a state apparatus, as was done in the past, but subdivide it into conceptualized ideology, institutionalized ideology and psychosocial ideology. In terms of content, ideology can be classified into value ideals, theories, and policy claims, as shown below.

Subjective forms of ideology	Manifestations of ideology	Content of ideology
Social (civil) ideology	Conceptualized ideology	Value ideals
Ideology of a political party	Institutionalized ideology	Theories
State ideology	Socio-psychosocial ideology	Policy claims

As Professor Han Yuan has pointed out, "Ideology is a social consciousness rooted in a background of specific interests; the ideological subject is also the interest subject behind it. In accordance with the fact that the interest entity represents a given ideology which progresses from clarity to expansion, we can subdivide ideologies at different stages of a country's modern development, in terms of their subject, into social (civil) ideologies, ideologies of political parties, and state ideology."① In view of that fact that Chinese society and its ideology have gone through fundamental changes, mainstream ideology needs to be more tolerant and open-minded, more inclusive and respectful towards other ideologies, overcoming its inveterate arrogance, if it is to continue its "dominant" role as a guide to core values for the mass of the people and as a leading spiritual force in Chinese society. In order to effectively perform its function of integrating ideas and beliefs about fundamental social issues, mainstream ideology must learn to be expert in communicating and conducting dialogue with other ideologies, absorbing and learning what is rational and beneficial in them and constantly developing and improving its own theory, so that it can become a true social consensus and an spiritual prop for the construction of socialism with Chinese characteristics.

In view of this pattern of diversified interests, we must differentiate and use of political authority and rational authority are prerequisites for the functioning of mainstream ideology. In this new era of peaceful and cooperative development, the functioning of China's mainstream ideology must be realized more through rational authority than through coercive political authority. To put it another way, mainstream ideology needs to improve its own theoretical thoroughness, improve the consistency of its internal self-construction, and improve its theoretical appeal and persuasiveness by constantly making use of new insights and findings from natural and social sciences and by drawing inspiration for innovation from the life and practice of the common people. In order to do this and to perfect mainstream ideology, we must, at the operative level, gain a deeper understanding of the characteristics of different ideologies and the interaction among them.

---

① 韩源:《意识形态发展模型研究——兼论中国主导意识形态建设的战略取向》,载《马克思主义与现实》2008年第2期,第185–188页。

As far as the subject is concerned, social (civil) ideology is largely spontaneous. It represents the initial expression of the ideas and thoughts of thinking people in civil society, and is not politically recognized and protected. However, in an era when opening up and democracy are gaining strength, the propositions accommodated in the ideologies of political parties are not just expressions of the values held by intellectual advisors or politicians; very often, they are shaped and promoted from bottom to top. That is, once a social (civil) ideology is adopted by the ruling party, it will become the ideology of a political party and the value expression of a definite interest subject. This is the first transmission of ideology between different subjects. If the political party's ideology can breakthrough the limitations of its partisanship by balancing and integrating the interests of different interest subjects, then a second transmission will be realized in which a party ideology changes to a state ideology. These transmissions will not only increase the efficacy of ideology but also enhance the sustainability and vitality of innovation. They can defend and support the "dominance" of mainstream ideology.

In terms of the manifestations of mainstream ideology, there exists an interlocking cause-and-effect relationship among the conceptual, institutional and psychosocial forms of ideology. "Conceptual ideology is the 'design' for institutional ideology, while the latter serves as a 'switch' for psychosocial ideology. Psychosocial ideology is the drive for actions. Thus ideology extends from the conceptual form to the institutional form, and further to the psychosocial one, finally gaining a triple identity and completing a cycle of ideological movement. Only then can ideology achieve a stable, effective and mature position."① Clearly, the functioning of ideology is a systemic process, in which professional theorists and political leaders, while drawing spiritual or psychological inspirations from people's social life, express the values of that ideology in the form of ideas and concepts, offering a rational criticism and an ideal vision for social and political construction. Once it is recognized and accepted by the ruling class

---

① 韩源:《意识形态发展模型研究——兼论中国主导意识形态建设的战略取向》,载《马克思主义与现实》2008 年第 2 期,第 185 – 188 页。

or party, a particular theory may become the blueprint for institutionalized ideology. It is only when an institutionalized ideology is assimilated in a subtle and imperceptible way that there can be a transformation of ideological values, so that it becomes the ideology of the common people. In this process, institutionalized ideology functions as a "switch." But more importantly, mainstream ideology cannot act as a spiritual driver and value guide for the action of the masses until it becomes a set of guidelines for such actions and is proven in practice. In a word, to innovate studies of mainstream ideology, we must reject the sense of superiority held by the ruling class or party, and give up self-proclaimed "ideological improvement." We need to make every effort to preserve socialist core values and the Chinese nation's cultural characteristics amid the tides of history, using more open-minded and inclusive ideas and methods to provide further impetus to the dynamic and effective functioning of mainstream ideology.

III. Open-mindedness Is Necessary for Conducting Comparative Analyses of Mainstream Ideologies of Other Countries.

In exchanges with and learning from other countries, we must defend the safety of China's mainstream ideology. In ideological studies, we need to overcome both the tendency to self-imposed isolation and that of having a blind faith in things foreign. The issue of national modernization was first proposed in China at the turn of the 20th century, but it was in the late 20th century that the country really started the modernization process. During this historical period, the Chinese society experienced tortuous and drastic changes. One of the most fundamental changes was that China advanced from a semi-feudal and semi-colonial country to a socialist one. The reform and opening-up policy and the establishment of the socialist market economy enabled China to launch its modernization, and brought China into the course of world history. As the researcher Cao Tianyu has pointed out, at the global level, "Globalization is both a fait accompli and a trend of development. Whether we acknowledge it or not, it is affecting the historical course of the world, undoubtedly, that of China."① As is well-known, human history before the 15th century was one of monologue, i. e. the countries of the world knew little of each other's economies and cultures. From the 15th century, starting with the Great Geographical Discoveries, world history began to enter the age of dialogue from the age of monologue. The most significant characteristic of such dialogue is that economic and cultural development are realized and sustained at the global level, rather than within the boundaries of a country or a people. Different national or regional economies and cultures permeate one another and are interdependent. In the past we could live our lives in our wonted inertia, without caring about how Americans, French, Germans or Japanese lived, but today we have to learn about the lives of people in other countries. We cannot simply imitate another culture's way of life, but we should not ignore something commensurable beneath the cultural differences.

Right now, China has entered the course of world history. From Mao Zedong era's ideology of resistance, in which the two power blocs confronted, to the strategic low-profile modernization drive based on the "shelving disputes" policy of the Deng Xiaoping era, and further to the ongoing cultural contests in which state ideology is a form of soft power, the fact that ideological contests are a form of competition between states has never changed. But one thing should be noted: China's sudden economic rise after centuries of weakness and backwardness sets offits "political immaturity." In other words, China may be economically powerful now, yet it remains spiritually underdeveloped. There are a number of reasons for this. Firstly, due to some conflicts of interests, the Western bloc is still reluctant to acknowledge China's socialist mode of development, despite its economic rise in the world. China's values and ideas have not yet been established worldwide and its cultural soft power has not received due recognition. Therefore, it is difficult at the moment to make the China's voice heard. In other words, China's mainstream ideology is much less influential than Western mainstream ideologies, which claim themselves as universal values. In the competition between ideologies, we are in deficit. There is an asymmetry between

---

① 曹天予主编:《现代化、全球化与中国道路》,社会科学文献出版社 2003 年版,第 1 页。

this situation and the ideological support needed by a great nation, especially one that is rising. Faced with the "bucket effect" or limiting factor of our relatively weak position in such ideological competition, a position arising from this unbalanced development, it is very easy for simple-minded nationalism to be kindled such that xenophobia or arrogance replace the criticism and reform that are lacking in internal ideological construction. Blind rejection of everything foreign is fueled in the name of national strategic interests, with an indiscriminate rejection of everything foreign. This will not help solve the problem, but will render us even more passive. Our standpoint should be that Chinese researchers, with an open-minded attitude, should conduct an extensive comparative study of mainstream ideologies of other countries. In so doing, they should defend the safety of China's mainstream ideology and oppose all kinds of isolationism and blind pursuit of foreign things.

Nowadays, the development of science and information technology provides great convenience for China's mainstream ideology research, but it also poses a challenge to them. By convenience, we mean that Chinese researchers can gain a better understanding of the forefront theoretical construction and practice of other countries in terms of mainstream ideology; by challenge, we mean that the researchers should consciously conquer some isolationist practices of the past, especially the kind of empty ideological framework that cannot stand the test of practice. To this end, Chinese researchers should carry out an in-depth study into mainstream ideologies of other countries, including those developed countries represented by the United States, the former Soviet Union and Eastern European bloc represented by Russia, the countries and regions in the sphere of Confucian culture represented by Singapore, the late-developing modern countries represented by Japan, and the Eastern Asian socialist countries represented by Vietnam and North Korea. In analyzing and evaluating these ideologies, researchers should be alert to biased thinking in the form of simplistic criticism or blind imitation, and should avoid stereotypes and preconceptions; otherwise, the real basis for dialogues will be lost.

Secondly, the comparative study of mainstream ideology should be deepened. This involves recognizing the historical context from which different ideologies have emerged, not just from a political perspective but also from a cultural one, in order to more fully grasp their special characteristics. If we do not "know others" we cannot fully "know ourselves." The sociologist Fei Xiaotong provided insights into methodological innovation in studies of mainstream ideology when he wrote of "cultural consciousness," "cultural consciousness only means that those living in a particular culture have a clear knowledge of their culture, knowing its origin, its formation, its characteristics and the direction of its development; it does not imply 'cultural regression,' nor does it suggest 'restoring the past,' or propose 'wholesale Westernization' or 'totally becoming the other.' Instead, this self-knowledge functions to strengthen autonomous capacity for cultural transformation and to establish an autonomous position for making cultural choices when adapting to a new era and a new environment. Cultural consciousness is an arduous process. Only on the basis of a good understanding both of our own culture and other cultures can we establish our own place in the multicultural world. Then, through self-conscious adaptation, along with other cultures, we can draw on the advantages of each culture to jointly establish a basic order recognized by all and a set of principles that different cultures can abide by in peaceful coexistence and joint development."①

Finally, establishing a more sophisticated and competitive mainstream ideological system is at the core of innovating mainstream ideology research. This is not just a matter of theory and concepts, but methods and practice; it is not just essential to enhancing our cultural soft power, but also of strategic importance to the promotion of the competitiveness of our ideology at the international level. There are various causes for the lack of competitiveness of Chinese mainstream ideology in the international community, including the objective differences between China and the developed West in terms of understanding of and research in mainstream ideologies, as well as problems with the content, production, marketing and management of Chinese mainstream ideology. In the new historical era, studies of China's mainstream ideology will change from exten-

---

① 费孝通：《反思·对话·文化自觉》，载《北京大学学报（哲学社会科学版）》1997 年第 3 期，第 15–22 页。

siveness to intensiveness and from plane to three-dimensionality. In examining the experiences and lessons of other countries' mainstream ideologies, we should particularly study the universal and regular issues in them. Indeed, "For one thing, cultural-ideological problems cannot be solved with coercive administrative measures. And for the other, developing right ideas and overcoming wrong ones can only be done through debates, criticisms and arguments. Criticism is supposed to be dialectical, rather than dogmatic and metaphysical."① Only in this way can we establish a scientific, vital and influential mainstream ideology and bring into play its dominant role.

(原载 *Social Sciences in China* ,2012 年第 3 期)

---

① 俞吾金:《意识形态论》(修订版),人民出版社 2009 年版,第 365 页。

附录

李萍主要著述目录

一、部分主要学术论文

[1]《要重视典型年龄大学生自我意识的积极平衡》（与戴小京、侯红合作），《青年探索》1983年第1期。

[2]《浅谈理想教育的现实性》，《思想教育研究》1986年第6期。

[3]《我国思想教育逻辑起点的反思》，《高等教育研究》1987年第3期。

[4]《大学生群体初探》，《南方青少年研究》1987年第2期（总第6期）。

[5]《论思想政治工作的观念更新》，《高等教育研究》1988年第1期。

[6]《局势、对策和教育——关于和平演变教育的思考》，《思想教育探索》1992年第1期。

[7]《美国学校德育的问题与思考》（与曾文生合作），《思想教育研究》1993年第10期。

[8]《关于市场经济的哲学思考》，《学校思想教育》1994年第2期。

[9]《高校德育要正确定位》，《高校理论战线》1994年第10期。

[10]《关于思想道德素质教育问题的思考》，《内部文稿》（今《红旗文稿》）1994年第21期。

[11]《提高民族文化素质的重大课题——关于思想道德素质教育问题的思考》，《哲学动态》1994年第12期。

[12]《哲学的发展与哲学家"心灵的自由"》，《现代哲学》1996年第3期。

[13]《21世纪道德教育的完整概念：具有个性的德性》，《小学德育》1996年第7期。

[14]《现代通识教育必须重视道德教育》，《上海高教研究》1997年第2期。

[15]《论市场经济条件下伦理道德建设的起点与目标》，《学术研究》1997年第7期。

[16]《教育的迷茫在哪里——教育理念的反省》（与钟明华合作），《上

海高教研究》1998 年第 5 期。

[17]《论道德灌输》（与钟明华合作），《高校理论战线》1998 年第 7 期。

[18]《"传道"——教师必须要有教育信仰》，《改革与实践》1999 年第 6 期。

[19]《思想政治工作的时代诠释》，《高校理论战线》2001 年第 9 期。

[20]《公民教育——传统德育的历史性转型》（与钟明华合作），《教育研究》2002 年第 10 期。

[21]《现代道德的传统承接：可能与实现》，《中山大学学报（社会科学版）》2004 年第 4 期，《人大复印报刊资料·思想政治教育》2004 年第 11 期。

[22]《从信任的划分管窥中西差异》（与林滨合作），《道德与文明》2004 年第 6 期。

[23]《高校人事制度改革的哲学思考》，《中国高等教育》2005 年第 9 期。

[24]《比较视域中的中西信任观》（与林滨合作），《中山大学学报（社会科学版）》2005 年第 3 期，《人大复印报刊资料·伦理学》2005 年第 8 期。

[25]《"人生观论战"的反思与中国现代化的文化追求》，《中山大学学报（社会科学版）》2005 年第 4 期。

[26]《影响个体道德选择的社会因素分析》（与葛桦合作），《道德与文明》2005 年第 4 期。

[27]《对思想政治教育走出困境的理性审视》，《中国高等教育》2005 年第 17 期。

[28]《文化伦理：存在与意义》（与魏则胜合作），《中州学刊》2005 年第 6 期，《人大书报资料中心·伦理学》2005 年第 8 期。

[29]《大学文化内核与创新人才培养》，《中国高等教育》2006 年第 Z2 期。

[30]《思想政治理论课建设的若干思考》，《清华大学学报（哲学社会科学版）》2006 年第 S2 期。

[31]《文化传统的预制性与公民教育》（与童建军合作），《中国德育》2009 年第 2 期，《人大复印报刊资料·教育学》2009 年第 5 期。

[32]《网络社会中的"网络公民"及其教育》（与陈联俊合作），《学术

论坛》2009 年第 5 期。

[33]《德性论与规范论比较研究——目的与手段的视角》（与童建军合作），《道德与文明》2009 年第 3 期。

[34]《当代中国马克思主义的文化诠释与审视》（与朱飞合作），《毛泽东邓小平理论研究》2010 年第 7 期。

[35]《道德的功利性与返本归真》（与童建军合作），《现代哲学》2010 年第 5 期。

[36]《论文化自觉的三个维度》（与童建军合作），《道德与文明》2011 年第 5 期。

[37]《当代中国马克思主义教育的返本归真》（与童建军合作），《马克思主义研究》2012 年第 5 期。

[38]《马克思主义中国化逻辑范式研究》（与张冬利合作），《思想教育研究》2012 年第 5 期。

[39]《创新主流意识形态研究方式之探析（英文版）》（与龙柏林合作），《中国社会科学（英文版）》2012 年第 3 期。

[40]《"社会思潮与中国道路"专题》（主持人），《现代哲学》2012 年第 5 期。

[41]《德性法理学视野下的道德治理》（与童建军合作），《哲学研究》2014 年第 8 期。

[42]《改革与共识》（栏目主持人），《思想战线》2014 年第 6 期。

[43]《中国改革开放的思想论争与启示》（与张冬利合作），《甘肃社会科学》2016 年第 1 期。

[44]《罗国杰对马克思主义伦理学基本理论的学术贡献——坚持集体主义的几个问题》（与童建军合作），《齐鲁学刊》2016 年第 4 期。

[45]《罗国杰关于中国传统文化与伦理道德的立场、方法与原则》（与杨少曼合作），《齐鲁学刊》2018 年第 5 期。

[46]《从必然王国向自由王国飞跃的历史力量——马克思劳动概念中的自由维度》（与张淑妹合作），《现代哲学》2018 年第 6 期。

[47]《〈群书治要〉编纂原则探述——关于"贞观之治"政治伦理思想之特点》（与刘海天合作），《现代哲学》2019 年第 2 期。

[48]《"关怀"与"正义"优先性的道德反思》（与刘念合作），《现代哲学》2019 年第 4 期。

[49]《关于学术失范的反思》,《教育伦理研究》(辑刊)2019 年 9 月。

[50]《荀子"礼"教的伦理秩序向度及其逻辑》(与吴之声合作),《伦理学研究》2020 年第 1 期。

[51]《论马克思意识形态批判的"建构之维"及其逻辑》(与吴之声合作),《学术研究》2020 年第 1 期,《光明日报》2020 年 6 月 22 日第 15 版论点摘编,"今日头条"公众号转载推介。

[52]《关怀伦理从私人领域向公共领域扩展何以可能——以弗吉尼亚·海尔德的关怀伦理为视角》(与刘念合作),《道德与文明》2020 年第 3 期。

[53]《中国伦理学的危机与生机》,《江海学刊》2020 年第 4 期。

[54]《中国共产党文化治理方略的历史探索》(与李增添合作),《广东社会科学》2020 年第 5 期。

[55]《中国传统伦理道德中的公私观及其现代辨析》(与杨勇合作),《现代哲学》2020 年第 5 期,《新华文摘》2021 年第 3 期论点摘编,《中国社会科学文摘》2021 年第 1 期。

[56]《近百年来中国"精神人文主义"的建构性探索》,《哲学动态》2020 年第 9 期,《高等学校文科学术文摘》2020 年第 6 期。

[57]《理由与价值何者优先?——从实践哲学维度探寻游叙弗伦难题之解》(与卢俊豪合作),《中国人民大学学报》2021 年第 4 期,《人大复印报刊资料·伦理学》2021 年第 11 期,《中国社会科学文摘》2022 年 2 月总第 218 期,《新华文摘》2022 年第 1 期论点摘编,"中国伦理在线""实践哲学研究"公众号转载推介。

[58]《论马克思人民概念的三维结构及其范式转换》(与王兴赛合作),《马克思主义与现实》2021 年第 5 期,《人大复印报刊资料·马克思列宁主义研究》2022 年第 3 期全文转载。

[59]《早期中国共产党人接受马克思主义的历史契合点及其当代启示——20 世纪初"社会主义论战"的再审视》(与张冠合作),《北京师范大学学报(社会科学版)》2022 年第 2 期,《人大复印报刊资料·中国现代史》2022 年第 7 期,"南京大学中国传统文化研究中心"公众号转载推介。

[60]《论马克思伦理思想的逻辑起点》(与王泽宇合作),《道德与文明》2022 年第 6 期。

［61］《广东改革开放的历史进程及其文化精神探析——以广东的海洋文化为例》，《岭南文史》2023年第1期。

［62］《中国式现代化的伦理旨趣及其文化逻辑》（与张琼合作），《现代哲学》2023年第5期。

［63］《"人生观论战"的历史场域与当代价值》（与张琼合作），《哲学动态》2023年第12期。

［64］《现代游戏德育的现实基础与发展逻辑》（与陈倩合作），《教育科学》2023年第6期。

［65］"Deyu as moral education in modern China: ideological functions and transformations"（with Zhong Minghua, Lin Bin, Zhang Hongjuan），*Journal of Moral Education*, Volume 33, Number 4, December 2004.

二、部分主要学术著作、教材

［1］《人生修养教程》（与张孝宜合作主编），广东高等教育出版社1994年版。

［2］"开放地区大学生道德问题研究丛书"（主编），中山大学出版社1994年版。

［3］《走向开放的道德》（"开放地区大学生道德问题研究丛书"之一，与钟明华合作主编，与钟明华、任剑涛合著），中山大学出版社1994年版。

［4］《人生修养导论》（与钟明华合作主编），中山大学出版社1997年版。

［5］《德育一体化研究》（与张孝宜、李辉合著），广东高等教育出版社1997年版。

［6］《现代道德教育论》，广东人民出版社1999年版，2001年获韩国伦理学会推荐译成韩文版在韩国出版发行。

［7］《命运：中华民族的昨天与今天》（与张江、钟万明合作主编），广东人民出版社1999年版。

［8］《古今人生路——典型人生九十例》（与张孝宜、钟明华合作主编），广东高等教育出版社2000年版。

［9］《人生观通论》（副主编、参编者），高等教育出版社2001年版。

［10］《思想道德修养》（广东省高等学校思想品德课新编教材，与钟时华、刘树谦合作主编），广东高等教育出版社2001年版。

[11]《粤港澳文化关系》（与许锡挥合作主编），中山大学出版社2001年版。

[12]《粤港澳台高校德育比较研究》（与郑永廷、钟明华合著），中山大学出版社2001年版。

[13]《文化视野中的青年道德社会化》（与钟明华合作主编），中山大学出版社2003年版。

[14]《诚信：人生之基 立身之本》（与钟明华合作主编），广东高等教育出版社2004年版。

[15]"'中国现代化进程中的伦理变迁与道德教育'研究丛书"（与钟明华合作主编），人民出版社2006年版。

[16]《马克思主义人学视域中的现代人生问题》（"人学理论与实践研究丛书"，与钟明华等合著），人民出版社2007年版。

[17]《人的现代化——开放地区人的现代化系列研究报告》（与钟明华等合著），人民出版社2007年版。

[18]《党建工程的排头兵——广东党的建设30年》（"广东改革开放30年研究丛书"，与王丽荣合作主编），广东人民出版社2008年版。

[19]《比较德育》（马克思主义理论学科研究生系列教材，与林滨合作主编），中国人民大学出版社2009年版。

[20]《伦理学》（马克思主义理论研究和建设工程重点教材，编写组主要成员），高等教育出版社2012年版。

[21]《当代中国马克思主义大众化的历史与前瞻》（与谭毅等合著），中山大学出版社2015年版。

[22]《中小学思想品德（政治）课程教材改革与发展研究》（课题组组长），广东高等教育出版社2015年版。

[23]《澳门中小学教育：法律、制度与政策》（项目负责人，与曹旭东等合著），中国社会科学出版社2019年版。

三、部分资政报告，报刊、会议、媒体文章，专访

[1]《生活方式的变革与民族文化心理素质》，全国伦理学第四次学术讨论会参会论文，1985年10月。

[2]《关于大学生苦恼的回信》，广东省电视台《学习》广播，1986年4月。

[3]《何时打开爱的闸门》，广东省电视台《学习》广播，1986年4月。

[4]《美国德育印象——访中山大学马克思主义理论教学研究部副主任李萍》，《思想教育探索》1992年1月。

[5]《"实然"的多样性与导向的统一性》（与钟明华合作），《广州日报》1992年4月2日第7版。

[6]《大智·大爱·大美——记第四届高等学校教学名师奖获得者李萍教授》，《中山大学学报》（总第184期）2008年9月9日第4版。

[7]《文明的冲突与21世纪新文明的构建》，构建21世纪之新文明——第六届池田大作先生思想国际学术研讨会，2010年11月。

[8]《幸福新政与幸福心法》，《南方日报》2011年8月8日封二。

[9]《十八大为教育发展指明方向——访中山大学党委副书记李萍》，《中国社会科学报》2013年2月22日第A02版。

[10]《创新意识形态研究方式》，《光明日报》2013年9月26日第15版。

[11]《文化自觉的基点与追求》，《光明日报》（理论版）2014年4月18日。

[12]《美德或规范：道德教育发展的价值选择》，亚太地区道德教育网络联盟（APNME）第九届学术年会，2014年10月。

[13]《"占中"后香港青年大学生国家认同分析及其对策建议》（资政报告），2015年4月17号。

[14]《习近平继承发展马克思主义意识形态理论的哲学基点与思想逻辑》（教育部重点委托项目资政报告），2018年3月15日。

[15]《关于在南疆农村实行"胡杨木计划"的建议》（资政报告），2019年。

[16]《新时代公民道德建设实施纲要的审查意见》（中宣部委托项目资政报告），2020年4月。

[17]《李萍：中国德育的追求》，《中国教育报》2020年12月31日，中国伦理学会官方网站转载。

[18]《学习十九届五中全会精神（笔会）》，《现代哲学》2021年第1期。

[19]《对马克思主义伦理学的广义理解与中国伦理学的未来——访中山大学李萍教授》，《马克思主义与伦理学》（第4辑），中国人民大学出版社2021年版。

后　记

　　这是我的第一部自选集，在某种意义上是给自己40余年的学术研究生涯做了个总结，画上一个句号。对大部分学者而言，自选集都包含这样的意思。当然对我而言，除此之意还别有意味，因为这部自选集是作为广东省优秀社会科学家文库的一部分，故心中不免充满兴奋、忐忑和沉思相互激荡之情感。"就当给自己学术追求与成长生涯的历史做个记录吧"，自我的价值澄清才使吾之兴奋、忐忑之心放了下来。

　　特别感谢广东省委宣传部、广东省社会科学界联合会的精心指导和鼎力支持。这是一个跨世纪的项目，从20世纪末我被评为首届广东省中青年社会科学家到2022年被评为第四届广东省优秀社会科学家，从我的第一部专著《现代道德教育论》入选"广东省中青年社会科学家文库"，到本自选集入选"广东省优秀社会科学家文库"，时光整整走过了25年。这一项目不仅是对入选的社会科学工作者莫大的鼓励，更是对广东所有从事人文社会科学研究的学者们深切的关怀和鞭策！所以，要真诚地感谢广东省委宣传部、广东省社会科学界联合会历届领导的高瞻远瞩，持之以恒的支持。

　　特别感谢学术界各位前辈一直以来对我的教诲、爱护和培养；特别感谢学术界的同仁，我的同事、学生一路走来给予的信任、鼓励和真诚合作，本自选集中的不少成果都包含了我和我的研究团队成员共同的智慧。

　　特别感谢本自选集的出版单位中山大学出版社的倾力支持，王天琪社长、嵇春霞副总编辑对"广东省优秀社会科学家文库"的出版倾注了极大的热情和心血；特别感谢广东省社会科学界联合会汪虹希老师不厌其烦地给予我帮助；特别感谢我的学生张琼、张冠、陈倩等博士在毕业前夕的繁忙之际，日夜奋战把我几十年的学术成果全部完成电子化，特别感谢张冠、张琼、王兴赛、凌菲霞、卢俊豪、吴之声、王泽宇、陈倩博士对本自选集反复进行校对，最后由张冠、张琼进行编排整理，没有他们所做的大量烦琐的工作，本自选集难以顺利出版。

囿于自己才疏学浅，加之学术成果发表的历时较长，受到主客观条件的影响，本自选集不免有许多粗疏之处。尤其是一些早期的成果，甚至可能存在学术规范严谨性方面的不足，而且许多思想观点今天看来还有很大的深化讨论空间。但是，为了给读者呈现一个比较客观真实的学习研究之"历史记录"，遵从自己学术研究的内在逻辑，我尽量保持原文原样，故如有不当之处，恳请学界同仁予以包容理解和指正。

李 萍

2024年4月于广州